シリーズ
転換期の国際政治9

冷戦期アメリカのアジア政策

菅 英輝 著

「自由主義的国際秩序」の変容と「日米協力」

晃洋書房

目次

序章 「自由主義的・資本主義的秩序」 1

1 戦後アメリカの国際秩序形成の特徴 (1)

2 本書の構成と各章の概要 (16)

第Ⅰ部 「非公式帝国」アメリカの秩序形成と脱植民地化過程

第1章 アジア冷戦の開始と展開——一九四五年—一九七〇年代 31

はじめに (31)

1 アメリカの戦後秩序構想とその制度化 (33)

2 東アジアにおける冷戦の開始とヤルタ秩序の再編 (42)

3 朝鮮戦争とアメリカの対中「封じ込め」政策の始動 (47)

4 アジアにおける脱植民地化運動とアメリカの対応 (51)

5 バンドン会議と独自の国際秩序の模索 (57)

6　激化する中ソ対立と冷戦秩序の変容　(61)
7　ブレトン・ウッズ体制の崩壊とアジアの台頭　(64)
8　新国際経済秩序（ＮＩＥＯ）の挫折と新自由主義的潮流の優位性　(67)

第2章　脱植民地化運動と「非公式帝国」アメリカの対応　77

はじめに　(77)
1　アメリカの「反植民地主義」と「自由主義帝国」の論理　(80)
2　マラヤの脱植民地化過程と「英米協調」――アメリカの「反植民地主義」と冷戦初期における「自由主義帝国」の要請　(84)
3　アラブ・ナショナリズムの台頭とスエズ戦争　(91)
4　アフリカの脱植民地化過程――安定と秩序の優先　(106)
おわりに――「自由主義帝国」とナショナリズム　(109)

第3章　一九五〇年代アジアにおける地域協力の模索とコロンボ・プラン　121

はじめに　(121)
1　コロンボ・プランに対するワシントンの初期対応　(123)
2　日本加盟問題とオタワ会議　(127)

3　ソ連の「経済攻勢」、アメリカの援助政策の再検討、コロンボ・プラン　(134)
4　アジア経済開発大統領基金とシムラ会議　(143)
5　コロンボ・プランシアトル会議　(148)
おわりに　(153)

第Ⅱ部　冷戦の変容と「日米協力」の展開

第4章　ベトナム戦争と日米安保体制　165
はじめに　(165)
1　ベトナム戦争の拡大と地域主義の台頭　(166)
2　アジア諸国の対応　(169)
3　ベトナム戦争のなかの日米安保　(175)
4　日米安全保障観の相克と池田勇人政権　(182)
5　佐藤栄作政権下のベトナム戦争と中国への対応　(185)
おわりに　(202)

第5章　アメリカの対韓援助政策と朴正煕政権の対応、一九六〇年―一九七〇年代初頭　212

はじめに　212
1　五・一六軍事クーデターと民政移管問題　215
2　第一次五ヵ年計画とケネディ政権の対韓援助政策　219
3　ジョンソン政権のベトナム戦争拡大政策と朴政権の対応　226
4　日韓国交正常化と「日米協力」　231
5　ニクソン・ドクトリンの影響と朴政権の「自立化」路線の加速化　241
おわりに――アメリカのヘゲモニー、冷戦の論理、「三層構造」下の「日米協力」、韓国のイニシアティブ　253

エピローグ　「民主化支援」とアメリカの秩序形成の特徴　265

はじめに――所与としてのアメリカ型民主主義　265
1　レーガン政権の「民主化支援」とサンディニスタ政権　267
2　冷戦後の世界と「民主化支援」――ブッシュ・シニア政権とクリントン政権　272
3　「民主化支援」と対イラク戦争――ブッシュ・ジュニア政権　277
おわりに――アメリカの「民主化支援」と「エリート民主主義」の促進　282

終　章　「自由主義的国際秩序」——理念と現実　291

あとがき　299
参考文献
事項索引
人名索引

序章

「自由主義的・資本主義的秩序」

1　戦後アメリカの国際秩序形成の特徴

国際政治学者ハンス・J・モーゲンソーは一九六〇年の著書で、新大陸にやってきた移住者たちの目的は、「自由のなかの平等」(equality in freedom) であると述べたうえで、それは、「恒久的な政治支配からの自由」であり、「全てのアメリカ人が権力と富を獲得するために平等な立場で競争する機会」を意味したという。(1)

しかしながら、アメリカ史を振り返ると、この目的は依然として達成されていない。「自由のなかの平等」は、機会の均等と言い換えることができるが、この原則が現実のものとなるためには、「全てのアメリカ人が権力と富を獲得するために平等な立場で競争する機会」が担保されなければならない。だが現実には、この前提はアメリカ政治において、十全に機能してきたとは言えない。それは、アメリカ型民主主義(自由民主主義)が、実際には、民主主義よりも自由主義に傾斜する傾向があり、なかでも平等よりも経済的自由に力点を置く政治が行われてきたことによる。その結果、アメリカの民主主義は、「エリート民主主義」として機能してきた。

モーゲンソーはまた、「自由のなかの平等」という国家目標は、アメリカ国民のためだけに実現し、維持されるべきものなのではなく、「他の諸国民が見習うべき模範」としても維持されるべきものと考えられたという。(2) だが、国際政治における帝国主義、植民地主義の歴史が示すように、アナーキーな世界(統一政府なき世界)にあっては、主権国家間の対等性という原則の存在にもかかわらず、現実は大国間政治が支配的であり、主権国家間の平等は担保されてこなかった。それどころか、二〇世紀に入っても、帝国主義や植民地主義は、自由主義と共存してきた。

ウッドロー・ウィルソンは、第一次世界大戦に参戦するにあたって発表した戦争目的である「一四ヵ条」において、自決権と自由貿易を掲げた。後者は、アメリカ外交の目標の中でも優先順位が高かったが、植民地住民が切望した民族の自決権の優先順位は、被抑圧民族が期待したほど高くはなく、ヴェルサイユ体制下でも植民地主義は存続した。

第二次世界大戦後のアメリカは、ウィルソンが掲げた「リベラル」な秩序の形成を目指した。だが、「自由主義的国際秩序」(liberal international order) をめぐる議論において、「リベラル」な秩序が現実に内包する諸問題を考察することなく、リベラルな価値観を所与のものとする論調が、先行研究や論壇を支配してきた。その結果、法の尊重、人権の重視など自由主義的規範や多様性を無視する言動を繰り返すドナルド・トランプが、二〇一七年一月大統領に就任するや、多くの論者が、トランプの出現をアメリカの伝統からの逸脱だと受け止めている。そうしたなか、戦後アメリカが指導力を発揮して形成された「自由主義的国際秩序」に関する議論がにわかに研究者の関心を集めるようになっている。

そこに共通するのは、戦後アメリカが中心になって構築した「リベラル」な国際秩序が危機にあるという認識だ。『自由主義的世界秩序』(二〇一三年) の編者たちは、「リベラリズムはいまや国際政治理論および実践の両面で疑問視されるようになっている」と述べたうえで、さらに次のように続ける。ますます多くの学者が、「自由主義秩序の強靭性と自由主義の諸制度が、二一世紀のさまざまな挑戦に対処する能力」に疑問を抱くようになっている。(3)

E・H・カーはかつて、『危機の二十年』という著書の中で、ウィルソンに鼓舞されて第一次世界大戦後の世界を支配した「自由民主主義の理論」が、「時代・国家の大地に根差したもの」ではなくなっていたため、「不毛と幻滅」をもたらしたと述べ、一九世紀的な自由主義的国際主義を批判した。(4) その当時のカーの状況認識は、「今日の国際政治においてわれわれにつきつけられているものは、一世紀半にわたって政治経済思想を支配し続けた道義の概念が完全に破産した」という事実であった。(5)

カーはこのように述べて、理念や規範は常に変化する現実に照らしてその妥当性を検証することの重要性を説いた。こうした認識に立つならば、第二次世界大戦後七〇年を経過し、国際政治が大きな構造的変化をとげている中で、「自由主義的国際秩序」の特徴と問題点について、改めて検証する時期にきていると思われる。

『自由主義的世界秩序』の編者たちは、リベラル陣営内部からも、「自由主義的国際秩序」が危機にさらされているとの認識が生まれていると指摘したうえで、代表的論客であるジョン・アイケンベリーも例外ではないと述べている。(6) アイケンベリーは、アメリカが主導した第二次世界大戦後のリベラルな国際秩序に関する論争をリードしてきたと評される。そこで、彼の議論を批判的に考察する中で、この問題を考えてみたい。

彼の著作は、アメリカの政治指導者の演説に見られる公的言説を批判的、実証的に検証したものだというより、そうした言説を所与のものとして論じるところに特徴がある。彼は、「リベラル国際主義」の特徴は、「開放的でルールにもとづいた秩序」、「立憲的な秩序」、「制度化された秩序」、「多国間主義的な秩序」だと主張するものの、これらの理念が現実の政治でどのように機能してきたのかには目が向けられていない。(7)

カーは、アメリカの独立宣言に謳われている「すべての人間は平等につくられている」という文言を引き合いに出し、この命題が事実ではないにもかかわらず、「あたかも事実を述べているかのごとく偽装された」ことで、現実世界とは距離のある主張がなされると述べ、理論や規範は常に変化する現実に照らして、その妥当性が検証されなければならないと警告している。(8) アイケンベリーの議論もまた、規範と現実という観点から批判的に考証する必要がある。

アイケンベリーは、戦後のアメリカは国際秩序形成の目標や理念においてはもちろんのこと、政策レベル（実践）でも「リベラル国際主義」を追求してきたと考える。このため、「リベラル」な秩序形成過程においてアメリカが直面する障害や内包する矛盾、その帰結としてのリベラリズムの変質への洞察を欠き、現実から乖離した主張を展開することになっている。たとえば、アイケンベリーは、ヘゲモニー秩序に関して、（1）強制的なヘゲモニー秩序、（2）利益供与にもとづく、「黙認」されたヘゲモニー秩序、（3）全面的に制度化された、ルールにもとづく開放的なヘゲモニー秩序の三つのタイプに類型化する。そのうえで、彼は、アメリカの事例は、（2）（3）に特徴づけられ、強制性は希薄だと論じる。[9]

たしかに、彼の主張は、アメリカと日本や西欧の先進工業諸国との関係についてはある程度当てはまるが、アジア、アフリカ、ラテン・アメリカ、カリブ海地域、太平洋諸島との関係については妥当しない。[10]むしろ、アメリカと発展途上諸国との関係については、ロバート・コックスの指摘がより説得的である。コックスもまた、パクス・アメリカーナは、ソ連圏以外の諸国間で「広範な同意」を獲得しており、「連帯している勢力」や「従属的勢力」にも「黙従」を維持するために、「十分な便益」を与えることができたという点で、グラムシ的な意味において、「ヘゲモニー的であった」という。だが同時に、コックスは、「同意」は「周辺」に近づくほど希薄になり、「周辺」では「実力の要素」（element of force）が常に際立っていた、と指摘している。[11]

なぜそういう違いが生じるのかについて理解するためには、第二次世界大戦後にアメリカ社会に出現した「安全保障国家体制」とアメリカのリベラリズムの変質に目を向ける必要がある。[12]冷戦の発生に伴い、経済の軍事化、対ソ「封じ込め」政策の軍事化と反共優先の論理、「軍産官学複合体」と彼らが唱道するイデオロギーの台頭、安全保障の論理を自由や民主主義に優先させる傾向などにより、アメリカのリベラリズムはさまざまな妥協を強いられた。[13]ジョン・ラギーは、後述するように、経済における政府の役割の増大によって、アメリカのリベラリズムが、「埋め込まれた自由主義」という形で妥協を迫られたことを指摘したが、自由主義の変質は、ラギーが指摘するような意味に止まらない。米ソ冷戦期のアメリカの自由主義は、「安全保障国家体制」の出現に伴い、ラギーが論じなかった変質を迫られた。

戦は、アメリカの軍事大国化を促し、アメリカ社会の変容をもたらした。

カール・シュミットは『政治的なものの概念』において、クラウゼヴィッツの有名な文句「戦争は他の手段をもってする政治の継続」に言及するなかで、政治が戦争を条件づけるのか、それとも戦争が政治を条件づけるのかという問題を提起した。そのうえで、彼は、戦争は「現実的可能性としてつねに存在する前提なのであって、この前提が、人間の行動・思考を独特な仕方で規定し、そのことを通じて、とくに政治的な態度を生み出すのである」と述べている[14]。冷戦はまさに、そのような政治的態度を生み出した。なかでも、一九五〇年六月に勃発した朝鮮戦争は、筆者が「NSC六八の世界」と称する状況を作り出す決定的な契機となった[15]（第一章第三節を参照）。

「リベラル国際主義」論者は、冷戦と「リベラル国際主義」の変質との関係についての実証的、歴史的考察を欠いている点で問題を残している。

アイケンベリーはまた、アメリカの「単極秩序」が、多国間主義、民主主義や法の尊重にもとづく制度的拘束、市民的ナショナリズムに特徴的な多文化主義、民主主義的価値観、多様性の尊重などに規定されたパワーの抑制的行使に支えられていたため、他の国々からの抵抗や反発も少なく、パワーの行使にも正当性が付与されていたと主張する[16]。それゆえ、ブッシュ・ジュニア政権が成立し、「対テロ戦争」を開始するにあたって、先制攻撃を正当化する「ブッシュ・ドクトリン」を打ち出し、アイケンベリーが考える戦後アメリカの「リベラル秩序」形成の特徴を無視する行動がとられるようになると、彼はブッシュ政権の外交を「新帝国主義的」だと批判し、アメリカ外交の「伝統」に戻るべきだと主張するようになった[17]。具体的には、ブッシュ政権の外交は、軍事偏重とパワーの行使における正当性の欠如、単独主義的行動、多国間主義の軽視、先制攻撃や予防戦争論の肯定、制限主権論の展開などに特徴づけられると批判する[18]。アイケンベリーから見れば、ブッシュ・ジュニア政権やトランプ政権の外交は、彼のいう「資本主義的なデモクラシーの帝国」からの逸脱だとみなされる。

だが、アメリカ外交の伝統の中に、ブッシュ・ジュニア政権に特徴的な「新帝国主義的」対外行動はなかったのかというと、必ずしもそうではない。筆者はこれまで発表した著書や論文において、一八九八年の米西戦争を契機に、アメリカは西半球と太平洋諸島において、イギリス帝国やフランス帝国などの西欧列強と同様、領土支配を伴う帝国を形成し、冷戦初期まで維持してきたとの論を展開している。二〇世紀アメリカ外交の基調は「門戸開放帝国主義」(「非公式帝国」)だとしても、同時に、「島嶼帝国」としてのアメリカに光を当てることの重要性を強調してきた。[19]

イギリス帝国史研究の権威A・G・ホプキンスは、二〇一八年に著した『アメリカ帝国』において、一七八三年から二一世紀の今日に至るまでのおよそ三〇〇年の歴史の中に帝国の歴史を位置付け、イギリス帝国やフランス帝国との比較の視点から、アメリカもまた、西欧列強の帝国となんら異なることのない帝国であったとの論を展開している。[20]

ホプキンスの著書は、「島嶼帝国」という概念を軸にカリブ海諸国やハワイ、フィリピンに対するアメリカの支配のメカニズムと統治手法、アメリカ本土と被支配地域との利害関係を詳細に考察していて、帝国論の金字塔というべき労作である。なかでも、本論との関連で注目されるのは、アメリカは「一八九八年から一九五九年の間、帝国を保有していた」[21]と述べ、イギリスやフランスが脱植民地化運動に抗しきれずに植民地の独立を認めていく五〇年代半ばから六〇年代初めまでとさほど時差のない時期に、アメリカもまた、「島嶼帝国」を手放していったと論じている点にある。ホプキンスは一九五九年を、アメリカが帝国からへゲモニー国家に移行する転換点だとしているが、その理由は、この年にハワイが準州からアメリカの正式の州として承認されたことによる。[22]

ロナルド・レーガン政権の外交もまた、そうした系譜に位置付けられるのではないか。[23]なかでも、レーガン政権に特徴的なのは、「レーガン・ドクトリン」の名の下に、ニカラグアをはじめとする第三世界諸国に軍事介入を頻繁に繰り返したことだ。介入の論拠は、人権を遵守しない国家の場合は、主権を尊重する必要はない、あるいは権威主義体制と全体主義を区別することによって、後者を敵視し、前者は支援すべきだというものだった。そのさいの大義名分は、民主化と自由の外延的拡大である。レーガン政権は、ニカラグアのアナスタシオ・D・ソモサ独裁政権の残党を中心に構成されていた「コントラ」(Contra)という組織を支援することによって、民主的に選挙されたサンディニスタ政権の打倒を目指した。「テロリスト」をかくまう政権は同罪だとして、アフガニスタン攻撃を開始したブッシュ・ジュニア政権の行動と軌を一にする。レーガン・ドクトリンの介入主義的論理は、ブッシュ・ジュニア政権で影響力を持っていた「ネオコン」が展開した制限主権論（介入主義の論理）とさほどの違いは認められない。

アメリカの政策形成者たちは、ソフト・パワーとハード・パワーを使い分けることによって、その「リベラル・プロジェクト」（「資本主義的・自由主義的秩序」）の実現を目指した。そのさい、ソフト・パワーの行使によって目的を達成できなかった場合、彼らは戦争や武力行使に訴えることも辞さなかった。アイケンベリーの主張とは裏腹に、第三世界諸国に関しては、戦後のアメリカが軍事力の行使に「抑制的」であったとは言い難い。その意味で、ワシントンが目指す「リベラル・プロジェクト」の形成過程で、アメリカの戦争や軍事力がどのように位置づけられていたかの検証は重要な課題となっている[24]。

紛争や戦争の定義は、用いる引照基準によって違ってくる。K・J・ホルスティの研究によると、一九四八年―八九年の期間を通して、古典的な戦争（国家間紛争）は二二件、民族解放戦争は三五件とされる。ホルスティの場合は、（1）紛争当事者の少なくとも一つが、たとえば国連加盟国のように国際社会で国家として承認されていること、（2）紛争当事者の一つあるいはそれ以上が、別の政治管理下にある領土で正規軍部隊を展開していること、（3）これらの正規軍部隊が、他国の領土に少なくとも二週間展開していること、という三つの基準に基づいて事例を算出している。それゆえ、ホルスティの基準では、一九八六年にレーガン政権が敢行したリビア空爆の事例は含まれない。このような定義に基づけば、アメリカが当事者となった戦争は、朝鮮戦争（一九五〇年―五三年）、朝鮮戦争がエスカレートして発生した米中戦争（一九五〇年―五三年）、リンドン・ジョンソン政権によるドミニカ共和国への軍事介入（一九六五年）、ベトナム戦争（一九六五年―七五年）、レーガン政権によるレバノン侵攻（一九八二年―八四年）とグレナダ侵攻（一九八三年）である[25]。

ところが、B・M・ブレックマン、S・S・カプランの研究によると、ワシントンが政治目的達成の手段として軍事力を行使した事例は、一九四六年一月一日から七五年一二月三一日までの期間をとっても、二一五件にものぼる[26]。このことは、アメリカがクラウゼヴィッツ流の戦争観を実践してきたことを示している。すなわち、戦争を外交の延長線上で捉える考えが、ワシントンの政策決定者の間では顕著なのである。こうした考えは、法の尊重や説得を重んじるリベラルな価値観とは相容れない。

アイケンベリーの「自由主義的国際秩序」論は、こうした歴史的事実を視野に入れないために、アメリカの軍事力行使は、抑制的であり、「資本主義的なデモクラシーの帝国」にはパワーの行使において、「拘束的なロジック」が作動していると主張される。しかし、アメリカの軍事力の行使が「抑制的」と見えるのか否かは、行使する側と行使される側とでは全く様相が異なるのである。アイケンベリーがいうように、アメリカの軍事力は圧倒的である。この非対称的なパワーに照らして、アメリカの軍事力の行使が「抑制的」であると主張するのは、アメリカの視点に立った場合にいえることである。まさに彼我の軍事力の格差が圧倒的であるがゆえに、アメリカの軍事力行使の対象となった国には、大きな犠牲や被害が生じることになる。

先行研究にみられる「自由主義的国際秩序」論の問題はまた、その多くが、米ソ中心の冷戦秩序が階層的、帝国的だという特徴を考慮の外においている点だ。しかしながら、冷戦秩序に限らず、一九世紀後半以降の国際秩序形成過程で明らかなことは、ホプキンスのアメリカ帝国論に示されているように、リベラリズムが、不安定ながらも、帝国主義支配や植民地主義支配と共存してきたという現実だ。イギリスの「自由貿易帝国主義」論やアメリカの「門戸開放帝国主義」論を持ち出すまでもないだろう。また、ウィリアム・ルクテンバークはかつて、「革新主義者」と帝国主義はその自由主義的イデオロギーにおいて表裏一体の関係にあると主張し、「革新主義者」を代表するウィスコンシン州のロバート・ラフォレット上院議員をはじめ、当時相当数の「革新主義者」たちが、帝国主義と親和的であったことを明らかにしている。(27)

ヴェルサイユ条約で日本政府代表が、国際連盟規約に人種平等、人種差別撤廃条項を入れるよう主張したのに対して、日本の要求をヨーロッパの戦勝国が拒否し、ウィルソンもこれを受け入れたことは周知のことである。また、国際連盟規約第二二条が委任統治領制度を認めていたことに示されるように、連盟は、マーク・マゾワーが「帝国的国際主義」(imperial internationalism)と称する考えが支配的であった時代、すなわち帝国の存続が自明のこととされていた時代に設立されたものである。それゆえ、連盟は、ウィルソンの唱える(民族)自決権を敗戦国には適用したが、戦勝国および非ヨーロッパ諸国民に適用することに拘泥しなかった。マゾワーにいわせれば、連盟は「帝国維持の手段」であった。(28)同様に、後藤春美は「国際連盟が帝国を内在させていた」ことを指摘している。イギリスやフランス、それに日本は帝国であると同時に、国際連盟を支える重要な柱であった。これらの国々は「国際協調の精神」と同時に、「既存の帝国秩序に親和的な側面」も有していたのである。(29)

マゾワーはまた、国際連合のイデオロギー的起源を考察しているが、サンフランシスコで一九四五年に出現したのは、「連盟の生まれ変わり」だと述べている。(30)すでに筆者が、以前の著作で指摘したように、国連は、旧国際連盟の委任統治領を信託統治制度に改め、「自治能力を欠く人々」を合法的に大国の支配下に置くことを正当化した。アメリカは、ミクロネシアを信託統治下に置くために、「戦略地域」という新たな概念を持ち出し、「戦略地域」は国連信託統治理事会ではなく、常任理事国が拒否権を有する国連安全保障理事会の管理下に置くよう画策し、軍事戦略を民族自決の原則よりも優先した。(31)斉藤孝は、国連信託統治制度は「実際上は強国による帝国主義的植民地分割の新しい形態」だと喝破している。(32)

冷戦期秩序もまた、階層的、帝国的であった。この時期、米ソはブロック内支配を強化しようとしたため、東西両陣営内から超大国の支配に対する異議申し立てが起きたが、同様な動きは、脱植民地化と主権国家間の平等な関係の樹立を目指す第三世界の人々のあいだからも生まれてきた。独立、自主、近代化を目指す脱植民地化運動は、植民地支配に対する抵抗にくわえて、米ソ中心の冷戦統合に対する挑戦という性格を帯びた。それは冷戦秩序が、帝国主義・植民地主義との親和性を有していたからだ。(33)アメリカの自由主義イデオロギーは、ソ連の共産主義イデオロギーを敵視したが、経済的に閉鎖的体制でなければ、ワシントンの政策決定者たちは、独裁的、抑圧的政権を支援してきたし、冷戦の論理を優先する立場から、イギリスやフランスといった植民地主義帝国との協力を重視した。その意味で、本書でも論じるように、アメリカの「反植民地主義」政策には留保が必要なのだ。

「自由主義的国際秩序」論にほぼ共通して欠けているもう一つの問題点は、自由・民主主義・平等の関係に関する考察が十分でないことにある。アメリカ人の大多数にとって、民主主義モデルといえば、アメリカモデル（自由民主主義）であり、それ以外のモデルが存在するという認識は極めて希薄である。そのさい、アメリカ国民の大多数は、自由と民主主義とは一体のものであると考えてきたが、両者の関係や結びつきは自明ではない[34]。実際のところ、アメリカの政策決定者たちは、戦後の秩序形成において、かならずしも両者を不可分なものとして追求してきたのではない。政策目標において自由と民主主義がトレード・オフの関係にある場合には、前者を優先してきた。アメリカの「リベラル・プロジェクト」においては、経済的自由主義が民主主義よりも高い優先順位を与えられてきた。にもかかわらず、その帰結が、アメリカ社会や国際社会に何をもたらしてきたのかについて掘り下げた検討はほとんど行われていない。「自由主義的国際秩序」をめぐる議論においても、このような視点は看過されているといえよう。

二〇世紀アメリカ史の文脈で考えると、「自由放任主義」（レッセ・フェール）と称される一九世紀型自由主義と大恐慌に端を発する福祉国家化の流れの中で誕生したニューディール型自由主義との間には激しい対立と論争が続いてきた。だが、世界恐慌以降は、福祉国家化の流れが優勢となり、「リベラル・アワー」と称された六〇年代には、ニューディール型自由主義が支配的であった。しかし、ベトナム戦争と「貧困との闘い」という二つの重要課題で、ジョンソン民主党政権が行き詰まり、その結果連邦政府財政赤字が深刻化すると、保守派の反撃が開始され、七〇年代に入って、経済的自由主義が民主主義や平等を次第に圧倒する流れが生まれることになった。そうした潮流は、経済・金融のグローバル化およびスーザン・ストレンジの言う「国家の後退」（the retreat of the state）という形をとって現れた[35]。

戦後のアメリカは自由貿易を掲げ、「IMF・GATT体制」の下で、世界経済の拡大に大きな役割を果たしてきた。だが、その一方で、世界経済の拡大は基軸通貨であるドルの需要の増大をもたらした。この需要増に応えるために、アメリカは国内市場を開放して輸入を拡大するか、在外米軍の調達や軍事・経済援助の増大を通じて、ドルを世界に「散布」し続ける必要があった。こうして、前者は貿易赤字の拡大をもたらし、一方で後者を通じて、アメリカはドルの供給を続けたことで、国際収支の赤字を招いた。その帰結としての政府財政赤字の深刻化は、ドルの信認の低下につながった。その結果、アメリカは、七一年八月、ニクソン政権の下で、新経済政策の発表（第一次ニクソン・ショック）およびドルと金の交換停止に追い込まれた。その後国際通貨制度は、七三年二月に変動相場制に全面的に移行したことから、ジョージ・シュルツ財務長官は、七四年一月に資本統制の廃止宣言に踏み切った。この廃止に伴い、政府はトランスナショナルな資本の移動と金融市場をコントロールする能力を大幅に喪失することになった。

七三年一〇月の第四次中東戦争を契機とする第一次石油ショック、七九年二月のイラン革命に伴う第二次石油ショックは、石油輸出国が抱え込んだ膨大なオイル・ダラーを欧米の金融市場に還流したことから、政府は膨張したマネーのフローを管理することがますます難しくなった（本書65頁、図1―2を参照）。同時に、石油価格の高騰によって、先進国経済は軒並み低成長時代に突入し、インフレと不況が同時に進行するスタグフレーションに陥った。このため、先進工業諸国はG―七サミットを開催し、一九七五年から七八年にかけて、インフレと不況という、経済対策としては二律背反の関係にある状況を改善するための協議を行った。G―七では「機関車論」が展開され、経済的に余力を残している国は経済刺激策をとり、他方で、不況が深刻な参加国はインフレ抑制を実施するという方向で協議が重ねられた[36]。

協議が難航するなか、ジミー・カーター政権は景気刺激策を発表したが、景気回復もインフレ抑制もうまくいかず、逆に国際収支をさらに悪化させる帰結を招いた。一九七七年末のアメリカの経常収支赤字は一八〇億ドルに膨らんだが、これは前年度比三倍増であり、経済協力開発機構（ＯＥＣＤ）加盟国全体の財政赤字の半分に匹敵した[37]。

カーター大統領は、インフレ抑制とドルの信認の強化を意図して、ニューヨーク連邦準備制度理事会の理事長の職にあったポール・ボルカーを一九七八年秋にアメリカ連邦準備制度理事会（ＦＲＢ）議長に任命した。一〇月六日、ＦＲＢは価格安定のために通貨供給量をコントロールする政策を発表、同時にインフレ抑制策として公定歩合を引き上げる措置を取り始めた。「ボルカー・シフト」と称されたこの措置は、各国が財政支出により景気回復を図る政策の転換を意味し、国際的ケインズ主義の限界を示すものであった。

国際的ケインズ主義の終焉は、レーガン政権の「小さな政府」論、新自由主義的経済路線の出現を準備することとなった。それは、一方で、世論の反発の強い増税ではなく、大幅減税の実施によって景気を回復することを目指し、他方で、財政支出を切り詰めるため、医療、失業手当、教育などの分野での公的支出を削減するというものであった。また、レーガン政権は、軍拡に伴う国防費の増大、大幅減税に伴う政府財政赤字の穴埋め措置として、高金利政策を導入し、国際金融市場から連邦政府財政赤字をファイナンスするという手段に訴えた。

レーガン政権の下で推進された金融の自由化、規制緩和の動きは、ニューディール体制下で形成され、戦後のアメリカ社会に長らく定着してきた福祉国家化の流れに逆行するものであり、ジョン・ラギーが「埋め込まれた自由主義」と呼んだ仕組みが、貿易の自由化の側面からだけでなく、金融の自由化や規制緩和の側面からも崩壊していく過程であった。

第二次世界大戦後のアメリカは、「完全雇用法」案を議会に提出したことにも示されるように、戦争経済によって得られた繁栄を戦後も維持するということに関しては、国内的なコンセンサスがあった[38]。その一方で、アメリカの資本主義が拡大していくためには、世界の市場と原材料資源がアメリカ経済に開かれたものであることを必要としていた。国内における雇用の確保と無差別で多角的な自由貿易体制の維持という二つの要求をいかにして維持していくかは、ワシントンの政策決定者たちにとって重要な課題であった。貿易の自由化の拡大は、国内における福祉国家体制の維持を前提としており、その意味で、「国内のセーフガード措置なくして国際的自由化はありえない[39]」とラギーが指摘するように、両者の適切なバランスが維持される必要があった。いわゆる「埋め込まれた自由主義という妥協」（"the embedded liberalism" compromise）である。経済と金融のグローバル化は、「小さな政府」論に基づき、教育、年金、医療といった公的サービスの縮小を伴ったことにより、脱福祉国家化の流れはさらに強まり、国内における貧富の格差の拡大をもた

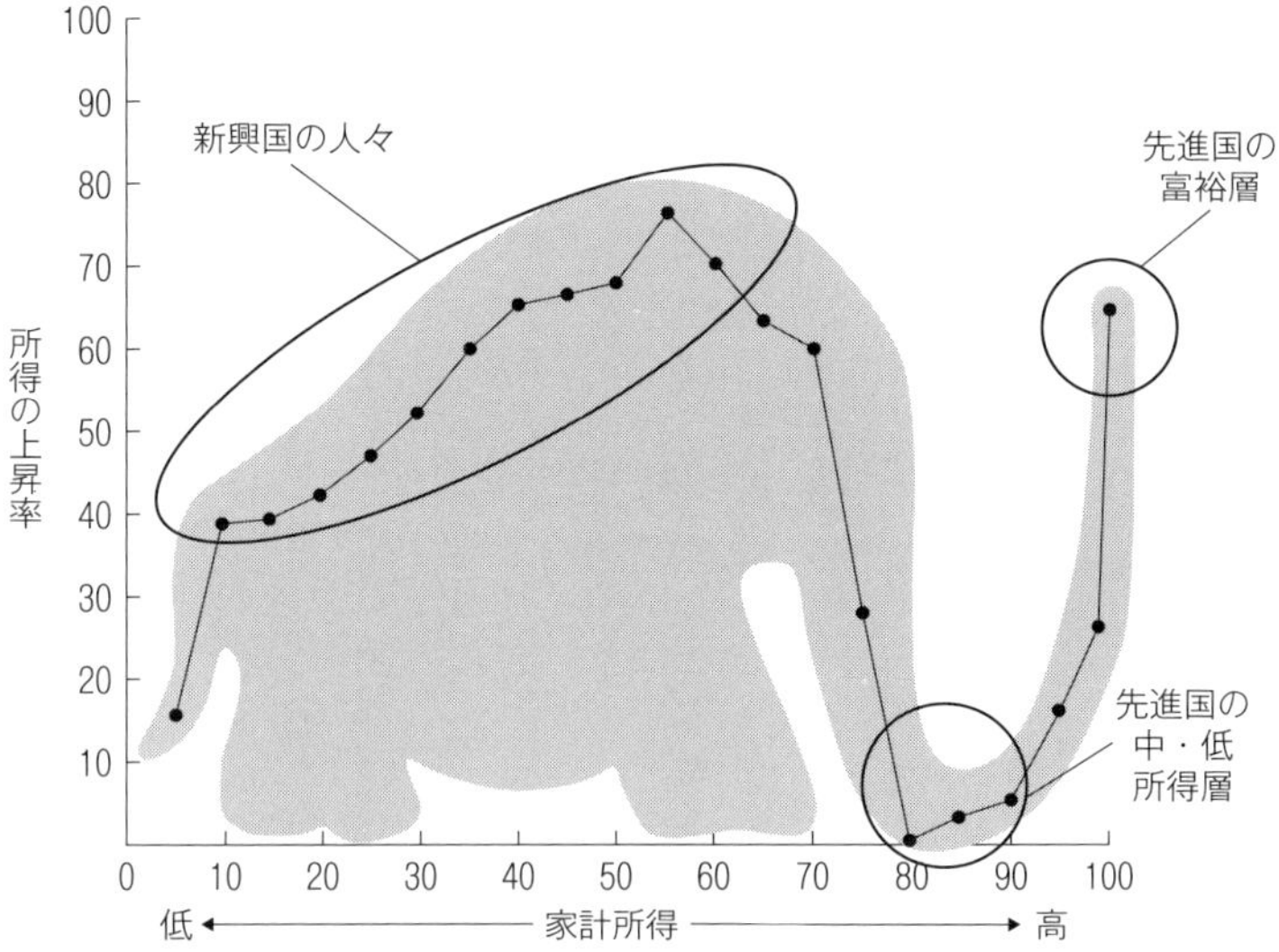

図1　実質所得の変化（1988-2008年）ミラノヴィッチの象グラフ

（出所）Branko Milanovic, "Global Income Inequality in Numbers: in History and Now," *Global Policy*, Vol. 4, Issue 2 (May 2013), p. 202.

らした（図1）。

ラギーは、「埋め込まれた自由主義という妥協」は、保護主義の台頭または「抑制のきかない自由化」が、福祉や雇用に対する国内の支持を掘り崩す場合に崩壊すると指摘し、多くの有識者の関心は保護主義の危険に向けられているが、むしろ後者の危険の方が大きいと警告していた[40]。新たに解き放たれたトランスナショナルな経済諸力と国内の福祉との緊張関係を調整する能力を国家（政府）が喪失する危険は、冷戦後に新自由主義的イデオロギーが勢いを増すなかで、現実のものとなった。トランプ政権を支持する有権者たちは、反グローバリズムの立場から、ある意味で「埋め込まれた自由主義」への復帰を求めているともいえる。

戦後の「自由主義的国際秩序」が、アメリカ主導で形成されたことを踏まえるならば、リベラリズムが内包する上述のようなディレンマへの考察と対処は、戦後政治の重要な課題であった。だが、「自由主義的国際秩序」論者は、自由主義、民主主義、平等の関係に横たわる、こうした矛盾やトレード・オフの関係に十分な関心を示してこなかった。

アイケンベリーは、アメリカが構築した「自由主義的国際秩序」の危機の原因は、リベラルな規範や価値の危機ではなく、その中心的な担い手の統治技術や能力の問題であると主張する。すなわち、この危機は、アメリカ以外の国々が、秩序形成に参加し発言力を増したことの表れであるとして、とくに中国のパワーの台頭に注目する。(41) アイケンベリーによると、中国はアメリカが構築した「自由主義的国際秩序」から相当の恩恵を得ているのだから、アメリカ色は薄まるだろうが、アメリカが秩序の主要な担い手であることには変わりがなく、中国も自らが利益を得ている秩序の枠組みのなかで行動することを望むはずだと説明される。(42) だが、リベラリズムが内包するディレンマや矛盾を統治技術の問題に帰するアイケンベリーの主張は楽観的に過ぎるといわざるを得ない。

二〇一七年一〇月に開催された中国共産党第一九回党大会で習近平総書記が行った政治報告は、習政権が、中国独自の国際秩序形成を目指していることを示している。習政治報告は、「同じ政治制度モデルは世界に存在せず、外国の政治制度モデルを機械的に模倣するべきではない」として、「中国の特色ある社会主義」建設を目指すと述べた。そのうえで、建国一〇〇年を迎える二〇四九年頃に、「一帯一路」建設を軸に「貿易強国」を、そして「世界一流の軍隊」をそれぞれ建設し、「社会主義現代化強国」を目指すと宣言した。(43)「中国モデル」を強調する習近平外交の新たな展開は、戦後にアメリカ主導で構築された「自由主義的国際秩序」が動揺しており、「自由主義」モデルがかならずしもうまく機能していないとの認識を背景にしている。裏を返せば、それは「中国モデル」の可能性に対する中国指導部の自信の現れとみることができよう。

「自由主義的国際秩序」の危機をアメリカのパワーの後退と結びつける議論は、アメリカが秩序形成の中心的な推進者であったことを踏まえると、一概に否定できない。カーも指摘するように、「国際秩序という実用的な仮説をつくったのは、一つの支配国である。したがってこの支配国の相対的ないし絶対的衰退とともに、その仮説もまた打ち壊されて」(44) いくのだとすれば、アメリカのヘゲモニーが後退した今日、「自由主義的国際秩序」の危機が、研究者の関心を呼ぶのは当然だろう。だが、現在の危機は、アイケンベリーに代表される論者たちが主張するように、アメリカのパワーの相対的後退のみに帰することはできない。彼らの主張の問題点は、リベラリズムに内在する矛盾や諸問題の考察を欠いているところにある。その意味で、「リベラル国際主義」が陥っている危機は、アイケンベリーが考えている以上に深刻なのである。

アイケンベリーは、「西側自由主義秩序」の特徴を指摘する中で、日本とドイツが果たした役割にも言及している。なかでも、両国を「半主権的な限定的大国」と位置付けている点が興味深い(45)。

だが、日独両国が戦後辿ってきた軌跡の違いを考慮することなく、（西）ドイツを「半主権」国家と位置付けるのは問題がある。（西）ドイツは日本と異なり、周辺諸国との歴史認識問題にも真剣に向き合い、対米自立外交の展開を可能にするような多国間協調の枠組みをヨーロッパで構築してきた。そのことは、西ドイツのウィリー・ブラントが、六〇年代末から七〇年代にかけて「東方外交」を展開し、ヨーロッパ・デタントの流れを定着させ、米ソデタントの停滞状況を打破し、それを冷戦の終焉に結び付けるうえで、大きな役割を果たしたことを想起すれば十分だろう(46)。このことを踏まえるならば、ブラント政権以前の西ドイツ政府は別として、ブラント以降のドイツを「半主権」国家とみなすのは、適切な評価とはいえない。

一方で、アイケンベリーが、日本を「半主権」国家だと位置づけている点は注目に値する。日本の「半主権性」の論拠に関する筆者の見解は、アイケンベリーのそれとは異なるものの、日本政府がアメリカの冷戦政策の遂行において、コラボレーターとして重要な補完的役割を果たしたことは看過されるべきではない。筆者は、前著『冷戦と「アメリカの世紀」』において、こうした日本の補完的役割を、コラボレーターという概念を使って明らかにしてきた。

ワシントンの政策決定者たちは、日米安保条約の運用をめぐって、日本は安全保障で「ただ乗り」をしていると批判してきた。アメリカ政府が日本に対して、「フリー・ライダー」批判を展開するときは、日本の防衛力増強を期待する場合や、日米経済摩擦をめぐる交渉において、日本から譲歩を引き出したいときなど、動機はさまざまである。トランプ政権もまた、同様な議論を展開し、日本政府が在日米軍経費を全面的に負担しなければ、在日米軍の撤退もありうるなどと批判している。これに対して、日本政府は、適切な反論をするのではなく、また日本の安全保障をめぐる議論を世論の間に喚起するでもなく、北朝鮮や中国の脅威といった外圧を利用する形で、イージス・アショアを含む兵器購入の決定など、なし崩し的に防衛力増強を図っている。

こうした日本政府の対応は、冷戦期同様、冷戦後も繰り返されており、前著で指摘したように、コラボレーター政権としての日本政府の性格は、冷戦後も基本的に変わっていないといえよう(47)。

本書においては、「自由主義的国際秩序」が内包する矛盾や問題を論じると同時に、コラボレーター概念を使って、前著で十分論じられなかった事例を取り上げ、アメリカ政府が、日本の政治・経済エリートをコラボレーターとして育成していく過程の考察を行う。

2　本書の構成と各章の概要

本書は上述の問題関心に基づき、導入部分をなす第一章で、以下の点を概説する。アジアにおける冷戦はどのように開始され、それがアジアの脱植民地化運動や植民地宗主国の対応とどのように交錯したのか、その交錯が戦後秩序にどのような帰結をもたらしたのか、さらには、アメリカはその秩序形成過程において、いかにしてコラボレーター政権の育成を図ったのか、それが成功した場合と、うまくいかなかった場合の違いは何によるのか。そのさい、アメリカのパワーの強大さと限界にも留意する。また、ブレトン・ウッズ体制が崩壊していく過程で生じた経済と金融のグローバル化の潮流が形成される経緯および、第一次、第二次石油ショックの下で資源ナショナリズムが高揚するなか、第三世界諸国が「新国際経済秩序」（NIEO）宣言で目指した目標がなぜ挫折したのか、その帰結は、冷戦後の世界にどのような影響をもたらしているのかについても考察する。

次に第二章では、冷戦初期の重要な政治潮流となった脱植民地化運動へのアメリカの対応の特徴と問題点を考察することによって、アメリカが掲げる（民族）自決権や反植民地主義のスローガンは留保が必要であることを論証する。また、マラヤの脱植民地化過程における「英米協調」が示すように、アメリカの「反植民地主義」は、冷戦の論理を優先するあまり、植民地主義と折り合いをつけようとする性格のものであったことを論じる。さらに、アラブ・ナショナリズムへの対応に見られるように、第三世界諸国の脱植民地化運動へのワシントンの対応は、ナショナリズムが、ソ連や共産主義中国との関係改善に向かう場合は、それに対抗し、親西欧志向であれば、安定や秩序を優先する立場から、政権が民主的か抑圧的かを問うことなく支援したことを明らかにする。

シカゴ大学の外交史家ブルース・カミングスは一九九三年に、以下のような指摘を行っている。戦後秩序を構想したアメリカの政策決定者たちが望んだことは、「アメリカが構想する世界システムの中に日本を位置づけること、そして日本を、とやかく指図しなくてもやるべきことをきちんとやるように仕向けることだった。このような動機から、彼らは、日本の行動を一定の範囲内に縛るための枠組みを設定した。そしてその規制の枠組みは今もなお機能し続けている」。彼は続けて、次のように述べている。「国際的な観点あるいは戦後処理の観点からみると、日本はまだ戦後を脱していない。つまり、戦後の世界システムにおける日本の位置は、……一九四七年から五〇年までの時期に定まったわけだが、今日の状況は依然としてその当時に確定された日本の位置づけによって規定されている(48)」。

カミングスが指摘するように、アメリカは「とやかく指図しなくてもやるべきことをきちんとやるように仕向ける」装置を作り上げた。この枠組みとは、経済面での相互依存と、戦略面での「支配・従属関係」である。後者の戦略面での「支配・従属関係」の仕組みを作ったのが日米安保条約である。日本はこの日米安保条約を締結したことで、アメリカのヘゲモニー支配下に置かれ、冷戦後のいまもこの依存の構造は続いている(49)。

もう一つの支配装置は、日本と東南アジアとの経済関係の結びつきの強化およびアメリカの市場開放である。原材料の供給地および日本からの工業製品の輸出先として重要な東南アジア地域と日本との政治的・経済的関係の強化は、アメリカの共産主義「封じ込め」戦略の鍵を握ると位置付けられていた(50)。コロンボ・プランへの日本の参加問題をめぐるアメリカの対応は、そうした戦略的意図の下に展開されたものであり、それはまた、「とやかく指図をしなくてもやるべきことをきちんとやるように仕向ける」仕組みの一つであった。

アメリカとコラボレーター政権との関係において、日本の吉田茂政権や佐藤栄作政権は「交渉されたヘゲモニー」の事例である。占領統治下で戦後改革が進められ、民主主義・法の尊重といった共通の価値観が日米双方で共有されるようになったことで、ワシントンの政策決定者たちは、アメリカの冷戦政策を補完する役割を担うコラボレーター政権の育成に成功した(51)。第三章は、五〇年代アジアにおける地域協力が模索されるなかで、アメリカが、コロンボ・プラン加盟問題で日本政府を支援することを通して、日本をアメリカの冷戦戦略に組み込むための枠組みを構築していく過程を考察する。

第四章では、日米安保体制をアメリカのベトナム戦争政策の中に位置付け、日本の役割分担が拡大していく過程を考察する。まず、池田勇人政権と佐藤栄作政権の安全保障観の違いを取り上げたのち、六〇年代半ばにジョンソン政権の下でベトナム戦争政策が拡大するなか、佐藤総理が、沖縄返還を実現するために、アメリカのベトナム戦争への支持を公然と打ち出していく過程を分析する。佐藤政権は、日米安保体制の下での日本の役割分担の増大を受け入れた結果、安全保障分野における日本の役割は、日米安保条約の日本有事対応(第五条)から地域有事対応(第六条)に拡大し、事実上「第一の安保再定義」が行われたことを論じる。日米安保体制は戦略面で、日本政府が、アメリカのコラボレーターとして、「とやかく指図をしなくてもやるべきことをきちんとやるように仕向ける」仕組みである。佐藤が、日本国内世論のベトナム反戦運動が高まる中、世論に逆らう形で対米協力を進めていった過程を考証することによって、同政権のコラボレーターとしての性格とその帰結に光を当てる。

第五章は、冷戦の前哨地であった韓国に対して、巨額の経済・軍事援助を行うことによって、朴正熙政権をアメリカのコラボレーターとして育成していく過程を考察する。

従来の研究では、韓国の経済発展は専ら、経済・技術援助に焦点を当てて論じられてきたが、半面、軍事援助や安全保障の供与が経済発展に及ぼす影響は、考察の外に置かれてきた。第五章では、経済・技術援助と軍事援助・安全保障の供与は表裏一体の関係にあるとの観点から、両者が韓国の経済発展に果たした役割を考察する。

韓国の経済発展を検討するさいには、以下の二点が重要であったことを論じる。第一に、アメリカの対韓軍事援助によって韓国の国防費の負担が大幅に軽減されたことによって、経済発展のために資源を振り向けることができた。第二に、七〇年代初頭に韓国経済が成長の軌道に乗り始め、外資の導入が必要になったとき、政治の安定に必要な安全保障環境をアメリカが提供したことは、外資の導入を容易にした。

第五章はまた、韓国の経済発展は、最大の援助国であるアメリカのヘゲモニーを頂点とし、コラボレーターとしてワシントンの冷戦政策を補完する役割を果たした日本政府、そして被援助国としての韓国、という三層構造の下での発展であったことに注目する。この点を踏まえたうえで、ベトナム戦争の泥沼化と国際収支の悪化に苦しむアメリカが、対韓援助削減を迫られるなか、同国の対韓援助を補完する形で韓国への経済・技術援助を行った日本の役割を重視する。一九六五年の日韓国交正常化に伴い、巨額の請求権資金（経済協力資金）が日本から韓国に支払われた。この資金に加えて日本の経済協力に基づき供与された借款が、第二次経済五カ年計画に充当されたことで、その後の韓国の経済成長の基盤が形成されていったことに留意する。(52)

六〇年代半ば以降、輸入代替工業化戦略から輸出志向型工業化戦略へと力点を移行させることによって、目覚ましい経済成長をとげることになったアジアの「開発独裁体制」国家は、「社会主義モデル」と「自由主義モデル」とが競合するなかで、積極的な外資導入を図る国家主導型発展モデルというオルタナティブを提示した。第五章では、自由主義モデルとは異なる、国家主導の輸出志向型工業化戦略を採用し高い経済成長を維持することで、レーガン政権の新自由主義路線の登場以前に、独自の成長モデルを提示したアジアの「開発独裁体制」国家の果たした歴史的役割にも注目する。七八年末に中国は改革開放路線に転換し、独自の経済発展の道を選択することで、その後急速な経済成長を遂げた。そうした動きは、「アジアの台頭」をもたらした。その成功モデルとして、シンガポール、フィリピン、インドネシア、マレーシア、台湾などがあげられるが、第五章では、韓国を分析対象として取り上げる[53]。

最後に、エピローグにおいて、序章で展開したアメリカの秩序形成の特徴と問題点を改めて確認する意味で、アメリカの秩序形成と「民主化」支援について議論を展開する。アメリカにおける民主化支援を検討したG・ソレンセンによると、自由民主主義モデルとして、（1）自由主義的要素、すなわち市場原理によって導かれ、国際貿易に対して開放的な経済、および国家が限定的な役割しか果たさない場合、（2）民主主義の政治的・参加的な側面を重視し、自由で公正な選挙を強調する場合、（3）強力な開発型国家の長所と、国民のニーズへの反応がよい国家の長所を組み合わせたようなケース（日本、韓国、台湾）にくわえて、（4）エリートが支配する民主主義、（5）大衆が支配する民主主義、の五つを挙げている[54]。

エピローグでは、ソレンセンが列挙する五つの自由民主主義モデルのうち、アメリカによる「民主化支援」にもとづく秩序形成の特徴は、（1）の「市場主義モデル」に（2）の「選挙モデル」を加味した「自由民主主義」モデルであり、それは「エリート民主主義」的な性格を強く帯びたものであることを明らかにする。

アメリカの「民主化支援」は、経済的自由主義を優先する「市場民主主義」であり、そのような性格を持った「民主化支援」政策は、権威主義体制や軍事独裁政権とも協調的な関係を維持してきた。その意味で、冷戦期におけるアメリカの世界秩序形成は、非民主主義的ないし反自由主義的要素と親和的な関係にあったとみることができよう。「自由主義的国際秩序」論の多くは、そうしたアメリカの自由主義モデルに特徴的な諸問題を十分に考察していないという意味で、課題を残しているといえる。

注

（1） Hans J. Morgenthau, *The Purpose of American Politics* (New York: Knopf, 1960), p. 28.

（2） *Ibid*., pp. 34-37.

(3) Tim Dunne and Trine Flockhart, eds., *Liberal World Orders* (Oxford: Oxford University Press, 2013), p. 1.「自由主義的国際秩序」が危機に陥っているとする近年の研究については、上記編著の他に、以下を参照されたい。G. John Ikenberry, "The end of liberal international order?," *International Affairs*, 94-1 (January 2018), pp. 7-24; Constance Duncome and Tim Dunne, "After liberal world order," *ibid*., pp. 25-42; Beate Jahn, "Liberal internationalism: historical trajectory and current prospects," *ibid*., pp. 43-61; Charles A. Kupchan and Peter L. Trubowitz, "Dead Center: The Demise of Liberal Internationalism in the United States," *International Security*, 32-2 (Fall 2007), pp. 7-44. Beate Jahn, *Liberal Internationalism: Theory, History, Practice* (Hampshire: Palgrave/Macmillan, 2003).

(4) E・H・カー『危機の二十年』(原彬久訳) 岩波書店〔岩波文庫〕、二〇一一年、六九―七〇頁。また、カーの批判の対象が一貫して、一九世紀的な自由主義的国際主義に向けられていたという研究については、以下を参照されたい。山中仁美『戦争と戦争のはざまで――E・H・カーと世界大戦』ナカニシヤ出版、二〇一七年、四―五、二三三頁。

(5) 同上、カー、一三二頁。

(6) アイケンベリーは、「アメリカ中心の秩序はいまや危機に陥っている」と認めるようになっている。Ikenberry, *Liberal Leviathan: The Origins, Crisis, and Transformation of the American World Order* (Princeton: Princeton University Press, 2011), p. 334.

(7) アイケンベリーの一連の著作については、以下を参照されたい。G. John Ikenberry, *Liberal Order and Imperial Ambition: Essays on American Power and World Politics* (Cambridge: Polity, 2006). G・ジョン・アイケンベリー『リベラルな秩序か帝国か――アメリカと世界秩序の行方』(細谷雄一監訳) 上、下、勁草書房、二〇一二年。Ikenberry, *After Victory: Institutions, Strategic Restraint, and the Rebuilding of Order After Major Wars* (Princeton: Princeton University Press, 2001). G・ジョン・アイケンベリー『アフター・ヴィクトリー――戦後構築の論理と行動』(鈴木康雄訳) NTT出版、二〇〇四年。G. J. Ikenberry, "Liberal hegemony and the future of American postwar order," T. V. Paul and John A. Hall, eds., *International Order and the Future of World Polotics* (Cambridge: Cambridge University Press, 1999), pp.123-145.

(8) 前掲、カー『危機の二十年』四二―四三頁。

(9) Ikenberry, *Liberal Order and Imperial Ambition*, *ibid*., chapter 5.

(10) アイケンベリー自身近年では、ヘゲモニー秩序の自由主義的特徴は、アメリカと西欧・日本との関係にみられるように、「発達した自由民主主義世界」において最も広汎にみられるが、他の東アジア地域や発展途上国では、「アメリカ主導の秩序は階層的で、リベラルな特徴はずっと希薄である」と述べ、これまでの主張を後退させている。Ikenberry, *Liberal Leviathan*, pp. 26–27.

（11） "Social forces, states, and world orders: beyond international relations theory (1981)," Robert W. Cox with Timothy J. Sinclair, *Approaches to World Order*（Cambridge: Cambridge University Press, 1996）, p. 107. 筆者は、冷戦期におけるアメリカと第三世界諸国との関係は、アイケンベリーの類型でいえば、（1）の強制的なヘゲモニー秩序が顕著であると考える。コックスと同様な問題関心から論じた論集としては、以下を参照されたい。拙編著『アメリカの戦争と世界秩序』法政大学出版局、二〇〇八年。

（12）「安全保障国家体制」の成立については、以下の拙論を参照されたい。「一九四七年国家安全保障法の成立とナショナル・セキュリティ・ステートの形成」『北九州大学外国語学部紀要』第五二号（一九八四年七月）、六一―七一頁。その他、類似の研究としては以下がある。Michael J. Hogan, *A Cross of Iron: Harry S. Truman and the Origins of the National Security State, 1945–1954*（Cambridge: Cambridge University Press, 1998）. Aaron L. Friedberg, *In the Shadow of the Garrison State*（Princeton: Princeton University Press, 2000）. Douglas T. Stuart, *Creating National Security State: A History of the Law that Transformed America*（Princeton: Princeton University Press, 2008）.

（13） この点について、筆者は以下で論じた。秋元英一・菅英輝『アメリカ20世紀史』東京大学出版会、二〇〇三年、一八〇―一八七頁。拙編著『冷戦史の再検討』法政大学出版局、二〇一〇年、四―七頁。

（14） C・シュミット『政治的なものの概念』（田中浩／原田武雄訳）、未来社、一九七〇年、二七頁。

（15）「NSC六八の世界」については、以下を参照されたい。拙著『米ソ冷戦とアメリカのアジア政策』ミネルヴァ書房、一九九二年、第六章。

（16） Ikenberry, *Liberal Order and Imperial Ambition*, *op. cit.*, chapter 5. アメリカ外交の伝統をウィルソンに求めるなかで、二一世紀のアメリカ外交の危機を論じる論集において、ウィルソン的リベラルの間でも、武力行使をめぐって論争が戦わされている。トニー・スミスはブッシュ・ドクトリンを批判し、アン＝マリー・スローターは、武力行使を肯定する議論を展開している。アイケンベリーとスローターを共同代表者として開始され、二〇〇六年九月に提出された国家安全保障プロジェクト（「プリンストン・プロジェクト」）報告について、スミスは、多国間主義の名の下に再定義されたブッシュ・ドクトリンと変わらないと批判している。この論争は、ウィルソン主義が内包するディレンマを浮き彫りにしているといえる。G. John Ikenberry, Thomas J. Knock, Anne-Marie

Slaughter, Tony Smith, *The Crisis of American Foreign Policy: Wilsonianism in the Twenty-first Century* (Princeton: Princeton University Press, 2009), pp. 20–24, 82–88, 116–117.

(17) *Ibid.*, chapters 9 and 10.

(18) ブッシュ・ジュニア政権の外交の特徴に関する詳細な議論に関しては、以下の拙著『アメリカの世界戦略』中央公論新社［中公新書］、二〇〇八年、第七―一一章を参照。

(19) 前掲、秋元・菅『アメリカ20世紀史』、四―七頁。拙論「アメリカ『帝国』の形成と脱植民地化過程への対応」北川勝彦編著『イギリス帝国と20世紀』第四巻（脱植民地化とイギリス帝国）、ミネルヴァ書房、二〇〇七年、一一一―一五二頁。Hideki Kan, "The Making of 'an American Empire' and US Responses to Decolonization in the early Cold War Years," Uyama Tomohiko, ed., *Comparing Modern Empires: Imperial Rule and Decolonization in the Changing World Order* (Slavic-Eurasian Research Center, Hokkaido University, 2018), pp. 147–180. 以下もまた、英米の帝国は、多くの類似点が認められるとしている。Bernard Porter, *Empire and Superempire: Britain, America and the World* (New Haven: Yale University Press, 2006), pp. 7–8, 163.

(20) A. G. Hopkins, *American Empire: A Global History* (Princeton: Princeton University Press, 2018), especially Part II.

(21) Hopkins, *ibid.*, p. 31.

(22) ホプキンスは「帝国」とヘゲモンを区別している。帝国とヘゲモンは、（1）国際政治において、帝国が設定した「ゲームのルール」を他国に従わせるよう管理する、（2）他を圧倒する経済力や軍事力を保有するという点では共通するが、そのパワーの行使の仕方において異なる。ヘゲモンは、「指導者であるが支配者」ではなく、強制力に訴えないわけではないが、説得を通して正統性を獲得しようとするし、国際公共財を供給し、領土支配を伴わない。ヘゲモンはまた、他国の内政をコントロールすることにはさほど関心を示さず、対外政策に影響を及ぼそうとする（*ibid.*, p. 31）。その意味で、筆者が使用する「非公式帝国」とホプキンスのヘゲモン概念とはほぼ同義と考えられる。また、筆者は、アメリカは「島嶼帝国」であるが、二〇世紀以降のアメリカ外交は「門戸開放帝国主義」政策、すなわち「非公式帝国」を目指し、それが現実のものとなるのは第二次世界大戦後であると考えている。この点に関しては、ロイド・ガードナー、マリリン・ヤング編著『アメリカ帝国とは何か』（松田武・菅英輝・藤本博訳）ミネルヴァ書房、二〇〇八年、の巻末の筆者解説（三三一―三五三頁）も参照されたい。また、「非公式帝国」、ヘゲモン、ヘゲモニー、「自由主義帝国」は、領土支配を伴わないという意味で使用し、特に「デモクラシーの帝国」と区別するために「自由主義帝国」という概念を用いることにする。「アメリカ帝国」の本質は、自由主義をデモクラシーよりも優先するという点で「自由主義帝国」だと考えるからである。

（23） この点の議論に関しては、前掲『アメリカ20世紀史』第七章第五節および第八章第一節―第七節を参照されたい。

（24） このような問題意識の下に、筆者は、『アメリカの世界戦略』に加えて、前掲、拙編著『アメリカの戦争と世界秩序』で詳細に検討した。戦争や軍事力の行使が、アメリカの世界秩序形成においてどのような位置づけになっていたのか、およびその行使の特徴については、『アメリカの世界戦略』第二章「アメリカ外交の伝統と戦争」、また『アメリカの戦争と世界秩序』の序章を参照されたい。これらの著作では、アメリカ外交が、軍事力の行使に及ぶときは、外交と軍事は不可分であるというアメリカの政策決定者たちの外交観に加えて、「使命感国家」（レーガン政権やブッシュ・ジュニア政権）か「模範国家」（カーター政権、オバマ政権）のいずれが前面に出てくるのか、ブッシュ・ジュニア政権のときのように、「唯一の超大国」意識が強まり、伝統的に権益擁護の意識の強い伝統と結びつくか否かなどが、大きく左右すると指摘した。

（25） K. J. Holsti, *Peace and War: Armed Conflicts and International Order* (Cambridge: Cambridge University Press, 1991).

（26） B. M. Blechman and S. S. Kaplan, *Force without War* (Washington, D.C.: The Brookings Institution, 1978).

（27） この点の議論に関しては、前掲『アメリカ20世紀史』第一章「帝国主義と革新主義」を参照されたい。William Leuchtenburg, "Progressivism and Imperialism: The Progressive Movement and American Foreign Policy, 1898–1916," *Mississippi Valley Historical Review*, XXXIX (Dec.1952), pp. 483–504, reprinted in Armin Rappaport, eds. *Essays in American Diplomacy* (New York: Macmillan Co., 1967), pp. 171–185.

（28） Mark Mazower, *No Enchanted Palace: The End of Empire and the Ideological Origins of the United Nations* (Princeton: Princeton University Press, 2009), p. 23. マーク・マゾワー『国連と帝国――世界秩序をめぐる攻防の二〇世紀』（池田年穂訳）慶応義塾大学出版会、二〇一五年、一九四―一九五頁。また、以下も参照されたい。マーク・マゾワー『国際協調の先駆者たち』（依田卓巳訳）NTT出版、二〇一五年、第五、六章。Mark Mazower, *Governing the World: The History of an Idea* (New York: Penguin Books, 2012). ウィルソンの人種主義的偏見については、以下を参照されたい。John Milton Cooper, Jr. and Thomas J. Knock, eds., *Jefferson, Lincoln, and Wilson: the American Dilemma and Democracy* (Charlottesville: University of Virginia Press, 2010).

（29） 後藤春美『国際主義との格闘』中央公論新社、二〇一六年、一九―二〇頁。

（30）Mazower, *No Enchanted Palace, op. cit.*, p. 194.

（31）前掲『アメリカ20世紀史』一五二―一五三頁。拙論「アメリカ『帝国』の形成と脱植植民地化過程への対応」北川勝彦編『イギリス帝国と二〇世紀』第四巻（脱植民地化とイギリス帝国）ミネルヴァ書房、二〇〇九年、一一一―一五二頁。

（32）斉藤孝『戦間期国際政治史』岩波書店、一九七八年、三八頁。

（33）この点に関しては、覇権システムとしての冷戦という観点から、米ソ中心の冷戦秩序に対する異議申し立ての動きを考察し、冷戦の変容を論じた以下の拙論を参照されたい。「覇権システムとしての冷戦とグローバル・ガバナンスの変容」グローバル・ガバナンス学会編、大矢根聡・菅英輝・松井康浩責任編集『グローバル・ガバナンス学』I、法律文化社、二〇一八年、一〇四―一二六頁。冷戦秩序の階層的、帝国的性格については、以下も参照されたい。木畑洋一『二〇世紀の歴史』岩波書店、二〇一四年、第四章。

（34）A・ギャンブル『現代政治思想の原点――自由主義・民主主義・社会主義――』（初瀬龍平・萬田悦生訳）三嶺書房、一九九二年、第三章、及び九〇、一一一、一二一―一二二、二六四―二七一頁。

（35）Susan Strange, *The Retreat of the State: The Diffusion of Power in the World Economy* (Cambridge: Cambridge University Press, 1996).『国家の退場』（櫻井公人訳）岩波書店、一九九八年。

（36）Giuliano Garavini, *After Empires: European Integration, Decolonization and the Challenge from the Global South 1957–1986* (Oxford: Oxford University Press, 2012), pp. 211–214.

（37）Daniel J. Sargent, *A Superpower Transformed: The Remaking of American Foreign Relations in the 1970s* (Oxford: Oxford University Press, 2015), pp. 242–243.

（38）一九四六年雇用法案の成立過程をめぐる政府および利益集団の対応とその評価については、以下の拙論を参照されたい。「一九四六年雇用法と戦後アメリカ政治経済体制の位相」『北九州大学外国語学部紀要』第四九号（一九八三年六月）、一四三―二一二頁。

（39）John G. Ruggie, *Winning the Peace: America and World Order in the New Era* (New York: Columbia University Press, 1996), p. 37. ジョン・ジェラルド・ラギー『平和を勝ち取る――アメリカはどのように戦後秩序を築いたか――』（小野塚佳光・前田幸男訳）岩波書店、二〇〇九年。

（40）*Ibid.*, p. 109.

（41）Ikenberry, *Liberal Leviathan, op. cit.*, pp. 334–335.

(42) *Ibid.*, pp. 336, 346, 348–349.

(43) 『朝日新聞』二〇一七年一〇月一九日。

(44) 前掲、カー、四三八頁。

(45) Ikenberry, *Liberal Order and Imperial Ambition*, *op. cit.*, pp. 96–99.

(46) ブラント外交とドイツ外交の地平の拡大については、以下の拙論を参照されたい。「序論　変容する冷戦と歴史認識」拙編著『冷戦変容と歴史認識』晃洋書房、二〇一七年、一八―二五頁。ブラント外交の評価に関する近年の研究については、上記編著中のロバート・マクマン論文の他に、以下を参照されたい。Carole Fink and Bernd Schaefer, "Ostpolitik and the World, 1969–1974: Introduction," Fink and Schaefer, eds. *Ostpolitik, 1969–1974 : European and Global Responses* (Washington, D.C.: German Historical Institute and Cambridge University Press, 2009). Holger Klitzing, "To Grin and Bear It: The Nixon Administration and Ostpolitik," *ibid.* 妹尾哲志『戦後ドイツ外交の分水嶺』晃洋書房、二〇一一年。また、西ドイツの歴史認識問題への取り組みについては、以下を参照されたい。リリー・G・フェルドマン「冷戦期における西ドイツとの和解の機会と限界」『冷戦変容と歴史認識』、二二三―二五五頁。Lily G. Feldman, *Germany's Foreign Policy of Recnciliation : From Enmity to Amity* (Latham, MD: Rowman & Littlefield, 2012).

(47) ただし、安倍晋三政権は、一方で日米同盟の強化を唱えながらも、「戦後レジームからの脱却」のスローガンを掲げ憲法改正を主導し、「歴史修正主義者」として、東京裁判批判を展開するなど、戦前のイデオロギーとの親和性を色濃く残しており、それまでの戦後自民党政権とは異なる要素を内包している点には留意する必要がある。この点については、以下の拙論を参照されたい。"Challengers to the 'Postwar Regime' and 'the History Problem'," *COSMICA* (Kyoto Gaikokugo Daigaku) Vol. 47 (January 2018), pp. 37–43.

(48) Bruce Cumings, "Japan's Position in the World System," in Andrew Gordon, ed., *Postwar Japan as History* (Berkeley, California: University of California Press, 1993), p. 34. ブルース・カミングス「世界システムにおける日本の位置」アンドルー・ゴードン編『歴史としての戦後日本』上、みすず書房、二〇〇一年、九二―九三頁。

(49) 前掲、拙著『冷戦と「アメリカの世紀」』第四章「『核密約』と日米安保体制――対米依存の構造の源流」を参照されたい。

(50) この点に関しては、拙著『米ソ冷戦とアメリカのアジア政策』ミネルヴァ書房、一九九二年、第四章「アメリカの戦後秩序構想とアジアの地域統合」で詳細に論じた。

(51)　国内の政治エリートの育成と支援については、吉田茂政権を中心に、拙著『冷戦と「アメリカの世紀」』第三章で詳述したので、本章では、対外的な枠組みに焦点を当てて考察する。

(52)　請求権協定交渉を通じて、日韓両国政府は、無償三億ドル、有償二億ドル、民間商業借款一億ドル以上で最終合意した。一九六五年の韓国政府の予算総額は約三億二〇〇〇万ドル、輸出総額は一億七〇〇〇万ドル、外貨準備高は一億四〇〇〇万ドル、国内総生産は三〇億ドル、一人当たりの国民所得は一〇五ドルであった。元韓国外交通商部北東アジア局長を務めた趙世暎・東西大学特任教授は、これらの数字を踏まえると、請求権資金は「法外に少ない金額ではなかった」と評している。『日韓外交史』平凡社新書、二〇一五年、三四頁。

(53)　本書では、韓国を分析対象としているが、その他のアジア諸国の経済発展を三つに類型化した研究としては、以下を参照されたい。秋田茂『帝国から開発援助へ――戦後アジア国際秩序と工業化』名古屋大学出版会、二〇一七年。秋田は、国家主導の輸入代替工業化戦略（インド：第Ⅰ類型）、政府間援助依存の輸出志向型工業化（台湾、韓国：第Ⅱ類型）、民間投資重視の輸出志向型工業化（香港、シンガポール：第Ⅲ類型）という分類を行っている。その他、類似の研究として、以下も参照されたい。渡辺昭一編著『冷戦変容期の国際開発援助とアジア』ミネルヴァ書房、二〇一七年。同編著『コロンボ・プラン　戦後アジア国際秩序の形成』法政大学出版局、二〇一四年。

(54)　Georg Sorensen, “The Impasse of Third World Democratization : Africa Revisited,” Michael Cox, et al., eds., *American Democracy Promotion*（Oxford : Oxford University Press, 2000）, pp. 279–304.

第Ⅰ部

「非公式帝国」アメリカの秩序形成と脱植民地化過程

第1章 アジア冷戦の開始と展開
——一九四五年—一九七〇年代

はじめに

米ソ冷戦は基本的には、秩序形成をめぐる対立として理解することができよう。それは第二次世界大戦後の秩序の基礎となる理念・規範・行動のルールをめぐる争いであり、それゆえ米ソは、東西両陣営内における支配を固めると同時に、それぞれが信奉する体制を外に向かって拡大する政策を追求した[1]。ワシントンとモスクワは、それぞれ「自由の領域」の拡大と「社会正義の領域」の拡大を目指し、ともにそのイデオロギー的普遍性を競って第三世界に介入したが、両国が用いた手段や方法は帝国主義諸国のそれと非常に類似していた、とウェスタッドは述べている[2]。

米ソ対立は、イデオロギー対立に権力政治的要因が複雑に絡んだことで、米ソ両国によるヘゲモニー競争の様相を示した。ファシズムの挑戦を退けた米ソは、旧秩序に代わる新たな秩序の構築を目指すなかで、四五年末から四六年にかけて、戦後処理をめぐって対立を深めていった。四七年三月一二日に冷戦の公式宣言といわれるトルーマン・ドクトリンが発表され、さらに同年六月五日にマーシャル・プラン（欧州復興計画）が発表されるなか、欧州は東西両陣営に分断された。その後、四九年四月にアメリカ主導で北大西洋条約機構（NATO）が結成されたのに対抗して、ソ連主導のワルシャワ条約機構（WTO）が、五五年五月に組織された。これ以降、欧州における冷戦は膠着状態に入った。

東アジアにおける冷戦は、欧州におけるそれとは異なる展開を見せた。戦後の東アジア秩序は、流動的かつ不安定であり、この地域では、米ソの意図を超えた力学が働いていた。東アジアでは、東西の分断線は、朝鮮半島を除けば明確ではなく、米ソによる冷戦統合は、帝国主義的秩序の存続に抵抗する脱植民地化の力学によって、大きく規定されることになった。

なかでも、アジアの冷戦を論じる場合には、第一に、民族解放戦争としての第二次世界大戦の側面が重要である。植民地・従属地域の多くは、この戦争において、反ファシズムという点では、帝国主義諸国と立場を共有していたが、半面、植民地支配からの解放という点では、帝国主義諸国とは対立する関係にあった。しかも、これら帝国主義諸国は大戦中も戦争終結後も、植民地支配を継続しようとしたことから、植民地・従属地域の人々は、自立と独立を求めて民族解放闘争を繰り広げることになった。

第二に、脱植民地化闘争が目指すものは、独立・自立・近代化であり、そこでは、冷戦とは異なる論理と力学が働いていた。脱植民地化運動は、植民地支配に対する抵抗にくわえて、米ソ中心の冷戦統合に対する挑戦という性格を有しており、二重の意味で、ヤルタ秩序（大国間政治）の再編を目指すものであった。

第三に、アメリカの政策決定者たちは、対象国の現地エリートの中の親米勢力から成る政権（コラボレーター政権）の育成・支援を通して、「自由主義的・資本主義的秩序」の実現を目指した。ワシントンが設定した冷戦のルール・規範の順守をコラボレーター政権に求める代わりに、アメリカは安全の保証や経済・軍事援助の提供を通して、対象国の外交を管理・統制する仕組みの構築を目指した（図1-1）[3]。

アメリカとコラボレーター政権の関係は一様ではなく、失敗した事例もあれば、成功した事例もある。五〇年代から六〇年代初めのアメリカとパキスタンの関係は、「招かれたヘゲモニー」の事例である。韓国の李承晩政権は、「強制さ

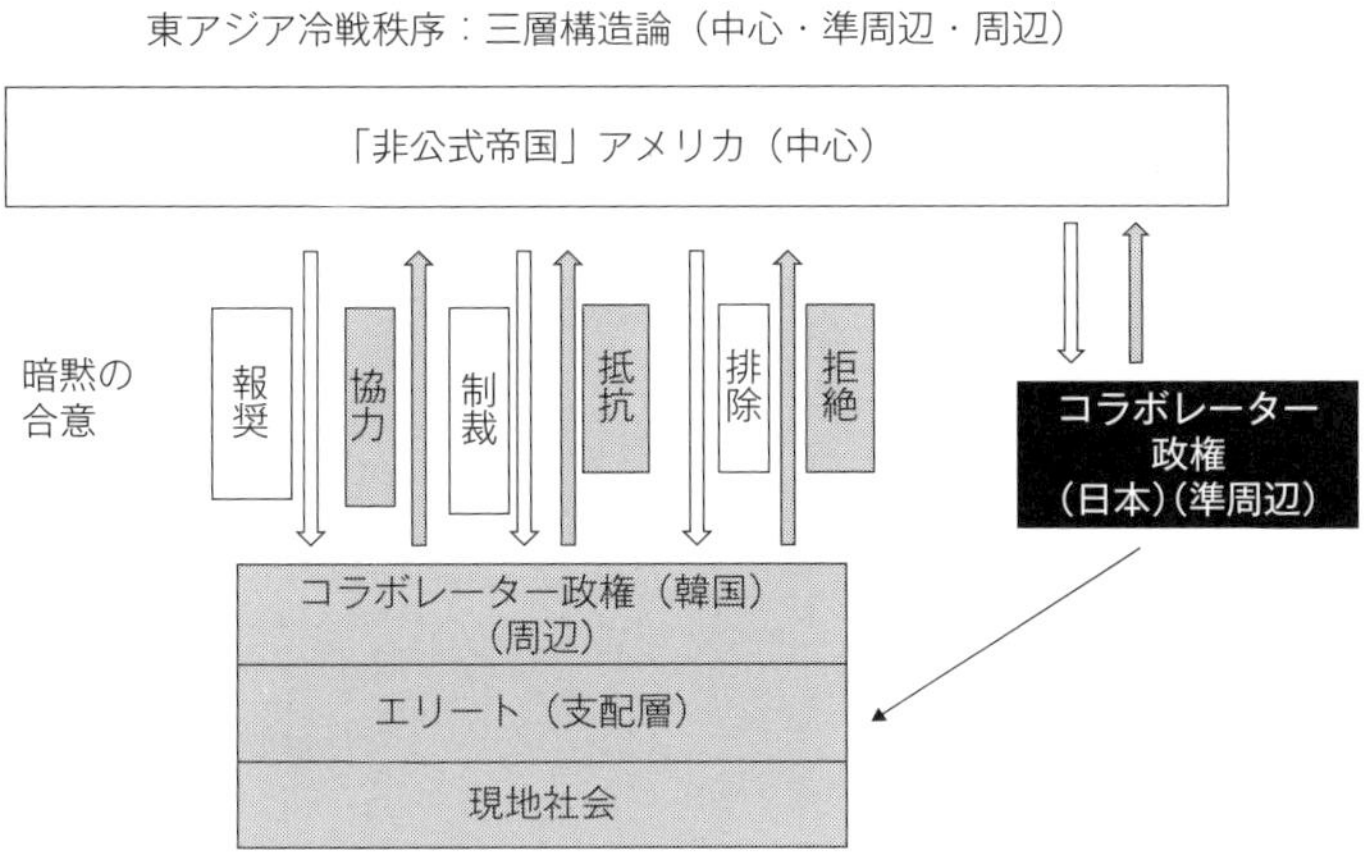

図1－1 「非公式帝国」とコラボレーター（帝国の論理，冷戦の論理，アジアの自立化の交錯）

（出所）筆者作成．

れたヘゲモニー」だとみることができる。中国の蒋介石政権および南ベトナムのゴー・ディン・ジエム政権をコラボレーター政権として支援する試みは、「挫折したヘゲモニー」の事例だといえよう。非同盟路線を追求するジャワハルラール・ネルー政権下のインドとアメリカとの関係は、「拒否されたヘゲモニー」の事例である。これらはいずれも、アメリカのパワーの限界を示している。他方で、同じ非同盟路線を追求するインドネシアのスハルト政権の場合は、ワシントンがコラボレーター政権の育成に成功した事例である(4)。

本章では、植民地主義（帝国主義）、脱植民地化ナショナリズム、冷戦が交錯するなかで、アメリカの「リベラル」な秩序形成がどのような変容をとげたのかを概観する。

1 アメリカの戦後秩序構想とその制度化

第二次世界大戦の戦後処理にあたって、アメリカ政府は帝国主義的秩序、社会主義的秩序、自由主義的秩序が競合するなかで、アメリカが目指す「自由主義的秩序」の形成に取り組むことになった。

戦後構想をデザインするにあたって、三〇年代からどのような教訓を引き出すかは、フランクリン・ローズヴェルト（FDR）大統領や戦後構想の策定に関わった人たちの重大な関心事であった。彼らの多くはまた、ヴェルサイユ講和会議に参加した人たちであった。それゆえ、ヴェルサイユ講和の失敗からどのような教訓を引き出すかもまた、彼らの主要な関心事であった。一九三〇年代末に『フォーリン・アフェアーズ』誌編集長となり、国務省内に設けられたいくつかの戦後計画委員会に参加することになったハミルトン・フィッシュ・アームストロングは、「一九一八年休戦の批判的分析は、国務省内に設置された戦後計画委員会が真っ先に取り組んだ研究の一つであった」、と語っている(5)。

戦後計画の策定過程は、二〇世紀アメリカ外交にみられる三つの重要な流れが合流していく過程であった(6)。第一の系譜は、勢力均衡論に立脚した国際関係の見方である。軍事力に依拠して国家の安全を確保する必要があるとする見方は、二〇世紀初頭のアメリカ外交のなかで支配的であったわけではないが、革新主義時代のセオドア・ローズヴェルト（TR）やアルフレッド・T・マハンらの外交観はヨーロッパ流のそれに近く、勢力均衡や軍事力を重視した。これに対して、二〇世紀型アメリカ外交を展開したのはウィリアムス・タフトやウッドロー・ウィルソンであった。それはいずれも、自由主義的秩序を国際秩序形成に反映させようとするものであり、「リベラル・プロジェクト」というべきものであった。タフトはアメリカの経済力と経済的相互依存の拡大を通して、アメリカの国益の実現と平和の実現を目指した。それは、製品や資本の国際的な移動の自由を確保することによって、平和と安全が保たれるという考えにもとづいていた。一方、ウィルソンに代表される「リベラル・プロジェクト」の特徴は、製品や資本の国境を越えた移動の自由の確保にくわえて、自決の理念を国際秩序形成原理として重視した。さらには、平和と安全を確保するための具体的装置として、集団安全保障体制の構築を目指した。それはリベラルの理念と合致する安全保障メカニズムであった。ウィルソンは、国家への強大な権限の集中を伴う軍事大国化への道を歩むことは、リベラリズムを危うくすると考えたのである。これが第二の系譜である。

フランクリン・ローズヴェルト大統領は、戦後秩序形成の枠組みを構想するにあたって、二〇世紀アメリカ外交の歴史的系譜を踏まえて取り組む必要を痛感していたといえよう。一方では、リベラルな国際秩序をいかに構想し、実現していくかという「リベラル・プロジェクト」が存在した。そこでは、ヴェルサイユ講和の欠陥および三〇年代の恐慌が国際政治にもたらした帰結についての反省が重要であった。他方では、リベラルな国際秩序形成に伴う平和と安全の維持のメカニズムをどのように構築するか、という現実的課題にも取り組む必要があった。そのメカニズムは、国際連盟の挫折や第二次世界大戦の勃発という歴史の教訓に根ざしたものでなければならなかった。

戦後の平和と安全を構想するにあたって注目されるのは、ナチズムや日本軍国主義の脅威が高まった一九三〇年代後半においては、地政学的発想や権力政治的発想が、アメリカ社会に再び台頭するようになったことである[7]。実際のところ、ローズヴェルトは一九三八年五月にヴィンセント法案（海軍拡張法案）を成立させ、日本との間に峻烈な海軍拡張競争を展開していった。また、経済制裁によって日本から譲歩を引き出すという「力の外交」を展開し始めた。軍事力として定義されたパワーの現実を直視し、パワーに裏付けられた外交によって安全や国益は確保することができるとする「現実主義」的発想が三〇年代後半に顕著となったことは、この時期のローズヴェルト外交を理解するうえで重要であるだけでなく、それが戦後構想に及ぼした影響という点でも注目される。

戦後構想の理念枠組みは、一九四一年八月に発表された大西洋憲章において示された[8]。その第四項は、経済秩序形成原理について述べたもので、すべての国が、経済的繁栄にとって必要な原材料と通商の機会を等しく付与されるべきだという原則が謳われていた。第四項は、グローバルな規模での開かれた経済体制の構築を目指すというアメリカの意思の表明で、「門戸開放」政策の継承であった。そのような原則の表明の基礎となったのは、第一に、国際社会は相互依存が深まったという認識であり、この現実を無視してはアメリカの繁栄も世界経済の発展もありえないという信念であった。第二に、それは、排他的経済ブロックや勢力圏の形成が、第二次世界大戦の原因になったという政策形成者たちの歴史認識に支えられていた。

また、第五項では、労働条件の改善・生活水準の向上・社会保障を確保するために、すべての国が協調すべきことが謳われていた[9]。これは、ラギーが「埋め込まれた自由主義」と呼んだ考えに根ざしていた。それはローズヴェルトが、一九四四年の年頭教書で提唱した「経済的権利の章典」として結実する考えである。ニューディール改革を社会的安全、将来の戦争への準備体制作りの一環と捉えなおす考えは、日独伊枢軸国の脅威が増大するにつれ、強まっていった。社会的安全を国家安全保障の基礎とみなす考えは三九年一月の議会宛年次教書で、「わが国の社会・経済改革計画は、それゆえ軍備そのものと同じくらい基本的な国防の一部である」と述べていることにも明らかである。続いてローズヴェルトは四一年一月、「四つの自由」演説をおこない、欠乏からの自由と恐怖からの自由を謳ったが、これは第二次ニューディールの中核的位置付けとなっていた社会保障の理念的表明であった。同演説はまた、「国内の安定なしには世界の永続的平和はありえない」と述べたが、ここには、国内体制と国際平和を結びつけるウィルソン的秩序観が示されている。そして、このような考えは、その後の冷戦状況にも対応するものであった。すなわち、冷戦は体制間競争をその中心において展開されるが、どちらの体制が自由・平等・繁栄をよりよく実現できるかという競争として展開された。その意味で、福祉国家化は冷戦に適合的であった。

第三項は、政治秩序形成原理に関わる内容で、（民族）自決の原則と主権の尊重が謳われた。また、第八項において、軍縮と安全保障機構の創設への言及がなされていた。これらの原則は、ウィルソンの「一四ヵ条」を想起させる内容のものであり、その意味で、ウィルソン的理念枠組みを基本的には継承したものであった。

大西洋憲章が、二〇世紀アメリカが取り組んできた「リベラル・プロジェクト」の理念枠組みや諸原則を継承したものであったとすれば、ローズヴェルト政権が取り組んだ戦後構想の新しさは、理念や規範にあったというより、その制度的枠組みと秩序形成に取り組むアメリカの政治的意思（リーダーシップ）にあったといえよう。くわえて、戦後秩序がすぐれて政治経済秩序として成立しているという認識が明確になった点も見逃せない。一九二〇年代は経済秩序重視、民間主導型の秩序形成の試みが基調をなしていたが、世界恐慌の発生によって、そのようなアプローチには限界のあることが確認された。戦後構想の担い手たちは、二〇年代の経験から教訓を学び取り、政治と経済を切り離すことはできないとの基本認識を固めることになった。その意味で、大西洋憲章に謳われた経済秩序形成原理と政治秩序形成原理とは密接不可分のものとして捉えられていたことに注目すべきだろう。

戦後国際経済秩序の制度化に関する作業は、四四年七月に開催されたブレトン・ウッズ会議で実現した。[10]ニューハンプシャー州の保養地ブレトン・ウッズで開催されたこの会議は、ブレトン・ウッズ協定を締結し、国際通貨基金（ＩＭＦ）と国際復興開発銀行（ＩＢＲＤ・通称「世界銀行」）の設立が決まった。ＩＭＦは協定によって定められた八八億ドルの拠出基金をもとに通貨の安定をはかりながら各国通貨の交換性を確保することを目指し、資本の国境を越えた円滑な流れを担保しようとするものであった。また、ＩＢＲＤは、戦後の経済復興に必要な資金需要を民間資本で賄うことを意図し、民間投資の保証機関として機能することが期待された。アメリカ政府はさらに、自由貿易を促進するための機構創設に取り組み、四七年に「関税と貿易に関する一般協定」（ＧＡＴＴ）の成立をみた。ＧＡＴＴは自由・無差別・多角主義の原則にもとづき、通商の拡大を目指すものであった。ＩＭＦと世銀は、それぞれ戦後世界経済の安定と拡大のために通貨の安定および民間資本の活用を目指すもので、「リベラル・プロジェクト」の核心をなすものであった。同様に、ＧＡＴＴの創設は、世界大の貿易自由化を目指すアメリカの経済秩序形成のもう一つの柱を構成するものであった。両者はその後「ＩＭＦ・ＧＡＴＴ体制」と称され、「アメリカの世紀」実現のための車の両輪として、重要な役割を果たしていくことになる。

一方、政治秩序および安全保障秩序形成の基礎となる国際連合創設に向けた作業は、国務省内で進められていたが、四三年七月にコーデル・ハル国務長官が、具体案の検討に着手するよう指示したことから、新たな段階に突入した。アメリカは四四年八月二一日から始まったダンバートン・オークス会議にアメリカ案を提出した。[11]その結果、米英ソ三国による交渉に続き、米英中三国間交渉を経て、「一般的国際組織設立」に関するダンバートン・オークス提案が採択された。しかし、拒否権問題およびソ連が要求したソ連邦共和国一六カ国の加盟問題は未解決のまま残ったため、四五年二月のヤルタ会談で再度議論され、大筋において合意が成立した。四五年四月から六月にかけてサンフランシスコで国連憲章会議が開かれ、同年一〇月の各国の批准を受けて国際連合が成立することとなる。

この間の交渉過程でアメリカ側が示した交渉態度は、戦後秩序形成に関するワシントンの基本的立場と戦後秩序の性格を浮き彫りにしている。「世界の警察官」構想が示すように、ローズヴェルト大統領は、戦後の平和を確保するためには大国間の協調が不可欠であるとの考えを持っていた。大国一致の原則というローズヴェルトのリアリズムは、国連安全保障理事会の常任理事国に拒否権が付与されるという形で具体化された（国連憲章二七条）。しかし、大国の拒否権は、国連安保理で意見の対立が起きた場合、理事会を機能麻痺に陥らせることになる。そこで、アメリカ政府は安保理が機能麻痺に陥った場合に備えて、地域的取り決めの下での集団的自衛権の行使を認める規定を重視するようになった。それが憲章第五一条である。

大国の拒否権と集団的自衛権の容認は、アメリカの観点からすれば、戦後秩序形成におけるアメリカのヘゲモニー維持の重要な手段を与えられたことになる。そこには、アメリカの主権に対する制限を回避すると同時に、行動の自由を確保しながら国益を追求するという姿勢が強烈に貫かれている。国連憲章第二七条の存在は、アメリカが国益優先の論理を貫く法的根拠を国連から付与されたことを意味し、その後、国際社会におけるアメリカの単独主義的行動を助長することにもつながった。また、地域的取り決めが容認されたことは、国連の平和維持機構としての普遍的性格を損なう余地を残した。憲章第五一条は、大国間協調の可能性が崩れたとき、敵対国同士が相手国を仮想敵とする集団防衛機構の結成を容認するものであったからだ。

拒否権へのアメリカの固執はＩＭＦやＩＢＲＤ（世銀）の場合にも認められる。ＩＭＦは、基金への拠出額に応じた加重投票方式を採用しており、アメリカは八八億の総拠出額のうち二七億五千万ドルを拠出したことによって、投票総数の三分の一を獲得した。議決は理事会の三分の二の多数決でおこなわれるため、アメリカに与えられた票数は拒否権を持つことになった。同様の方式にもとづき、世銀の場合も、アメリカは総得票数の三分の一を保有し、事実上の拒否権を行使できることになった[12]。

アメリカの戦後秩序構想の問題点と秩序の性格をさらに浮き彫りにしているのが、自決権をめぐる問題である。主権国家間の平等を謳った国連憲章の規定は明らかに、大国に特別の責任を認めて付与された拒否権とは矛盾するものであった。自決権をめぐるディレンマはさらに深刻である。自決の原則は、アメリカ外交の原則としてウィルソンが発表して以来、「リベラル・プロジェクト」のなかでも重要な位置を占めてきた。その後、この原則は大西洋憲章でも確認され、そしてまた国連憲章第一条第二項においても、国際社会の行動規範として尊重されるべきことが謳われたのである。しかし、アメリカは旧国際連盟委任統治領ミクロネシアを信託統治下に置くことに躊躇するどころか、強い決意でもってこれを実現した。しかも、「戦略地域」という新たな概念を持ち出し、「戦略地域」は国連信託統治理事会ではなく国連安全保障理事会の管理下に置かれることとし、拒否権を背景に、アメリカの戦略的目的のためにこれらの信託統治地域を使用する権利を確保したのである(13)。この事実は、これらの地域では、アメリカの軍事戦略的要請が民族自決の原則に優先したことを示すものであり、アメリカが目指した戦後秩序の性格を浮き彫りにしている。すなわち、アメリカが構想する「リベラル・プロジェクト」は共産主義を排除しながらも、リベラルな要素のみならず、非リベラル・反リベラルな要素をも含むものであった。

アメリカのリベラルな戦後秩序構想はまた、次のようなディレンマを内包していた。それはリベラル・ドクトリンと国家主権とのあいだに存在する緊張関係に関するものである。アメリカの自由主義ドクトリンは、国家主権との折り合いをつけるのに困難を感じてきた(14)。両者の相克は三〇年代を通して、アジアでは、「門戸開放」対「東亜新秩序」の形をとったが、同時に、大西洋憲章第四項をめぐる米英両国の激しい対立としても現れた。とくにチャーチルは、第四項が英連邦諸国内の特恵関税制度や双務支払い協定などの廃止を通じて、スターリング・ブロックの解体を目指すものだと受け止め、激しく反発した。チャーチルは、「それぞれ現行の義務にしかるべき配慮を払いながら」という文言を憲章に盛り込むことを強く要求し、この要求をアメリカ側に受け入れさせるのに成功した。しかし、自由貿易論者であるコーデル・ハル国務長官は、この文言には強い不満を示し、その後、イギリスに貿易と為替の制限措置の廃止を迫った(15)。アメリカはイギリスのみならず西欧諸国全般に顕著な経済ナショナリズムや保護主義の挑戦に遭遇し、これを克服する努力を継続することになる。なかでも、ソ連をアメリカの目指す自由主義的秩序形成の中にどのように位置付けるかは、戦後の最も困難な課題であった。

アメリカの戦後構想を考える場合に看過できないのは、第二次大戦を戦う過程において、アメリカ社会内に大きな変化が生じていたことである。戦争中、アメリカ政府は、戦争準備体制を整える過程で、多くの財界指導者を政府機関の主要ポストに起用し、財界と政府との協調体制を強化していった。この点は、三〇年代のニューディール改革期に行政機関が大資本としばしば対立した関係に置かれたのとは対照的であった。しかも、戦時生産は、政府資金の大規模な投入にくわえて、政府が一方的にリスクを負う形で行われたために、大資本は大きな利潤を得た。この結果、大資本と政府のこのような関係を戦後も維持していこうとする意思が、大資本の側に形成されることになった(16)。

彼らは戦時中に獲得した巨大な影響力と既得権益の構造を保持していくために、戦時体制の解体には抵抗を示し、平時からの戦争準備体制の維持の必要性を力説した。チャールズ・E・ウィルソンGE社長は四四年一月、陸軍兵器協会での講演において、アメリカの世界における指導的地位と安全の維持という観点から、恒常的な戦争経済計画を提唱した。彼の演説は「共同防衛のために」と題されていたが、産業界の指導者の、「戦後における防衛準備体制に対する責任は明らかに他の指導者に劣らず重要である」として、平時における「恒常的戦争経済」の必要性を説いた(17)。

ウィルソンに代表されるような財界指導者たちは、戦後においても、軍部と産業界が密接な関係を維持していくことを主張する戦争準備体制イデオロギーの持ち主であった。当然のことながら、このような考えは同じような観点から戦後の安全保障や軍事戦略を構想していた軍部の歓迎するところであった。軍部は次のように主張した。戦争技術の飛躍的進歩により、軍事動員の時間的余裕は無くなり、奇襲攻撃の可能性に備えなければならなくなった。くわえて、核兵器にみられるような兵器の未曾有の破壊力のゆえに、平時における十分な軍事力の保持、情報網の整備、新兵器開発のための研究開発（R&D）、戦略物資の備蓄、産業動員体制の確立などに力を入れなければならない(18)。そのために、彼らは、パール・ハーバーの「教訓」とナチス・ドイツに対する「宥和」への「反省」をしばしば引き合いに出し、世論説得をおこなった。ジョセフ・C・グルー国務次官は四五年の議会証言の中で、「私が常に防衛準備の必要を唱えるのは、戦争のためではなく平和を促進するためである」[19]と述べたが、平時における戦争準備体制と軍備増強が、平和につながるという考え（抑止力による平和）は軍部のみの主張ではなかった。第二次大戦の体験を経て、アメリカ社会内には、のちに「軍産複合体」として知られることになる新たな政治勢力が影響力を持つようになっていた。

第一次世界大戦との著しい違いの一つは、第二次大戦後のアメリカでは、戦時経済から平時経済への移行が全面的に行われることなく、経済の軍事化が進んだことである。戦時体制が、ニューディール体制と併存しながら経済の軍事化を深めたことは、戦後体制にも影響を及ぼすことになる。戦争終結前から目立ち始めた米ソ間の対立が、戦後さらに激しさを増していくなか、国際環境もまた、戦争準備体制イデオロギー勢力にとって有利な展開となっていく。それは、リベラルな国際秩序形成を目指すアメリカが、二〇年代に顕著であったような、経済力や理念を中心とした国家から核兵器に象徴されるような強大な軍事力を背景にヘゲモニーを追求する国家に変貌していく過程でもある。

このことはまた、二〇世紀の世界が、戦争によって大きく規定されてきたという現実を想起させる。イギリスの歴史家エリック・ホブズボームは、二〇世紀は疑いもなく、戦争の規模・頻度・期間のすべてについて、「歴史の記録に残っているもっとも残酷な世紀」である、と述べている[20]。戦争の世紀としての二〇世紀は、二つの世界戦争を体験したアメリカの指導者の認識にも大きな変化をもたらすことになった。クラウゼヴィッツは、戦争を外交の延長線上で捉えたのであるが、そこには外交交渉が可能な状況が一般的であるとの前提があった。しかし、戦争の世紀はまた、「戦争は、現実的可能性としてつねに存在する前提なのであって、この前提が、人間の行動・思考を独特な仕方で規定し、そのことを通じて、とくに政治的な態度を生みだすのである[21]」というカール・シュミットの指摘が、説得力をもって人々の生活に迫ってくるような状況をもたらした。一方で、戦争の決定を下すのは政治家であるという観点からすれば、政治が戦争を条件づけているとみることができるが、他方で、戦争の世紀としての二〇世紀という観点からすれば、戦争への備えが政治を条件づけるという点も否定できない。戦時体制下のアメリカ社会の中にも、そのような観点から平時の戦争準備体制の整備・充実の必要性を説くような勢力が、無視できない影響力を持つようになった。戦後における冷戦の発生は、このような勢力の台頭を考慮することなしには説明できないであろう。彼らはまた、アメリカが冷戦を闘うなかで、「安全保障国家体制」の形成に大きな役割を果たすことになる。そして、この戦争準備体制を唱える勢力の影響力の増大は、アメリカの「リベラル・プロジェクト」の性格にも大きな変質をもたらすことになる。

2　東アジアにおける冷戦の開始とヤルタ秩序の再編

(1) 中国における内戦と国共調停の挫折

東アジアにおいて、ローズヴェルト政権は、戦後秩序の重要な担い手として、中国に期待をかけていた。いわゆる「中国大国化」構想である。(22) 同構想が実現するためには、深まる国共対立の調停が不可欠だったが、ローズヴェルトが四五年四月に死去したのちも、情勢は深刻化していった。四五年末には内戦が公然化し、調停にあたっていたパトリック・ハーレー駐華米大使はトルーマン大統領に相談することもなく、一一月二六日、突然辞任を発表する始末であった。その後、国共調停の任務は、ジョージ・マーシャル将軍に委ねられた。

マーシャル特使派遣の訓令書から明らかなように、トルーマン政権の「連合政府」構想は、国民党政府および中国共産党内双方の極右勢力と極左勢力を排除し、「リベラル中道」勢力の育成を目指した。「蔣介石総統の下で、リベラルが成功裡に行動することが、すぐれた政治を行い、統一を実現するものであると信じる」というのが、マーシャルの見解であった。(23) だが、蔣介石の非妥協的態度が原因で調停が挫折した場合でも、蔣政権を支持することが確認されたことは、トルーマン政権が、コラボレーター政権の維持を民主化や腐敗の除去よりも優先したことを意味する。アメリカの冷戦秩序はしばしば、経済的自由主義が民主化よりも優先される秩序であった。また、蔣介石に対する援助を停止すれば、「分割された中国」とソ連の満洲支配という「悲劇的な帰結」を招くとみなされた。(24) トルーマン政権内では、ソ連は中共を介して、その影響力を中国に拡大してくるとの見方が有力であり、蔣政権への支持は、ソ連の中国への影響力拡大を阻止するためにも必要だとの判断であった。

だが、戦争終結から四七年頃までのソ連は、四五年二月のヤルタ会談でヨシフ・スターリンが獲得した諸権利を保持することを優先したため、海外の共産党や左派勢力に対する支援には慎重であった。スターリンは、イデオロギーよりも地政学的観点や安全保障上のニーズを優先させた[25]。モンゴル人民共和国の現状維持、大連港の国際化とソ連の優越的権益、ソ連の海軍基地としての旅順港の租借、東清鉄道および南満洲鉄道の共同運営、といった中国の主権にかかわる権益については、中国側の合意を取り付ける必要があったが、スターリンは、蔣介石政権を中国の正統政府として承認し、四五年八月、中ソ友好同盟条約を締結した。同条約によって、ヤルタ合意の極東条項の多くを具体化したソ連は、中国共産党への限定的な援助を行ったものの、表立った支援には慎重な態度を示した。中共もまた、マーシャル調停期間中に協調的な態度をとることによって、アメリカによる大規模な蔣介石支援を回避するよう心がけた[26]。

にもかかわらず、中国の国内状況は、米ソの意に反する展開を辿った。国共内戦は、四六年一月に「停戦協定」が合意されたことで、まず中国本土で停戦が成立し、六月六日には、東北地域にも拡大したが、七月になると、内戦が中国本土で再燃し、その後華北、東北に拡大していった[27]。

中国内戦におけるマーシャルの調停は、深刻なディレンマを内包していた。蔣介石は、アメリカが中共を支持することはありえないことを見抜いていた。蔣は反共イデオロギーを前面に出し、アメリカからの援助を引き出す一方で、内戦の平和的解決と民主化努力を求めるアメリカ政府の要求を無視し続けた。それだけでなく、四六年六月末には、武力方針を明確にし、停戦に条件を付け、中共がそれを受け入れるまでは戦闘を継続する方針をとった。他方、中共側も、国民党軍から攻撃を受けた場合には、「断固として自衛手段をとる[28]」との方針で臨んだ。

このような状況下で、マーシャルの調停は四六年末には完全に行き詰まり、トルーマン大統領は四七年一月三日、マーシャルの本国帰還を命じた。トルーマン政権はその後も、蔣介石政権という非民主的政権に対する援助を継続するが、内戦は国民党政権に不利に展開していった。マーシャル調停の挫折は、アメリカが中国の国内情勢に及ぼしうる能力の限界を示した。それは「挫折したヘゲモニー」の事例となった。

(2) 対日占領政策の転換とヤルタ秩序の再編

戦後東アジア秩序の主要な担い手と期待されていた中国であったが、中国から帰国したマーシャルが、国務長官に就任し、国務省内にも中国情勢に悲観的な見方が広まった。その結果、日本が注目を集めるようになった。それはまた、敗戦国である日独を、戦後国際秩序の重要な担い手として位置づけるという点で、ヤルタ秩序の再編という意味合いを持っていた。

四七年五月八日に行われたディーン・アチソン国務次官のクリーヴランド演説は、こうした政策の変化を示すものであった。同演説の中で、アチソンは、欧州やアジアの大半の地域が、「物理的破壊」と「経済的混乱」の状況にある点を重大視し、経済援助の緊急性をアメリカ国民に訴えた。さらに、長期的観点から、「欧州とアジアの二大工場」(日独)の再建を推進すべきだと主張した。なぜなら、「アジアと欧州の両大陸の究極的復興は、この二国に大きく依存している」からであった[29]。

国務省内に新設されていた政策企画室(PPS)の室長ジョージ・ケナンは、八ヶ月に及ぶ検討結果をまとめ、同年一〇月、国務長官に提出した。同覚書の中で、ケナンは、中国情勢へのこれ以上の深入りを避け、代わって日本をアジアにおけるアメリカの安全保障の要とすべきだと主張し、この観点に立って、「懲罰的講和」から「寛大な講和」への対日占領政策の転換を進言した[30]。ケナンの考えは、一一月七日の閣議にも反映された。マーシャル国務長官は、「今後、われわれの政策の目的は欧州とアジアにおける勢力均衡の回復でなければならないし、すべての行動はこの目的に照らして検討されるだろう」と発言し、ジェームズ・フォレスタル国防長官もマーシャルに同調した[31]。

以上のことは、この頃までに、日独の復興は、安全保障および世界経済の再建のために不可欠だとの考えが、アメリカ政府内で支配的になっていたことを示している[32]。

一方、四八年に入って、中国の内戦は急速に中共側に有利に展開していった。このため、ワシントンでは、日本の復興にとって不可欠な市場と原料資源の供給地として、中国に代わって、東南アジアに注目が集まった[33]。かくして、ワシントンの政策決定者たちは、日本の支配エリートの中からアメリカのコラボレーターを育成し、彼らが政権を担うことで、アメリカの冷戦戦略の一翼を担わせることを目指した。その結果誕生した吉田茂政権は、「交渉されたヘゲモニー」の事例である[34]。

(3) 増大する東南アジアの重要性

アメリカ政府の東南アジアに対する関心の増大は、中国革命の影響にくわえて、ドル・ギャップ問題が絡んでいた。日本はドル不足のため、アメリカから年間三・五億―四億ドルの救済援助を受けていた。これは、日本が六六%をアジア諸国と植民地に輸出しながら、その輸入の九〇%をアメリカに依存し、アメリカへの輸出は一二%に止まっているという貿易構造に問題があった。したがって、アメリカ政府は、日本の対米輸入依存度を減らすべきだと考えた[35]。

ドル・ギャップ問題は世界的な広がりを持っており、東南アジアは西欧諸国のドル不足解消という観点からも重視されるようになった。マラヤの錫とゴムはイギリスの重要なドル収入源で、四八年度のマラヤ産ゴムと錫の輸出額は、ドル価格でイギリスの全輸出額を上回っていた[36]。同様に、フランスはインドシナから、オランダはインドネシアから、それぞれかなりの投資収益を得ていた。

四九年に入ると、中国情勢は、アメリカにとって絶望的なまでに悪化し、同年五月、アチソン国務長官は、「極東全体が中国における共産主義の衝撃を感じている」とし、とくにそれが日本に及んでいることを憂慮していた。日本が、「非共産主義諸国との友好的関係」に向かうか、「アジアの共産主義体制との連携」に向かうか、予断を許さない状況が生まれつつあった。アチソンは、「平和的日本が引き続き、自由民主主義世界との友好的態度をとり続ける唯一の希望」は、太平洋の「非共産圏諸国」との「平和的な経済的・社会的関係の発展」にあると考えた。日本の中立化傾向が懸念される状況下で、これ以上の中国市場への依存の増大は避けなければならないし、そのためにも東南アジアと日本の結合の強化が痛感されるようになった(37)。

アジア情勢の流動化を前に、国務省政策企画室（PPS）は四九年三月、東南アジア政策の包括的再検討の結果をまとめた報告書（PPS五一）を完成した。七月一日にNSC五一として大統領の承認を得た同報告は、植民地主義と過激な民族主義のいずれも支持できないというアメリカ政府のディレンマを再確認するものであった。東南アジアにおける「当面の重大な問題」は、インドシナとインドネシアにおける「好戦的ナショナリズム」であるが、この問題は、オランダやフランスの帝国主義への全面的支援によっても、また「好戦的ナショナリズム」への無制限の支持によっても、解決できないと述べていた(38)。

同報告は、日本、インド、西欧の復興というアメリカの目標達成のためには、「原材料の供給地としての東南アジア」と「完成品の供給地としての日本、西欧およびインド」との「経済的相互依存」の促進が重要だと強調した。また、東南アジアのナショナリズムへの対応は、オランダやフランスの国内的政治危機や「大西洋共同体の結束力」への悪影響を考慮して行わなければならない、と述べていたことも注目される(39)。

PPS五一の策定者たちは、東南アジアに地域全体としてアプローチすべきことを強調したが、それにはもう一つ、重要な理由があった。それは、地域としての東南アジアが、「クレムリンによる明らかに指揮され、統合された攻撃の目標となった」と政府内で受け止められたことである。中国に続いて、東南アジアが「共産化」されれば、その政治的敗北の影響は世界中に及ぶと考えられた。というのは、東南アジアは、日本からインド半島にまたがる「封じ込めラインの不可分な一部」を構成しているからであった。この意味で、PPS五一は、その後のインドシナに対するアメリカの軍事介入の論拠となる見方を示すものとして注目される(40)。

PPS五一で示された見解や勧告の多くは、アメリカのアジア政策の包括的再検討を行ったNSC四八／一に反映された。NSC四八／一は四九年一二月、大統領の承認を得た（NSC四八／二）。NSC四八／一は、台湾への軍事不介入、戦略物資を除く対中貿易の限定的容認、中ソ離反戦略による中国の「チトー化」政策の採用、といった方針が盛り込まれており、台湾への援助増大と積極的介入、対中禁輸の強化を主張する米統合参謀本部（ＪＣＳ）や国防総省の路線よりも、国務省の立場が主として反映されていた。同報告はまた、アジアのナショナリズムへの共感を示しているが、その一方で、東南アジアに植民地主義的権益を有するヨーロッパの同盟諸国の弱体化を回避する方向での対応の必要性も強調されており、両者は相容れない関係にあった。「極右」でも「極左」でもない「中道」政権の育成、垂直分業に基づく地域統合の必要性を勧告していた点も注目される(41)。

3　朝鮮戦争とアメリカの対中「封じ込め」政策の始動

四九年末から五〇年初めにかけて、アメリカの冷戦政策は、それまでの政治的・経済的性格のものから、より軍事色の濃い性格のものへと大きな変化を遂げた。そうした転換をもたらしたのが、五〇年六月に勃発した朝鮮戦争であった。それはＮＳＣ四八／一からＮＳＣ六八への政策転換となって現れた。ＮＳＣ六八の策定者たちは、四九年八月のソ連による核実験の成功に続き、同年一〇月に共産主義政権が中国に誕生したことで、アメリカの対外政策の再検討を迫られた。五〇年四月トルーマン大統領に提出されたＮＳＣ六八は、大規模な軍拡路線を提唱することで、増大すると予想されるソ連の核攻撃力に対処することを提唱した。トルーマン大統領が求めていた五一財政年度国防予算のシーリングは一三九億ドルであったが、彼らは五〇〇億ドルという大軍拡予算を提案した。予算局と大統領は朝鮮戦争の勃発直前まで、この軍拡予算には反対の立場をとっていたが、戦争勃発後は、防衛力増強を求める声が政府内だけでなく、議会にも急速に広がり、議員たちは、五一年一月までに、総額四二九億ドルにのぼる国防費を承認した。

それ以外にもトルーマンは、欧州に数個師団の米軍部隊を派遣して、北大西洋条約機構（ＮＡＴＯ）を強化する一連の措置に着手した。ドイツ再軍備を積極的に進め、日本との間には五一年に対日平和条約ならびに日米安保条約を締結し、本格的な日本再軍備に乗り出し、日独双方を西側の防衛体制に組み入れていった。また、NSC四八／一にみられた台湾への軍事不介入方針は変更され、その後台湾防衛やインドシナへの支援を強化していくことになった。さらにドワイト・アイゼンハワー政権の下で、五三年一〇月一日、米韓相互防衛条約が締結され、ワシントンは韓国防衛にもコミットしていくことになった。

NSC六八の情勢分析で注目すべきは、ソ連の軍事的脅威への対処にくわえて、ドル・ギャップ問題が、世界経済に及ぼす影響とその安全保障上の含意についての見解である。この冷戦文書は、「現在の対外経済政策と計画では、国際的な経済的不均衡の問題、なかんずくドル・ギャップ問題の解決はできないだろうし、多くの重要な自由諸国における政治的安定に資する経済的基礎を作り出すことができないだろう」と分析した。彼らは、「自由民主主義体制」が、「歴史上かつてないほどの危機に陥っている」と捉えていた。しかも、この危機は、「たとえソ連が存在していなくても」われわれが直面するものであり、「諸国家間の秩序の欠如は、ますます耐えがたいものになりつつある」との認識が示されていた点でも注目される(42)。

したがって、大規模な軍事援助は、ドル不足に悩む西側同盟諸国へのドル還流策としても重要であった。NSC六八の策定責任者であったケナンの後任、ポール・ニッツェ国務省政策企画室長は、NATO諸国の再軍備を検討するにあたって、兵器の供給だけでなく、再軍備のためのドル援助をすることによって、輸入原材料の負担増支出が可能となり、軍需生産に伴う輸出力低下を防ぐことができる、と考えた(43)。ニッツェの念頭にあったのは、再軍備―ドル供与―ドル・ギャップ問題の解消という処方箋であった。

朝鮮戦争の勃発は、NSC六八が提唱していた大規模軍拡予算の議会通過を可能にし、トルーマン政権が直面していた世界的危機を乗り切るのに貢献した。朝鮮戦争がアチソンにとって、「天佑」だと受け止められたのは、そのような意味においてであった。

朝鮮戦争は、冷戦のグローバル化と軍事化を招いた世界史的な事件であったが、それはまた、アメリカ社会にとっても、リベラルな国家体制の変質をもたらす大事件であった。「NSC六八の世界」の特徴は以下の五点にまとめることができよう。

第一に、「安全保障国家体制」の成立である。一九四七年七月の国家安全保障法（National Security Act: NSA）の成立によって、国家安全保障会議（NSC）、米中央情報局（CIA）、国防省（DOD）、統合参謀本部（JCS）が設置されていたが、朝鮮戦争によって、これらの制度が強化されることになった。同法は、「軍産官学複合体」勢力に「安全保障国家体制」の法的・制度的基盤を提供するものであり、この戦争は、アメリカが冷戦の長期化に備え、冷戦を戦い抜くための制度の定着を促進した。

第二に、自由主義イデオロギーの変質が生じた。アメリカは、ウィルソン主義的リベラリズムを標榜し、自由主義や民主主義を重視する社会であった。だが、朝鮮戦争を契機に、戦争の準備態勢が整えられるなか、対共産圏「封じ込め」や国家安全保障の論理を、こうした理念より優先するようになる。「安全保障国家体制」がアメリカに定着する過程はまた、リベラルな国家体制が変質する過程でもあった。

第三に、アメリカ経済の軍事化が進み、「恒常的戦争経済」が出現した。朝鮮戦争を契機に、一挙に三倍に膨れ上がった国防予算はその後、五〇年代を通して、四〇〇億ドル（GNPの一〇％）を下回ることはなかった。また、財政政策も軍事的ケインズ主義といわれる手法が定着し、国防予算額を調整することで、景気回復を図ることが常態化する。

第四に、アメリカ外交の軍事化が進んだ。具体的には、対外援助における軍事援助の占める割合が高まった。五一年に相互安全保障法（Mutual Security Act）が議会で成立し、経済援助と軍事援助の統合が図られた結果、経済援助と軍事援助の比率は、一九四六―五〇年度に九六・六％対三・四％であったものが、一九五一―六〇年度には五一・〇％対四九・〇％となった。

第五に、米軍の増強が急速に進んだ。米軍兵力は朝鮮戦争当初一五〇万人であったが、一年後は三二〇万人以上に増員された。陸軍は一〇個師団から一八個師団へ、空軍は四二飛行隊から七二飛行隊へ、海軍は六一八隻から一千隻へ、空母艦隊は九航空群から一四航空群へ、それぞれ増強された[44]。その後もアメリカの軍事力増強は続き、世界最大の軍事国家となったアメリカは、「力の外交」を展開し、地域紛争への軍事介入を繰り返すことになる。

朝鮮戦争が、アジアにおける冷戦の行方に及ぼした影響の中で最も重要な出来事は、中国の参戦とその帰結としての米中対立の激化であった。ダグラス・マッカーサー指揮下の「国連軍」が北上して、中国国境の鴨緑江に迫るなか、中国義勇軍もまた、一〇月一九日に入朝し、二五日には最初の戦闘に突入した。

毛沢東は四九年七月一日、「人民民主主義独裁」論を発表し、「向ソ一辺倒」の方針を明らかにしていたが、五〇年二月一四日には中ソ友好同盟相互援助条約を締結し、中国にとっての主要な敵は、アメリカ（及び日本）とみなされるようになっていた。中国の参戦に大きな影響を与えたのは、第一に、米軍が朝鮮半島に軍事介入したこと、第二に、インドシナへの関与をアメリカが強めたこと、第三に、台湾海峡に第七艦隊を派遣し、台湾防衛に対するコミットメントを強化したことであった。なかでも、第七艦隊による台湾海峡の封鎖によって、毛沢東政権は、台湾解放による中国の統一という目標を当面断念せざるをえなくなった。そのことはまた、台湾解放の任務を担っていた人民解放軍部隊を中朝国境に移動させることを可能にした[45]。

中国の朝鮮戦争への参戦は、米中対決を決定的にした。アメリカはソ連に対する「封じ込め」政策を、中国に対しても適用し、強化していった。四九年から五〇年の冬にかけて、対共産圏輸出統制委員会（ココム—COCOM）が結成され、ソ連・東欧を対象にした共産圏戦略物資輸出統制が実施されていたが、五〇年一二月には、日本に対して、連合国最高司令官総司令部（GHQ／SCAP）による対中国全面禁輸措置が実施された。さらに五二年夏には、パリのココム下部機関として対中国貿易統制委員会（チンコム—CHINCOM）が設置され、欧州諸国も日本に見習うことになった[46]。

朝鮮戦争は日本の再軍備を加速させるのに大きな影響を及ぼした。五三年一〇月に池田勇人が吉田首相の特使としてワシントンに派遣され、ウォルター・ロバートソン極東担当国務次官補と会談し、相互安全保障法（MSA）にもとづく援助協定交渉が行われた。日本の再軍備をめぐって、アメリカ側は一〇師団三二・五万人、フリゲート艦一八隻、航空兵力八〇〇機を要求、これに対して日本側は、一〇師団一八万人の陸上部隊とフリゲート艦一〇隻、航空兵力五一八機を主張し、最終的には池田の主張が受け入れられた。だが、五四年三月に調印された相互防衛援助協定（ＭＤＡ）にもとづき、日本は、防衛庁設置法、自衛隊法を制定、保安隊を自衛隊に改組し、さらに同年六月、ＭＳＡ秘密保護法を制定した。これによって、日本の軍事力増強のために、一連の安全保障体制が整えられた。

4　アジアにおける脱植民地化運動とアメリカの対応

(1) インドネシアの独立とオランダの退場

連合国側が、第二次世界大戦の戦争目的に自決の原則を掲げたことで、戦争終結後は、植民地住民の間に独立への期待が高まり、民族解放運動が活発に展開された。平和的な権力の移行の事例も見られたが、植民地宗主国側が植民地支配を放棄しようとしなかったため、その多くは武装闘争の形をとった。

インドネシアは、日本降伏後の四五年八月一七日独立を宣言したが、アメリカ政府は当初、インドネシアの民族解放闘争には不介入の態度をとり、他の多くの事例と同様に、欧州の復興を優先するという観点から、宗主国オランダの主張を支持する政策を追求した。

インドネシアとオランダとの間には、四六年一一月に休戦協定が締結された。だが、四七年七月オランダ政府は再び、武力による問題解決に訴えたため、両者間に全面的な戦闘が再開された。米英両政府とも、調停に乗り出すのに消極的であったことから、インドとオーストラリアは、この問題を国連安保理の協議に持ち込み、七月三一日から安保理協議が開催された。この間、ワシントンはオランダ寄りの姿勢をとったため、四八年一月に締結された休戦協定は、オランダの支配地域を既成事実として承認する内容であり、インドネシア側にとって屈辱的な敗北となった。

四八年三月の経済協力法（ＥＣＡ）の成立により、マーシャル・プランの実施に当たる経済協力局が設置されたが、アメリカ政府はこの時期、欧州復興を最優先する観点からアジアの脱植民地化運動に対応しており、東南アジアにおけるイギリス、フランス、オランダの植民地権益の維持は、ドル・ギャップ問題の解決と欧州の復興にとって不可欠だと考えていた。アメリカ政府は、四八年春にアメリカ議会で承認された欧州復興計画に基づく援助額のうち、オランダに五億六〇〇〇万ドルを供与し、うち八四〇〇万ドルはインドネシアの復興のために使用するものとされていた(47)。インドネシアにおける戦闘において、アメリカ政府は事実上オランダを支援する側に立っていた。

そうした情勢下で、アメリカ政府のインドネシア政府に対する見方を大きく変える事件が発生した。四八年九月一八日、ジャワ東部のマディウンでインドネシア共産党勢力が武装蜂起したが、インドネシア政府は一〇月末までには、この蜂起を鎮圧することに成功した。政府による共産主義勢力の鎮圧は、インドネシア政府指導者たちが、穏健な民族主義者であることをワシントンの政策形成者たちに確信させた。ロバート・ロヴェット国務次官は、インドネシア共和国は「全面的な共産主義の攻勢に対処し、これを鎮圧した極東における唯一の政府」だと評価した(48)。アメリカ政府は、この事件を契機に、インドネシア政府への対応を徐々に変えると同時に、逆にオランダ政府の非妥協的態度に批判を強めていくことになった。

折しも、四八年一二月、オランダは、国連の仲介により四八年一月に成立したレンビル休戦協定を破り、再び武力行使に出た。オランダの武力行使に対しては、インド、パキスタン、セイロン、ビルマなどアジア諸国の間からだけでなく、アラブ連盟からも非難の声が上がった。国連のインドネシア代表部のスミトロ・ジョヨハディクスモは、欧州復興計画にもとづくアメリカのオランダへの財政援助が、インドネシアのオランダ軍の戦闘に回されていると非難した(49)。インドやオーストラリアなどは、欧州復興計画資金の供給停止をアメリカ政府に求めたが、国務省はこれには反対であった(50)。

だが、国務省としても四九年に入って、オランダの武力行使を非難する国際世論と国内世論の圧力の前に、次第に軌道修正をはからざるをえなくなった。四九年一月、インド政府は、インドネシアにおけるオランダの行動を非難するために、アジア諸国会議を召集すると発表した。インドのイニシアティブは、アメリカ政府に強い警戒心を呼び起こした。国務省は、アジア諸国間に汎アジア主義に向けた動きが強まることを危険視した。さらに憂慮すべきは、アメリカ議会内でオランダに対する欧州復興援助計画資金供給の全面停止を求める決議案が提出されたことである。[51] トルーマン政権にとっての懸念材料は、この決議案が欧州復興計画の延長法案に対する付帯決議として提出されたことである。くわえて、同年一月二一日にアメリカの支持の下に提出されていた国連安保理決議が、オランダ政府の反対にもかかわらず、一月二八日に圧倒的多数で可決されたが、同決議は戦闘行動の即時停止を求めていた。アメリカ政府は同決議を受け入れるよう説得を続けたが、オランダ政府は頑なにこれを拒否した。

オランダ政府の国連決議無視は、欧州復興計画の延長問題に悪影響を及ぼし始めただけでなく、東南アジアへのソ連や中国の影響力の拡大の危険を増大させている、とワシントンは受け止めた。四九年三月二九日に国務省によって作成されたPPS五一は、東南アジア全体が、クレムリンの攻勢の対象になったことは明白だとしたうえで、この地域を支配するのが、ソ連の究極の目的だと断言した。さらに、そうした情勢下では、「一九世紀的帝国主義は革命的な状況にある植民地においては、共産主義に対する解毒剤とはならない。むしろそれは、共産主義のウィルスを育てるのに理想的な培養菌だ。好戦的なナショナリズムを満足させることは、スターリン主義に対する抵抗のために、まずなによりも必要不可欠である」と述べ、フランスとオランダの政策を厳しく批判した。他方、国務省は、インドネシア共和国の指導者たちは、「基本的には穏健な人たち」であり、彼らの反共主義は、四八年九月のマディウン武装蜂起を鎮圧したことによって証明された、との評価を下していることが注目される。したがって、インドネシアで「目下そして長期的に見て、破壊的要素となっている」のは、むしろオランダである、とした。

PPS五一の分析と提言を受けて、アチソン国務長官は四九年三月、オランダ外相ダーク・スティッカーと会談し、オランダの武力行使に対するアメリカ国民と議会の強い不満ゆえに、オランダに対する欧州復興援助の延長は重大な危険に晒されるようになったこと、くわえて、早急に問題を解決しなければ、オランダへの武器の供与を可能にする資金を議会が承認する見込みはない、と警告した[52]。

欧州復興援助計画の打ち切りと軍事援助の停止を示唆されたオランダ政府はついに、これまでの非協力的な姿勢を転換せざるをえなくなった。その結果、四九年一二月には、インドネシアの独立を承認する協定が調印された。

(2) 第一次インドシナ戦争とフランスの退場

この時期の脱植民地化運動の中で最も重要な事例として、第一次インドシナ戦争が挙げられる[53]。ホー・チ・ミンが率いるベトナム民族解放運動に対するワシントンの対応は、マラヤ共産党のそれと共通点が認められる[54]。それは、運動の主体が共産主義勢力だという点だ。トルーマン政権が、フランスに対する支援を強化していく過程では、ホーが共産主義者であると見なされていたことが重要であった[55]。

アチソンは、一九五〇年一二月のオリヴァー・フランクス駐米イギリス大使との私的夕食会の席上、共産主義中国の南と東への膨張の危険が増大したとの認識を示したうえで、ビルマとマレーシアは、イギリスの責任範囲であるとの見解を示す一方、インドネシアとフィリピンにくわえて、インドシナにもアメリカが責任を持つ考えであることを明らかにした。また、同年二月に策定されたNSC六四は、共産主義の「これ以上の東南アジアにおける膨張を防ぐために実行可能なあらゆる手段を講ずることが合衆国の安全保障にとって重要である。インドシナは東南アジアの枢要な地域であり、差し迫る脅威に晒されている」との結論に達した[56]。

NSC六四が、以上のような結論を出した三カ月後、トルーマン大統領は、フランスのインドシナ戦争への軍事援助を決定した。その結果、アメリカの対仏軍事援助は増大し、五四財政年度には、一〇億六三〇〇万ドルに達し、フランスのインドシナ戦費の七八%を占めるようになった[57]。

五〇年六月の朝鮮戦争勃発後は、朝鮮半島に加えて、欧州のNATO軍強化のためにアメリカ軍のかなりの部分を投入している状況の下で、インドシナで「もう一つの朝鮮戦争」を抱え込む余裕はなかった。したがって、フランスはインドシナに留まり、戦争遂行の第一義的責任を担わなければならない、とされた[58]。また、インドネシアにおけるオランダ植民地主義の場合と違って、フランスは、欧州大陸における最も重要な同盟国であり、NATO内での結束に悪影響を与えないよう配慮しなければならなかった。五〇年九月、トルーマン大統領は、ドイツ軍一二個師団の創設と西ドイツのNATO加盟を提案したが、パリはこれに強く反発し、ドイツ単独の再軍備の代案として、仏独伊およびベネルクス三国から成る欧州防衛共同体（EDC）創設を提唱した。その結果、五二年五月、関係各国はパリで、EDC設立条約に調印したが、五四年八月、フランス議会がEDC批准を拒否した。

アメリカのディレンマは、フランスの植民地主義を支持し続ければインドシナから敗退することになるかもしれないと懸念しながらも、かといって、共産主義からインドシナを防衛するためには、フランスにその任務を遂行してもらう以外にないという点にあった。

アイゼンハワー政権も、トルーマン政権のディレンマを継承することになったが、インドシナ戦争はフランスに不利に展開した。フランス軍はディエンビエンフーでベトナム人民軍に大敗北を喫し、五四年五月七日に降伏、この間四月二六日から、インドシナ休戦に関するジュネーヴ会議が開始された。

ジュネーヴ交渉は難航したが、交渉決裂を恐れた中ソが、ホーに譲歩を迫った結果、五四年七月、ラオス・カンボジアからの全部隊の撤退、北緯一七度線でのベトナムの南北分割、五六年七月の総選挙の実施などを定めたインドシナ休戦協定が成立した。

休戦交渉中のフランスの対応とジュネーヴ協議の行方に強い懸念を抱いたアメリカ政府は、ラオス、カンボジア、南ベトナムの防衛に全面的に乗り出す一連の決定を行った。第一に、五四年八月、それまでフランス政府を経由して行っていた経済・軍事援助を、インドシナ三国への直接援助に切り替えた。第二に、五五年二月には、ゴー・ディン・ジエムに白羽の矢を立て、アメリカ政府が影響力を行使できる新たな政治勢力（コラボレーター）の育成に乗り出した。第三に、五四年一二月にはエリ＝コリンズ協定をフランスと締結し、南ベトナム国軍の訓練を、フランスに代わってアメリカ自ら行う決定をした。その結果、フランス軍は五六年四月、インドシナから全面撤退することになる(59)。

フランスの追い出しをワシントンが決断したのは、フランスの戦争遂行が不首尾に終わり、このままでは、この地域への共産主義の影響力の拡大を食い止めることはできないと判断したからだが、同時にアメリカ政府が重視したのは、インドシナ三国の独立であった。アイゼンハワーやダレスは、フランス軍の存在は植民地主義の象徴であり、このような負の遺産を抱えたままでは、ベトナムに安定政権を樹立することは困難だと考えた(60)。ここには、植民地主義的秩序に代わる「自由主義的・資本主義的秩序」の建設なしでは、インドシナを共産主義の脅威から守ることはできないと考えるアメリカの秩序観が示されている。その結果、五五年一〇月、バオ・ダイの退位に伴い、ジエムはベトナム共和国樹立を宣言した。

しかし、フランスの追い出しによって、フランス植民地主義の汚名からは解放されることになるが、他方、アメリカがジエム政権を支援し、国軍の建設に全責任を負う形で関与を深めていくことになれば、アメリカ自身が、新たな植民地主義者と見られる危険性があった。そのためダレスが考案したのが、東南アジア条約機構（ＳＥＡＴＯ）の創設であった。アメリカ政府は単独介入の印象を薄めるために、集団防衛の衣を着せることにしたのである。ダレスは、インドシナへのコミットメントの条件として、これら三国の独立にくわえて、英仏豪のほか、タイ、フィリピンなどアジア諸国が参加する「共通の努力」を強調した(61)。ダレス国務長官はまた、ＳＥＡＴＯの設立を通してインドシナを共産主義の脅威から守るという方法は、危険を伴うことも認識していた。それは、「アメリカがほとんど統制力をもっておらず、情勢も決して明るいとはいえない地域でアメリカの威信をかける」ことになるからであった。しかし、そのような危険を冒さなければ、「闘うこともなく、この地域を完全に放棄することになる」。したがって、これら三国をＳＥＡＴＯに含めることは、「二つの悪のうち、より少ない悪」の選択であった(62)。

ダレスはまた、もう一つの不安をかかえていた。彼は五四年五月、ホワイトハウスでの非公式協議の場において、次のように語った。「問題の本質」は、これらインドシナ三国は国を治める人材も指導者も有しておらず、独立を享受できる状況ではない。したがって、「もしこのまま独立するようなことにでもなれば、すきっ腹のライオンの檻に赤ん坊を入れるようなものである」。そうなれば、「その赤ん坊はたちまち呑み込まれてしまうだろう」。このことは、形式的な独立の問題ではなく、むしろ「共産主義者たちにたちまち引っ手繰られることのないように、どの程度の独立を認めるか」という問題である。ＳＥＡＴＯはそうした問題への対応措置として、五四年九月八日に成立した。

しかし、中国内戦における国民党政権の場合と同じく、ジエム政権は民主的とは程遠い政権であり、その支持基盤の拡大は容易ではなかった。その結果、アメリカ政府はこの非民主的政権への介入を深めていくなかで、アメリカ自らも、「泥沼」と称されるような、新たな戦争に巻き込まれていくことになる。ジエム政権をコラボレーターとして育成する試みは失敗した。その意味で、南ベトナム政府へのアメリカの介入は、「挫折したヘゲモニー」の事例である。

5　バンドン会議と独自の国際秩序の模索

中国における共産主義政権の樹立（四九年一〇月）、インドネシアのオランダからの独立（四九年一二月）、インドシナからのフランス軍の完全撤退、マラヤのイギリス植民地からの独立（五七年八月）といった脱植民地化運動の成果は、戦後のアジアにおいて、米ソ両超大国や植民地宗主国が管理できない大きな力学が働いていたことを示している。その象徴的出来事が、五五年四月インドネシアで開催されたアジア・アフリカ会議（バンドン会議）であった。この会議は、それまで西欧列強諸国に支配されてきた、アジア・アフリカの新興独立諸国が開いた世界史上初の国際会議であった。

ワシントンは、中華人民共和国（以下、中国）が参加するこの会議に重大な関心を寄せ、とくに会議で中国が中立主義諸国と協力してアメリカの同盟政策を批判し、台湾の武力解放への同意を取り付けることを恐れていた。ＳＥＡＴＯの設立に反発した中国は、中国本土と台湾との分断が固定化されることを恐れ、五四年九月三日、国民党統治下にある金門・馬祖島に攻撃を加えたため、当時台湾海峡は緊張していた（第一次台湾海峡危機）。

他方、SEATOへの参加を拒否した中立主義諸国は、米ソ冷戦とは一線を画し、独自の秩序形成を目指していた。ネルーと周恩来首相は、ジュネーヴ会談に出席中、中印間の外交関係の基礎として「平和五原則」（領土保全と主権の相互尊重、相互不可侵、相互の内政不干渉、平等互恵、平和共存）を再確認した。とくにネルーは、平和共存の原則に「付随的な解釈を与えることで」、アメリカの冷戦政策を否定しようと試みていた[63]。

中印の動きは、アメリカの同盟政策への加担を拒否する中立主義諸国と共産主義陣営とが提携する可能性を意味し、ワシントン首脳に強い警戒心を呼び起こした[64]。ダレスらは、バンドン会議が恒常化し、中印を中心とする国々がブロックを形成し、それが欧米と対立することを特に警戒した[65]。

そこでアメリカは、親米アジア諸国が協力して共産主義側に対抗し、会議が建設的な結果を生み出すように努力するという役割を彼らに期待した[66]。

アメリカは、バンドン会議に冷戦の論理を持ち込み、「平和五原則」に敵対する行動をとった。第一に、「平和五原則」にいう「平和共存」の原則は、中立主義諸国の間では、異なる体制間の共存、すなわち脱冷戦という意味合いを持つものとして理解される向きがあり、NATOやSEATOのような同盟政策批判につながる可能性があった。それゆえアメリカは、会議で同盟批判がなされた場合には、共産主義の脅威から自国の安全を守るためには同盟は必要であるとの反論を用意し、さらに「平和五原則」そのものについては、国連憲章の諸原則を含んでおり、国連憲章の確認で足りるとの見解を表明することを親米諸国に期待した。

実際、会議では、インド、ビルマ、エジプト、インドネシアなど中立主義諸国は、「平和五原則」を確認することの重要性を指摘し、SEATOなど西側の集団防衛機構を批判したのに対して、トルコ、パキスタン、フィリピンなどのコラボレーター政権は、共産主義の脅威が存在する限り、集団防衛体制は必要であるとして、「平和五原則」を批判した。

第二に、植民地主義の問題に関して、アメリカは、東欧諸国などソ連の支配下にある国々の事例を持ち出し、西欧植民地主義の問題を相対化する戦術に訴えた[67]。親米諸国は、東欧諸国が共産主義型植民地であるとのセイロンの主張に同意し、「あらゆる型の植民地主義」が非難されるべきであると発言した。中国や北ベトナムは、共産主義型植民地主義の存在を否定した。インドのネルーもまた、国連加盟国である東欧諸国を植民地とすることは問題である、と指摘した。結局、周恩来が、「植民地主義はすべての形の現われにおいて」すみやかに根絶されるべきであるとの表現であれば反対しないという譲歩を行ったことで、この問題での決裂を回避することになった。

バンドン会議は、戦後日本のアジア復帰を画する初の国際会議であり、日本外交の方向性を占ううえでも重要な意味をもっていた。日本は五一年に日米安保条約を締結し、すでに「西側陣営の一員」としての道を歩み始めていたとはいえ、アジア諸国との関係をどう構築していくのか、またその場合、アメリカとの距離をどうとるのかという点では、いまだ明確な方針が確立されているとはいえなかったからだ。

インドネシア駐在の倭島英二公使は、「日本はアジアの独立国としてアジアの命運を相共に切り開いていく気でいるのか、それとも西欧の手先として目前の利益を追う気でいるのか」が問われているとして、「平和五原則のごときもの」に対して、「如何なるガイディング・プリンシプルを標榜するか」、きちんと考えておく必要があるとの意見を本省に寄せていた[68]。

しかし、日本政府は、ワシントンや在日アメリカ大使館との緊密な協議の下、アメリカと同一歩調をとりながら、アジア復帰を果たそうとした。バンドン会議への対応において、日本政府はコラボレーターとして振舞ったと言えよう。植民地主義をめぐる議論では、セイロン、パキスタンなど親米勢力の主張に賛同する発言を行った。また、「平和五原則」問題では、「バンドン会議平和宣言」を提出し、「平和五原則」に依らなくても国連憲章の精神で平和を達成・維持できる、とアメリカの要請に沿った主張を展開した[69]。アメリカ国務省は、アメリカを除外したアジア諸国によるブロック結成を強く警戒しており、中立主義諸国の影響の下、「平和五原則」が脱冷戦を志向するのを阻止する必要があると考えていた。ダレスらはそのため、「平和五原則」を国連憲章の諸原則に置き換えることで、中印の動きを封じる戦略を立てた[70]。それゆえ、日本の発言は、全面的にアメリカ政府の意向に沿うものであった。にもかかわらず、バンドン会議での日本の役割に対するアメリカ政府の評価は低かった。アジア諸国の要求とアメリカの意向とを両立させようとした結果、政治問題では積極的行動を控え、経済問題で積極的な貢献をすることを目指したからである。バンドン会議での日本の行動は、その後も日本外交が直面することになるディレンマ、すなわち日米関係とアジア諸国との関係をいかに両立させるかという問題を浮き彫りにするものであった。

そうした困難な状況下にあって注目されるのは、日本政府代表団の首席代表を務めた高碕達之助の存在である。高碕は元来経済人でもあり、アジア諸国との経済関係の構築に意欲を見せた。彼は経済審議庁長官の職にあったが、日中貿易に日頃から強い関心を持ち、バンドン会議では周恩来首相との会談に強い意欲を示していた。アメリカとの関係に配慮する外務省は乗り気ではなかったため、高碕は私的な資格として、周との会談にこぎつけ、日中貿易の促進を訴えた[71]。この会談はその後の日中貿易の足掛かりになり、政経分離原則の下においてではあるが、六二年にはLT方式とよばれる貿易協定が締結されることになる。

バンドン会議は、参加諸国の利害や政治的思惑が複雑に絡み、具体的な問題で足並みを揃えることが容易でないことを示した。しかし、共産主義諸国、中立主義諸国、親米諸国が一同に会し、異なるイデオロギーを乗り越えて「平和十原則」を採択したことは、アジア・アフリカの新興独立諸国が冷戦秩序とは異なる、独自の秩序形成を目指す強い意思を示したという点で歴史的な意義を持つものであった。それは、アメリカが目指す「自由主義的・資本主義的秩序」でもなく、またソ連が目指す社会主義的秩序でもなく、いわんや帝国主義的秩序でもなかった[72]。「平和五原則」、「平和十原則」は国際社会に新しく登場した理念とは言えないが、歴史的に見て、帝国主義列強だけでなく、米ソ両超大国もまた、現実の政策や行動において、これらの原則を必ずしも尊重してきたとはいえない。その意味で、新興独立諸国が「平和十原則」を、遵守すべき国際政治の行動規範として掲げ、米ソと一線を画する秩序形成を模索し始めたことは重要である。

その後、「バンドン精神」や「平和十原則」は非同盟諸国運動に受け継がれ、六一年には、二八カ国がベオグラードに参集し、第一回非同盟諸国会議が開催された。ベオグラード会議は、東西対立の解消と新・旧植民地主義の除去、平和共存を訴えた。七三年には、非同盟諸国は国連加盟国の過半数を占めるようになり、米ソ両超大国もその影響力を無視できなくなるのである。

6　激化する中ソ対立と冷戦秩序の変容

第二次世界大戦終結から毛沢東政権の誕生までの中ソ関係は必ずしも良好とはいえない状況にあった[73]。国共内戦中、毛沢東勢力へのソ連の援助は限定的であったし、スターリンは国民党政府の下での統一を進言していた。四九年一月の段階になっても、スターリンは、内戦を平和的に解決するよう北京に打電し、毛沢東に拒否されている[74]。

しかし、毛の「向ソ一辺倒」政策と、それに続く中ソ友好同盟相互援助条約の締結以降、中ソ両国は、アジアと欧州の両地域で密接な協力関係を維持してきた。北京は、「米帝国主義」に対する対抗力および軍事援助の提供者としての役割をモスクワに期待した。毛沢東らは、台湾、韓国、ベトナムの三方向からアメリカが軍事介入してくる可能性を恐れていた[75]。それゆえ、ソ連の協力はアメリカの脅威に対処するために不可欠だと考えられた。彼らはまた、中国における社会主義建設のモデルとしてのソ連の経験と支援に期待した。中国に共産主義政権が誕生すると、モスクワは、北京の要請に応じて、大規模な経済・技術援助を行い、両国間の科学者や学生の交流も活発化していった[76]。

だが、両国の協調的関係は長続きしなかった。その重要な転機となったのは、五六年二月のニキタ・フルシチョフによるスターリン批判演説であった。この演説は、以下の三点で重要であった。第一に、スターリンが無謬であるという神話が崩壊したことで、毛沢東は、スターリンの対中国政策の是非を再検討し、独自の社会主義への道を歩むことが可能となった[77]。第二に、毛はフルシチョフのスターリン批判のやり方を問題にし、友党諸国と事前に協議することなくスターリン批判が行われたために、他の共産主義政党間で混乱と不安が生じた、と批判した。この点は、ソ連の「大国ショービニズム」批判として、その後も繰り返されることになる。第三に、スターリン評価をめぐる対立である。毛によると、スターリンは依然として、偉大なマルクス主義者であり、功績が七〇％、過ちが三〇％というものであった[78]。

脱スターリン化の動きは、早くも東欧諸国に現れた。五六年六月には、ポーランドのポズナンで労働者の反乱が、さらに一〇月には、ハンガリーで学生と労働者の暴動が発生した。

中国は、ポーランドの事件は主として反ソ的、ハンガリーの事件は基本的に反共主義的だとして、両者を区別した。北京は、ポーランドへのソ連による介入の動きを「大国的ショービニズム」だとして批判したが、ハンガリー危機に対しては、モスクワの軍事介入を支持した。これらの事件は、ソ連指導部が東欧問題で中国指導部の意見を聞いたという点で、共産主義陣営における中国の発言力の高まりを示すものであった。また、こうした中ソ関係の変化は、中国の社会主義の将来に対する自信を毛沢東に与えることになった。

毛沢東の自信は、中国の社会主義建設において、それまで重視してきたソ連モデルの修正の動きとなって現れた。毛は五五年後半から五六年前半にかけて、農業集団化キャンペーンと商工業の社会主義化を実施するとともに、ソ連の第一次五ヵ年計画の成果を研究したうえで、五六年四月、「十大関係論」を発表した。この論文は、ソ連が犯した過ちを繰り返さずに中国の社会主義を建設していく意図を明確にしたものであり、五八年五月に開始された「大躍進」政策につながっていった。「大躍進」政策は、中国経済を深刻な混乱に陥らせることになったが、欧米に追いつくことを目指しただけでなく、ソ連モデルの放棄を意味したため、モスクワとの激しい路線闘争を招いた。毛沢東は、モスクワの批判に対して、中国モデルが、ソ連モデルより優れていることをソ連指導部は恐れているなどと反論するに至った[79]。

対外政策の分野でもまた、毛沢東は、フルシチョフの「平和共存」路線に対して、アメリカと対決する道を選んだ。五七年一〇月にソ連が人工衛星スプートニクの打ち上げに成功し、また国際共産主義運動内における北京の地位の向上に自信を深めたこともあって、毛沢東は「東風が西風を圧倒している」（五七年一一月）との世界情勢認識を抱くようになった。毛は、アメリカは力を世界に拡大しすぎているので、「首に縄を巻く」戦略によって、アメリカと対決することが可能だと主張し、民族解放闘争への支援を強化していった。五八年八月に始まる中国による金門・馬祖島の爆撃によって、第二次台湾海峡危機が勃発したが、これはアメリカの首に巻かれるさらなる縄、台湾への圧力、それに「米帝国主義」に対するフルシチョフの弱腰外交に向けられたものであった[80]。

第二次台湾海峡危機は、核戦争の危険に対する毛沢東の無頓着さを示すものとして、フルシチョフの不信を増幅し、五九年六月には、ソ連が中国に原子爆弾製造の技術データを供与することにした五七年の協定を破棄した。この措置に対抗して、北京は六〇年一月、核の独自開発を決定した。核をめぐる不信の増幅もまた、中ソ対立を助長することになった[81]。

また、五六年のチベット動乱での中国人民解放軍による鎮圧に続き、五九年三月に再びチベットで騒乱が発生したが、チベット市民と人民解放軍部隊が対峙するなか、ダライ・ラマ一四世がインドに亡命し、チベット臨時政府樹立を宣言したことで、中印関係は険悪なものとなり、同年八月には、中印国境で武力衝突事件が勃発するに至った。毛の強硬路線は、パキスタンとの関係を別にすれば、周辺諸国との緊張要因となった[82]。

フルシチョフは五九年九月一五日、ソ連の指導者としては初めて訪米し、アイゼンハワーとキャンプ・デービッド会談を行った。この会談で、米ソ首脳は、核戦争の回避並びに紛争が発生した場合の対話の継続を確認した。その直後、九月三〇日から一〇月四日まで北京を訪問したフルシチョフは、台湾海峡危機について苦言を呈したうえで、台湾への武力行使を断念するよう毛の説得を試みた。また、中印国境紛争に関して、インドを東側陣営に引き込むために、中国側の譲歩と妥協を求めた。これに強く反発した中国指導部は、フルシチョフを「日和見主義者」と呼び、厳しい反論を加えた。

この北京会談以降、毛沢東のフルシチョフ批判は一段と厳しさを増した。同年一二月の党内論議で、毛は、「米帝国主義者」、インドの反動主義者、ヨシップ・ブロズ・チトーのような修正主義者に加担し、「反中国で足並みを揃えた」、とフルシチョフ非難を繰り広げた。さらに毛は、フルシチョフが「二つの懸念を抱いている」、すなわち「帝国主義だけでなく、中国式共産主義を恐れている、なぜなら東欧その他の共産主義政党が彼らではなく、われわれを信用することを怖れているからだ」と語った[83]。

毛沢東は六〇年四月には、ソ連指導部との論争を公然化させたが、同年六月にブカレストで開かれたルーマニア労働党第三回大会で、両者は激しい非難の応酬を繰り広げた。フルシチョフは、西側との平和共存路線を擁護し、中国の政策に全面的な攻撃を加えた。他方、中国共産党代表団側は、フルシチョフはマルクス＝レーニン主義に背いていると激しく論駁した。

中ソ対立が激しさを増すなか、マルクス＝レーニン主義の理念が、第三世界諸国の人びとにとって、次第に色褪せたものになったことは否めない。また、中ソ対立は、米ソ対立の構造にも大きな変容をもたらすとともに、冷戦の脱イデオロギー化を促すことになった。長期的に見れば、社会主義陣営内における中ソ対立の激化は、アメリカが主導する西側陣営に有利な形で冷戦が展開していく決定的な要因となった。

7　ブレトン・ウッズ体制の崩壊とアジアの台頭

米ソ両国は、安全保障上のコスト負担にくわえて、経済・技術援助などさまざまな恩恵を提供することによって、ブロック支配の正統性を担保しようとした。アメリカは、同盟国に安全を提供するだけでなく、「IMF・GATT体制」の創設を通して、通貨の安定と貿易の自由化を目指し、この枠組みが「国際公共財」として機能するよう主導することによって、支配の正統性を高めようとした。一方のソ連は、アメリカの経済力と軍事力における劣勢を補うために、スターリンの下で、イデオロギー統制を強化してアメリカに対抗し、その後軍事力の強化も目指し、一九七〇年代に入ると、核戦力における対米パリティを達成するようになった。だが、経済の領域では、アメリカと西側陣営が依然として優勢であり、IMF・GATT体制が機能している間は、ワシントンの国家意志が幅を利かせていた。

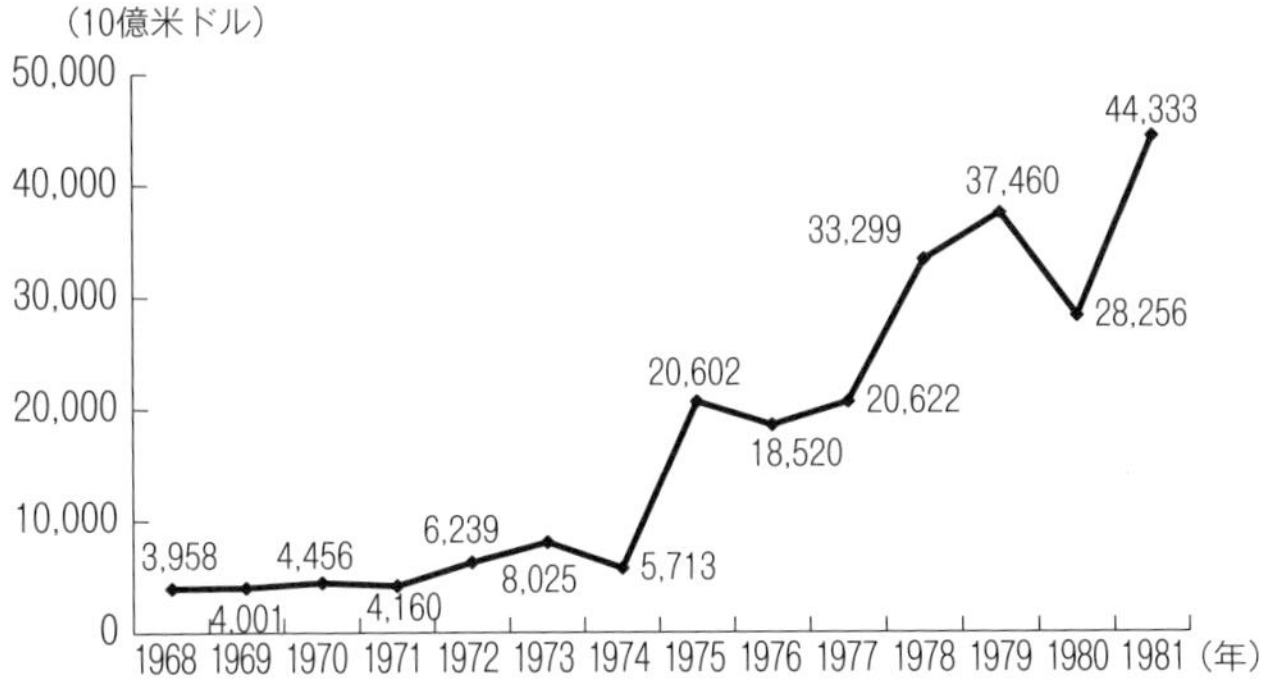

図１－２　発展途上国向け民間資本のフロー，1970–1982

（出所）OECD QWIDS（Organization for Economic Cooperation and Development, Query Wizard for International Development Statistics）.

その一方で、戦後のアメリカのヘゲモニー支配の重要なメカニズムであったＩＭＦ・ＧＡＴＴ体制は、一九六〇年代末にその矛盾を顕在化させた。世界経済の拡大は基軸通貨であるドルの需要の増大をもたらしたが、この需要増に応えるには、アメリカは市場を開放し輸入を拡大するか、在外米軍の調達や軍事・経済援助の増大を通して、ドルを世界に供給し続ける必要があった。こうして、前者は貿易赤字の拡大をもたらし、一方で後者を通じて、アメリカはドルの「散布」を続けたことで、ドルへの信認の低下を招くことになった。その結果、アメリカはついに七一年八月、リチャード・ニクソン大統領の下で、新経済政策の発表（第一次ニクソン・ショック）およびドルと金の交換停止に追い込まれた。アメリカは、同年一二月にスミソニアン合意によって、ドルと金の交換レートを金一オンス三五ドルから三八ドルへと八％切り下げ、ドルを基軸通貨とする体制の維持を図ったが、持ちこたえられず、国際通貨制度は七三年二月全面的に変動相場制に移行し、ブレトン・ウッズ体制は終焉を迎えた。

変動相場制への移行は、その後ジョージ・シュルツ財務長官の下で、七四年一月に資本統制の廃止宣言につながり、この廃止に伴い、政府はトランスナショナルな資本の移動と金融市場をコントロールする力を大幅に喪失することになった（図１－２）。

一方のソビエト体制は、官僚制の肥大化と硬直化にくわえて、競争の原理が働かないことから生じるさまざまな弊害（経済制度の非効率性、技術革新の停滞、労働生産性の低下）ゆえに、七〇年代には経済が行き詰まってしまった。その結果、社会主義の理念と現実とのギャップの拡大は、ソ連の支配の正統性のさらなる低下を招くことになった。

米ソのヘゲモニー支配の経済的基盤が揺らぐなか、冷戦統合の変容を促した力学としてもう一つ注目されるのは、「開発独裁体制」国家の経済成長である。一九五〇年代末に登場した「開発独裁体制」国家もまた、一九六〇年代末から七〇年代に入って、アジアにおける一つの大きな流れを形成し、この地域における冷戦ガバナンスの変容を促した（本書第五章を参照）[84]。これらの国々は、抑圧的な体制に対する国民の不満を逸らし政権の正統性を高めるためにも、開発主義のイデオロギーを強調した。開発独裁型政権は当初、輸入代替工業化路線を採用したが、国内市場の狭隘さ、資本不足、製品の競争力の欠如などが原因で、成果を挙げることができなかった。開発路線が軌道に乗っていくのは、これらの国が一九六〇年代半ばに、輸出志向型工業化戦略へと力点を移行させてからである。これ以降、これらの国は、それまでの保護主義的規制を緩和ないし撤廃し、関税を引き下げ、為替レートや金利の自由化、外貨規制の緩和など市場重視の政策を採用し、外部資金の導入を積極的に図ったことで、六〇年代を通して、八％を超える経済成長を達成し、七〇年代に入っても、高率の成長を続けた。

アジアの「開発独裁体制」国家を中心とした目覚ましい経済成長は、アジアにおける冷戦の変容にも深くかかわり、一九七八年末に中国が、経済の分野で、社会主義路線から市場メカニズムを導入する改革開放路線へ転換する契機となった。中国の方針転換は、「社会主義モデル」を採用していた第三世界諸国に大きな衝撃を与え、これらの国々が、社会主義と計画経済を断念し、市場経済に転換する大きな流れを作り出すことにつながった。

積極的な外資導入によって成長を目指す政府主導型開発モデルは、「社会主義モデル」からの離反という流れを作り出すのに重要な役割を果たしただけでなく、アメリカ主導の「リベラルな秩序」でもなく、ソ連モデルでもない、独自の開発モデル（経済的には開放的だが、政治的には非民主的）を提示することで、たんなる米ソ冷戦の客体にとどまらず、冷戦ガバナンスの変容に主体的にかかわった。

8　新国際経済秩序（NIEO）の挫折と新自由主義的潮流の優位性

一方で、アジア以外の第三世界諸国の多くは、異なる運命を辿った。一九七三年一〇月に勃発した第四次中東戦争を契機に第一次石油危機が発生し、欧米諸国は軒並み低成長時代に突入したが、同時に、石油危機が、資源を保有していない途上国に与えた影響も大きかった。南北問題が深刻化するなか、途上国は、七四年四月の国連資源特別総会で新国際経済秩序（NIEO）樹立宣言を発表した。同宣言は、発展途上国からの工業製品輸出に対する市場開放や特恵導入、一次産品価格の安定維持のための共通基金の創設、第三世界諸国の負債の支払い猶予、石油危機で最も大きな打撃を受けた貧困国を支援するための特別プログラムの受け入れなどを先進国側に求めた。負債の支払い猶予と一次産品価格安定化基金の創設は、世界の富の再配分を意図したものであった[85]。NIEOはまた、七四年一二月一二日に「国家の経済的権利・義務憲章（Charter of Economic Rights and Duties of States）を国連総会で成立させ、「すべての国家は、国民の意思に従って政治的、社会的、文化的制度はもちろんのこと、経済制度を選択する主権国家としての不可侵の権利を有する」と宣言した。

資源に対する国家主権を主張する資源ナショナリズムは、先進工業諸国の反対するところとなった。くわえて、一九七三年の石油危機と石油価格の高騰は、先進工業国の経済を低成長に向かわせ、国際収支の悪化を招き、第三世界への援助を減少させた。

石油価格の高騰で最も大きな打撃を被ったのは、石油輸出国機構（OPEC）の石油に依存していた貧困国であった。発展途上国の対外債務は激増し、七〇年代初めには、債務総額は六九〇億ドル（総収入のおよそ一〇%）に、さらに一九八〇年には四九四〇億ドル（総収入のおよそ二〇%）に上った。これは七二年から八一年の間に六倍に増大したことを意味する[86]（図1-3）。

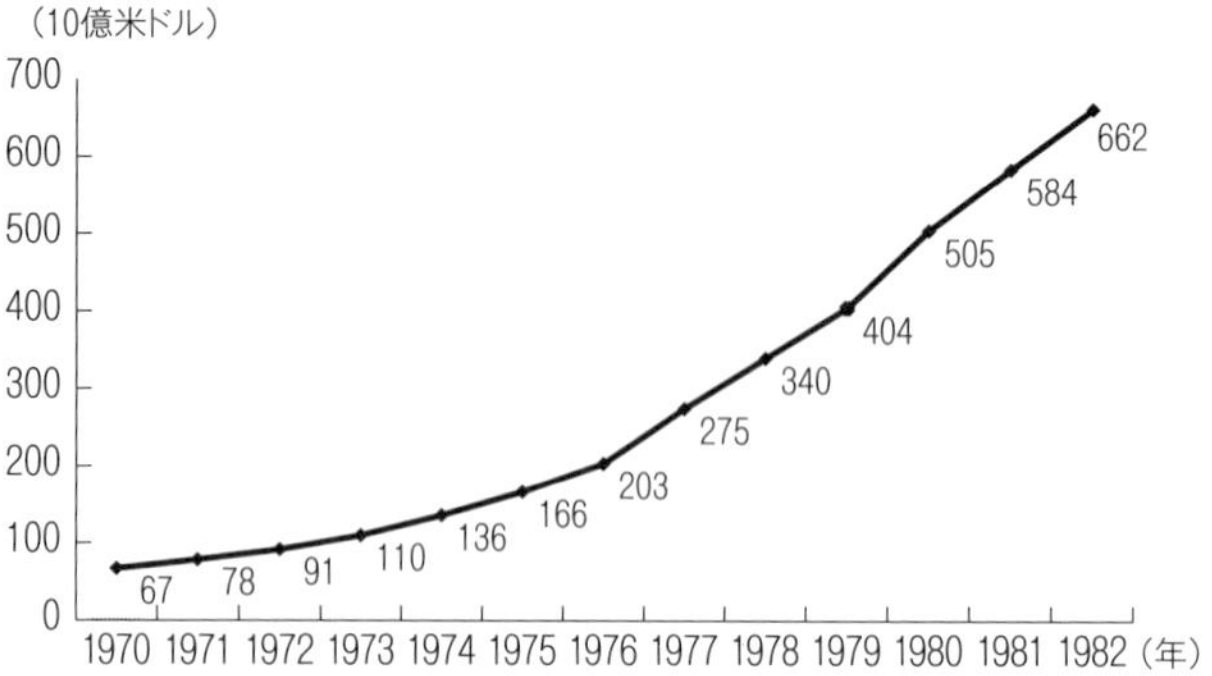

図１－３　発展途上国の対外債務，1970–1982

（出所）World Bank, International Debt Statistics.

一方、ＯＰＥＣ加盟国は石油価格の急騰によって得た余剰資金を欧米の資本市場に投資した。ある推計によると、石油輸出国の経常収支黒字の八〇％が先進諸国と域外市場に流れ込んだといわれる。民間銀行は「ペトロ・ダラー」を発展途上国に再融資したが、その融資先の多くはラテンアメリカ諸国であった。八〇年代初頭には、アメリカの上位大手銀行九社は資本の二五〇％に相当する額を発展途上国向け融資に振り向けた(87)。

イラン革命の勃発と七九年一月の王政打倒は第二次石油危機を引き起こした。くわえて、七八年一〇月六日の「ボルカー・シフト」が重なり、アメリカの金利は急上昇した。このため、非産油国の対外債務はさらに膨らみ、破滅的な打撃を受けることとなった。また、第二次石油危機の時は、第一次石油危機の時と異なり、民間銀行は債務国の支払い能力を警戒し、再融資に慎重な姿勢に転じた。

一方、二つの石油危機に対処するため、アメリカやＯＥＣＤ諸国は、消費国グループを結成し、省エネ政策を追求し、石油の消費量の削減、代替エネルギーの開発に努めた。その結果、石油価格は低下し、産油国と消費国の力関係は後者に有利に傾くことになった。

二つの石油危機および先進国の対抗措置は、ＮＩＥＯの挑戦を頓挫させることになったが、それはまた、脱植民地化の終焉、「第三世界」の終焉を意味した。

一九八一年一月に登場したロナルド・レーガン政権は、「小さな政府」論を掲げ、新自由主義路線を追求し、規制緩和、自由化、市場化を積極的に進めていった。レーガン政権が採用した高金利政策（八二年末には二二％）は、七三年の第一次石油危機によって膨らんだ巨額の累積債務を抱えていた第三世界諸国の負債額を急増させ、これらの国々の多くは支払い不能に陥った。返済のためにIMFや世銀から融資を受けるには、コンディショナリティ（「構造調整」プログラム）を受け入れなければならなかった。その条件とは、外国為替と輸入についての規制の撤廃、公的な為替レートの切り下げ、貿易の自由化、インフレ抑制政策（金融引き締め、緊縮財政、賃金統制）、外国資本に対する規制緩和が含まれた。その結果、第三世界諸国の多くは、債務危機への対応過程で、後年「ワシントン・コンセンサス」として知られるようになる政策の多くを受け入れることになり、新自由主義システムに組み込まれることになった。その意味で、第三世界における開発をめぐる米ソ間のモデル競争は、レーガン政権期に決着がついたということもできる。

世界金融市場の急激な膨張は、新自由主義路線に有利に働き、援助ではなく民間投資を呼び込むことによって開発を目指すべきだとする先進国側の論理が優勢となった。その結果、IMFや世銀に代わって、先進国と途上国が対等な立場で参画する「世界開発基金」の創設を軸とした国際経済・金融制度の改革を求めた途上国の要求は頓挫した。八一年一〇月メキシコのカンクンで開催された南北サミットは、新自由主義を基調とする国際経済・通貨システムを確認するものとなった[88]。

NIEOの挫折は、アジアの「開発独裁体制」国家、中国、インドなどを除けば、「南南問題」を生み出すなど、南北問題をさらに深刻化させることになり、冷戦後のグローバル・ガバナンスの在り様に後遺症を残すことになった。

注

（1） 拙論「アメリカの世界秩序形成と米ソ冷戦」『冷戦史の再検討』科学研究費補助金研究成果報告書、研究代表者　毛里和子、二〇〇四年、五六―七六頁。

（2） Odd Arne Westad, *The Global Cold War: Third World Interventions and the Making of Our Times* (Cambridge: New York: Cambridge University Press, 2005), pp. 4-5, 397, chapters 1 and 2.

（3）コラボレーター概念については、拙著『冷戦と「アメリカの世紀」』岩波書店、二〇一六年で、以下のように定義した。コラボレーター（政権）とは、「非公式帝国」アメリカの死活的利害や秩序維持のルールに従い、国際社会において、アメリカが設定したルールや規範の枠内で自国の利益を追求し、アメリカとの協力関係を維持することに自らも利益を見出す現地エリートたちおよび彼らに支えられる政権を指す。この場合、両者にはある種の暗黙の了解が存在する。コラボレーター（政権）は、アメリカのリーダーシップに従うことによって生じる自立（独立、主権）への制約を相当程度受け入れる代わりに、アメリカはその見返りとして、コラボレーター政権を支え、その国に安全の保証、経済・軍事援助などの恩恵を供与する。コラボレーター政権は、かならずしもアメリカの政策に従順に従うのではなく、アメリカが設定した枠組みの中で、自分たちの利益を積極的に追求するため、両者間には摩擦や抵抗が生じる。その意味で、両者の関係は、拒否・抵抗・適応・協力・受容の形をとる。拒否の場合は、アメリカがコラボレーター政権の育成に失敗（挫折）した事例となり、適応・協力・受容の場合は、成功した事例である。抵抗の場合は、強制を伴う支配となるか、排除の論理が働き、アメリカの秩序から離脱を余儀なくされる。

（4）韓国の李承晩政権、インドのネルー政権、パキスタン政府、インドネシアのスハルト政権については、拙著『冷戦と「アメリカの世紀」』で検討した。それぞれ、第一章二節、第二章二節、第六章を参照されたい。なお、拙著『冷戦と「アメリカの世紀」』の場合と同じく、本書においても、「非公式帝国」とヘゲモン／ヘゲモニーはほぼ同義に使用している。この点については、本書序章の注(22)を参照されたい。

（5）Dulles to Welles, August 19, 1942, Dulles Papers, Box 21, Seeley H. Mudd Library, Princeton University, quoted in Andrew Williams, *Failed Imagination?* (Manchester: Manchester University Press, 1998), pp. 68–69.

（6）アメリカ外交の主要な系譜に関する具体的分析と整理に関しては、以下を参照。前掲、秋元・菅『アメリカ20世紀史』。また、筆者は二〇世紀アメリカ外交の系譜を、「使命感国家」（介入）、「安全保障国家」（国家の安全）、「模範国家」（例示）、「資本国家」（利潤）の四つの類型に分類し、オバマ政権の外交を「模範国家」に位置付ける作業を行ったことがある。この点に関しては、以下を参照されたい。拙稿「9・11後の米国外交の歴史的位相」『現代の理論』第二七巻（二〇一一年四月）、五六―六七頁。

（7）Iriye Akira, *The Cambridge History of American Foreign Relations, V, Globalizing of America, 1913–1945* (Cambridge: Cambridge University Press, 1993), p. 167.

（8）戦後秩序構想に関する記述は以下の拙著、拙論を参考にした。拙著『米ソ冷戦とアメリカのアジア政策』ミネルヴァ書房、一九九二年、第四章「アメリカの戦後秩序構想とアジアの地域統合」および拙論「米国のヘゲモニーの現状と『アメリカの世紀』論」『アメリカ研究』（一九九九年三月）、三―五頁。前掲、秋元・菅『アメリカ20世紀史』、一四六―一五六頁。大西洋憲章の分析・評価に関しては、以下を参照。Douglas Brinkley and David D. Facey-Crowther, eds. *The Atlantic Charter*（London：MacMillan, 1994）.

（9）John Gerald Ruggie, "International Regimes, Transactions, and Change：Embedded Liberalism in the Postwar Economic Order," in Stephen D. Krasner, ed. *International Regimes*（Ithaca：Cornell University Press, 1983）, pp. 195-231. Idem, *Winning the Peace*（New York：Columbia University Press, 1996）.

（10）Robert A. Pollard, *Economic Security and the Origins of the Cold War, 1945-1950*（New York：Columbia University Press, 1985）, chapter 2. Fred L. Block, *The Origins of International Economic Disorder*（Berkeley：University of California Press, 1977）, chapter 3. Georg Schild, *Bretton Woods and Dumbarton Oaks*（New York：St. Martin's Press, 1995）.

（11）Robert C. Hilderbrand, *Dumbarton Oaks：The Origins of the United Nations and the Search for Postuar Security*（Chapel Hill：The University of North Carolina Press, 1990）. Townsend Hoopes and Douglas Brinkley, *FDR and the Creation of the U.N.*(New Haven：Yale University Press, 1997）.

（12）Thomas G. Paterson, *Soviet-American Confrontation*（Baltimore：The Johns Hopkins University Press, 1973）, p. 154.

（13）W.M. Roger Louis, *Imperialism at Bay*（New York：Oxford University Press, 1978）. Hal M. Friedman, *Creating an American Lake*（Westport：Greenwood Press, 2001）. Brian McAllister Linn, *Guardians of Empire*（Chapel Hill：The University of North Carolina Press, 1997）.

（14）この点に関しては、以下を参照されたい。James Mayall, *Nationalism and International Society*（Cambridge：Cambridge University Press, 1990）, p. 95.

（15）油井大三郎『戦後世界秩序の形成』東京大学出版会、一九八五年、第一章を参照。

（16）新川健三郎、長沼秀世『アメリカ現代史』岩波書店、一九九一年、四五三―四六六頁。

（17）Charles E. Wilson, "For the Common Defense：A Plea for a Continuing Program of Industrial Preparedness," *Army Ordnance* 26（March-April 1945）, pp. 286, 288. 拙論「一九四七年国家安全保障法の成立とナショナル・セキュリティ・ステートの形成」『北九州大学外国語学部紀要』五二号（一九八四年七月）、六一―七一頁。

(18) James F. Schnabel, *The History of the Joint Chiefs of Staff*, (Delaware: Michael Glazier, Inc., 1979), pp. 141–43, 146–48

(19) House Select Committee on Postwar Military Policy, *Hearings on Universal Military Training*, 79th Congress, 1st session (1945), pp. 2-4.

(20) エリック・ホブズボーム『二〇世紀の歴史』(河合秀和訳) 上巻、三省堂、一九九六年、二三頁。Eric Hobsbawm, *The Age of Extremes* (New York: Vintage Books, 1994)., p. 13.

(21) カール・シュミット『政治的なものの概念』(田中浩・原田武雄訳) 未来社、一九七〇年、二七頁。

(22) 拙著『米ソ冷戦とアメリカのアジア政策』五〇―六五頁。杉田米行『ヘゲモニーの逆説』世界思想社、一九九九年、第一部。

(23) Van Slyke P. Lyman, ed., *Marshall's Mission to China: Documents II* (Arlington: University Publications of America, 1976), pp. 517–518, 520.

(24) U.S. Department of State, *Foreign Relations of the United States* (以下、*FRUS*), *1945*, VII, pp. 767–769.

(25) V. O. Pechatnov, "The Soviet Union and the World, 1944–1953," in Melvyn Leffler and Odd Arne Westad, eds., *The Cambridge History of the Cold War*, Vol. 1 (Cambridge: Cambridge University Press, 2010), pp. 91–94; 下斗米伸夫『アジア冷戦史』中央公論新社[中公新書]、二〇〇四年、一五一―一五八頁。

(26) Michael M. Sheng, *Battling Western Imperialism: Mao, Stalin, and the United States* (Princeton: Princeton University Press, 1997), pp. 115–116, 143–144, 155–157.

(27) 松村史紀「アメリカと中国内戦」菅英輝編著『冷戦史の再検討』法政大学出版局、二〇一〇年、二一一頁。

(28) 同上、二二六頁。

(29) U.S. Department of State, *Bulletin*, XVI, May 18, 1947, pp. 991–994.

(30) *FRUS, 1947*, VI, pp. 537–542; *ibid.*, pp. 770–777.

(31) Walter Millis, ed., *The Forrestal Diaries* (New York: Viking, 1951), p. 340.

(32) *FRUS, 1947*, VI, pp. 184–196, 209–215; William S. Borden, *The Pacific Alliance: United States Foreign Economic Policy and Japanese Trade Recovery, 1947–1955* (Madison: University of Wisconsin Press, 1984), pp. 15–16.

(33) 拙著『米ソ冷戦とアメリカのアジア政策』二〇三頁。

(34) この点についての詳細な検討は、以下で行った。拙著『冷戦と「アメリカの世紀」』第三章を参照されたい。

(35) Michael Schaller, *The American Occupation of Japan : The Origins of the Cold War in Asia* (New York : Oxford University Press, 1985), pp. 81–82.

(36) Andrew J. Rotter, "The Big Canvas, 1948–50," Ph. D. dissertation (Stanford University), 1981, pp. 98, 109 ; Borden, *op. cit.*, pp. 11–12.

(37) *FRUS, 1949*, VII, pp. 736–737.

(38) U.S. Department of State, *The State Department Policy Planning Staff Papers*, III (New York : Garland Publishing, 1949), pp. 32–56, esp. 52–53.

(39) *Ibid*, pp. 34–35, 42–43, 54.

(40) *Ibid*, pp. 33, 38–39.

(41) U. S. Department of Defense, *U.S.-Vietnam Relations, 1945–1967*, VIII (Washington, D.C. : Government Printing Office, 1971), pp. 226–272.

(42) ＮＳＣ六八については、以下を参照されたい。NSC 68, "U.S. Objectives and Programs for National Security," April 14, 1950. ＮＳＣ六八は一九五〇年九月三〇日、トルーマン大統領によって、ＮＳＣ六八／二として正式に承認された。*FRUS : 1950*, I, pp. 237–292. John L. Gaddis and Thomas Etzold, eds., *Containment : Documents on American Policy and Strategy, 1945–1950* (New York : Columbia University Press, 1978), pp. 385–442.

(43) *FRUS, 1949*, I, pp. 160–161, 164.

(44) ロバート・マクマン「安全保障か自由か？ 朝鮮戦争がアメリカ的世界秩序に与えた影響」拙編著『冷戦史の再検討』五七頁。Michael J. Hogan, *Cross of Iron : Harry S. Truman and the Origins of the National Security State, 1945–1954* (New York : Cambridge University Press, 1998), p. 322.

(45) Niu Jun, "The Birth of the People's Republic of China and the Road to the Korean War," Leffler and Westad, eds., *op. cit.*, p. 238.

(46) Shu Guang Zhang, *Economic Cold War : America's Embargo against China and the Sino-Soviet Alliance, 1949–1963* (Stanford : Stanford University Press, 2001), chapter 2.

(47) Robert J. McMahon, *Colonialism and Cold War: The United States and the Struggle for Indonesian Independence, 1945–1949* (Ithaca: Cornell University Press, 1981), p. 228.
(48) *FRUS, 1948*, VI, pp. 618–620.
(49) *New York Times*, Dec. 21, 1948; *FRUS, 1948*, VI, pp, 590–592.
(50) McMahon, *op.cit.*, pp. 257–259, 267.
(51) *Ibid*, pp. 268–269, 276–277.
(52) *FRUS, 1949*, IV, pp. 258–261.
(53) 詳細については、以下を参照されたい。拙著『冷戦と「アメリカの世紀」』四八―六〇頁。
(54) 木畑洋一『帝国のたそがれ』東京大学出版会、一九九六年、一三五―一三六頁; A. J. Stockwell, "The United States and Britain's Decolonization of Malaya, 1942–57," David Ryan and Victor Pungong, eds., *The United States and Decolonization: Power and Freedom* (London: Macmillan, 2000), p. 199; 拙論「アメリカ『帝国』の形成と脱植民地化過程への対応」北川勝彦編著『脱植民地化とイギリス帝国』(イギリス帝国と二〇世紀) 第四巻、ミネルヴァ書房、二〇〇九年、一一八頁; *FRUS, 1952–1954*, XII, pt. 1, p. 376.
(55) William A. Williams, et. al., eds., *America in Vietnam: A Documentary History* (New York: W.W. Norton, 1985), pp. 95–96.
(56) *FRUS, 1950*, VI, pp. 747, 780–785.
(57) 拙論「アメリカ『帝国』の形成と脱植民地化過程への対応」一三二頁; Robert J. McMahon, "Harry S. Truman and the Roots of U. S. Involvement in Indochina, 1945–1953," David L. Anderson, ed., *Shadow on the White House: Presidents and the Vietnam War, 1945–1975* (Lawrence: University Press of Kansas, 1993), p. 34.
(58) U. S. Department of Defense, *U.S.-Vietnam Relations, 1945–1967*, VIII, *op. cit.*, p. 402.
(59) 拙論「アメリカ『帝国』の形成と脱植民地化過程への対応」一三六―一三七頁。
(60) *FRUS, 1952–1954*, XIII, pt. 1, p. 548.
(61) *FRUS, 1952–1954*, XIII, pt. 1, pp. 1279–1280; *ibid*, XII, pt. 1, pp. 771, 773.
(62) *FRUS, 1952–1954*, XIII, pt. 2, p. 1953.
(63) 佐野方郁「バンドン会議とアメリカ」『史林』八二巻一号、一九九九年一月、一二六―一二七頁。

(64) Kweku Ampiah, *The Political and Moral Imperatives of the Bandung Conference of 1955 : The Reactions of the US, UK and Japan* (Kent : Global Oriental, 2007), p. 67.

(65) *FRUS, 1955–1957*, XXI, pp. 1–5, 11–16 ; XXIII, pt. 1, *ibid.*, p. 14.

(66) *FRUS, 1955–1957*, XXI, p. 23.

(67) 佐野「バンドン会議とアメリカ」一三一、一三四、一三七頁；Ampiah, *op. cit.*, p. 71.

(68) 宮城大蔵『バンドン会議と日本のアジア復帰』草思社、二〇〇一年、七八―七九頁。

(69) 同上、一三〇―一三四頁。

(70) *FRUS*, 1955–1957, XXI, pp. 50–54 ; 佐野「バンドン会議と鳩山内閣」『史林』八二巻五号、一九九九年九月、一一四頁。

(71) 岡田晃『水鳥外交秘話』中央公論社、一九八三年、四五―五八頁。牧村健一郎『日中をひらいた男　高碕達之助』朝日新聞出版、二〇一三年、一六頁。

(72) Mark Philip Bradley, "Decolonization, the Global South, and the Cold War, 1919–1962," Leffler and Westad, eds., *op. cit.*, pp. 464–485, p. 480.

(73) 沈志華『最後の「天朝」』(朱建栄訳) 上下巻、岩波書店、二〇一六年。

(74) Niu Jun, *op. cit.*, pp. 64–65.

(75) Chen Jian, *China's Road to the Korean War : The Making of the Sino-American Confrontation* (New York : Columbia University Press, 1994), pp. 93–94, 113–121 ; Qiang Zhai, *China and the Vietnam Wars, 1950–1975* (Chapel Hill : University of North Carolina Press, 2000), p. 20.

(76) Lorenz M. Luthi, *The Sino-Soviet Split : Cold War in the Communist World* (Princeton : Princeton University Press, 2008), pp. 35–41.

(77) チャン・ジャイ「深まる中ソ対立と世界秩序」拙編著『冷戦史の再検討』、二四三頁。

(78) 同上、二四四頁。

(79) Shu Guang Zhang, "The Sino-Soviet Alliance and the Cold War in Asia, 1954–1962," Leffler and Westad, eds., *op. cit.*, pp. 361–362 ; Luthi, *op. cit.*, pp. 43–45, 81–90.

(80) 前掲、ジャイ「深まる中ソ対立と世界秩序」二五〇―二五二頁。

(81) 中国の核開発に関しては、以下を参照されたい。崔丕「中国の核兵器開発の道程と日米の反応、一九五四―一九六九」菅英輝・初瀬龍平共編著『アメリカの核ガバナンス』晃洋書房、二〇一七年、一四〇―一六三頁。John Wilson Lewis and Xue Litai, *China Builds the Bomb* (Stanford, California: Stanford University Press, 1988).

(82) 中印国境紛争については、以下を参照されたい。戴超武「中印国境問題をめぐる中国の戦略的選択とその影響、一九五〇―一九六二年」拙編著『冷戦変容と歴史認識』晃洋書房、二〇一七年、八六―一一〇頁。John W. Garver, "China's Decision for War with India in 1962," Alastair Jain Johnston and Robert S. Ross, eds., *New Directions in the Study of China's Foreign Policy* (Stanford, California: Stanford University Press, 2006). Neville Maxwell, *India's China War* (New York: Random House, 1972); Idem, "Sino-Indian Border Dispute Reconsidered," *Economic and Political Weekly* (April 10, 1999), pp. 905-913; Allen S. Whiting, *The Chinese Calculus of Deterrence: India and Indochina* (Ann Arbor: University of Michigan Press, 1975).

(83) 前掲、ジャイ「深まる中ソ対立と世界秩序」二五四―二五五頁; Zhang, "The Sino-Soviet Alliance and the Cold War in Asia, 1954-1962," *op. cit.*, pp. 368-369.

(84) 秋田茂『帝国から開発援助へ―戦後アジア国際秩序と工業化』名古屋大学出版会、二〇一七年、第Ⅱ部第六、七章、終章。

(85) Giuliano Garavini, *After Empires: European Integration, Decolonization and the Challenge from the Global South 1957-1986* (Oxford: Oxford University Press, 2012), p. 178.

(86) Patrick Allan Sharma, *Robert McNamara's Other War: The World Bank and International Development* (Philadelphia: University of Pennsylvania Press, 2017), p. 132.

(87) *Ibid.*, pp. 82, 98.

(88) 山口育人「ブレトンウッズ体制崩壊後の国際通貨制度の再編成」『国際政治』一八三号、二〇一六年四月、七三―八六頁。

第2章 脱植民地化運動と「非公式帝国」アメリカの対応

はじめに

イギリス帝国史研究の権威ロジャー・ルイスは、アメリカの反植民地主義は「安全保障上の必要性」や反共主義と「常に折り合いをつけてきた」としながらも、その一方で、「単に利己利益に奉仕する、薄っぺらなスローガンだとして捨象することはできない」と強調した。彼によると、それは「心底からの感情であり、アメリカ国民の信条となっている」とし、さらに「防衛・経済・外交政策の本質を形成する力そのもの」であるという。したがって、それは、「利己利益以上のものであり……その本質は、植民地従属民（subjects）は独立と自治にたいする生来の権利を有しているという信念であった」と主張している。(1)

ルイスは、アメリカの政策形成エリートにとっての、アメリカ国民の反植民地主義感情の重要性を強調するが、彼の主張には限定が必要だと思われる。民族自決権、自治、反植民地主義に対するアメリカ政府の態度はあいまいで、レトリックの次元にとどまることもしばしばみられるからである。反植民地主義が安全保障のニーズや反共主義と相容れなくなった場合、ワシントンはしばしば後者を優先した。この「あいまいさ」は一つには、アメリカの政策決定者の間に根強く存在する、従属地域の住民の自治能力に対する疑念に加えて、植民地主義、ナショナリズム、冷戦の論理という三つの要因の複雑な相互作用の結果に求めることができる。

だが、アメリカ政府の脱植民地化過程への対応を上述の脈絡の中で検討するだけでは十分でないように思われる。この「あいまいさ」の原因を理解するためには、アメリカによる「非公式帝国」の形成過程という、より大きな歴史的脈絡の中で考察する必要がある。アメリカの戦後構想はリベラルな世界秩序の形成を目指すものであったが、それは、ヨーロッパの帝国主義的秩序とも、ソ連が目指す社会主義秩序とも異なっていた。アメリカの政策形成者たちは、ヨーロッパの植民地主義もソ連型「植民地主義」も「極端な植民地主義」であり、このような秩序をアメリカは支持することはできない、と主張した。国務省の従属地域担当のメイソン・シアーズは一九五三年八月、ソ連の東欧支配にみられるような「共産主義帝国主義」は、「最も受け入れがたく、抑圧的な形態の植民地主義」である、とみなした。[2]近東・南アジア・アフリカ問題担当国務次官補ヘンリー・A・バイロードは、「古いタイプの西欧植民地主義は消滅しつつある」としながらも、「新しい形の帝国主義」が世界中に触手を延ばし始めたと指摘し、「今日、真の選択とは、自決に向けての引き続く進歩か、それとも新たな共産主義帝国主義への屈服かのいずれかである」との認識を示した。バイロードは、アメリカの立場は、退場しつつある旧式の植民地主義と新たに登場した「ソ連植民地主義」との中間にあって、自決を目指す運動を支持することである、と主張する。シアーズもまた、「極端な反植民地主義」を支持できない理由として、「極端な植民地主義」も「極端な反植民地主義」もともに、「共産主義に利用されるからだ」と述べている。[3]

したがって、この自決の運動への支持は無条件で認められるものとは考えられていなかった。第一に、それがソ連型「植民地主義」と結びつく場合には、危険視された。第二に、「時期尚早の独立は危険であり、退行的であり、破壊的である」ので、「自決の運動の漸進的側面」が強調されなければならなかった。自決は「権利と特権を伴うのみならず、義務と責任を伴う」とされた。第三に、ヨーロッパの植民地主義諸国は同盟国であり、自由世界のパワーの主要な源泉でもあるので、植民地宗主国が従属地域において有する「正当な経済的利益」を無視することはできないし、そうしたことをすれば、「わが大西洋同盟システムが依拠するヨーロッパ経済に深刻な損害を与えることになる」、と懸念された。[4]アメリカが考える自決権や主権（独立）にはいくつかの重要な限定が付されていただけでなく、二つの「植民地主義」の間にあって、これらの要素は、アメリカの目指す「自由主義的・資本主義的秩序」形成に強力な政治的武器を提供するものであった。駐米イギリス大使ロジャー・メイキンスは、「イギリス側には至極もっともな疑念が存在した、すなわちアメリカ人は中東におけるイギリスの地位に取って代わろうとしている」と述べている。[5]メイキンスの疑念は、アメリカの脱植民地化過程への対応を検討するにあたって、重要な示唆を与えている。本章が対象とする冷戦初期（四〇年代半ばから五〇年代末まで）に限っても、反植民地主義と自決権の観念は、アメリカ帝国形成の過渡期にあって、二つの旧秩序を掘り崩すイデオロギーとして、政治的に重要な意味を持っていた。言い換えると、反植民地主義と自決権は、原則や理念枠組みとして機能するだけでなく、アメリカが目指す「自由主義帝国」にとっての政治的武器としても機能した。これらの観念にたいするワシントンのあいまいな態度は、アメリカの帝国秩序形成過程における過渡的性格に由来するものである、とみることができる。[6]

以上の点を踏まえて、本章では、アメリカの帝国形成過程の歴史的脈絡を考察する中で、ワシントンの政策形成者たちは、共産主義の脅威の拡大を阻止するのに必要な安定と秩序を維持する役割を果たしていないと判断したさいには、西側の植民地宗主国の支配地域をアメリカの影響下に置く作業を意識的に推進したことを明らかにする。そうした状況下にあっては、反植民地主義は、従属地域に対する責任をアメリカが引き継ぐさいの正当化の根拠として機能したことに注目する。反植民地主義や自決権へのアメリカ政府の支持は、西側陣営内において「自由主義的・資本主義秩序」を拡大するイデオロギーとして機能したという側面にも目を向ける。

アメリカの脱植民地化過程への対応にはさまざまな要因が作用した。こうした要因が脱植民地化過程に及ぼした影響は、従属地域の国内状況、これらの地域を取り巻く国際環境、アメリカの政策決定者の国益認識やイデオロギー的偏向によって異なった。それゆえ、本章では、マラヤの「非常事態宣言」にはじまる脱植民地化闘争およびスエズ戦争勃発前後のアラブ・ナショナリズムへのアメリカの対応の分析を行う。そのさい以下の点に留意する。第一に、アメリカの「反植民地主義」の伝統を考察するにあたっては、ワシントンの政策形成エリートとアメリカ国民一般を区別する必要がある。第二に、アメリカの政策形成者たちは、従属地域の人々の自決権や政治的独立よりも冷戦の論理を優先した。第三に、アメリカの政策形成エリートは、西欧の植民地宗主国が植民地から撤退する過程で、自ら勢力圏を構築する誘惑に駆られただけでなく、これらの地域をアメリカの勢力圏に組み込んだのちには、自国の国益を守るために第三世界に軍事介入することも辞さなかった。

第一節では、戦後のアメリカの「リベラル・プロジェクト」における脱植民地化過程への対応に影響を与えたさまざまな要因および脱植民地化過程へのワシントンの対応をあいまいにし、ときには矛盾するものにした錯綜する利害関係を概観する。第二節では、マラヤの事例を、第三節ではスエズ危機への対応をそれぞれ検討する。最後に、アメリカの脱植民地化過程への対応の特徴と問題点をまとめて本章を締めくくる。

1　アメリカの「反植民地主義」と「自由主義帝国」の論理

第二次世界大戦は「複合的な性格」を持っていた。ファシズム諸国（枢軸国）と反ファシズム諸国（連合国）とのあいだの戦争という基本的性格にくわえて、帝国主義諸国間の戦争、そしてファシズムや帝国主義からの民族解放戦争、である。(7) なかでも、本章との関連で注目されるのは、第三番目の特徴である。植民地・従属地域の人びとはこの戦争において、反ファシズムという点では帝国主義諸国と立場を共有していたが、反面、植民地主義支配からの解放という点では、帝国主義諸国とは対立する関係にあった。しかも、これら帝国主義諸国は大戦中も戦争終結後も、植民地支配を継続しようとしたことから、植民地・従属地域の人々は自立と独立を求めて民族解放闘争を繰り広げることになった。

一方、連合国を勝利に導くにあたって決定的な役割をはたしたアメリカは、戦後処理問題をめぐってソ連と対立するようになった。米ソ両国は東西両陣営のリーダーとして、自己の勢力圏の拡大を目指して競い始めたことから、米ソ対立と脱植民地化過程は相互に複雑な相互作用を及ぼしながら展開することになった。

第一に、アメリカは対ソ「封じ込め」政策という観点から脱植民地化過程に対応するようになる。第二に、第三世界と呼ばれる地域においては、政治的・経済的自立化を最優先目標に掲げ、米ソ対立から一定の距離をおこうとする国ぐに（非同盟諸国グループ）が現れた。二極対立の状況にあって、アメリカは植民地住民の自立化の要求を無視することはできなかった。自決と独立を求める彼らの要求を無視すれば、それらの国ぐにを相手国陣営に追い込む結果になりかねず、それは自陣営に不利な結果をもたらす、と考えられたからである。

それゆえ、米ソ冷戦の激化と第三世界におけるナショナリズムの高揚は、アメリカに深刻なディレンマをもたらすことになった。元来、反植民地主義の伝統を有するアメリカは、英仏などの帝国主義支配にたいしては批判的で、植民地住民の独立や自治の要求には同情的であった。しかしその一方で、アメリカはソ連との対抗関係を最重要視する立場から、同盟国である西側帝国主義諸国の要求を無視するわけにはいかなかった。そうした状況下において、アメリカは脱植民地化過程には独自の立場から対処しようとしたが、植民地主義とナショナリズムとの板ばさみに直面し、両者のあいだで揺れ動くことになった。その結果、アメリカの脱植民地化過程への対応は、その「反植民地主義」のスローガンにもかかわらず、実際にはあいまいなものになった。

一九五五年三月から一九五六年九月の間駐エジプトアメリカ大使を務めることになるバイロード国務次官補は一九五三年一〇月、「自決を求める運動」は二〇世紀における「最も強力な諸力の一つ」だと喝破した。同次官補によれば、消えつつある西欧の植民地主義と比較すると、「新しいソ連の植民地主義」は、独立や経済的進歩の名の下に、あるいはナショナリズムの装いをまとって関わってくるために、「より一層有害」であるとし、そうした状況の下では、本当の意味での選択とは、「自決に向けて引き続き進歩を遂げることと、新たな共産主義帝国主義に屈服することとの間」にあるのだった。だが、バイロードの立場からすれば、主権や独立は、無条件にあるいは拙速に付与されるべきではなかった。早まった独立の付与は「危険である」のみならず、「退行的で破壊的」な結果をもたらす可能性さえあった。彼の見解では、従属地域の人々は「秩序を維持したり」、「社会的ないしは経済的条件を［改善する］」のに十分成熟していないのであった。その意味するところは、早まって独立を付与すれば、彼らは共産主義の餌食になるというものであった。言い換えると、反共主義が、従属地域の人々の自決や独立よりも優先されるべきなのであった。

もう一つ考慮すべき点は、アメリカとヨーロッパの宗主国との関係であった。とくに重要だったのは、植民地問題の経済的側面であった。バイロードは、ヨーロッパの宗主国が従属地域において所有している「正当な経済的利益」を無視することはできないと論じた。両者の経済的結びつきが突然途絶した場合、「ヨーロッパ諸国の経済は深刻な損害を被るかもしれない」。そして、大西洋防衛システムがこれらの国の経済の健全なパフォーマンスに依拠していることからすれば、そのことは、アメリカの安全保障と不可分の関係にあった。バイロードによれば、ヨーロッパの同盟諸国は、「自由世界の防衛力の主要な源泉」をなしており、ワシントンの政策形成者は、「自国の安全への損害を被らない形で植民地問題が内包するこのような側面」を無視することはできなかった[8]。

従属地域に対する同様な見解は、西ヨーロッパ担当局局長代理の職にあったR・B・ナイトによっても表明された。彼が作成したアフリカに関する覚書において、ナイトは、ワシントンは従属地域の人々の自由と自治に対する願望に強い支持を与えるべきだとしながらも、他方で、ソ連との権力闘争の真っただ中にあって、そうした願望を「わが国の当面の安全保障上の利益と折り合いをつけなければ」、アメリカの長期的利益を損なうことになるだろうと論じた。したがって、ナイトもまた、ヨーロッパの植民地宗主国との全面的協力は「アメリカ合衆国の安全およびソ連封じ込め政策の成功にとって不可欠である」と主張した[9]。

アメリカの冷戦戦略において反共主義と安全保障を最優先する論理は、日本の委任統治下にあった南太平洋諸島の問題へのアメリカの対応にも現れた[10]。

周知のように、一九四一年八月に発表された大西洋憲章においては、自決権の尊重と主権国家間の平等も謳われた。しかし、自決権や主権（独立）の原則よりも安全保障や戦略的利害を優先するという論理は、早くも、アメリカの信託統治制度への対応に顕著に現れた。一九四七年、旧国際連盟委任統治領ミクロネシアは国連統治下の「太平洋諸島信託統治地域」として、アメリカにその管理を委ねられた。そのさいアメリカ政府は、「戦略地域」という新たな概念を持ち出し、アメリカの軍事戦略のための基地としてこれらの諸島を自由に管理できるようにした。というのは、「戦略地域」は、主権国家間の平等原則が機能する国連信託統治理事会ではなく、拒否権の行使が認められている国連安保理の管理下に置かれることになったからである。その結果、アメリカ海軍は戦略目的でミクロネシア諸島に軍事基地を建設することが可能となった[11]。

「自由主義的・資本主義的秩序」の推進が二〇世紀アメリカ外交の基本目標であったとすれば、政治秩序形成原理としての民族自決権にたいするアメリカの態度はあいまいであった。その理由としては、すでに指摘した点にくわえて、大国の論理や安全保障の論理が強く働いていたことも看過できない。その意味で、安全保障領域の問題が密接に絡む形で、戦後秩序形成が目指されてきたことにも留意しなければならない。脱植民地化過程への対応において、アメリカは軍事戦略上の考慮を優先し、ミクロネシア住民の自決権を無視したのである。

アメリカ政府は、国連信託統治が「実際上は強国による帝国主義的植民地分割の新しい形態[12]」であったことを認識していたものと思われる。五五年二月、ジョン・F・ダレス国務長官はヘンリー・C・ロッジ米国連大使に宛てた書簡のなかで、次のように述べている。

「もしわれわれが、ルアンダ＝ウルンディやタンガニーカにおける自治実現の日程表を二〇―二五年と定める案を支持すれば、ベルギー、イギリスあるいはどの国連加盟国も、広範な領域に広がるアメリカの信託統治諸島にたいしては、さらに短期間で自治を付与することが考えられるという主張を説得的に展開することができるであろう。というのは、これらの信託統治領住民は一般的に、より進歩しており、外の世界との接触を通してかなりの経験を積んできているからである。このようなことになれば、われわれにとっては大変困ったことになる。太平洋諸島の信託統治領の自治に関する日程表を設けることには反対であるというのが、われわれの公式の立場だからだ。」(13)

少数意見ではあるが、国務省内には、自治や自決を付与するタイムテーブルを設けるべきだとの見解も存在した。国際組織問題担当国務次官補の職にあったシアーズは国務次官代理に宛てて次のように述べている。シアーズは、アメリカがイギリス、フランス、ベルギーといった植民地宗主国の意見を「求めすぎる」と感じていた。それゆえ、彼は、ヨーロッパの同盟諸国を苛立たせたり、離反させることがあっても、アフリカの人々と友好関係を取り結ぶべきだと上司に進言している。だが、ダレスも含め、国務省の多数派は、シアーズのような考えは「あまりにもラディカル過ぎる」とみなし、「ヨーロッパ諸国の離反を招かない」範囲でアフリカの人々との友好関係を促進すべきだと論じた。(14)

国連信託統治領に関する限り、アメリカはヨーロッパ植民地主義諸国と類似の立場にあった。その意味で、アメリカもまた、植民地主義国家の顔を持っていた。(15) 別の箇所で論じたように、フランクリン・D・ローズヴェルト大統領が、フランスのインドシナ復帰反対の態度を後退させることになった背景には、信託統治問題でのアメリカの「弱み」の存在を指摘することができる。(16)

2　マラヤの脱植民地化過程と「英米協調」
――アメリカの「反植民地主義」と冷戦初期における「自由主義帝国」の要請

一九四八年六月、マラヤ共産党（ＭＣＰ）を中心としたゲリラ闘争が開始され、極東担当のイギリス総督マルコム・マクドナルドは「非常事態」を宣言し、厳しい弾圧体制をしいた。現地政府当局は、この共産主義者による蜂起を抑圧するために容赦のない措置をとった結果、多くの犠牲者を当事者双方に出した。「非常事態」宣言は六〇年七月まで続き、イギリス側の資料によると、この間、ゲリラ側の犠牲者数は六七一一名にのぼり、治安部隊の側にも一八六五名の犠牲者を出したとされる。この犠牲者数の中には、三二八三名ともいわれる民間人犠牲者は含まれていない[17]。

マラヤは五七年八月に独立を達成するが、それまでのアメリカの対応は、マラヤはイギリスの守備範囲である、というものであった[18]。アメリカがマラヤをイギリスの責任だとしたのには、以下のような理由があった。四七年五月中旬、インドとビルマからのイギリスの撤退期限が近づく中、ジョージ・C・マーシャル国務長官は国際問題に関するイギリスの意図、能力、考え、なかでも帝国防衛と防衛上のコミットメントに関する将来について、イギリスがどう考えているかの評価を駐英大使ルイス・ダグラスに求めた。駐英大使は、マラヤは「イギリスが明らかに放棄する意図のない極東で唯一重要な地域」である、と報告した。その理由として、大使は、マラヤ住民が政治的に未熟であることにくわえて、マラヤはオーストラレシアへのルートとして戦略的に重要であること、さらにはゴムと錫という重要資源を有していることを挙げていた[19]。くわえて、四七年にイギリス帝国の要であったインドが独立したことで、「非常事態」が宣言された時期は、マラヤとシンガポールの政治的、戦略的重要性がいっそう高まっていた。

それ以上にワシントンがこの時期に懸念していたのは、ドル・ギャップ問題であった[20]。アメリカの四七年度輸出額一六二億ドルに対して、輸入は八七億ドルであり、このままでは輸出は行き詰まり、世界経済は深刻な危機を迎えると懸念された。折りしも、イギリスは四七年七月にポンドの交換性を回復したのを契機に、急激なドル流出に直面し、八月二〇日には再びポンドの交換性を停止せざるをえないという状況に追い込まれた。四八年三月にアメリカ議会で欧州復興計画を含む対外援助法案が通過し、一二・四億ドルの援助を受けられることになり、イギリス政府は一時的にこの難局を乗り切った。しかし、四九年春には、アメリカの景気後退により、スターリング地域からのアメリカへの輸出は減少に転じ、逆にアメリカからの輸出は拡大したため、再びドル・ギャップ問題は深刻となった[21]。

政府当局者たちは、この「自由主義帝国」の論理がもたらした帰結を、アメリカの戦後目標にたいする重大な挑戦と受け止めた。ドル・ギャップ問題は、アメリカを中心とし、ヨーロッパと日本という同盟諸国から構成されるグローバル資本主義システムの危機を示すものと認識された。この危機そのものは、ソ連の脅威とは別個に発生したものであったが、冷戦の出現は、ソ連を、グローバル資本と自由主義にもとづく戦後秩序にとって最大の障害とみなす状況を生み出した。アメリカ中心の戦後秩序にとってのもう一つの深刻な障害は、第三世界で進行する脱植民地化運動が惹起する不安定と混乱であった。

そうした状況下、ワシントンの首脳は、ヨーロッパ諸国のドル不足解消という観点からも東南アジアを重視するようになっていた。問われているのは、西側ブロック全体の安全にくわえて、資本主義世界経済の安定であった。トルーマン政権首脳は、イギリスの経済的危機と東南アジアの不安定との相互連関を認識していた。ドル・ギャップ問題を緩和するためにロンドンにとって特に重要だったのは、マラヤであった。マラヤの錫とゴムは世界一の生産量を誇り、四八年度のマラヤ産ゴムと錫の輸出額は、ドル価格でイギリスの全輸出額を上回っていた。イギリスの貿易パターンは、スターリング圏内の「低開発諸国」からの貿易黒字で対米赤字をカバーしていた。また、アメリカはマラヤのゴム、錫の最大の輸入国であり、四八年度の総輸入量中四五万二六四二トン（六六・六％）の天然ゴムをマラヤから輸入していた。四九年にアメリカは四七万七〇〇〇トンの天然ゴムを輸入したが、そのうちマラヤは五五％を占め、インドネシアが二四％を占めていた。また、アメリカは一九四八年にマラヤからの錫の輸出量の六〇％を輸入し、四九年度は、その割合は八〇％に達した。一九四八年度のマラヤ産ゴムと錫の輸出によって、マラヤはイギリスの輸出総量から得られる以上のドルをスターリング地域にもたらした。四九年度で見ると、ドル価格換算で、マラヤのゴム輸出総額はイギリスの総輸出総額を上回った(22)。西ヨーロッパの復興と安全は、ドル・ギャップ問題を介して東南アジアの植民地支配と密接な関連を有していた。

したがって、四九年八月末には、トルーマン政権首脳は、三角貿易の回復が、イギリスの経済的危機を緩和する最善の方法だと確信するようになった。イギリスのドル不足は、マラヤに対するイギリスの貿易黒字およびアメリカとの貿易におけるマラヤの黒字によって部分的に相殺された。ワシントンの政策形成者の間にそのような見方が広まったことは、マラヤにおける共産主義者の蜂起に対するイギリスの対応へのワシントンの見方に影響を与えた。

四九年一〇月に中国に共産主義政権が誕生し、五〇年六月に朝鮮戦争が勃発する中、国務省はイギリスと英連邦諸国に「最も重要なコラボレーター」の役割を見出した。四九年七月に作成された国家安全保障会議文書（NSC五一）は、「中国が共産主義に圧倒される中、東南アジアは日本から南方のインド半島に伸びる地域の封じ込めラインの死活的部分を成す」と述べたうえで、「世界のこの地域に位置する三つの主要な非共産主義地域―日本、インド、オーストラリア―の安全は、東南アジアがクレムリンの支配下に陥らないようにすることに大きく依存している」との見解を示した。上述のような分析にもとづき、国務省政策企画室（PPS）は、マラヤに関する政策を進言した。「この政策に影響を及ぼすマラヤ情勢に根本的変化が起こるまでは、われわれはマラヤにおけるイギリス当局を支援するべきである」[23]。

このような状況下、国務省内では、対ソ「封じ込め」優先の観点から、イギリス帝国の解体につながるようなことはすべきではないという考えが支配的であった。五〇年一月、国務省政策企画室長ジョージ・F・ケナンは、「イギリス帝国の解体はわが国の利益にならない。イギリス連邦諸国にできることでわれわれができないこと、しかも彼らに今後ともやってもらいたいことは沢山あるからだ」、との考えであった。政策企画室会議に出席していたチャールズ・E・ボーレン駐仏アメリカ公使も同様で、彼はイギリス帝国の負担を軽減するために英米は提携すべきだ、と主張した。ケナンの後任となるポール・ニッツェは、ヨーロッパは今後五年間は自力でやっていくことはできないとの考えから、アメリカが主導権を発揮するべきだ、と発言した。ケナンも同意見であった[24]。

くわえて、民族主義運動の主体が穏健なナショナリストであるとみなされたインドネシアの場合とは異なり、マラヤの場合、ゲリラ闘争の中心的主体がマラヤ共産党であった。このこともワシントンの対応に影響した。イギリス政府は、マラヤの民族運動は外からの指令にもとづくもので、マラヤの自立を目指すナショナリズムとは無縁であるとの見方を強調した。五〇年初めに、無任所大使フィリップ・C・ジェサップが三カ月間におよぶ長期の極東訪問の旅に出た。

ジェサップに与えられた指令は、「アメリカ合衆国はアジア大陸または東南アジア地域において共産主義の支配のさらなる拡大を許すつもりはないというのが、アメリカの政策の根本的決定である」と記されていた。[25] ジェサップを団長とする使節団は、五〇年二月四日から七日までマラヤに滞在した。[26] 使節団の最終報告の中で、ジェサップは、東南アジアにおける共産主義の拡大を阻止するためにあらゆる措置を講じるべきだとするＮＳＣ宛て国務省報告書の見解に同意した。彼もまた、インドシナは「現状に対する鍵」を握っており、マラヤは日本、韓国、フィリピン、インドネシアほど「重要地域ではないとしても、おろそかにするべきではない」と述べた。[27]

ジェサップ使節団に続いて同年二月末には、グリフィン使節団がアジアに派遣された。同使節団の目的は、アジアにおける技術援助の必要性について調査することであった。経済協力庁の中国プログラム担当局長代理を務めたことのあるアレン・グリフィンは、マラヤ「緊急事態」を重大な共産主義の脅威だと考えていた。効果的な共産主義ゲリラ部隊の存在は、マラヤが「国内からであれ国外からであれ、拡大された共産主義の侵略のとくに恰好の標的」となっていることを意味したからだ。[28] それゆえ、同使節団は、「共産主義による暴力的な運動を抑え込むことは、他のすべての問題の解決の鍵となっている」と強調した。[29]

グリフィン使節団は、アメリカはマラヤに対して、早急に総額で四五〇万ドルの援助を行うべきだと勧告した。だが、トルーマン政権はこの勧告を退けた。グリフィン使節団でグリフィンを補佐した経験を有するヘイズの研究によると、ワシントンは、「マラヤとシンガポールにおけるイギリスの影響力を削ぐこと」になるのを懸念した。言い換えると、ワシントン首脳は「イギリスはこの地域に対して、第一義的な責任を有していた」と考えていたからだ。[30] しかしアメリカ政府もまた、イギリス政府同様に、マラヤにおける武装蜂起は共産主義分子が主導しているので、武力を使ってでも鎮圧しなければならないと信じていた。

中国における共産主義の勝利と朝鮮戦争勃発後は、アメリカのマラヤとの関係において、モスクワだけでなく北京もまた、「封じ込め」政策の中で主要なテーマとなった。このため、ワシントンもイギリスの見方を受け入れることとなり、国務省は五二年三月、マラヤ、シンガポール領事館および駐英アメリカ大使館に対して、「マラヤで進行中の闘争は、共産主義の侵略を阻止するために自由世界がとっている共同行動の不可分の一部である」ことを認め、蜂起勢力を打ち負かし「新国家を建設する」イギリスの努力を支持する、と伝達した。国家安全保障会議（ＮＳＣ）もまた、アメリカの政策は、「共産主義ゲリラを除去し秩序を回復するためのイギリスの措置を支持する」ことである、と言明した(31)。自治や独立を求める運動において、共産主義勢力の存在は、アジアにおけるアメリカの対応を規定する重要な要因であった。

このことは、インドネシアの反植民地主義運動の事例と比較すると明らかである。インドネシアについては、すでに第一章第三節でより詳しく検討したところであるが、その要点は、以下のようにまとめることができる。

インドネシアの場合、ワシントンはマラヤ共産党の蜂起の場合とは異なる対応を行った。インドネシアの独立運動は共産主義者主導ではなく、ナショナリスト主導であった。一九四五年のオランダによるインドネシア再占領からジャワ東部におけるモハメッド・ハッタ政権に対する共産主義者の蜂起を一九四八年に鎮圧するまでの間、ワシントンの政策形成者たちの態度は、インドネシアにおける事態の推移を注意深く見守り、干渉を避けるというものであった。当初、トルーマン政権は、インドネシア共和国を紛争の対等な当事者として承認することを拒否しただけでなく、オランダに対して、一億ドルを超える武器貸与法にもとづく援助および余剰物資による信用供与を付与し、その後はマーシャル・プランにもとづく援助を継続した(32)。

そういう中にあって、オランダとインドネシアとの戦闘に対するワシントンの政策を大きく転換させる出来事が起きた。第一に、一九四七年初頭にトルーマン・ドクトリンが発表された後、アメリカの対応は、モスクワに指揮された国際共産主義運動に対するグローバルな闘争というより大きな脈絡の中で行われるようになった。第二に、ヨーロッパの復興を目指すマーシャル・プランの成功が、一九四八年半ばにおけるワシントン首脳の中心的関心事となった。マーシャル・プランに関する公聴会の席で、アチソン国務長官は、ヨーロッパ復興計画（ＥＲＰ）が成功するためには、西ヨーロッパ諸国は輸出を相当に増大させなければならないだろうと強調した。ディーン・アチソンは、輸出の大半は

まると強調した。(33)

「東南アジアに向かう」ことを理解していた。大統領対外援助委員会のための経済・財政分析小委員会担当秘書官（secretary）の任にあったリチャード・M・ビッセルもまた、東南アジアにおけるオランダ、イギリス、フランスの植民地は、「これらの地域が歴史的に植民地本国にとってドルの獲得源であったがゆえに」、マーシャル・プランの成功にとって「極めて重要である」と証言した。彼は、このことはとくに、オランダ領東インドおよび英領マラヤにとって当てはまると強調した。(33)

第三に、そしてこの点が最も重要であるが、一九四八年九月の共産主義分子による武装蜂起は、ハッタ政府によって直ちに鎮圧されたことである。このことは、ハッタとスカルノがインドネシアの民族主義運動をしっかりと掌握していることを示すものであった。ロバート・A・ロヴェット国務次官補は、この点に触れて、インドネシア共和国は、「全面的な共産主義の攻勢に対処し、これを鎮圧した極東における唯一の政府」だと評価した。(34) オランダ政府が国連安保理の停戦決議を無視し、武力に訴え続けると、アメリカ政府は、インドネシア政府との間で意味のある交渉を直ちに開始しなければ、オランダに対するすべての援助を停止すると警告した。さらに一九四九年一月、ロヴェット国務長官代理は駐米オランダ大使に対して、オランダによる軍事行動によって、インドネシア問題は極めて困難な状況に膨れ上がったと述べた。ロヴェットは、アメリカの世論と議会が、オランダと北大西洋条約機構（NATO）へのヨーロッパ復興計画にもとづく援助を危険に陥らせるかもしれない、と警告を発した。このことは、インドネシア政府への主権の移譲の日程を明確にすることが、問題解決の鍵を握っていることを示唆したものである。(35) オランダ政府がこの警告の深刻さを理解したことで、ついに一九四九年一二月、インドネシアは独立を達成した。

一方、マラヤの「非常事態宣言」へのワシントンの対応は、マラヤが一九五七年に独立を達成するまで、同様な要因によって規定され続けた。すなわち、共産主義「封じ込め」、マラヤに対するイギリスの第一義的責任、「英米協調」、および資本主義世界経済の安定にとっての西ヨーロッパ復興とマラヤとの結びつきの重要性である。東南アジア援助委員会の国防省代表の任にあったH・J・マロニー中将は、「マラヤは連合王国にとって大きなドル収入源であるゆえにこの地域で重要である」と述べたうえで、これらのドル収入源は「北大西洋条約機構内におけるイギリスの能力」に影響を与えると指摘した[36]。五一年一一月、アメリカ中央情報局（CIA）もまた、マラヤのヨーロッパとの結びつきの重要性を指摘し、「マラヤのドル収入源の喪失は連合王国にとって、そして間接的には合衆国にとっても、深刻な打撃となる」と注意を喚起した。CIA文書はまた、「その結果として、北大西洋条約機構加盟国の戦略物資および国際収支に不具合が生じ、NATOの再軍備を深刻なまでに遅らせる可能性がある」と懸念を表明した[37]。しかしその後、一九五〇年代半ばになると、NATO加盟国の経済が復興と安定に向かったことから、ワシントン首脳の間で、マラヤ問題の重要性は低下した。

マラヤにおける脱植民地化過程での「英米協調」は、共産主義者の武装蜂起に対するイギリスの対処の仕方が、東南アジアにおける共産主義「封じ込め」というワシントンの政策に役立つ限り継続した。さらに、ドワイト・アイゼンハワー政権が誕生したさいにも、マラヤ問題はイギリスの責任だとするワシントンの立場に基本的な変化はなかった。一九五七年七月に作成されたNSC文書は、アメリカは包括的な行動計画によって、イギリスよりも共産主義の反政府活動によりよく対抗できるとしながらも、同時に、「これらの地域の出来事に影響を及ぼすアメリカの能力は……イギリスの影響力と責任の優位性によってひどく限定されている」と認める内容であった[38]。

3　アラブ・ナショナリズムの台頭とスエズ戦争

一方、アメリカの中東における脱植民地化過程への対応は、冷戦の論理、アラブ・ナショナリズム、中東の戦略的重要性や石油利権、アラブ対イスラエルの紛争、反植民地主義などによって規定されることになった。

ウィンストン・チャーチルから政権を引き継いだ労働党政府の外相アーネスト・ベヴィンは、四八年一月、下院において、「中東は世界平和にとって死活的要素であると同時に、イギリス連邦にとっての生命線である」と述べた[39]。アメリカもまた、イギリス帝国にとっての中東の戦略的重要性を十分認識し、イスラエルと中東の防衛の第一義的責任はイギリスにある、と考えていた。四七年に国務省内で作成された覚書は、「東地中海と中東の安全は合衆国の安全にとって死活的に重要である」と述べていた。だが同時に、イギリスは引き続き「この地域の防衛に第一義的責任を維持するべきだ」との立場であった[40]。一九四八年初頭の情勢分析を行った国務省政策企画室長ケナンも、ワシントンは、中東におけるイギリスの立場を支援するあらゆる努力をすべきであるとの見解であった。彼は、「アラブ世界とイギリスとの関係を緊張させ、アラブ諸国におけるイギリスの立場を減退させる傾向のある、われわれの側のいかなる政策」も、「わが国の当面の戦略的利益に反する」と主張した[41]。

中東におけるイギリスの役割についてのワシントンの見解は、一九四九年を通して変わらなかった。五一年三月末に作成されたNSC文書は、「他の地域におけるアメリカのコミットメントゆえに、イギリスが、イスラエルとアラブ諸国の軍事に関する第一義的責任を担うことはアメリカの利益である」、と言明していた[42]。この文書の作成時期が示すように、五〇年六月の朝鮮戦争勃発後もアメリカの基本姿勢には変化がなかった。むしろ、朝鮮戦争に米軍兵力を投入している現状では、このような基本認識はいっそう強まっていた。その結果、中近東の平和と安定の維持のためには「できるだけ緊密な英米協調」が重要であると考えられたし、「近東におけるイギリスの立場を掘り崩すような行動は控えるべき」だとされた[43]。

しかし同時に、中東地域の安全、政治的・経済的安定はアメリカの安全にとっても「死活的な重要性をもっている」と認識されていた[44]。このため、イギリスがこの地域に第一義的責任を持つということは、アメリカがイギリスの「ジュニア・パートナーになるべきだ」ということを意味するものではない、との立場であった[45]。したがって、アラブ諸国が西側を志向しており、共産主義勢力の活動を抑え込むことができている間は、ワシントン首脳は、この地域で生じている問題を管理する役割をイギリスに任せることに反対する理由はなかった。

だが、この地域にアメリカがこのような位置付けを与えていたことは、五〇年代半ば以降のアラブ・ナショナリズムの高揚に伴ない、この地域が不安定化するにつれ、「英米協調」に足並みの乱れをきたす原因となる。というのは、イギリスがこの地域の安全と安定に十分な責任を果していないと判断したときには、アメリカの関与は逆に高まらざるをえなかったからである。イギリス側から見れば、アメリカの中東政策が、イギリスの中東支配にとって代わろうとしているのではないかとの疑念を生み出すのは、この地域が、アメリカにとっても死活的重要性を持っているとみなされたことと大いに関係がある。イギリスが責任を果している限り、アメリカは英米間の責任分担を受け入れ、「英米協調」を維持するが、そうでなければ、話は別であるというのが、この地域にたいするワシントンの政策の前提であった。

ワシントンは朝鮮戦争勃発後まもなく、アラブ諸国とイスラエルのソビエト共産主義に対する脆弱性が増していると不安を募らせていた(46)。五〇年代半ばには、アラブ・ナショナリズムは非常な高揚をみせ、植民地主義と反植民地主義の対立が激化するなか、ワシントンの政策形成者たちは、中東におけるイギリスの影響力の低下を懸念し始めた。このことは、中東における「英米協調」の基盤を揺るがせることになった。

アラブ・ナショナリズムに効果的に対処するイギリスの能力へのワシントンの疑念の最初の兆候は、一九五一年末のトルーマン政権首脳による政策協議の段階で現れた。ワシントン首脳は、中東における西側の利益への主要な脅威はいくつかの相互に関連する要因に求められると考えた。すなわち、「中東諸国内における不安定の増大」、アラブ諸国とイスラエルとの間の緊張と敵対的態度、アラブ諸国と西側諸国、なかでもイギリスとの間の関係悪化、それに「中立主義の姿勢が支配的であること」が問題であるとされた。NSCは、「過去において、合衆国は中東における西側の利益の維持と防衛については、第一義的に連合王国に依存してきた」としながらも、この地域における「西側の利益を維持し、防衛する連合王国の能力が急速に低下している」ことによって、「中東に対する合衆国の再検討と政策の再表明の必要が生じている」と懸念を示した(47)。

ワシントンにとっての最大の関心事は、世界の石油埋蔵量のおよそ半分が中東に位置する中で、これらの豊富な石油埋蔵量にアクセスできることは、「自由世界にとって非常に重要」だという点にあった。したがって、これらの利益を維持し防衛するために、「あらゆる適切な措置を講じることは」、アメリカの利益であった。言い換えると、この地域に対するソ連の支配の拡大は、「世界の勢力均衡の劇的な（violent）移行を意味する」と懸念された。このような状況にあって、ＮＳＣに集った首脳たちは、中東諸国との新たな関係と新たな基盤を樹立する方向で尽力しなければならない」ことは明白だ、との結論を下した。言い換えるならば、アメリカまたは連合王国が、あるいは両国が、協力したとしても、「一九世紀的なやり方で」この地域における西側の利益を維持・擁護することができるとは考えられなかった[48]。「一九世紀的なやり方」という表現に、イギリスの対応に対する批判の意味が込められていることを読み取るのは困難ではないだろう。

上記の見解は、五二年四月二四日付のＮＳＣ文書に盛り込まれた。この文書で特に注目されるのは、中東情勢に関するワシントンの見解である。「自由世界の安全にとってのこの地域の危険は、ソ連の直接的な軍事攻撃の脅威というよりは、深刻な不安定、反西欧ナショナリズム、およびアラブ＝イスラエル間の対立」に由来するとみなされたことだ。この地域におけるこうした不安定と混乱の原因に取り組むためには、ワシントンとしても、「この地域に対する責任の割合を増やすべきだ」と政府首脳は考えた。だが、この時点では、「連合王国と協調して」行うべきだというのが、彼らの見解だった[49]。その意味するところは明らかだった。連合王国が、この地域の安全と安定を確保することができている間は、アメリカは引き続きイギリスと協調することが望ましい。さもなければ、アメリカは、この地域に対する責任をイギリスから引き受けなければならなくなるだろう。

五三年から五四年にかけて断続的に行われたスエズ基地協定交渉で、ワシントンは、アラブ・ナショナリズムと「英米協調」との間のバランスをとりながら、積極的な仲介者として行動するようになった。ワシントンは、二国間交渉が行われている間、アラブ・ナショナリズムと「英米協調」との間のバランスを取ろうとした。一方では、中東の安定と防衛は、イギリスの責任範囲であるとの公式の立場を維持しながらも、他方で、スエズ基地からのイギリス軍撤退に関しては、二国間で解決すべきであるとの立場を貫いた。イギリス軍によるスエズ基地からの撤退が先決で、中東防衛機構（MEDO）への参加問題はその後に話し合われるべきだ、との立場をエジプトがとっていたためである[50]。こうしたワシントンの態度に不満であったチャーチル首相は五三年三月、アイゼンハワー新大統領宛て書簡において、「閣下がスエズ基地に関して、われわれを十分に支援してくれていないことは非常に残念である」が、「アメリカがわれわれと反対の立場に立っていると受け止められないよう」にして欲しい、と要請するのが精一杯であった[51]。

ワシントンは当初、スエズ基地交渉に関与するのを注意深く回避し、同時にイギリスとエジプトとの関係にはつかず離れずの態度を維持しようとした。というのは、イギリス軍部隊のエジプト駐留に対するエジプト指導者たちの態度は、非常に厳しかったためである。

エジプトでは、五二年七月二五日、「自由将校団」によるクーデターが発生、ファルーク国王を打倒し、「革命指導評議会」が樹立されていた。新政権の首相には、ムハンマド・ナギーブ将軍が就任していたが、実力者はガマル・A・ナセルだった。この間、アメリカは、ナセルを含む「自由将校団」メンバーと緊密な関係を維持し、クーデター計画を事前に知っていただけでなく、是認していた。この点は、クーデターがイギリスにとって晴天の霹靂であったのと対照的であった[52]。

ダレス国務長官と相互安全保障庁長官ハロルド・スタッセンは、五三年五月九日から二九日の期間、中近東を歴訪した。五月一一日と一二日の二日間、二人はエジプトの指導者たちと会談した。ナギーブ首相は会談で、二人に対して、エジプトとアメリカとの関係改善の主要な障害は、アラブ＝イスラエル紛争におけるワシントンの親イスラエル政策と中東におけるイギリスの立場への支持にあると伝えた。二日目の会談で、ナセルは、エジプト国民が、MEDOは「占領の継続」であり、「イギリスの影響力は完全に消滅させなければならない」と考えていることを明白にした。ダレスは二日間の会談を通して、エジプトの情勢は、国務省が認識していた以上に「深刻だ」という印象を抱くにいたった。ダレスは、「近い将来、両国が公然たる敵対関係に陥る可能性は現実にありうる」とも感じていた。これらの会談で得た観察にもとづき、ダレスは帰国後、六月に開かれたNSC会合で、エジプトを中核とする現在のMEDO構想は断念しなければならないと述べた。NSC会合の結論は、パキスタン、イラン、イラク、シリア、トルコを含む「北層構想に基づく地域防衛の構築に力を入れるべきだ」というものだった[53]。

ナセルはMEDOを、スエズ地帯にイギリス軍部隊を引き続き駐留させることを正当化する口実だとみなしていたことから、アイゼンハワー政権は、中東司令部（MEC）をMEDOに再編しようとするイギリスのイニシアティブから距離をおいた。同様に、アラブ＝イスラエル紛争への対処が急を要すると考えていたワシントンは、アメリカはバグダード条約に加盟しない、とイギリス政府に通告した。ナセルが、バグダード条約には激しく反対していたこともワシントン首脳の判断に影響した。ナセルは、同条約の目的に疑念を抱いていただけでなく、エジプトの安全にとって、当面の脅威はイスラエルだと考えていた[54]。

一方、「自由将校団」によるクーデターを事前に全く察知できなかったイギリスは、アメリカに対する疑念を膨らませることになった。CIAとナセルとの緊密な関係については気付いてはいたが、両者の関係に反感を抱いていただけでなく、双方が緊密な関係を維持していることについて、ワシントンの動機に疑いの念を抱いていた。一九五一年から五六年までアンソニー・イーデン外相の最も信頼する補佐官の任にあり、五四年から五六年までイギリス外務省の中東問題担当外務次官を務めたエヴェリン・シャクバーは、五二年一二月二日の日記に次のように記した。「寝つきが悪く、世界情勢全般について非常に憂慮すべき状況。わが経済状態、日独との競争、中東と地中海におけるイギリスの影響力の崩壊、地中海および中東におけるイギリスの影響力の崩壊……アメリカは何処においても、われわれを支援しようとしていない。実際、オランダ帝国を崩壊させた後、合衆国はいまや、フランスおよびイギリスの帝国を懸命に掘り崩しにかかっている」。一九五四年五月二日、イーデンは、シャクバーに次のように言い放った。「アメリカ人はフランスを追い出しインドシナを自ら取り仕切ることしか考えていない。彼らはエジプトでも、われわれにとって代わりたいと思っている。世界を取り仕切りたいのだ[55]」。このような見方は、アメリカ政府首脳の深層心理についての、あながち的外れの観察であったとはいえない。

スコット・ルーカスの研究によると、五五年九月にエジプトによるソ連ブロックからの武器購入が発表された後も、CIAとナセルとの秘密の関係は維持された。アレン・ダレスCIA長官は、カイロ支部宛てに以下の指令を発した。「ナセルは依然としてわれわれの最善の希望である」、「もしナセルが協力する気になったときには、国務省は全般的な政策の枠内で、武器取引の長期的な影響を緩和するために協力をすることになるだろう、とわれわれは信じる」。その後、英米合意によるアラブ・イスラエル問題の解決を意図したアルファ計画が挫折し、エジプトへの経済援助の停止をうたったオメガ計画が開始された後も、ナセルとの関係改善の余地は残しておくという政策が追求された。(56) この点は、インドシナの脱植民地化過程でもみられたが、アメリカの影響力拡大のための現地での受け皿作りという性格をもっていた。

中東におけるイギリスの影響力の後退が進行するなか、アメリカは、イギリスがこの地域から退場するようなことにでもなれば、その空白部分にソ連の影響力が浸透するのを阻止する必要がある、と考えていた。ここには、冷戦の論理を踏まえるならば、アメリカは好むと好まざるとにかかわらず、責任を担わざるをえないという構図が存在した。逆に、イギリス政府内には、エジプトから撤兵すれば、イギリスは中東でアメリカにとって代わられる、という懸念が強かった。こうした構図の下では、ワシントン政府がCIAを通して、ナセルらとのパイプを最後まで維持しようとしたことの含意は明らかであろう。

スエズ基地をめぐる交渉は、ナギーブ政権とイギリス政府との間で行われていたが、そうしたなか、五三年七月中旬にワシントンで開かれた会談に、イーデン外相に代わって、ソールズベリー枢密院議長が出席した。ダレス国務長官は、イギリス側参加者たちに対して、MEDOのような防衛取り決めは、レバノンやシリアがソ連の脅威にさほど関心がない状況の下では非現実的であり、北層諸国を基盤とする防衛取り決めが望ましいと告げた。ダレスはまた、イギリスが、「かつてアラブ諸国に対処するさいに用いた旧態依然たる強硬なアプローチに逆戻りした」のではないかとしたうえで、そうしたアプローチは成功しないと明言した。ソールズベリー卿は、インド、セイロン、アフリカ植民地の事例に言及し、そうした批判は「事実と異なる」と反論した[57]。こうしたやり取りから、ソールズベリーは、アメリカ政府が依然として、中東問題にたいするイギリスの態度を「反動的である」とみなし、批判的な態度に終始しただけでなく、スエズ基地をめぐる交渉に関しても、距離をおこうとしていると感じた。

さらにロンドンにとって驚きだったのは、ワシントンが、イギリス政府に相談なく、ナギーブ首相と直接連絡を取り合っており、実際のところ、イギリスとエジプトとの仲介を試みていたことだった。ソールズベリー卿一行との会談の席上、ダレスは、アイゼンハワー宛てのナギーブからの書簡を示された。その書簡には、スエズ基地交渉に関するエジプト側の提案が記されていた。ナギーブの書簡は、「運河地帯からのイギリス人全員の撤退が、基地交渉協定の締結の条件だとしていた。それだけでなく、エジプト側の案は、「エジプトを軍事的、経済的に強化する」措置に関して、イギリスだけでなく、アメリカとも協議するとしていたことだ[58]。イギリス政府は、ワシントンのこうした行動について、基地協定に関するイギリスとエジプトとの交渉の仲介者としての役割を果たすことによって、中東における足場を確保しようとする「極めて危険な一歩」と映った[59]。

にもかかわらず、ロンドンは、基地協定をまとめられずにすべてを失うリスクよりも、何らかの協定を結ぶ方が望ましいと判断した。その結果、五四年七月にイギリスとエジプト間で基地協定が締結された。同協定では、イギリス政府は有事のさいに再駐留する権利を獲得したが、他方で、五六年六月までにスエズ運河一帯からすべてのイギリス軍部隊を引き揚げることを約束した。

アメリカ政府が、基地交渉に直接関与するのを避けた背景には、アメリカとアラブ諸国との関係改善の大きな障害となっているのは、イスラエル問題と並んで、イギリスをアメリカが支援しているという印象を与えていることだと痛感させられたからだ。五三年五月の中東歴訪のさいに、エジプト首脳はダレス国務長官にたいして、スエズ基地の主権回復を主張した。また、ナギーブ首相は、ダレスにこう告げた。アラブ諸国民は、当初はイギリスに対してのみ悪感情を抱いていたが、「いまや、連合王国は悪感情の重荷をある程度まで合衆国に担わせるようになったと感じている」[60]。こうしたエジプト側の発言を受けて、ダレスは、帰国後開かれた五三年六月のＮＳＣ会合の席で、「中東における西側諸国の信望は、全般的に非常に低い状況にあり」、アメリカは、「イギリスおよびフランス帝国主義と結び付けられることで痛手を被っている」と報告した。続けてダレスは、ダレスとスタッセンは、エジプト指導者たちとの会談の席上、アメリカに対する「敵意を和らげるためにあらゆる手を尽くした」と説明した(61)。ダレスはＮＳＣ参加者たちの前で、「『帝国主義』であれ『植民地主義』であれ、イギリスを支援したいとは思わない」、と自説を披露した(62)。

エジプト指導者との会談の席で、大統領の意向としてダレスが彼らに伝えた内容は、ワシントンの立場をよく示している。ダレスは一方で、「イギリス軍は撤退し、エジプトの主権が回復されるべきであるという点には全面的に同意し」、他方で、イギリス軍撤退後に力の真空が生じないようにすべきである、と述べた。エジプト・ナショナリズムの強い主張に接したダレスは、「イギリスの政策を無条件に受け入れるものではなく」、また「イギリスの『帝国主義』や『植民地主義』を支持するつもりはない」、とアメリカの立場を説明した(63)。

この間、イギリスとエジプトとの関係は悪化し続けた。一九五五年二月二八日に起きたイスラエル軍部隊によるガザ急襲は、イスラエルの軍事力との圧倒的格差をナセルに痛感させた。このため、ナセルは経済発展から再軍備へと、国防に政策の優先順位をラディカルに変えることを余儀なくされた。それゆえナセルにとって、武器獲得は最優先事項となった。ナセルは、ワシントンに武器売却の要請を再三行ったが、アイゼンハワー政権はこの要求を拒絶し続け、イギリスとフランスもこれに倣った。武器の供給に関する非協力的対応に直面したナセルは、モスクワに期待するようになった。ナセルは五五年九月、チェコスロヴァキアとの武器取引を発表した。突然不意を突かれたワシントンとロンドンは、アスワンダム計画への融資を申し出た。これを受けて、五五年一二月、ワシントン、ロンドン、カイロはダム建設計画融資協定で合意した。この融資計画に込めた米英両国の狙いは、ナセルが、これ以上モスクワに接近するのを阻止することだった。しかし、ナセルの考えを変えさせることができないとわかると、アメリカ政府は五六年七月、突然ダム建設融資の申し出を撤回するとカイロに通告した。ワシントンへの対抗措置として、ナセルは七月二六日、スエズ運河の国有化を宣言した。

こうして発生したスエズ危機にたいして、英米は異なる対応をみせた。五六年七月二七日の閣議で、イギリス政府は単独でも武力行使に踏み切る決定を行い、アメリカ政府に伝達したが、アメリカ政府は武力行使には反対した。武力行使反対の理由としてアメリカ政府が挙げた主張のうち最も重要であったのは、武力行使そのものへの反対というよりは、軍事介入は他のあらゆる手段を尽くした後の「最後の手段」であるべきだ、という点にあった。五六年八月一日、ダレスはセルウィン・ロイド外相に、「ナセルに吐き出させる方法を見つけなければならない」と告げた(64)。

その一方でダレスは八月一日、ロンドンでロイド外相と会談し、「武力は最後の手段として行使されるべきだ」と述べた。ダレスは、「他のすべての手段が失敗した場合、武力の行使を排除しない」と伝えた。言い換えると、「武力が行使される場合、国際世論の支持を得なければならない」。「十分な世論対策なしでは」、アメリカ政府は軍事行動に付き合うことはできなかった。さもなければ、他のイスラム諸国の強い反発と批判を受けることになり、ソ連につけこまれる危険性は高まることを恐れた。ダレスはまた、アメリカ議会と世論は軍事介入の心構えがまだできていないと指摘した。ロイド外相との会談の翌日、ダレスはフランス外相クリスチャン・ピノーと会談し、強硬な行動に訴える前に、国際世論、「とくにアメリカの世論」を動員することの重要性を繰り返した(65)。

ダレスは「軍事的手段以外の方法で［ナセルに］吐き出させる」ことができると考えていた。そうした努力の一つが、スエズ運河国際管理に関するロンドン国際会議の開催であった。もしナセルが、国際会議の勧告にもとづく国際管理の取り決めの受け入れを拒絶した場合、「国際世論、なかでもアメリカの世論には問題の所在が明らかになるだろう」。そうなれば、「もし必要ならば、より強硬な行動を考慮することが可能となる」だろう(66)。七月三一日に開かれた内輪のホワイトハウス会議の席で、ダレスは再び次のように述べた。「もしこうした提案が、国際世論の支持を得てアラブ諸国になされた場合」、「大幅な支持を得る十分なチャンスの下に、必要ならば、軍事行動を起こすことが可能となるだろう(67)」。「二二ヵ国ロンドン会議」として知られるスエズ運河会議は、八月一六日から二三日にかけてロンドンで開催された。

八月二三日には、スエズ運河委員会として知られる「五ヵ国委員会」の設置が発表された。スエズ運河委員会は運河の運営・維持・開発・拡張の権限を委ねられた。同委員会は八月一六日に開かれ、「一八ヵ国提案」が採択された。この提案は九月九日にナセルに拒否されることになるが、ダレスが期待したのは、こうした努力の積み重ねを通して、ナセルの理不尽さを国際世論の前にさらけ出すことであった。ナセルを孤立させてから軍事力を行使すれば、「帝国主義的、植民地主義的野望に動機づけられたものである」との批判も和らげることができるだろうし、アラブ・ナショナリズムが反西欧化、反米化する度合いも抑制されたものになるだろう。ダレスはこのように考えた。八月一日のロンドン会議でのダレス発言に関するイギリス側記録は、ダレスの意図をより明確に示している。非軍事的手段でナセルに「吐き出させる」ことに失敗した場合でも、「ナセルにとって不利な国際世論を作り出しナセルを孤立化させることは可能なはずである」と述べた後、ダレスは、「そうすれば、かりに軍事作戦を遂行しなければならなくなった場合でも、性急な軍事作戦に訴えた場合よりも成功の可能性は高くなるし、影響の深刻さの度合いも軽減できるであろう」、と論じた。そのためには、国際世論を味方につける「心底からの努力」が必要である、とダレスは力説した(68)。

ダレスが国際世論にこだわった理由は明らかである。第一に、アメリカ政府は中東での反英感情が非常に強いことに懸念を抱いていた。そうした状況下では、植民地主義をアメリカが背後で密かに支援していると受け取られないように、つかず離れずの関係を維持するべきだという立場であった。第二に、大統領をはじめアメリカ政府内には、ナショナリズムの要求は、これを押さえつけ過ぎると暴発するので、むしろ上手に管理し西欧と協調的な関係をつくりあげていくべきだ、という考えが強かった。アイゼンハワー大統領は五四年七月、チャーチル首相に対して、次のように語りかけた。「われわれが、[ナショナリズム]を完全に堰き止めようとすれば、大河の流れのように堰を突き破り大混乱を引き起こすことになるだろう」。それゆえ、西側は、「とくにクレムリンの力に対抗してわれわれを支持し、大いに利することになる」ように、「このナショナリズムの力を建設的に利用するべき」である(69)。

したがって、ナショナリズムの要求と植民地主義との間の綱渡りをしていくことは、ソ連の中東への浸透を阻止するためにも必要である、と考えられた。そのような観点から、七月三一日のホワイトハウス会議で、アイゼンハワー大統領は、「武力行使は、ダカールからフィリピン諸島までの世界を、われわれの敵に回すことにつながるだろう」と発言し、これにダレスも同調した[70]。一〇月五日のニューヨークでの米英仏外相会談の席で、ダレスは武力行使には反対であると述べたうえで、アイゼンハワー大統領の次のような見解を伝えていた。武力行使に訴えれば、中東、アジア、アフリカ諸国民すべての同情を失うことになること、「もしわれわれが彼らの同情を維持しなければ、恐らく、彼らはソ連に傾斜することになるだろう[71]」。

こうしたアメリカ政府の情勢認識のゆえに、英仏による武力行使は、ワシントンの危機意識を高めた。また、英仏がエジプトにたいする軍事作戦行動について、ワシントンに事前通告せずに攻撃を開始したことは、アイゼンハワーの怒りを買った。アメリカ政府の対応は、石油供給の停止と財政支援の拒絶であった。こうした強硬な措置に踏み切るにあたって、ダレスはＮＳＣで次のように発言した。アメリカはこれまで、植民地主義とナショナリズムとの間の綱渡りをしてきたが、いまや世界中で植民地からの独立を求める人々の圧力に直面している。「英仏が行ったことは、文字通り旧態依然たる、露骨な植民地主義以外の何ものでもない」のであって、「われわれが今指導力を発揮しなければ、新しく独立するすべての国ぐには、われわれから離反しソ連に接近するだろう。われわれは、永久に英仏の植民地主義政策と結びついているとみなされるであろう[72]」。

五六年一一月のＮＳＣ会合の席で、ダレスは次のような情勢認識を示した。「長い間、一方で、英仏という同盟国との古くからの、大切な関係を維持する努力と、他方で、植民地主義から脱却した新興独立諸国の友好と理解を確実なものにする努力との間を綱渡りしてきた」。しかし、アメリカは、「これ以上はこの綱渡りを続けることはできなくなった」。「われわれが、いまリーダーシップを主張し維持しなければ、これらすべての新興独立諸国は、われわれに背を向けソ連に接近するだろう」。植民地問題で英仏を支持すれば、アメリカは、「英仏と運命を伴にすることになるだろう」。アイゼンハワー大統領もダレスの意見に同意し、「そういうことになれば」、アメリカは、「アラブ世界全体を失うことになるだろう」と述べた[73]。

二人の情勢認識と軍事行動がもたらす帰結についての見通しを考えると、アメリカがとるべき進路は明らかだった。

五六年一〇月二九日にイスラエルがエジプトに軍事進攻したのを契機に、スエズ戦争が勃発し、その二日後には、英仏両軍がスエズ運河地帯近郊のエジプトの空港を空爆した。アイゼンハワー政権は、ロンドンとパリを説得して、部隊の撤退による停戦と国連警察軍の受け入れを求める国連決議を受諾するよう試みた。だが、英仏はこれを拒否したため、ワシントンは、英仏への石油の供給を停止し、さらにポンドの急落を支援することを拒否した。これらの措置は決定的な影響を英仏に与えた[74]。この結果、両国は五六年一二月二二日、ついに部隊を撤収せざるを得なくなり、スエズ戦争は終結に向かった。

スエズ危機への対応において、ワシントンとロンドン／パリを分けたのは、英仏にとって、ナセルのスエズ運河国有化を見過ごすのはあまりにもコストが大きいとみなされたことだ。ハロルド・マクミラン蔵相は五六年八月、イギリス内閣の決定をダレスに伝えるさいに、「もしこの行動に対して最大限の決意で対処しなければ、連鎖反応が生じ、究極的には、中東におけるイギリスの影響力のすべてが失われることになる」と説明した[75]。フランス外相ピノーもまた、イギリスと同様の見解であり、この紛争の死活的重要性を強調した。一〇月初めにもたれた三カ国外相会談の席で、ダレスが武力行使に反対だ、とロイド、ピノー両外相に伝えると、フランス外相は、次のように反論した。「合衆国政府は、フランスとイギリスがスエズ問題に付与する重要性を分かっていないと思われる。これは、単にスエズ運河だけの問題ではなく、中東、アルジェリア、モロッコ、チュニジアも関連する問題なのだ[76]」。

アイゼンハワーもダレスも、ロンドンとパリが、極めて高い掛け金をめぐって争っていると認識していた。ダレスはいくつかの機会に、英仏の立場に同情し理解を示した。五六年八月二日、ダレスがアイゼンハワー大統領に語った内容はそのことを窺わせる。「彼らの立場を考えると、彼らが感じているようなことを非難できるか定かでない、おそらく理は彼らにもあると思われる、もしナセルのとった行動を見過ごせば、中東地域全体に類似の行動を刺激することになり、その結果、中東と北アフリカにおける英仏それぞれの立場は失われることになるだろう」[77]。武力行使に反対であったアイゼンハワー大統領が、五六年八月九日のNSC会合で、「どうしてヨーロッパは、独裁者の気ままな行動を放置しておくことができようか」と述べたように、彼自身もまた、ナセルは「行き過ぎたことをした」と感じていた[78]。英仏に対する上述のような同情や理解ゆえに、五六年一〇月、ダレスはロイドおよびピノー両外相に対して、「合衆国としても、唯一の選択肢が武力の行使となるような状況が生まれないとは言いたくない。満足な結果が得られる見通しがなくても、武力を行使しなければならないときもある」と語った[79]。

しかし賽が投げられたとき、アメリカ政府は軍事行動に対する英仏の決定に反対した。ワシントン首脳は、軍事行動は中東諸国の人々の同情を失うだけでなく、世界の他の地域の人々の同情を失うことになり、彼らをソ連寄りにさせることを恐れた。冷戦の論理が勝ったのである。一九五六年一一月、東欧で起きている騒乱の行方を見つめながら、ダレスが語った次のような言葉は、そのことを示している。「東欧におけるソ連の植民地主義をめぐって、巨大な、長らく望んできた勝利をまさに獲得しようとしているこの時に、アジア、アフリカにおける英仏の植民地主義の後追いをするか、それとも英仏と袂を分かつかの選択を強いられるというのは悲劇そのものである」[80]。

スエズ戦争は、アメリカが、英仏を「ジュニア・パートナー」として、中東で最も影響力のあるプレイヤーとして台頭する一つの転換点となった[81]。五七年三月に発表されたアイゼンハワー・ドクトリンは、アメリカがヘゲモニー国家として、中東地域に対する責任を引き受ける決意を示したものである。大統領は、「国際共産主義」が中東を征服するのを阻止するため、必要ならば武力を行使することを議会によって付与された。

しかしながら、このことは、中東地域におけるアメリカの政策が、反植民地主義の原則に沿ったものであることを意味しない。ソ連「封じ込め」を優先するというアメリカの政策に変化はなく、自決権や主権の尊重という原則よりも、新興独立諸国の安定と秩序をより重視し続けた。ワシントンはまた、コラボレーター政権を育成し、支え続けた。この地域におけるアメリカの利益に敵対的でないナショナリスト政権であれば、民主的政権でなくても、ナショナリズムと折り合いをつけていく政策を追求した。

ひとたびアメリカが、中東地域を支配していた植民地宗主国にとって代わると、アメリカの外交政策のディレンマが明らかになった。エジプトとシリアは五八年初頭にアラブ連合国（UAR）を結成した。同年六月には、ナセルの影響下にあるシリアの支援を受けた反政府勢力との間に内紛が起き、レバノンは内戦に突入した。さらには、七月一四日に親西側政権下のイラク王国で、ナセルを崇拝するナショナリスト将校が、クーデターで実権を掌握した。レバノンが次のターゲットになると恐れたアイゼンハワー大統領は、バグダッドでクーデターが発生した日に、米軍部隊のレバノン上陸を命じた。アメリカと示し合わせたイギリスは、ヨルダンに部隊を派遣した。

そうした混乱のさなか、アイゼンハワーとダレスの間で意味深長な会話が取り交わされた。五八年七月一四日の会議の席上、アイゼンハワーは、「なにもせずにこの地域を失うことは、中東の戦略的な位置と資源の存在ゆえに、中国の喪失よりはるかに悪い事態になるだろう」と述べたうえで、「最も戦略的な行動は、現状においてカイロを攻撃することだろうが、もちろんこれは無理な話だ」と発言した。ダレスは大統領に同意し、次のように付け加えた。「多くの人たちはこういうだろう。われわれはスエズ危機のさいに英仏の行動を阻止したが、これと同じことを行っているだけではないかと」[82]。

ダレスがいみじくも認めたように、部隊のレバノンへの派兵の背後にある論拠と論理は、スエズ危機のさいに英仏が依拠したそれと大差なかった。共産主義の脅威に対するこの地域の擁護者として、この地域の不安定な非共産主義政権を支えるため軍事力を示威する以外に選択の余地はないと判断した。

スエズ戦争終結後にアイゼンハワーとの会話の中で述懐したダレスの言葉は、そのことを如実に示しているといえよう。

「われわれの友人の中には、現在われわれが遂行している政策の重荷をやむを得ず背負わされていると感じている者たちがいることを記憶しておかなければならない。そのこととの関連でいうと、李承晩、蒋介石、インドネシアのオランダ、インドシナのフランス、中東におけるイギリス、フランス、イスラエル、そしてハンガリーが挙げられる。これらの国は、すべてわが国の政策の犠牲となっている。私がこのように述べるのは、われわれがそれを求めたのではないとしても、実際のところ、われわれの反植民地主義政策によって、かつて彼らの特別の勢力圏であった地域において、次第にイギリス、フランス、オランダの利益にとって代わる傾向にあったし、またこれらの植民地宗主国側からみれば、そうした動機が、われわれにあったとする傾向が存在したからである(83)」

ダレスやアイゼンハワーに見られる言動は、「二つの植民地主義」のうち、西欧植民地主義国によるエジプトへの軍事介入によって、アラブ・ナショナリズムの敵意が、アメリカにも向けられるのを回避する必要があったことを物語っている。アメリカの「反植民地主義」は、ソ連型「植民地主義」を利することがない限りにおいて支持できるものであった。「自由主義帝国」の秩序形成というアメリカの目的からすれば、民族自決への支持が、ヨーロッパ植民地主義の掘り崩しにつながる場合でも、ソ連の勢力拡大に結びつかない限り、受容されるべきものであった。裏を返せば、自決の原則は、それがソ連の勢力圏の拡大につながるようであれば、それは制約されるべきであった。スエズ危機からスエズ戦争にいたるまでのアメリカのエジプトにおける脱植民地化過程への対応は、そのような特徴をもっていたといえよう。

4 アフリカの脱植民地化過程――安定と秩序の優先

アフリカにおける脱植民地化過程へのアメリカの対応は、冷戦の論理、「自由主義帝国」の論理にくわえて、政策形成者たちの人種観にも左右された。以下で取り上げるアメリカ人の人種観は、アフリカに限られるものではなく、アジアも含めた植民地・従属地域についても共通して認められるものであった。ただし、アフリカの場合、五〇年代末までは、ソ連の脅威が現実味を帯びたものではなかったということもあり、自決権、独立、反植民地主義についてのアメリカ的考えが最も鮮明に現れた。

アフリカ諸国は政治的に未成熟であり、自治能力に欠けるという見方は、アメリカ政府内に広く共有されていた。サハラ以南のアフリカにたいするアメリカの政策方針を定めた五七年八月のＮＳＣ文書は、アフリカ人は「今日世界を分断している諸争点に関して、いまだ未成熟なうえに、よくわかっていない」として、「時期尚早の独立は一九世紀的植民地主義の継続と同じくらい、アフリカにおけるわが国の利益にとって有害となるであろう」と述べている。アメリカは自決を支持するとしながらも、自治や独立の準備が十分整わない状況での自決権の行使は政治的混乱を招き、終には共産主義の浸透の機会を拡大しかねない、と懸念した。したがって、自治や独立に向けてアフリカ諸国が、秩序ある形で発展するためには、「アフリカ大陸の広大な地域を支配しているヨーロッパ諸国と協力して」実施されることが望ましい、と考えられた。しかも、「すべてのヨーロッパ植民地国は、ＮＡＴＯとの同盟関係ないしは軍事基地協定の形で結びついている」ことにも「留意すべきである」、とされた[84]。

アフリカにおいては、自決権に関するアメリカの姿勢は、この地域についての、上述のような人種観によって条件付けられていた。ダレス国務長官は、五七年三月のバミューダ会談の席で、ロイド外相にたいして、時期尚早の独立に帰結するような圧力はかけないのが、アメリカの政策であると語った[85]。ダレスの見解は、特別補佐官ジュリアス・ホルムズが、五八年二月に作成した覚書に示された認識を反映していた。アフリカ社会は未発達で、「鉄器時代から二〇世紀に事実上一足飛びに脱皮しよう」としている段階であり、西欧世界の政治制度や経済的・社会的進歩の観念は、この地域ではうまく適合しないのではないかとみていた。アレン・ダレスＣＩＡ長官は六〇年一月のＮＳＣの席で、二年以内に三〇ヵ国の独立が予想されるとしたうえで、これらアフリカ諸国のいずれも自治能力を身につけることができないだろう、との見通しを語った。アイゼンハワー大統領もダレスに同意した。大統領の考えは、まず独立を達成し、その後に経済的発展を目指すというやり方は順序が逆である、というものであった。大統領から発言を促されたモーリス・スタンズ予算局長もまた、多くのアフリカ人は依然として、「森の中で生活している」状況であるとの認識を示した[86]。

「自由主義帝国」の論理からすれば、植民地主義は、アメリカが追求する自由主義的価値や経済的利益（市場開放）に反するものであり、解体されるべきものであった。しかし、アフリカにおけるアメリカの経済的利益は重要ではあっても、他の地域におけるほど大きなものとはみなされていなかった。くわえて、サハラ以南のアフリカに関しては、その戦略的価値は限定的なものであるとみなされていた。冷戦の論理からいえば、ＮＡＴＯとの良好な関係維持の方が、はるかに重要だとみなされた。しかも、時期尚早な独立は、かえって政治的、経済的混乱を招くとみなされている状況の下では、この地域におけるアメリカの脱植民地化過程への対応は、植民地主義諸国と連携しながら、自治と独立に向けた動きを安定的に促進する方が得策だと考えられた。植民地主義諸国に圧力をかけ過ぎて、彼らの反感を買えば、ＮＡＴＯにおける協力関係に悪影響を及ぼしかねない、と心配された。アフリカにおける独立や自決権の問題は、ヨーロッパにおけるアメリカの戦略的利害関係を損なわない程度に実行に移されなければならないというのが、ワシントンの基本的姿勢であった。

くわえて、アフリカの場合、冷戦の影響は、五〇年代末まではそれほど顕在化していなかった[87]。アメリカはスエズ戦争以降、ナセルの威信が高まり、アラブ・ナショナリズムが、他のアフリカ諸国に及ぶことを懸念するようになったが、それでも、ソ連の影響力の拡大の危険は差し迫ったものとは認識されていなかった。むしろ、懸念されたのは、アフリカでも自治と独立を求める運動が益々その勢いを増していることであった。ガーナのクワメ・ンクルマは、五七年に独立を達成することに成功し、「ブラック・アフリカのナセル[88]」になりつつある、とみなされるようになった。アフリカにおけるナショナリズムの高揚に直面し、イギリス政府は五七年以降、植民地に独立を付与することによって、イギリスの影響力と既得権益を確保するという方針を打ち出し始めた。

以上のような要因が重なったことから、アフリカにおける脱植民地化過程では安定や秩序維持が優先され、「英米協調」が可能となった[89]。

おわりに――「自由主義帝国」とナショナリズム

(1)「自由主義帝国」にとっての「健全なナショナリズム」

第二次世界大戦終結後のアメリカの脱植民地化過程への対応は、「自由の帝国」(トーマス・ジェファーソン)の建設に向けた国際秩序形成の文脈で理解する必要がある。植民地主義は死滅する運命にある制度であるという認識は、ワシントンのみならず、ヨーロッパでも広く共有されていた。問題は混乱を招かずに、いかにより良い秩序に移行させるかであった。ヨーロッパ植民地宗主国は、植民地の権益を失わずに独立を与えるにはどうしたらよいかに腐心した。このことは、イギリス帝国の脱植民地化政策にとくに当てはまるように思われる。イギリス政府は、独立を希求するナショナリズムと真っ向から対立し、これを力で押さえ込むことは無理だという認識の下に、脱植民地化を推進していった。その意味で、フランク・フューレディが指摘するように、それは「より合理的な形で帝国を維持することを意図した政策」であった(90)。そうした文脈では、独立後のイギリスとの経済的結びつきの維持や協力関係を維持していくようなナショナリズムは「健全なナショナリズム」であり、イギリスに正面から対抗し、イギリスから離反していくナショナリズムは「不健全」であり、「破壊的」である、とイギリス外務省や植民地省の政府官僚が考えていたのは、ある意味では、当然であった(91)。

興味深いことに、イギリス外務省や植民地省の政府官僚にみられるナショナリズム観の多くは、アメリカ政府によっても共有されていた。アメリカ政府首脳にとっても、第三世界で高まるナショナリズムにいかに適応し、「健全なナショナリズム」の方向に誘導していくかは重大な関心事であった(92)。イギリスが親英政権の樹立を目指し、イギリスの帝国権益の保持を図ろうとしたように、アメリカもまた、「自由主義帝国」を支える現地勢力の育成を目指した。その場合、アメリカが育成を目指したのは「リベラル中道」勢力であったが、そのような勢力が事実上不在であった第三世界諸国においては、安定と共産主義「封じ込め」を優先する立場から、独裁政権や非民主的勢力を支持することもしばしばであった。その意味で、アメリカが目指した戦後秩序は、非リベラルな要素を内包するものであったのみならず、「自由主義帝国」の中での民主主義や自由主義的価値は、政策の優先順位としては低かったことに留意すべきであろう[93]。

英米のナショナリズム認識には共通点が多かったにもかかわらず、アメリカは、冷戦の論理を優先する立場から、イギリスの脱植民地化過程への対応に不満であり、批判的であった。また、植民地主義秩序は、アメリカが目指す「自由主義的・資本主義的秩序」とは相容れないという考えが、ワシントンには強かった。アメリカはインドシナでフランスの立場に取って代わろうとしているとの批判にたいして、ケネディ政権とリンドン・ジョンソン政権の安全保障担当補佐官を務めたマクジョージ・バンディは六五年に、「われわれは単に植民地主義者としてベトナムにきているわけではない」と語ったように、アメリカが、帝国主義的野心や願望を抱いていないということはベトナム人にも一目瞭然である、との思いが強かった[94]。なかでも、ナショナリズムを武力によって統制していこうとするやり方には強く反対した。この点は、フランスやオランダにたいする対応にも共通してみられる。アメリカ政府は、軍事力の行使は逆効果を招き、第三世界のナショナリズムを反西欧化させるだけでなく、アメリカが、対ソ「封じ込め」の観点から、背後で西欧同盟諸国を支持しているとみなされる傾向があることを強く警戒していた。アメリカは、ヨーロッパ植民地主義と心中するつもりは毛頭なかったからである。

にもかかわらず、ベトナム戦争におけるアメリカの軍事力介入は、旧植民地主義秩序とは異なる新秩序の構築を目指しているのだという自負や目的の「正しさ」によって正当化された。フランスは植民地主義戦争を戦うことによってしか、自己の立場を保持できない。その結果、共産主義が民族主義運動の主導権を握る機会を作り出してしまうのだと考えるダレス国務長官は、自決権や独立を尊重するリベラルな秩序を構築することによって、フランスができなかったことをやり遂げることができるのだ、と自らを鼓舞してきた。しかし、すでに検討してきたように、アメリカの自決権や主権（独立）に関する態度はあいまいで、それらはしばしば、ヨーロッパ植民地帝国の旧秩序を掘り崩す政治的武器として利用されてきた。同様に、ソ連と結びつくような民族主義運動は危険視され、そのような場合には、反植民地主義のスローガンは引っ込められ、軍事力を行使してでもこれを抑圧しようとした。ダレスもアイゼンハワーも、ディエンビエンフーでのフランスの軍事的大敗後は、軍事介入の道を模索した。ダレスは、「もしフランスが戦闘を継続し、しかもイギリスが支持してくれれば、大統領は議会に米軍のインドシナ投入を勧告する用意ができていた」、とジェームス・C・ハガティに語っている(95)。だが、フランスは、無期限にインドシナで戦闘を継続することには反対であり、さらに頼みの綱であるイギリスも同調しなかったことから、アメリカの軍事介入は回避された。

(2) アメリカの西半球政策が意味するもの

アメリカはその後、六〇年代に入って、徐々にインドシナへの軍事的関与を増大させ、六五年春以降、ヨーロッパ植民地主義と区別できないような軍事介入を深めていった。こうした行動は、第三世界におけるナショナリズムをあくまでアメリカの監視と指導の下に置こうとする帝国的衝動の延長戦上に位置付けることができる。反植民地主義、民族自決、主権の尊重は、「自由主義帝国」の建設にとって必要かつ有益である場合には積極的に援用された。しかし、有害であるとみなされたときには、「旧態依然たる露骨な植民主義以外の何者でもないとして」、アメリカが反対してきた軍事力の行使に訴えることもいとわなかった。

反植民地主義、自決、独立、主権に対するアメリカのあいまいでプラグマティックな対応はまた、「自由主義帝国」の建設に向かうアメリカの国際政治における権力関係を反映していると考えられる。その意味で、アメリカの西半球政策は示唆的である。カリブ海地域や中米に対するアメリカの対外政策は、植民地主義国家のそれとほとんど区別することができない。二〇世紀に入って、アメリカは「カリブ海地域をアメリカの勢力範囲とする政策」を取り始めた(96)。この時期になると、アメリカのカリブ海・中米地域への干渉はしばしば行われてきたが、それは、モンロー・ドクトリンが発表された頃とは異なり、この地域では、アメリカ中心の帝国秩序が形成されるようになっていたことによる。そのため、アメリカは他国の干渉を恐れることなく、この地域に干渉することが可能であった。セオドア・ローズヴェルト大統領は「棍棒外交」を展開したことで知られるが、一九〇四年一二月六日の年次教書において、「ローズヴェルトの系論」として知られるようになるモンロー・ドクトリンの拡大解釈を発表した。それは、自己管理能力を喪失したとみなされるこの地域の小国に対して、アメリカによる「国際警察力の行使」を正当化するものであった。注目すべきは、軍事力の行使が、戦争行動として捉えられるのではなく、秩序維持や「正義の保証」のために行使される、と説明されている点である。また、ローズヴェルトはこの教書の中で、「自由と独立とを維持することを望むすべての国家は、独立の権利はそれを善用すべき責任と切り離しえないことを究極には理解しなければならない」、とも述べている。すでに検討してきたように、この教書で示された独立、主権、自決権についての考え方は、ダレスや第三世界諸国担当の政府高官の認識と共通する点が多い。このような認識は、国内の秩序維持と正義の執行のために警察権力が行使される場合のイメージに近い。アメリカのカリブ海・中米政策には「島嶼帝国」の秩序観が反映されている。このような政策は、ウィリアム・タフト、ウッドロー・ウィルソン両大統領にも継承され、「帝国主義の常套手段がつぎつぎととられた」(97)のである。

アメリカの脱植民地化過程における反植民地主義、自決、自治、独立、主権に対するあいまいな態度は、古くは、西部開拓時代の対インディアン政策や西半球政策にみられるような、アメリカ外交の膨張主義的伝統のなかに見出すことができるが、このような特徴はまた、一八九八年の米西戦争後の領土支配を伴う「島嶼帝国」期から第二次世界大戦後に基調となる「非公式帝国」期を通しても認められる(98)。

注

(1)　W.M. Roger Louis, "American Anti-Colonialism and the Dissolution of the British Empire," in W.M. Roger Louis and Hedley Bull, eds. *The 'Special Relationship': Anglo-American Relations since 1945* (Oxford: Clarendon Press, 1986), pp. 262–264, 273, 283.

(2)　*FRUS, 1952–1954*, III (1979), 1162–1164.

(3) *FRUS, 1952–1954*, III, 1162.

(4) *FRUS, 1952–1954*, XI (1983), 54–65.

(5) Roger Louis, "American Anti-Colonialism and the Dissolution of the British Empire," *op. cit.*, p. 261.

(6) 国際政治学者クラズナーは、主権概念を歴史的に検証し、この概念が、「組織化された偽善」であることを明らかにしている。Stephan D. Krasner, "Rethinking the sovereign state model," *Review of International Studies* (2001), 27–5, pp. 17–42. Do, "Problematic Sovereignty," in Krasner, ed., *Problematic Sovereignty* (New York: Columbia University Press, 2001), pp. 1–23. Do, *Sovereignty: Organized Hypocrisy* (Princeton: Princeton University Press, 1999).

(7) 木畑洋一『第二次世界大戦』吉川弘文館、二〇〇一年、一二四―一二六頁。斉藤孝『戦間期国際政治史』岩波書店、一九七八年、三〇三―三〇八頁。

(8) Address made by Byroade, October 31, 1953. *FRUS, 1952–1954*, XI (1983), 55.

(9) Memorandum by R. B. Knight, "U.S. policy towards colonial areas and colonial power," April 21, 1952, *FRUS, 1952–1954*, III, 1103–1104.

(10) 第二次世界大戦の戦争目的を発表した一九四一年八月の大西洋憲章第四項は、原材料と通商の機会均等の促進を謳い、グローバルな貿易自由化体制の構築を目指すものであった。アメリカはその後も、資本・製品・サービスの国境を越えた自由な移動を保証するという基本原理の実現を目指しており、その意味で、「自由主義的・資本主義的秩序」の構築をほぼ一貫して追求してきた、といえる。本章では、このような目標を優先する秩序形成の論理を、「自由主義帝国」の論理と呼ぶことにする。藤原帰一は、『デモクラシーの帝国』（岩波書店、［岩波新書］、二〇〇二年）の中で、冷戦後のアメリカ一極支配の状況を「デモクラシーの帝国」という言葉で表現している。本章では、アメリカという国家は自由主義を基調としていると考えるがゆえに、「自由主義帝国」という言葉を使用することにする。「アメリカ帝国」の膨張主義的伝統は民主主義よりも自由主義に規定されているところが大きい、と考えるからである。なお、本書では、「非公式帝国」、ヘゲモニー、ヘゲモンという概念も使用しているが、「自由主義帝国」と同義に用いている。

(11) この経緯については、以下が詳しい。WM. Roger Louis, *Imperialism at Bay: The United States and the Decolonization of the British Empire, 1941–1945* (Oxford: Clarendon Press, 1978). 日本では、国際信託統治問題とアメリカの太平洋戦略に関する国務省

内での検討過程を分析した以下の研究が刊行された。池上大祐『アメリカの太平洋戦略と国際信託統治 米国務省の戦後構想 一九四二―一九四七年』法律文化社、二〇一四年。

(12) 引用文は前掲、斉藤『戦間期国際政治史』、三八頁。

(13) *FRUS, 1955–1957*, XVIII, 2-5.

(14) Memorandum by the Assistant Secretary of State for International Organization Affairs to the Deputy Under Secretary of State, April 20, 1955, *FRUS, 1955–1957*, XVIII, 6-7.

(15) ラフィーバーは、アメリカが植民地国家としての歴史的体験を持っていることを指摘している。Walter LaFeber, "The American View of Decolonization, 1776–1920: An Ironic Legacy", in David Ryan and Victor Pungong, eds., *The United States and Decolonization* (London: Macmillan Press, 2000), pp. 24-40.

(16) 拙著『冷戦と「アメリカの世紀」』岩波書店、二〇一六年、四八―六〇頁。

(17) 犠牲者数については、以下を参照されたい。木畑洋一『帝国のたそがれ』東京大学出版会、一九九六年、一三五―一三六頁。

(18) A. J. Stockwell, "The United States and Britain's Decolonization of Malaya, 1942–57," Ryan and Pungong, eds., *op. cit.*, pp. 188, 203. 木畑もほぼ同じ結論に達している（同上、一一九頁）。

(19) *FRUS, 1947*, I, 756.

(20) ドル・ギャップ問題に関する詳細な議論については、以下の拙著を参照されたい。『米ソ冷戦とアメリカのアジア政策』ミネルヴァ書房、一九九二年、二〇〇―二一四頁。

(21) Andrew J. Rotter, "The Big Canvas, 1948–50," Ph. D. dissertation, Stanford University, August 1981, pp. 100–101; Gabriel Kolko and Joyce Kolko, *The Limits of Power* (New York: Harper and Row, 1972), pp. 60–65, 456–459, 462–476.

(22) Rotter, *ibid.*, pp. 98, 109. Testimony of Richard Bissell, January 12, 1948, U.S. Congress, Senate Committee on Foreign Relations, *Hearings: European Recovery Program*, 80th Cong., 2nd sess., 1948, pt. 1 (Washington, D.C.: 1948), p. 273; Pamela Sodhy, "'Passage of Empire': United States-Malayan Relations to 1966", Ph. D. dissertation, Cornell University, 1992, pp. 122-124.

(23) "Report to the National Security Council by the Secretary of State on US Policy toward Southeast Asia," NSC 51, July 1949. 上記文書の基礎になっているPPS五一については、以下を参照されたい。"US Policy toward Southeast Asia," March 29, 1949, US De-

partment of State, *The State Department Policy Planning Staff Papers*, Vol. III（New York：Garland Publishing Inc., 1983）, pp. 32–56, esp. 33, 38–39.

（24）Minutes of the 7th Meeting of Policy Planning Staff, January 24, 1950, *FRUS, 1950*, III（1977）, 619–622.

（25）Evelyn Colbert, *Southeast Asia in International Politics, 1941–1956*（Ithaca：Cornell University Press, 1977）, p. 138.

（26）ジェサップ使節団の派遣にいたる過程については、以下を参照されたい。Samuel P. Hayes, *The Beginning of American Aid to Southeast Asia：The Griffin Mission of 1950*（Lexington：Heath Lexington Books, 1971）, pp. 1–6.

（27）"Oral report by Ambassador-at-large, Philip C. Jessup, upon his return from the Far East," April 3, 1950, *FRUS, 1950*, VI, 69–76.

（28）Hayes, *The Beginning of American Aid to Southeast Asia, op. cit.*, p. 129.

（29）*Ibid.*, p. 127.

（30）*Ibid.*, pp. 28–31.

（31）Stockwell, "The United States and Britain's Decolonization of Malaya, 1942–57", *op. cit.*, p. 199. *FRUS, 1952–1954*, XII, pt. 1, 376.

（32）Robert J. McMahon, *Colonialism and Cold War：The United States and the Struggle for Indonesian Independence, 1945–1949*（Ithaca：Cornell University Press, 1981）, p. 139. マーシャル・プラン援助に関しては、一九四八年初頭、オランダに対して五億六〇〇〇万ドルを供与していた。そのうち八四〇〇万ドルは、オランダ領インドネシアの再建のために使用されることになっており、このことはオランダ政府にとって、有利な状況を作り出していた。*Ibid.*, p. 228.

（33）Testimony of Dean Acheson, January 29, 1948, in US Congress, House Committee on Foreign Affairs, *Hearings：U.S. Foreign Policy for a Post-War Recovery Program*, 80th Congress, 2nd session, 1948, pt. 1, p. 739；Testimony of Richard M. Bissell, January 12, 1948, in U.S. Congress, Senate Committee on Foreign Relations, *Hearings：European Recovery Program*, 80th Congress, 2nd session, 1948, pt. 1, p. 273.

（34）Lovett to Certain Diplomatic and Consular Officers Abroad, December 31, 1948, *FRUS, 1948*, VI, 618–620.

（35）Memorandum of conversation with the Ambassador of Netherlands by the Acting Secretary of State（Lovett）, January 11, 1949, *FRUS, 1949*, VII, pt. 1, pp. 139–141.

（36）H. J. Malony, "US Position with Respect to Thailand, Burma, and Malaya," October 31, 1950, *FRUS, 1950*, VI, 154.

(37) Memorandum by the CIA, November 13, 1951, *FRUS, 1951*, VI, *112*.

(38) NSC Progress Report on "US Objectives and Course of Action with Respect to Southeast Asia," July 11, 1956, NSC Series, Eisenhower Library, quoted in Sodhy, "Passage of Empire," *op. cit.*, p. 290.

(39) 佐々木雄太『イギリス帝国とスエズ戦争』名古屋大学出版会、一九九七年、四〇頁。

(40) Memorandum prepared in the State Department, "The American Paper"（undated）, *FRUS, 1947*, V, 575；Memorandum by the Chief of the Division of South Asian Affairs（Hare）, November 5, 1947, *ibid.*, p. 579.

(41) Kennan memorandum, PPS 23 "Review of Current Trends：US Foreign Policy," February 24, 1948, *FRUS, 1948*, V, pt.2, 656.

(42) *FRUS 1951*, V, 96. また、以下も参照。*FRUS, 1947*, V, 485–521. *FRUS, 1950*, III, 1657–1669.

(43) *FRUS, 1950*, V（1978）, 277–278.

(44) *FRUS, 1947*, V, 575, 579；*FRUS, 1949*, VI, 1430–1440.

(45) *FRUS, 1947*, V, 579.

(46) Staff Study by NSC, "US Policy Toward the Arab States and Israel," March 14, 1951, *FRUS, 1951*, V, 98.

(47) Draft Study by NSC, "Position of the United States with Respect to the General Area of the Eastern Mediterranean and Middle East," December 27, 1951, *FRUS, 1951*, V, 258–259.

(48) *Ibid.*, 258–259.

(49) NSC 129/1 "US Objectives and Policies with Respect to the Arab States and Israel," April 24, 1952, *FRUS, 1952–1954*, IX, 223–224.

(50) *FRUS, 1952–1954*, IX, pt. 2, 1997–2000, 2022–2023, 2024–2025, 2042–2043.

(51) Prime Minister Churchill to President Eisenhower, personal correspondence, March 18, 1953, *ibid.*, 2026–2027.

(52) Scott Lucas, "The Limits of Ideology：United States Foreign Policy and Arab Nationalism," in Ryan and Pungong, *op. cit.*, p. 146. 中東問題の専門家であるＣＩＡのカーミット・ローズヴェルトおよびカイロ駐在の秘密諜報員マイルズ・コーパーランドは、ファルーク国王打倒を計画していた「自由将校団」の仲介役と頻繁に連絡を取り合っていた。ローズヴェルトは、ナセルと「極めて緊密な関係」にあり、ナセルは、「ＣＩＡの資産」だとみなされていた。このような経緯から、アメリカ政府は、クーデター計画を事前に知っていただけでなく、行動を起こすよう積極的に働きかけた。Donald Neff, *Warriors at Suez : Eisenhower Takes America into the Middle East* (New York : The Linden Press/Simon & Schuster, 1981), p. 177.

(53) Memorandum of conversation, May 11, 1953, *FRUS, 1952–1954*, IX, 10 ; Memorandum of conversation, May 12, 1953, *ibid.*, 25 ; The Ambassador in Egypt (Caffery) to the Department of State, May 13, 1953, *ibid.*, 25 ; Memorandum of conversation at the 147th Meeting of the NSC, June 1, 1953, *ibid.*, 381–386.

(54) Neff, *Warriors at Suez, op. cit.*, pp. 75–76. 前掲、佐々木『イギリス帝国とスエズ戦争』、一一七―一二六頁。

(55) *Evelyn Shuckburgh, Decent to Suez : Diaries 1951–1956* (London : Weidenfeld & Nicolson, 1986), pp. 63, 187.

(56) Lucas, "The Limits of Ideology," *op. cit.*, pp, 146, 150–152.

(57) First Meetings of the Foreign Ministers of the US and UK, July 11, 1953, *FRUS, 1952–1954*, V, pt. 2, 1638 ; Second Meeting, July 14, 1953, *ibid.*, 1680–1681.

(58) Egyptian Prime Minister Naguib to President Eisenhower, July 10, 1953 ; Egyptian formula concerning the Suez Canal Base. 米英双方は、七月一一日と一四日の会談で、このエジプト案を協議している。*Ibid.*, 1696–1699.

(59) *FRUS, 1952–1954*, V, Part 2, 1696–1699.

(60) Memorandum of conversation, prepared in the Embassy in Cairo, Subject "Egypt", may 11, 1953, *FRUS, 1952–1954*, IX, pt. 1, 10.

(61) Memorandum of discussion at the 147th meeting of the NSC, June 1, 1953, *op. cit.*, 383.

(62) Memorandum of conversation, prepared in the Embassy in Cairo, Subject "Egypt," May 11, 1953, *ibid.*, 20.

(63) *FRUS, 1952–1954*, V, part 2, 1631–1640, 1676–86. *FRUS, 1952–1954*, IX, 3–8, 8–18, 19–25.

(64) Memorandum of a conversation, British Foreign Office, London, August 1, 1956, *FRUS, 1955–1957*, XVI, 95.

(65) *Ibid.* ダレス・ピノー会談については以下を参照されたい。*Ibid.*, 101.

(66) Telegram from the Embassy in the UK to Department of State, London, August 2, 1956, *ibid.*, 101. また、以下の覚書も参照されたい。Memorandum of a conversation between PM Eden and Secretary of State Dulles, London, August, 1956, *ibid.*, 98–99.

(67) Memorandum of a conference with the President, White House, July 1, 1956, *FRUS, 1955–1957*, XVI, 63.

(68) *FRUS, 1955–1957*, XVI, 94–97. イギリス側記録の引用部分は、*ibid.*, note 2, 95–96を参照されたい。

(69) Eisenhower to Churchill, July 22, 1954, Ann Whitman Series, Dwight D. Eisenhower Diaries, Box 4, DDE Personal Diary, January-November 1954, quoted in Lucas, "The Limits of Ideology," *op. cit.*, p. 147.

(70) *FRUS, 1955–1957*, XVI, 63-64.

(71) *Ibid.*, 640–642.

(72) *Ibid.*, 902–906.

(73) Memorandum of discussion at the 302nd meeting of NSC, November 1, 1956, *ibid.*, 906, 910.

(74) Diane B. Kunz, *Butter and Guns : America's Cold War Economic Diplomacy* (New York : The Free Press, 1997), pp. 84–87.

(75) Memorandum of a conversation, London, August 1, 1956, *FRUS, 1955–1957*, XVI, 108.

(76) Memorandum of a conversation, New York, October 5, 1956, *ibid.*, 641.

(77) Message from Dulles to the President, London, August 2, 1956, *ibid.*, 110. また、以下も参照されたい。Dulles' July 31 remark, *ibid.*, 64.

(78) Memorandum of discussion at the 292nd meeting of the NSC, August 9, 1956, *ibid.*, 174.

(79) *Ibid.*, 642.

(80) NSC 302 meeting, November 1, 1956, *ibid.*, 909.

(81) 近年、冷戦初期アメリカの中東政策に関する注目すべき研究が刊行された。小野沢透『幻の同盟　冷戦初期アメリカの中東政策』名古屋大学出版会、二〇一六年。小野沢は、西側世界と中東との間に基本的な目標やインタレストの共通の基盤を構築することは可能だという信念にもとづき、対ソ「封じ込め」の観点から、中東全体を西側陣営に取り込む西側統合政策を追求したと主張する。本章との関連では、アメリカの中東政策の転換を、スエズ戦争に求める「スエズ史観」を批判し、新たな解釈を打ち出している点が注目される。小野沢は、アメリカの中東政策の転換点を、スエズ危機やアイゼンハワー・ドクトリンに求める通説に代えて、五八年のイラク戦争を転換点だと主張する。また、西側統合政策を、「英米協調」を基盤とする同盟プロジェクトと位置付け、この時期の英米関係は、「役割分担」に基づく水平的パートナーシップ」だった点を強調している。本章は、「英米協調」の側面だけでなく、協調と対立、支配・従属の構造が作用する垂直的関係の側面にも光を当てている。筆者による以下の書評も参照されたい。『史林』一〇〇巻六号（二〇一七年一一月）、一三一—一三七頁。

(82) Memorandum of a conversation with the President, July 14, 1958, *FRUS, 1958–1960*, XI, 213–215.

(83) Memorandum of a conversation with the President, December 3, 1956, Meeting with the President File, D. D. Eisenhower Library, Abilene, Kansas, quoted in Ronald W. Prussen, "John Foster Dulles and Decolonization in Southeast Asia," in Marc Frey, Ronald W. Prussen, and Tan Tai Yong, eds., *The Transformation of Southeast Asia : International Perspectives on Decolonization* (Armonk, New York : M. E. Sharpe, 2003), pp. 226–240, esp. 240.

(84) *FRUS, 1955–1957*, XVIII (1989), 76–81.

(85) *Ibid*, 55.

(86) *FRUS, 1958–1960*, XIV (1992), 2, 73–78.

(87) Wednesday, June 23, 1954, in Robert H. Ferrell, ed., *The Diary of James C. Hagerty* (Bloomington : Indiana University Press, 1983), p. 73. Roger Louis and Donald Robinson, "The Imperialism of Decolonization," *The Journal of Imperial and Commonwealth History*, Vol. 22, No. 3, p. 486. L. J. Butler, "Britain, the United States, and the Demise of the Central African Federation, 1959–1963, in Kent Fedorowich and Martin Thomas, eds., *International Diplomacy and Colonial Retreat* (London : Frank Cass, 2001), p. 147.

(88) Ferrell, ed., *ibid.*, p. 485. Roger Louis, "The Dissolution of the British Empire," in Judith M. Brown and WM. Roger Louis, eds., *The Oxford History of the British Empire : The Twentieth Century* (Oxford : Oxford University Press, 1999), p. 349.

(89) Louis and Robinson, *op,. cit.*, pp. 469, 494. John Kent, "The United States and the Decolonization of Black Africa, 1945–1963," Ryan and Pungong, *op. cit.*, pp. 175, 178. L. J. Butler, *op. cit.*, pp. 144, 147.

(90) Frank Furedi, *Colonial Wars and the Politics of Third World Nationalism* (London : I. B. Tauris 1994), p. 86.

(91) 前掲、木畑『帝国のたそがれ』、二三三―二三五頁。なお、資料については、以下を参照されたい。"The problem of nationalism," letter from Sir W. Strang to Sir T. Lloyd, June 21, 1952. *British Documents on the End of Empire : The Conservative Government and the End of Empire, 1951–1957, London, 1994*, Series A, Vol. 3, pt. 1, pp. 13–19 and letter (reply) from Sir T. Lloyd to Sir W. Strang, Sept. 9, 1952, *ibid.*, pp. 22–24.

(92) PPS 51, March 29, *1949*, *FRUS*, 1949, VII, 1128–1113. See also, *The State Department Policy Planning Staff Papers 1949*, III, *op. cit.*, pp. 32–56.

（93）　A・M・シュレジンガー『ケネディ』下巻、河出書房新社、一九六六年、二四一頁。Arthur M. Schlesinger, Jr., *A Thousand Days* (Boston: Houghton Mifflin, 1965). 以下の拙著では、この点をより詳細に検討した。前掲、拙著『冷戦と「アメリカの世紀」』第一、二、六章。

（94）　Quoted from Lloyd C. Gardner, "How We 'Lost' Vietnam, 1940-1954," in Ryan and Pungong, eds., *op. cit.*, p. 123.

（95）　Monday, June 28, 1954, in Robert H. Ferrell, ed., *The Diary of James C. Hagerty*, *op. cit.*, pp. 70-80.

（96）　グレグ・グランディン「イラクはニカラグアのようなアラブ国家ではない」ロイド・ガードナー／マリリン・ヤング編著『アメリカ帝国とは何か』（松田武・菅英輝・藤本博訳）ミネルヴァ書房、二〇〇八年、一六九―一八七頁、および筆者による解説、三三一―三五三頁。Lester D. Langley, *The Banana Wars: United States Intervention in the Caribbean, 1898-1934* (Wilmington, Delaware: SR Books, 2002). 有賀貞『アメリカ政治史』福村出版、一九八五年、一七二―一七三頁。また、以下も参照。中嶋啓雄『モンロー・ドクトリンとアメリカ外交の基盤』ミネルヴァ書房、二〇〇二年、一七六―一七九頁。Laurie Johnston, "The Road to Our America: the United States in Latin America and the Caribbean," in Ryan and Pungong, eds., *op. cit.* pp. 41-62.

（97）　カリブ海・中米地域において、アメリカの帝国秩序観が反映されている点に関しては、以下を参照されたい。秋元英一・菅英輝『アメリカ20世紀史』東京大学出版会、二〇〇三年、一〇―一八頁。引用については、有賀、同上、七四頁。一九〇四年教書については、以下を参照。アメリカ学会訳編『原典アメリカ史』第五巻、岩波書店、一九五七年、二二一―二二三頁。また、以下も参照されたい。高橋章『アメリカ帝国主義成立史の研究』名古屋大学出版会、一九九九年。

（98）　この点に関しては、以下を参照されたい。拙論「冷戦後のアメリカ外交と九・一一テロ後の世界秩序」『法政研究』第六九巻第三号（二〇〇二年一一月）。拙著『アメリカの世界戦略』中央公論新社［中公新書］、二〇〇八年。

第3章 一九五〇年代アジアにおける地域協力の模索とコロンボ・プラン

はじめに

本章は冷戦の脈絡のなかで、コロンボ・プランに対するアメリカの政策を検討する。アメリカの対ソ・対中「封じ込め」戦略におけるコロンボ・プランの意義を考察するにあたって、一九五〇年代後半のアジア国際関係を特色づける三つの潮流に留意する。第一は、アジア冷戦の激化とモスクワ・北京に対するアメリカの「封じ込め」政策の強化である。第二は、アジア諸国の間で強まる脱植民地化と自立化の運動である。第三は、コロンボ・プランから「英連邦色」を薄めようとするアメリカの試みである。最後の点は、イギリス帝国下の「旧秩序」に代わり、よりリベラルな線に沿ってアジアの秩序を再編しようとする、アメリカの戦後ヴィジョンの一環だとみなすことができよう。

第一節は、コロンボ・プランに対するワシントンの初期対応を扱う。本節では、コロンボ・プランに対してワシントンが、様子見の態度をとるのに影響を及ぼした要因を検討する。これらの要因の検討を通して、ワシントンがコロンボ・プランに対して、慎重姿勢からより積極的な姿勢になぜ対応を変えることになったのかが明らかになるだろう。本節では、コロンボ・プランへの加盟国を、英連邦諸国以外に拡大しようとするアメリカの努力は、「英連邦色」を薄めることによって、アジアの秩序を、リベラルな諸原則と規範により適合的なものに変えようとするワシントンの試みを反映していることを明らかにする。

第二節は、日本のコロンボ・プラン加盟問題を検討することによって、ワシントンにとって、コロンボ・プランの重要性が増大したことを明らかにする。ワシントンの政策形成者たちの間では、日本のコロンボ・プラン加盟は、日本と南アジアおよび東南アジアとの経済的結びつきを促進するにあたって障害となっている要因を取り除くことにつながると期待された。日本の戦後復興のためには、日本が、東南アジアに市場と原料資源の供給地を確保することが不可欠だとみなされていた。しかし、当時の東南アジア諸国では、過去の悲惨な戦争被害の記憶と反感はかなり強いものがあり、このことは、日本と東南アジアとの経済的結びつきを促進する障害となっていた。東南アジア諸国が参加するコロンボ・プランへの日本の加盟は、これらの国々が、日本をより受け入れられやすくするのに役立つと考えられた。

第三節は、スターリンの死後、モスクワがアジアで開始する「経済攻勢」の増大と一九五〇年六月の朝鮮戦争を契機に進行するアメリカの「封じ込め」政策の軍事化とがもたらすワシントンのディレンマに注目する。本節では、このディレンマに直面したアメリカにとって、コロンボ・プランは、被援助国に対して経済・技術援助を実施するに際して、アメリカの援助プログラムに対する加盟国の反応を探り、情報を交換するのに都合のよい場を提供したことを明らかにする。

さらに、コロンボ・プランという組織は、アジアの非共産主義諸国との「大いなる友好関係」を維持すると同時に、この地域におけるアメリカの諸目的を実現するためのメカニズムを提供するフォーラムとしても有益であった。それゆえ、本節ではまた、ソ連の「経済攻勢」に対抗するために、アジアの非共主義諸国の開発を促進することを意図した大規模な経済援助計画を提唱した「ボールドウィン計画」の浮上と挫折に影響を及ぼした要因の分析を試みる。この過程を分析することによって、援助をめぐるアイゼンハワー政権内の対立する見解の存在を浮き彫りにし、さらに「ボールドウィン計画」が挫折を余儀なくされた理由を明らかにする。

第四節は、ワシントンの政策形成者たちが、シムラ会議に何を期待したのかを検討すると同時に、アジア経済開発大統領基金（ＡＥＯＦ）の創設を含め、この地域の経済協力に向けたワシントンの姿勢にシムラ会議が与えた影響を考察する。本節では、シムラ会議が、中立路線をとるインドのリーダーシップに呼応したアジア諸国自身によって組織されたものであったこと、そしてこの事実は、脱植民地化の力学とさらなる自立化を求める参加諸国の欲求を反映したものであったことに留意する。シムラ会議は失敗であったとする先行研究とは異なり、本節では、ワシントンが、インドの役割を評価するとともに、この会議の成果に全体として満足していたことを明らかにする。

第五節は、一九五八年一一月にシアトルで開催されたコロンボ・プラン会議に焦点を当てる。アメリカ政府がシアトル会議を主催する決定を行ったことは、ワシントンの政策立案者たちが、この組織にますます重要性を見出すようになったことを示すものであった。本節では、ジョン・Ｆ・ダレス国務長官が、一九五八年九月一三日付の大統領宛て覚書の中で述べたように、アイゼンハワー政権は、コロンボ・プランを、南アジアと東南アジアにおけるアメリカの諸目的を達成するための「賞賛すべき手段」だとみなすようになったことを明らかにしたい。

1　コロンボ・プランに対するワシントンの初期対応

一九五〇年代初めに国務省内で作成された複数の文書によると、コロンボ・プランへのワシントンの初期対応は、「あいまい」、「むしろ控えめ」、「慎重」と記述されている。(1) アメリカ政府は当初、コロンボ・プランに対して、なぜ「様子見」の姿勢をとったのだろうか。

先行研究では、ワシントンの消極的姿勢の背後には、イギリス主導のこの組織が、日本の東南アジア進出を排除する狙いを有していると懸念したからだと説明されている。(2) しかし、そうした懸念が、トルーマン政権の消極姿勢の主たる要因だったことを示す証拠は見当たらない。一九五〇年三月一一日、アメリカ特使フィリップ・ジェサップはロンドンで、イギリス外務省の担当者と会談した。その際、ロンドン駐在のアメリカ公使ジュリアス・C・ホームズは「通商国家としての日本の立場に十分な配慮がなされているかどうか」の確認を求め、「仮に市場ならびに食糧供給地としての東南アジアを日本に対して閉ざすということがなされれば、日本は支援を求めて他の地域を探さざるを得なくなる」と述べ、日本の中立化や共産主義中国への接近の可能性に懸念を示した。これに対して、イギリス外務省の極東担当次官エスラー・デニングは、競争は「公平で、政府による財政的補助なし」でなければならないとしながらも、「産業分野での日本との新たな競争は受け入れなければならない」ことは認識されていると返答した。問題は、イギリスの対応というよりも、反日感情がいまだかなり根強いマラヤ、オーストラリア、ニュージーランド、フィリピンだという認識であった。ジェサップとデニングは双方とも、「オーストラリアでは、今後しばらくの間、反日感情は政治的なフットボールになる」という点で意見の一致を見た(3)。

一九五〇年三月九日、オーストラリア外相パーシー・スペンダーは下院で初の外交演説を行い、コロンボ・プランへのアメリカの参加を要請した。その四日後、オーストラリア外務省のジョン・W・バートン局長が、在豪アメリカ大使館を訪れ、来る五月に開催される英連邦諮問委員会のシドニー会議にオブザーバーとして参加するよう、アメリカ政府に要請した。しかしながら、国務省は、会議不参加国と諮問委員会参加国による「誤解」を生む可能性を怖れて、この要請を断った(4)。

国務省が最も避けたかった「誤解」とは、コロンボ・プラン予備会議へのアメリカの参加が、期待されている「外部からの資金援助見積もり」への支持を意味すると受け取られることであった。トルーマン政権の政策形成者たちは、イギリス政府が、必要な資金を供給できないことを認識していた。このため、コロンボ・プランへのワシントンの参加が、必要とされる援助総額とアメリカ以外から得られる実際の資金額との差額を埋めるものだと解釈されないようにするため、慎重な対応が求められていた。

トルーマン政権は、なかでもインドとの関連で、スターリング残高問題を緩和する方法として、イギリス政府が、ワシントンのコロンボ・プランへの参加を期待しているとの疑念を持っていた。戦争終結後四年が経過した時点で、インドのスターリング残高は依然として六億三〇〇〇万ポンドもあり、これは英本国が保有する金とドルの準備金からの純流出額のおよそ三分の一を占めていた(5)。マーシャル・プランの開始以来、この援助のお陰で、イギリスは、スターリング残高に対する引き出し額の水準をかろうじて維持してきた。しかしマーシャル・プランは、一九五二年に終了することになっており、イギリス政府としては、南アジアと東南アジアの開発のためには、新たな資金をアメリカから拠出してもらう必要に迫られていた。イギリスの狙いは、この地域の経済発展によって、イギリスの準備金への増大する圧力を緩和することにあったが、スターリング残高問題の満足すべき解決のためには、アメリカのコロンボ・プランへの参加は不可欠だと考えられた。

五〇年三月のデニング＝ジェサップ会談は、トルーマン政権内でそうした疑念を呼び起こすものであった。会談において、デニングは、コロンボ・プランが、「目下ワシントンで協議中のスターリング残高問題」と密接に関連していると示唆した。彼はまた、来るキャンベラ会議の結果、ワシントンは、「途方もない請求書」を提示される可能性のあることを認めた(6)。

その結果、ディーン・アチソン国務長官は、五月初め、ワシントン駐在イギリス大使館のレスリー・ローワンと会談したさいに、スターリング残高問題は基本的にイギリスとスターリング残高保有国との取り決めであり、イギリス政府はスターリング残高に関連して、ワシントンが南アジアと東南アジアにおいて、何ができるのかといったことを考えるべきではない、と釘をさした(7)。一方、カナダ政府が、コロンボ・プランに対するワシントンの反応を探るために接触をしたさいには、アメリカ政府は、南アジアへの援助に関する最善の方法について彼らの助言を求めた。そのさい、アメリカ側は、イギリスはじめスターリング・ブロック諸国からの意見は、「スターリング残高問題への彼らの直接的な利害」ゆえに、うさんくさいと語った(8)。

トルーマン政権が、コロンボ・プランへの加盟に当初消極的だったもう一つの理由は、同計画がイギリス主導であり、開発プログラムも主として、英連邦諸国向けであったことによる。国務省の役人の表現を借りるならば、ワシントンは「東南アジアで排他的なアメリカ＝英連邦諸国クラブが形成されつつある」との印象を与えるのを避けたかった[9]。ワシントンの政策形成者たちは、コロンボ・プランから「英連邦色」を薄める必要があると考えていた。裏を返せば、英連邦諸国以外の国々の参加が増えれば、コロンボ・プランにおけるイギリスの影響力もまた、その分だけ低下すると判断された。

トルーマン政権はイギリス政府に対して、加盟国を他のアジアの非共産主義諸国にも拡大するよう促した。スターリング残高問題を抱えたイギリス政府としては、ワシントンの要請に応えることにやぶさかではなかった。一九五一年一〇月初め、在米イギリス大使館は、一九五二年一月に予定されているコロンボ・プラン閣僚会議にビルマ、タイ、フィリピン、インドネシアの参加を要請した、とワシントンに伝えてきた。そのうえで、アメリカ政府としても、ラングーン、バンコック、マニラ駐在のアメリカ大使館に対して、これらの国々の政府に同様のメッセージを伝達する訓令を発してくれるよう要請した。ただし、イギリス外務省は、インドネシアに関しては、この問題で米英が「足並みをそろえている」と受け取られるのは、賢明ではないと伝えた[10]。

一九五〇年九月にロンドンでコロンボ・プラン諮問委員会が開催された。アメリカ政府は、この会議に出席するにあたって、イギリス政府が望んだオブサーバー資格での参加ではなく、連絡官（liaison officer）を派遣した。このことは、ワシントンが、いまだコロンボ・プランにコミットしていないことを意味した。

しかしワシントンの慎重な姿勢はその後、非英連邦諸国の加盟が増加したこともあって、ロンドン諮問委員会以降は変化の兆しをみせ、アメリカは五一年二月には、カンボジア、ラオス、ベトナムとともに、コロンボ・プランに正式に加盟した。続いて、五二年三月までにビルマとネパール、五三年一〇月にはインドネシアも正式に加盟した。

加盟国が英連邦諸国以外に拡大するにともない、「英連邦色」は薄まった。だが、トルーマン政権はさらに、諮問委員会の機能が、「調査的、諮問的、かつ協議的」な性格のものであること、アメリカの援助は二国間ベースで行われるべきだとの考えに拘った。ワシントンは、コロンボ・プラン諮問委員会は、被援助国間の開発援助の必要性についての優先順位や、援助受け入れ国が受け取る援助額を決定するべきではないと主張した。アメリカ政府が二国間援助に固執したのは、「第一義的には」、供与する援助資金に対するコントロールを維持するためであった[11]。以上の要件が満たされれば、援助資金をコントロールすることによって、ワシントンの影響力を維持することができると考えられた。

上述のような「危険」が、「大幅に除去された」とみなされるにつれて、国務省内には、ワシントンが「コロンボ・プランにより積極的な支援」を与えるべきだとか、「よりはっきりとした立場」をとるべきだとの意見が出されるようになった[12]。

アメリカの政策形成者たちのコロンボ・プランへの積極的な姿勢は、以下に検討するように、コロンボ・プランへの日本加盟問題が浮上すると、さらに強まった。

2　日本加盟問題とオタワ会議

すでに一九四七年の時点で、連合国最高司令部（SCAP）は、日本の戦後復興の鍵を握るものとして、日本の東南アジアとの貿易の必要性を重視していた。そうした見解は四〇年代末には、トルーマン政権内で広く認められるようになった。

一九四九年一二月二三日付け国家安全保障会議（NSC）文書は、そうした見解を反映するものであった。上記文書の作成者たちは、かりに日本が、ソ連ブロックに加えられた場合、「世界の勢力均衡はアメリカに不利になる」と分析していた。日本に関して、このNSC文書は、アメリカの対日援助によって、「それなしでは、政治的安定が脅かされるような経済情勢の悪化を回避している」と指摘したうえで、「もし必要な食糧と原材料のさらに大きな部分を確保することができれば」、日本は自立できるとしていた。その輸入先は、「日本の輸出市場として小さいアメリカではなく、本来的な市場が存在するアジア地域である」と考えられた。さらにこの文書は続けて、次のように述べている。日本は「中国に圧倒的に依存する」のを避けるべきであるが、そのためには、「東南アジアの食糧と原材料の輸出をかなり増やす必要がある」。そうした分析の上に立って、NSC四八／一の策定者たちは、「いまや東南アジアは、クレムリンの指揮する、統合された攻勢の対象となっていることは明白である」として、この地域の防衛が、アメリカの対ソ「封じ込め」政策にとって極めて重要になったとの認識を示した[13]。

アチソン国務長官も同様の認識を持っていた。アチソンは一九四九年一二月、駐米イギリス大使オリヴァー・フランクスとの会談で、「日本が共産主義ブロックに加えられれば、ソ連は世界の勢力均衡を著しく変えることが可能な、熟練した労働力と工業潜在力を獲得することになるだろう」と語った[14]。一九五〇年一月に開催された上院外交委員会の秘密聴聞会の席で、アチソン国務長官は、もし日本にとっての市場と原材料の供給地の問題を解決することができれば、日本から東南アジア、インドにいたる「大三日月弧」地帯は安定化するだろうと証言した。一方、それが実現できなければ、日本は共産主義陣営にずるずる接近するか、中立主義に傾くことになるだろうとも警告した。東南アジアは日本経済の将来の鍵を握るとの認識であった[15]。一九五一年六月、アチソンはまた、トルーマン大統領宛て覚書の中で、「今後、自由世界と共産主義とのどちらと日本が連携するかは、おそらくドイツに次ぎ最も重要な問題である」と強調した[16]。

一九四〇年代末以降、ワシントンが推進する地域経済協力戦略の中で、日本と東南アジアの結合は益々重要な位置を占めるようになった[17]。そのため、アチソンは、極東地域のアメリカの全在外公館に対して、アジアにおけるトルーマン政権の諸目的について意見書を提出するよう要請した。それらの諸目的の中でとくに重視されたのは、自由世界の強化に役に立つことのできる「自立的な日本」、「南アジアおよび東南アジアにとって極めて重要な全般的経済発展」、「日本その他のアジアの自由主義諸国が、不可欠な食糧・原材料の供給ならびにとくに戦略物資の輸出先として、中国その他の共産主義支配下にある地域への依存度を減らすこと」、の三点が挙げられていた。上記目的を達成するためには、「この地域の自由主義諸国間のより緊密な貿易関係」を助長することが必要だと考えられた。さらに、日本はアジア地域全体の健全な経済発展に向けた貢献を行うよう奨励されるべきであった。日本は繊維機械、原動機などの資本財や経済発展に必要な鉄鋼のような資材の供給、技術援助や日本における研修などの支援が可能だと期待された[18]。

国務省はまた、日本と東南アジアとの結びつきを促進するにあたっては、障害が存在することも認識していた。東京とワシントンにとってとくに厄介だと思われたのは、「戦争および賠償問題の未解決による対日不信や悪感情の継続」であった。それゆえ、国務省としては、日本が「貿易国の仲間に完全に受け入れられるよう」、「機会あるごとに強く勧められる」べきだとの立場であった。アメリカの役割は、「協力による相互利益」に加えて、関係諸国の信頼を増大させるような雰囲気を醸成し、かつ「具体的なプロジェクトや取り決めを遂行する」ことにあるとされた[19]。

コロンボ・プランの重要性が、アメリカの政策形成者たちの視野に入ってくるのは、そうした脈絡においてであった。ワシントンの政策担当者たちは、コロンボ・プランへの日本の参加は、日本が直面する上述の障害を克服し、その結果日本と南アジアおよび東南アジアとの商業的結びつきが促進されると期待した。

コロンボ・プランへの日本の参加の可能性を探るワシントンの努力は、一九五二年三月に予定されているカラチでの諮問委員会の準備を進めていくなかで開始された。SCAPの経済・科学局のプログラム・統計課の課長であったケネス・モローがワシントンを訪れたさい、国務省は、SCAPから代表者をカラチ会合に派遣すべきだと提案した。これを受けてモローは、東京駐在のイギリス公館スタッフに接触した。しかし、カラチ駐在のイギリス代表から、そうした要求は「非常に大きな困難を引き起こす」と指摘されたため、イギリス外務省は、イギリス政府としては、この問題を提起する用意はないが、この点に関するアメリカのいかなる努力も支援する、とモローに伝えた。アメリカ代表は、カラチ会合に出席する他の重要な代表に打診をした後、この問題を急ぐのは得策ではないと判断した。その結果、国務省は、カラチ会合では日本の参加問題を正式に提起すべきではないとの結論にいたった[20]。

日本はアメリカの対ソ「封じ込め」政策における要石だという考え、および日本の経済復興にとって東南アジアは重要だという認識は、アイゼンハワー政権首脳にも継承された。ダレス国務長官は、アメリカのアジア冷戦戦略における日本の重要性については、前任者のアチソンと見解を共有していた。トルーマン政権下で国務省顧問を務めていたダレスは、一九五〇年一二月にアチソン長官宛て覚書の中で、「日本はドイツとともに、ソ連が援助を利用してその攻撃的な政策を追求する二大資産（assets）の一つである」と力説していた[21]。

トルーマン政権の末期に極東局のメリル・ゲイは、「コロンボ・プランと日本の参加の是非に対するアメリカの態度」という覚書を作成したが、その中で、コロンボ・プランへの日本の参加が望ましいとの意見を開陳した。ゲイは、この問題を日本側に提起し、一九五三年一〇月に予定されているコロンボ・プラン加盟国の年次会合の主催国であるインド政府に対して、事前に「この事実を知らせておく」ことが必要だと進言した。彼もまた、コロンボ・プランに「より積極的な立場」を採るべきだと主張した。

一九五三年四月に北東アジア課で作成された国務省文書も同意見であった。北東アジア課によると、諮問委員会への日本の加盟は、いまや「明らかに可能性のある」状況にあった。というのは、さきにバンドンで開催されたアジア極東経済委員会（ＥＣＡＦＥ）会合において、日本代表の打診に対して、インド代表を務めた産業通商大臣が、「個人的には日本の加盟に賛成である」と述べた、との情報が入ってきていたからである[22]。

上記文書はまた、「あらゆる点を考慮すると」、コロンボ・プランは、アメリカの諸目的を達成するために「利用できる最善の方法を提供する」と強調する。コロンボ・プランの利点は、「東南アジア諸国の繊細な感情」を考慮すると、この組織が、アメリカの援助を遂行する「もう一つの方法」を提供する点にあると考えられた。すなわち、コロンボ・プランは、アメリカの援助を、「政治的により受け入れやすくし、受け入れ国を支配しようとしていると見られる危険に悩まされなくてすむ」とみなされた[23]。こうした考慮は、ワシントンのコロンボ・プランへの積極的な関与への態度変化の重要な要因であった。

一九五三年九月一五日、国務省は、東京のアメリカ大使館に訓令を発し、日本政府がオブザーバーとして、ニューデリーで開催予定の諮問委員会に出席することに関心を有している旨、インド政府に伝えるよう指示した。これを受けて、日本外務省は、英連邦諸国駐在の日本大使館にこれらの国々の態度を確認するよう求めた。ところが意外にも、インド政府は、会合への招聘に関する日本政府の打診は撤回したほうがよいとの見解を伝えてきた。在日アメリカ大使館の経済問題顧問を務めていたフランク・A・ウォリングは、その背景には、オーストラリアが、東南アジアで日本と経済的に競合することを懸念していること、また同国には、いまだ根強い対日不信が残っていることを挙げた(24)。

その後、インド外相R・K・ネルーは、「非公式な打診」によると、オーストラリアは「間違いなく反対するだろうし、恐らくカナダも同じだろう」と、ニューデリー駐在日本大使に伝えた。一方で、ニューデリー駐在のアメリカ大使館は、ネルーは「日本の加盟に対するインドの反対を隠蔽する口実として、オーストラリアのあいまいな立場」を利用することにしたのではないかと推測した。また、カナダの態度に関するネルーの意見は、「ほぼ間違いなく誤っている」と見ていた。ネルーは、英連邦諸国以外の国の反対には言及しなかったが、ニューデリーのアメリカ大使館が、インド代表団の二人から聞いたところによると、インドネシアも強く反対しているとのことであった。インド駐在アメリカ大使アレンは、「面と向かって反対される」のを避けて、次回の会合まで待った方が良いとの意見であった(25)。その結果、一九五三年九月二八日から一〇月一七日にかけて開催されたニューデリー会合では、日本の加盟問題は提起されなかった。

ニューデリー諮問委員会終了後、国務省は報告書を作成した。同報告書は、第五回諮問委員会会合で提起された最も注目すべき問題として、援助形態が適切でないこと、援助の利用度の低さ、長期的プロジェクトにたいする援助の継続性に関する不確実性、この地域が不安定な輸出商品価格に依存していることなどを指摘した。しかしながら、同報告書はまた、ワシントンは、コロンボ・プランをもっと積極的に支援するべきだと訴えた。アメリカが、他の多国間組織で極めて積極的な役割を果していることを考えれば、コロンボ・プランに対する「どっちつかずの態度」は「弁解の余地がない」というものであった。それゆえ、同報告は、「次のオタワ会議は、アメリカがコロンボ・プランにおいてより積極的な役割を果す格好の機会」であるとの勧告を行った(26)。

ニューデリー会合が終了するまでには、日本を取り巻く国際環境もまた、かなり改善された。一九五一年九月八日に調印されたサンフランシスコ平和条約は翌年四月に発効し、日本は独立を回復した。同年六月には、日本の国連アジア極東経済委員会（ＥＣＡＦＥ）加盟も実現した。さらに五四年四月、日本はビルマとの間に賠償協定を締結し、一〇年間で二億ドルの財とサービスでの支払いを約束した。五五年七月のタイとの協定に続き、さらに五六年にフィリピンとの間でも賠償協定を締結し、二〇年間で五億五〇〇〇万ドルの財とサービスの支払いおよび二億五〇〇〇万ドルの民間借款を供与することで合意した。インドネシアとの協定締結は五七年一一月まで待たなければならなかったが、賠償協定の進展は、日本のコロンボ・プラン加盟に有利な状況を作りだした。

以上のような情勢の進展の下で、アメリカが、日本のコロンボ・プラン加盟に向けてより積極的な活動をする準備が整った。国務省は、日本加盟問題に関してカナダと非公式に協議した結果、カナダ政府が、原則として賛成であることが判明した。国務省は、日本のコロンボ・プラン加盟は、日本と南アジアおよび東南アジアとの「連携を強める積極的手段である」とカナダ側に強調した。しかしカナダ政府関係者から、オーストラリア、ニュージーランド、それにインドネシアが反対するとの説明を受け、国務省は、これらの国の反応を探るためにワシントン駐在のオーストラリア、ニュージーランド、イギリス代表とこの問題を協議した。これらの協議を通して、日本加盟に関して最も受け入れられやすい方式は、技術協力委員会（ＣＴＣ）への正式加盟ならびに諮問委員会へのオブザーバー資格での参加であることが判明した。この方式に従えば、日本が援助供与国なのか被援助国なのかという問題をめぐって協議する必要がなくなるという利点があった(27)。

それゆえ、国務省は一九五四年八月、キャンベラ、ウェリントン、ロンドン駐在アメリカ大使館に対して、「日本をさらに西側寄りにさせる」という観点から、日本加盟は望ましいことを強調するよう指示した。九月二日にスペンダー外相は国務省に覚書を送付し、オタワで日本が正式に加盟申請を行うならば、オーストラリア政府は日本の正式加盟を支持すると伝えた。ワシントンにとって意外であったのは、キャンベラが、日本の加盟に賛同しただけでなく、オタワ会合で日本の正式加盟の発起人になることを申し出たことであった。そのさいの条件は、日本が被援助国としてではなく、援助国としてコロンボ・プランに加盟することであった[28]。非公式の打診を通して、ビルマとラオスも賛成することが分かった。ビルマは元々、賛否を明確にしていなかったが、ちょうどこの頃、東京で日本との間に賠償協定を締結したことから、ビルマによる反対の可能性はなくなった。残すは、インドネシアの反対のみであった[29]。しかしインドネシア代表が、オタワ会合で以前の立場を変えたことにより、五四年一〇月五日、日本は正式に諮問委員会に加盟することになった。

日本のコロンボ・プラン加盟は、アジアへの日本の公的復帰を告げるものであった。一九五四年八月、駐日アメリカ大使ジョン・アリソンは、東京から次のような電文をワシントンに送った。「ひよわな東南アジアを結合させること」、それ自体は新たな力を生み出すものではない。大使の意見では、「新たな要素」は、日本を参加させることによってのみ生み出される、というものであった。日本と東南アジアとの経済関係の相互補完性に注目したうえで、アリソン大使は、日本の賠償と技術力を「東南アジアの地域経済組織」と結びつけるべきだと述べた。そのことによって初めて、「われわれは、日本のアジアにおける未来は自由世界にあるのだという自信を日本に与えるのに大きく前進することになるだろう」と観察していた[30]。

アメリカの立場から見れば、オタワ会合での日本のコロンボ・プラン加盟は、アジアにおけるワシントンの目的を推進するうえで重要な成果であった。これによって、日本と東南アジアとの経済的結びつきは促進されるだろう。そのことはまた、日本の西側志向を確保するうえでも重要なものとなる、と考えられた。

オタワ会議に関していえば、日本だけでなく、タイとフィリピンの加盟が新たに認められたことも注目される。その意義は、オタワ会合に関する秘密報告の中で、アメリカ代表団が、コロンボ・プランから「英連邦色」がさらに薄められたことを歓迎する、と記した点に示されている[31]。

3　ソ連の「経済攻勢」、アメリカの援助政策の再検討、コロンボ・プラン

冷戦の性格は、一九五三年のスターリンの死去後、変化し始めた。集団指導体制の下でのクレムリンは、その戦略と戦術を変化させ、第三世界諸国において、モスクワと北京の影響力を高めるために経済援助を重視するようになった。ソ連の「経済攻勢」は、ワシントンの政策形成者に深刻なディレンマを突きつけた。というのは、アメリカの外交政策は、一九五〇年六月の朝鮮戦争の勃発によりその方向を変化させ、トルーマンのポイント・フォー計画中心の援助から「封じ込め」政策の軍事化に伴う軍事援助へと移行したからである。

二つの歴史的事件、すなわち一九四九年八月に行われたソ連による核実験の成功と同年一〇月の中国共産化は、共産主義の脅威の増大を劇的に示し、アメリカの「封じ込め」政策の軍事化に拍車をかけた。この共産主義の挑戦に対抗するためにアチソン国務長官は、現行の冷戦政策の再検討を行う任務をポール・ニッツェに依頼した。ケナンに代わってまもなく国務省政策企画室（PPS）の室長に就任することになるニッツェは、スタッフの協力を得て、一九五〇年四月までに、国家安全保障会議文書NSC六八を完成させた。したがって、朝鮮戦争が勃発する以前に、この文書はトルーマン大統領の執務室に届けられ、署名を待つばかりになっていた。

朝鮮戦争はNSC六八の作成者にとって、アメリカの国防費をいまだかつてない規模で支出することを可能にした。防衛予算は、一九五〇財政年度の一三七億ドルから五一財政年度の二三六億ドルに、そして五二財政年度は四六一億ドル、五三財政年度は五二八億ドルへと急増した。

その結果、一九五〇財政年度は経済援助の一〇％以下、五一財政年度は援助総額の二五％以下であった軍事援助は、五三年度には援助総額の三分の二以上を占めるようになった。アイゼンハワー政権の一九五四年度対外援助要求額は三五億ドルに過ぎなかったが、それでも議会は二四億ドルの支出しか認めなかった。しかも、その八六％は軍事援助と国

防支援向けであった[32]。

軍事援助と経済・技術援助とのギャップの拡大は、アイゼンハワー政権に大きなディレンマを突きつけた。五三年一〇月に作成された国務省文書は、冷戦の一環として展開される「経済戦争」が、南アジアおよび東南アジアの発展途上諸国に影響を与えており、この点に共産主義者の関心が向けられていることに注意を喚起したうえで、こうした状況の進展は、この地域におけるこの問題に関するアメリカの立場について、「最高レベルの決定」を益々必要としていると警告した[33]。国務省内には、アジア問題専門家チャールトン・オグバーンのように、政治的な問題に軍事的な解決を求めようとする傾向に不安を感じる人たちがいた。オグバーンは一九五三年二月、北東アジア局長ジョン・M・アリソン宛に以下のような内容の覚書を送った。「政治的なアプローチから軍事的なアプローチに一層傾斜する傾向の下で、アジアのどの場所においてであれ、政治的な手段によってわれわれの置かれた状況を改善しようとするのは不可能になるときが急速に近づいている」。彼はさらに、「われわれの思考が、軍事的考慮によって支配されるようになればなるほど、中立諸国や同盟諸国の双方に対して、われわれの指導力はますます魅力に欠けるものになる」と、強い懸念を表明した[34]。

ワシントンの対外援助政策は、一九五一年の相互安全保障法（MSA）が五四年六月三〇日に期限切れになることを踏まえ、五三年末には再検討が行われていた。五四年四月六日、国務省の極東担当経済調整官（同ポストは後に極東経済問題担当国務次官補代理と名称変更になった）チャールズ・ボールドウィンは、極東局、経済局、欧州局の代表から構成される作業班を省内に設置した。この作業班は後日構成メンバーを拡大し、政策企画室、情報調査局の代表がこれに加わった。六月初旬、ボールドウィンは、アジア諸国の経済的弱さの要因とこの地域への共産主義勢力の拡大の可能性との関連を検討した文書を極東局に送付した。この文書は、両者の間には明確な関係があるとの結論に基づき、アメリカの安全保障上の利益は、「自由アジア諸国の経済」を強化し、この地域における協力を拡大しようとするワシントンのさらなる努力によって促進される、と述べていた。

一九五四年七月二〇日のジュネーヴ協定の締結によるフランスのインドシナからの撤退と共産主義の成功によって、

アイゼンハワー政権は、極東におけるアメリカの政策の包括的再検討を迫られた。国家安全保障会議が採択した再検討文書NSC五四二九／二は、ジュネーヴ会談に続く、アジアでのアメリカの威信の喪失は、「アジアにおける共産主義のさらなる拡大を阻止する」アメリカの指導力と能力に関して、この地域で、「さらなる疑念を惹起する」との認識に基づいていた。東南アジアの喪失は、「沿岸島嶼地帯の要石としての日本の保持を危険に陥れるだろう」。したがって、ワシントンは、「東南アジアで新たなイニシアティブ」を取らなければならない。上記文書は、このように主張した。(35)

安全保障措置として東南アジア安全保障条約の交渉に加えて、NSCは、アメリカは「日本およびできるだけ多くのコロンボ・プラン参加国を含む」「自由アジア諸国」からなる「経済グループの早急な組織化を促進する」べきだと勧告した。NSCはまた、アメリカは、この経済組織への参加並びに相当の財政的支援を通して、これら「自由アジア諸国」が、この地域における共産主義勢力の拡大に対抗するために、より効果的にその経済的・社会的強靭さを身につけることが出来るように支援すべきだと主張した。(36)

五四年八月三〇日付け覚書において、「アジア経済作業班」の報告が、ウォルター・S・ロバートソン、ヘンリー・A・バイロード、スラストン・B・モートン、サムエル・C・ワウの各国務次官補および政策企画室長に提出された。この報告は、最初の数年で総額二〇億ドルの援助を供与すれば、この地域の国々に「劇的なインパクト」を与えるだろうと述べた。同報告は、一〇年間で総計一〇〇億ドル相当の大規模援助計画を実施すれば、援助受入国の生活水準を年間一人当たりおよそ一％上昇させることになると推計した。作業班はまた、地域的な経済グループの下で運営される多角的に供与された開発資金のような、多角的アプローチが望ましいとした。なかでも注目されるのは、具体的には、「より発展した（developed）コロンボ・プランのような組織」を提言したことである。(37)

しかし国務省内では、二つの異なる見解が生まれた。第一のグループは全体として、報告書に賛成であったが、第二のグループは、基本的な提言のいくつかに疑問を提起した。後者のグループは、報告に盛り込まれた援助総額の規模に疑問を呈した。彼らはまた、アメリカの援助が、地域組織を通して実施されるべきだとする提言に批判的であった。

「ボールドウィン計画」を強く支持したのは、アイゼンハワー政権の対外援助計画の監督・調整の任にあったハロルド・スタッセン対外活動庁（FOA）長官であった。ダレスもまた、経済分野における、より効果的なアメリカの行動が必要かつ重要であると考えていた。

ダレスは、一九五四年八月二四日にスタッセンと会談したが、そのさい、彼自身の考えが、どちらに傾きつつあるかについて語った。国務長官は、アメリカが共産主義側の経済攻勢に対抗できなければ、「アジアで共産主義の広がりを押しとどめる努力は無駄になる」、とスタッセンに述べた。さらにダレスはスタッセンに、アメリカの援助を調整する経済メカニズムに関して、「これまで大いに思考をめぐらせてきた」と述べたうえで、次のような考えを披瀝した。彼によると、第一は、マニラ条約（SEATO）の経済メカニズムの活用、第二は、新たな条約の締結、第三は、コロンボ・プランのような現行の取り決めの活用、の三つの選択肢が考えられると述べた。そのうえで、両者とも、コロンボ・プランが、より好ましいという点で同意した。二人はまた、「かりにコロンボ・プランが、運営の基礎として採用される場合には、日本をこの組織に参加させることは不可欠である」という点でも意見の一致を見た[38]。会談の一週間後、スタッセンは、ボールドウィンと極東担当国務次官補ロバートソンに対して、「何らかの形のアジア地域経済組織と経済計画」について大いに思考をめぐらせていると繰り返した[39]。

二人のやり取りは、ワシントンにとって、なぜ日本のコロンボ・プラン加盟が、オタワ会議での重要な課題となったかに関するもう一つの理由を示している。アイゼンハワー政権首脳は、アジアにおける地域経済協力を促進するいかなる努力も日本の参加なしでは無益であると考えていた。上述のような脈絡において、コロンボ・プラン諮問委員会会合に出席したアメリカ代表団が作成した秘密報告書は、日本、タイ、それにフィリピンの加盟はオタワ会合において、「重要なアメリカの目的」であった、と記したのである[40]。

オタワ会合における日本加盟問題に加えて、もう一つ十分な考慮を要する問題があった。それは、アジアで共産主義とより効果的に闘うために、経済分野でさらにとるべき行動との関連で、コロンボ・プランと東南アジア条約機構（S

EATO）との関係をどう考えるかということであった。マニラ条約は、インドシナにおけるフランスの敗退の余波の中で、一九五四年九月八日に調印された。極東局のエヴァレット・ドラムライトは同年七月二二日、ダレスに覚書を送り、インドシナ戦争終結後、共産主義者たちはアジアで、「非軍事的手段、とくに政治的・経済的弱さを利用することによって」彼らの目的を達成しようとするだろうと分析した。彼はさらに、共産主義者によるこの種の攻撃に対する効果的な防御は、「軍事力以上のものを必要とするだろう」、と強調した(41)。

くわえて、ドラムライトは、コロンボ・プランと検討中のマニラ条約との関係について次のような見解を述べた。彼の議論は三つの重要な論点を含んでいた。第一は、大規模な援助計画を通して、アジアの共産主義と闘うアメリカの努力において、日本が鍵を握っている。それゆえ、日本の参加なしでは、「援助計画はひどく支障をきたすことになるだろう」。第二に、中立主義諸国、なかでもインドネシアとインドの不参加は、「政治的にも機能的にも障害となるだろう」。中立主義諸国を引き付けるためには、「援助努力と軍事的コミットメントとのいかなる結びつき」も回避しなければならないだろう(42)。

その意味するところは、SEATO機構内に設けることが意図されている経済メカニズムは、アジアにおける共産主義の浸透に対抗するための要件を満たさないだろうということであった。軍事組織の一部として機能する経済メカニズムは、日本、台湾、韓国といった同盟諸国を除外することになるだけでなく、インド、ビルマ、インドネシア、セイロンのような中立主義諸国をも排除することになる。したがって、アメリカは、SEATO機構内に設けられる経済メカニズムとは別途の方法を見出さなければならない。ダレスはマニラへの出発前に、一九五四年八月二五日付け覚書を承認した。彼はこの覚書を、マニラ会議での「全般的指針」として承認したが、そこには、「この地域の経済的枠組みにおいて非常に重要な国々のいくつかは、マニラ会議の参加国ではない」ゆえ、SEATO機構内に「正式の経済組織を設けること」は有益ではないだろう、と記されていた(43)。

上述のような考慮はワシントンにとって、コロンボ・プランの価値を高めることにつながった。コロンボ・プランという組織は、アメリカが軍事援助よりも、むしろ経済援助をアジアの非共産主義諸国に提供するにあたって、その枠組みを介して実施する機会を提供した。

しかしこのことは、予定されるSEATO機構内に設けられた経済メカニズムの放棄を意味するものではなかった。マニラ条約の経済条項第三条は残し、条文は「一般的な表現」にとどめ、経済力と社会福祉を促進する措置を推進するにあたって、加盟国が、相互にかつ「非加盟国」と協力することを定めるにとどめることにした。そうした文言によって、アメリカと他の加盟国は、「集団的防衛機構に直接関連のない」、しかも「より広範なアジア経済組織に自由に参加する」ことが可能になると考えられた(44)。

ダレスがマニラから帰国した後、NSCは、ハーバート・フーバー（ジュニア）国務次官が主宰する暫定的な各省間委員会を立ち上げた(45)。同委員会は、国務省、財務省、国防省、商務省、対外活動庁、国防動員局、CIA、予算管理局を代表する国務次官補によって構成され、八月三〇日に提出された作業グループの報告書について協議することになった。しかしこの委員会は、意見の相違を克服することができなかった。一九五四年一〇月二七日、ボールドウィンからフーバーに送付された報告によると、多数派の意見は、アジア諸国へのアメリカの援助を実施する方法として、現行の二国間方式が好ましいというものであった。その理由として、ボールドウィンが挙げたのは、二国間方式は議会に「売り込み」易いし、援助資金に対する直接的な統制をアメリカが維持できるという点であった。しかしボールドウィンは、彼自身が主宰する作業グループは、「最大の政治的利点」が得られるという理由で、「多国間アプローチを圧倒的に支持している」と強調した(46)。

一一月一六日に開催された暫定委員会に関するNSC会合の席上、対外活動庁とCIAの代表は、ボールドウィン案を強く支持した。しかし、財務省と予算管理局の代表は、ボールドウィン・グループが提言する援助計画の規模の大きさに懸念を表明した。商務省代表は、経済援助計画の原則には賛同したものの、いくつかの留保を付した。国防省は、国防予算に影響を与えない限りは、経済援助には反対しないという立場であった(47)。

ボールドウィン主宰の各省間作業委員会は一一月三〇日、暫定委員会委員長のフーバーに中間報告を提出した。しかしこの中間報告は、同グループ内の意見の違いを反映した内容であった。ケネス・T・ヤングは、この中間報告に関するロバートソン国務次官補へのコメントの中で以下のように述べた。同報告は「予備的な」もので、主として「著しく異なる見解の妥協の産物」である。ヤングはまた、別の機会に、現在協議中の援助に関する議論は、(1)援助計画の制度上の側面と、(2)援助計画やプロジェクトへの資金供与方法の二つのカテゴリーに整理できると述べたうえで、アメリカとしては、「援助計画が推進されるさいの核になる組織として、コロンボ・プランの活用の可能性を模索している」と述べた(48)。

中間報告提出後、ボールドウィン作業班会合は開催されることはなかった。しかし一九五五年一月初め、アジア経済組織に関する各省間暫定委員会の会合が二度開催された。その後、スタッセンは一月一八日にダレスと会談し、暫定委員会には、三つの領域、すなわち援助の規模、二国間援助か多国間援助か、大統領が自由に使える基金の設置、で異なる意見が存在すると語った。ダレスは、アメリカ政府はコロンボ・プランの枠内で行動すべきだと述べたものの、援助資金はかならずしも多国間組織を通して行われる必要はないとの意見であった。アジア諸国間の違いが「あまりにも大きすぎるため、恐らく地域的アプローチは好ましくない」というのが、ダレスの考えであった。したがって、ダレスは、アメリカとしては、地域の経済発展と地域的相互依存の意識を促進する方向で働きかけをするのが先決だと主張した(49)。

暫定委員会報告は、NSCに提出される前に、ジョセフ・ドッジを委員長とする対外経済政策会議(CFEP)の審議に付託され、その後NSCにおいて、一九五五年二月三日にNSC五五〇六文書として採択された。

この文書に述べられている「一般原則」が示すように、アメリカの援助計画は、ボールドウィン作業班の提案からかなり後退した内容であった。それはまた、異なる見解の妥協の産物でもあった。例えば、経済援助は「自由主義勢力」を強化するための計画の「一部にしかすぎない」とされた。援助方式については、二国間方式または「選択的な無理のないグループ」を基準に行われるとされた。また、資金の統制は、ワシントンが保持するべきだとされた。上記のうち最後の二点は、アジア各国が、「それぞれユニークな、経済的・政治的・社会的問題」を抱えているうえに、アジア諸国間の格差や違いが大きいために、二国間援助方式をとる必要があるという委員会の見解を反映していた。

なかでも注目されるのは、NSC五五〇六の以下の指摘である。第一に、「援助を増大しても、それを活用する能力が、アジア諸国には限定されているので」、アジア諸国の開発へのアメリカの資金援助は、「現実的かつ合理的な額であるべきだ」とされたことである。第二に、援助に対する議会の厳しい雰囲気を踏まえて、アメリカの財政的支援は議会の承認を得る必要があるため、継続的な援助を約束するべきではない、と述べている点である。その上で、この文書は、この地域で新たに多国間の金融機関ないし信用機関を創設することには明確に反対であると述べている。以上の点は、明らかにボールドウィン作業班の提言からの大幅後退であった[50]。

したがって、ボールドウィンは、援助額が、「極東情勢の重大性と安定性を考慮したとき、健全な外交政策を意味する」ものになっているかどうかに強い疑念を抱いた。彼はまた、アジアでアメリカが直面する「危険」に対処するために、「なんとかしようとする大胆な決意」に欠けている点にも不満を感じた[51]。NSCの会合でネルソン・ロックフェラー大統領特別補佐官もまた、援助計画の範囲と規模が、NSC五五〇六文書に述べられている諸目的を達成するのに十分なのかどうか疑問を投げかけた。すなわち、ロックフェラーは、「共産主義制度に固執するよりも自由世界の一員としての方が、経済的願望をより確実かつ速やかに達成できるとアジア諸国の人びとを確信させる」ことができるかどうかに懸念を抱いたのである。ロックフェラーの疑問に対して、大統領特別顧問で対外経済政策会議委員長を務めていたジョセフ・ドッジは、アメリカの援助額は「この援助を効果的に吸収する受入国の能力に照らして」判断されなければならないと反論した[52]。

しかしながら、NSC五五〇六が、コロンボ・プランの強化を承認したことは注目される。上記文書は、この点について、コロンボ・プランの強化は、「常設の事務局を創設することによって」可能となると記している。この文書の作成者たちはまた、この事務局の費用をアメリカも分担すべきだと言う点でも合意した。

以上の点とも関連して留意すべきは、この文書が、アジアの「自由主義諸国」と日本との貿易の拡大に向けてアメリカが努力すべきだと強調した点である。上記文書はまた、日本とアジアの他の非共産主義諸国との良好な関係をなるべく速やかに回復するために、ワシントンが「引き続き仲介の労をとる」よう促している点でも重要である。

「ボールドウィン計画」を強く支持してきたスタッセンとは異なり、ジョージ・F・ハンフリー財務長官や予算局は大規模援助計画には反対であった。ダレスはといえば、経済的手段によって共産主義と闘うという「ボールドウィン計画」の考えには賛成であったが、同計画が提言するような大規模援助を議会が承認するかどうかについては確信が持てなかった。アイゼンハワー政権の前特別顧問で、このとき『タイム』誌副社長の地位にあったC・D・ジャクソン宛手紙の中で、ダレスは、当時の心境を率直に語っている。ジャクソンが、大胆な対外経済計画を新たに打ち出すよう求めたさい、ダレスは、政権内と議会内の反対勢力との闘いを率先する覚悟は持っていなかった。ダレスは、「貴殿が主張するような類の投資計画に一〇〇％賛成だ」と前置きしたうえで、続けて、「生産力の水準を引き上げようとする共産主義の激しい努力と同様な努力をなんとかして実施することが出来ないのであれば、世界の多くの地域で共産主義の浸透を食い止めることは困難になると個人的には確信している」と語った。しかしダレスはまた、「なにか特定の援助計画のために闘いを始めるのは実際的ではない」と付け加えた。ダレスは、「財務省、予算局、世銀、輸出入銀行、そしてとりわけ議会と闘うという任務そのものが、片手間でできるような仕事ではないし、それだけではなく、他の閣僚、上院議員などと対等な立場で協議することのできる人物が、フルタイムで取り組まなければならない仕事である」と吐露し、反対派を説得するのが困難であるとの認識を示した[53]。

ダレスはまた、一九五六年春にも同様な気持ちを再び披瀝した。「私はかなり孤独な状況にある。今日、ワシントンで真に有力な枢軸は、ハンフリー＝ドッジ枢軸である。そして、調整機関のひとつであるドッジ委員会は、私がやり遂げたいと考えている事柄に関していえば、災厄である[54]」。

4　アジア経済開発大統領基金とシムラ会議

スタッセンは一九五五年二月二一日から三月一三日にかけて、インドを含むアジア諸国を歴訪した。その際彼は、アメリカ政府はいくつかの結論に達した、とインド大使に語った。第一に、アメリカは、現行のインド五ヵ年計画を推進するために二国間経済援助を延長することによって、インドと協力を続けるべきである。第二に、アメリカは、コロンボ・プランの枠組みの中で、アジアにおける地域的計画が拡大されることを期待すべきだ。第三に、アメリカは、コロンボ・プラン諸国の協力とイニシアティブに基づき構築される地域的計画の促進に際して、これまで以上の自由裁量を大統領に付与するよう議会に要請する(55)。

三月三〇日、スタッセンは、大統領開発基金に基づく援助計画は二国間ベースで実施される、とインド大使に伝えた。言い換えると、アメリカは、コロンボ・プランとは緊密な協力を継続するが、この組織は、「多国間の決定ないしは援助資金の配分やプログラムの用途」に使われることはないということを意味した(56)。

四月二〇日、アイゼンハワー大統領は、対外援助年次予算書を議会に提出したが、その際アジア経済開発大統領基金（AEDF）創設のために二億ドルの予算を要請した。議会は、三二億九〇〇〇万ドルの対外援助法案を七月に承認する手はずになっていた。この中には、大統領が、その創設を求めたAEDF向け二億ドルも含まれていた。

五五年三月の第一週目にインドを訪問したスタッセンは、「議会に提出されている合衆国大統領援助計画に関連して考慮するために」、アメリカの対外援助に関するアジア諸国の見解を得ることができるように、インド政府のイニシアティブで会議を開催したらどうかと打診した。スタッセンはまた、プロジェクトの提案を調査し、評価するための専門家と技術者からなる小規模グループに加えて、小規模の事務局を設置する件に関するインドのアプローチを歓迎すると述べた。インドはワシントンの要請に同意し、五五年五月九日から一三日までの期間にインドのシムラでの会議開催を呼びかけた[57]。

アイゼンハワー政権は以下の理由で、インドのイニシアティブを歓迎した。第一に、日本とインドは、アジアにおける「極めて重要な二つの自由主義国家」であること、これら二国がそれぞれ、どの程度「自由主義世界」との連携を明確にするかは、「アジアの方向性を決定づけるだろう」、と考えられた。ワシントンは、日本、インド、その他の中立主義諸国を「自由世界」に引き込む「またとない機会」だと捉えた[58]。第二に、四月一八日にバンドンでの開催が予定されていたアジア＝アフリカ会議が、どういう展開を見せるかに非常に関心を寄せていた。というのは、この会議で、共産主義中国が、大きな役割を果すと見られていたからだ。そのような時期にインドが、シムラ会議の開催に同意したという事実は、インドおよび他のアジアの中立主義諸国が、「アメリカの経済援助の原則を受け入れ」、さらにアジア地域がイニシアティブをとって、そうした援助受け入れの協議をする用意があることを意味した。この意味で、シムラ会議は、ワシントンにとって、「政治的その他の点で極めて大きな意義」を有していると受け止められた[59]。

アイゼンハワー政権はまた、日本およびインドと他のアジア諸国との間に、意義深い経済協力関係がシムラ会議から生まれるだろうと期待した。また、小規模の常設事務局の設置は、コロンボ・プラン諮問委員会の機能を強化すると期待された。

しかし、シムラ会議開催を呼びかけるインド政府の要請文は、アジアのコロンボ・プラン加盟国の間に混乱を生んだ。というのは、インド政府の要請文は、シムラ会議の目的が、アメリカの援助の活用に関する協議だという印象を参加国に与えたからだ。それゆえ、参加国の中には、これまで行われてきた二国間方式ではなく、今後はコロンボ・プラン組織が、アメリカの援助資金の配分を行うのではないかと恐れた。このため、アメリカ政府はインドと会議参加諸国に対して、小規模事務局の設置を含めて、コロンボ・プラン組織を強化することを目指すという考えは歓迎するが、アメリカの援助資金の配分に関して協議することには反対である旨を明確にしなければならなかった[60]。ワシントンの立場は、アメリカの援助資金の配分はアメリカ政府が行うというものであった。ダレスはまた、在外米公館に対して回状を送り、アメリカは引き続き援助を二国間ベースで実施し、援助資金を多国間で決めることには賛同しない旨を周知させるよう指示した(61)。

だが、インドからの招聘状は、参加国の誤解を招くような内容を含んでいた。(1)アメリカの援助計画の運用の側面、(2)アメリカの援助を多国間組織を通して供与する可能性、(3)短期的な国際収支の赤字を乗り切るための、何らかの地域的な支払い取り決めの可能性、(4)提案されているアジア経済開発大統領基金に関連する二億ドルの活用についての協議、(5)コロンボ・プラン会合への欧州経済協力機構(OEEC)代表参加問題。これに対して、国務省は、(1)と(2)を議題に含めないことが望ましい、とインド政府に伝えた。ワシントンは、(3)と(4)もまた、第一義的にはアジア諸国が自らの資源の範囲内で取り組むべき事柄であり、アメリカの援助と関連づけるべきではないと考えていた(62)。

結局、一四ヵ国が参加して、五月九日から一三日にかけてシムラ会議が開催された(63)。ビルマとセイロンだけが参加を拒否した。会議参加者たちの議論は以下の三つの問題、すなわち(1)二国間ベースよりも地域ベースで援助を活用すべきか否か、(2)常設の事務局の設置によって諮問委員会を強化すべきかどうか、(3)アメリカの援助の十全で、迅速かつ効果的な活用に関して生じるいくつかの問題に集中した(64)。会議から明らかになったことは、参加国はアメリカの援助形式として、多国間主義よりも二国間主義が望ましいと考えているということであった。彼らの間ではまた、諮問委員会内に小規模の常設事務局を設置する件に関しても、時期尚早だという意見が多数を占めた(65)。

参加者たちの考えは、諮問委員会が諮問機関に留まり、援助方式が二国間である限り、常設の事務局を設置する必要はないというものであった。パキスタン政府代表が、常設事務局設置反対論の火ぶたを切った。パキスタンの立場は、「インドと日本以外のすべての代表からただちにしかも圧倒的支持」を得た。反対は弱小国側に存在する懸念に基づくもので、彼らは、援助資金の配分が日本とインドに支配されることを恐れた(66)。セイロンは当初、インドからの会議参加要請を断ったが、それも同様な懸念に基づくものであった。もっともセイロンは、ワシントンの説得に応じて最終的には参加することになった。ニューデリー駐在のインドネシア大使館付き経済顧問は、参加国の中には、「日本がアジアで経済的な立場を再確立する」ことを狙っているのではないかとの不安があると打ち明けた。アメリカ大使館駐在の経済顧問によると、インドネシアもまた、「新たな装いの下に新アジア共栄圏を作るのではと恐れている」との印象を抱いた。[67]

以上の他に、シムラ会議はヨーロッパ諸国の諮問委員会加盟問題についても協議を行った。しかし参加諸国は依然として、ヨーロッパ植民地主義の負の遺産に苦しんでおり、コロンボ・プランへの彼らの参加は不要だという結論に達した。参加諸国の中には、ヨーロッパ諸国の加盟に強く反対する国があった。拒絶感がとくに強い国の場合、ヨーロッパ諸国の加盟が多数決で認められた場合には、組織からの脱退を表明しかねない雰囲気であったことは注目される。[68]

シムラ会議参加者たちはまた、彼らが、地域計画や地域機構に関心を抱いていないことを明確にした。日本代表はニューデリーのアメリカ大使館スタッフに対して、この会議は、地域的計画に関して採るべき措置について、なんらの進展も見られなかったと語った。彼はさらに、地域間の貿易と開発という観点から考える用意が出来ていたのは、インドと日本だけであったと付言した。日本代表によると、弱小国は、「日本自らの威信と経済的地位を構築する」ために、彼らの利益を無視して地域組織を利用するのではないかと恐れた、という。[69]

では、ニューデリーのアメリカ大使館は、シムラ会議の成果をどう評価したのだろうか。

コロンボ・プランに関する博士論文の著者プレス＝バルナサンは、アジア経済開発大統領基金は、シムラ会議参加諸国によって「最終的に拒否された」と主張する。[70] たしかに、会議参加諸国は、二国間援助方式を好み、地域的アプローチへの関心は低かった。しかしそのことは、彼らが、大統領基金そのものを拒否したということを意味しない。ニューデリーのアメリカ大使館によると、地域的アプローチへの理解が得られなかった理由として、二点を指摘している。第一は、彼らが、地域開発の必要性よりも自国の開発を優先させたいと考えたからである。もう一つは、ワシントンが、この開発資金が地域プロジェクトにだけ適用されるのか否かについて、明確な説明をすることを怠ったことによる。大統領基金についての協議を行うさいに、参加国代表団たちは、この資金が、各国別に配分される資金とは別個のものであり、追加的な資金であることを十分認識していなかった。このため、インド駐在アメリカ大使館によると、「大統領の四月二〇日メッセージと相容れない」立場をとりたくなかったのが実情であった[71]。

コロンボ・プランの研究者アデレケは、シムラ会議は「スタッセン・プランを葬った」と主張する。スタッセン・プランとは、OEEC型の組織を念頭に大規模援助プログラムを構想していた[72]。しかし彼の指摘は正しくない。なぜなら、すでに検討したように、一九五五年二月に作成されたNSC五五〇六は、そうした大規模援助プログラムを退けていたからだ。

シムラ会議報告書に関する国務省のポジション・ペーパーは、きたるシンガポールでのコロンボ・プラン諮問会議開催に向けて準備されたものだが、シムラ会議の議題の評価に関しては、「できるだけ建設的かつ友好的」なものにするべきだとアメリカ代表に求めたうえで、さらにシムラ会議報告書の以下の点に関して、具体的に「好意的な」コメントを行うよう要請した。シムラ会議が到達した結論を要約した後、上記ポジション・ペーパーは、この会議で得られた合意を「有益なもの」であると評価した。具体的には、アメリカ政府代表は、参加者の間で「他国の経済発展に向けた活動に関する諸問題や態度についての理解が深まった点を評価するよう」表明するべきだと進言した。ワシントンはまた、アジア諸国自らが、「この地域の一ヵ国ないしはそれ以上の国々に影響を及ぼす経済開発の重要性」を、よりよく理解するようになったことを評価した[73]。

アメリカの援助方式に関しては、日本とインドを除く参加諸国が、二国間方式を強く望んだという事実は、これまでのワシントンの考え方と一致していた。ニューデリーのアメリカ大使館は、二国間援助方式は、国務省とアメリカ議会の見解と「同じ」だと述べている[74]。

ニューデリーのアメリカ大使館は、「アメリカの提案をベースに」、インドがイニシアティブをとったことにとくに満足の意を表した。経済開発の領域におけるインドのイニシアティブ、協力の努力、および会議の運営は、アメリカの援助対する「インドの願望」ならびに「経済分野における米印協力への満足」を「十分」立証したというのが、シムラ会議へのワシントンの評価であった(75)。

5　コロンボ・プランシアトル会議

ニューデリーからの報告の中で、アメリカ大使館は、シムラ会議は「原則においては」、地域的計画に反対ではなかったが、この点に関して、アジア諸国を「教育し、説得する」ためには、さらなる時間が必要だったとの見解を披歴し、アメリカ議会が、大統領基金に理解を示すよう期待した。大使館スタッフはまた、大統領基金は地域的な意義を有するプログラムに優先的に使用されるべきだということを明確にすべきである、と進言した(76)。

そうした論拠の背景には、「コロンボ・プラン加盟国の団結は力になる」という彼らの認識があった。彼らは、アジア諸国間における「相互依存の感情が大きくなればなるほど」、そしてまた、「彼らの安全は、彼らの団結次第であると考えるようになればなるほど」、それだけ共産主義の経済的・政治的浸透によりよく対処することができるようになるだろう、と信じていた。したがって、彼らによれば、地域協力を促進するアメリカの努力は継続されるべきであった(77)。

しかし、前章で明らかにしたように、シムラ会議は、アジア諸国の間では、いまだ地域協力の準備が整っておらず、それゆえアメリカの援助は地域開発計画よりも、むしろこれまで通り、国ごとに行われるべきだということをアメリカ政府に思い知らせた。と同時に、政府首脳は、ワシントンは、地域的相互依存の意識はもちろんのこと、地域経済協力をより一層奨励する努力をすべきだと感じた。したがって、当面、アジア経済開発大統領基金は、アジア地域全体ないしは地域内の諸国家グループにとって利益となるプロジェクトに使用されるというのが、彼らの考えであった。

一九五五年に入って、中ソによる対アジア援助のさらなる増大は、ワシントンの懸念を強めた。コロンボ・プラン諮問委員会に出席したアメリカ代表団の秘密報告は、一九五五―五六年は、中ソブロック側が、「初めて大々的に」アジアへの経済援助を開始した年だと述べている。その際の援助受け入れ国は、インド、ビルマ、ネパール、カンボジア、インドネシアであったが、なかでもアメリカ政府は、カンボジアが、東西両陣営から援助を受け取っていることに注目した。それは、カンボジアが、「中立主義政策の価値を理解している」からであり、その含意は明らかであった(78)。

一九五六年初めにダレスは、スタッセンに次のように語った。アメリカは、「アジアにおいて目に見える経済的なイニシアティブをとる」ことが望ましい。しかも彼自身は、「さらなる努力が求められる」との強い危機感を示した(79)。ダレスは、アジア歴訪中の三月一九日に東京で在外公館大使級会議を開催し、その席で、必ずしも援助額の増大ということではなく、「さらなる想像力に富む思考」が求められると強調した。ダレスの随行員たちは大使館職員に対して、東南アジアにおける経済問題の解決に関する提言を提出するよう促した(80)。ダレスはアジア歴訪後、ソ連の経済攻勢への対処は、「われわれの経済計画に関する一層想像力に富む思考、アジアの域内協力の拡大、そしてアジアの人びとの想像力と目的により明確に訴えるような類のプロジェクトによってのみ」可能であると、「これまで以上に強く確信するようになった(81)」。

一九五六年一月一八日、NSCは、進行中の国家安全保障会議基本文書の改定作業を念頭に、アジアに対する将来の経済援助方針についてまとめたNSC五五〇六の見直しを行い、その結果を報告するようCFEPに求めた。その後、一九五六年に着手された相互安全保障計画（MSP）が数回にわたって修正されたために、この見直し作業は延期された。五六年一二月には、大統領特別顧問ランドールが、対外経済政策についてアメリカの在外公館の高官と協議するため極東を訪問した。その結果を踏まえ、ランドールは、アジアにおける地域経済協力に関する提言をまとめた報告書を作成した。ランドール提言の核心は、経済発展を達成するにあたって、日本と東南アジア諸国との間の相互補完的な経済関係を強調するものであった。その後、CFEP委員長に就任したランドールは、一九五七年にアジアの地域経済開発と協力に関する報告書をまとめるために、ケネス・T・ヤングを座長とする委員会を新たに設置した。ヤングらがまとめたアジア地域経済開発・協力委員会（CAREDC）の報告の調査結果と勧告は、五八年一月一五日にCFEPによって承認された(82)。

この報告の勧告要旨によると、アメリカは、アジアの経済協力を促進するための努力を強化するべきだが、それは、

「既存の地域機構を通じて、しかも各国別ならびに小規模グループの形で」行われるべきだというものであった。上記報告はまた、アメリカ政府は「新たな地域機構の創設を追求すべきではない」ことも明確にした(83)。これらの勧告は基本的には、一九五五年二月のＮＳＣ五五〇六の結論と同じであった。

地域ベースではなく二国間アプローチを重視するワシントンの考えはまた、一九五八年八月に行われた大統領の国連演説でも再確認された。アイゼンハワーは、「地理と賢明な経済計画の観点からは、地域レベルの開発計画より国別のそれの方が望ましい」、それゆえ「地域的アプローチへの願望が明確に表明され、そして国別よりも地域アプローチの有利性が明らかな場合にのみ、アメリカは地域的アプローチに変えることになるだろう」、と述べた。これが、五八年一一月のシアトル会議に向けた準備作業段階におけるアメリカの基本的立場であった。

しかしながら、「既存の地域組織を通して実施する」というワシントンの政策は、オルタナティブが消えたという点で、逆にコロンボ・プランの利用価値を高めたということに留意する必要がある。シアトル会議に向けた準備作業はまた、一九五七年にアイゼンハワー政権内で生じた新たな環境によっても助けられた。援助問題でどちらかというと消極的だったハーバート・フーバー（ジュニア）が政権を去り、代わって開発援助積極派と見なされるクリスチャン・ハーターが国務次官に就任した。また、緊縮財政派のジョージ・ハンフリーが財務長官を退き、前任者に比べより柔軟な立場のロバート・Ｂ・アンダーソンが、後任ポストに就任した。くわえて、援助問題の積極派ダグラス・ディロンが、大使としての任務を全うし、経済担当国務次官代理としてワシントンに帰国した。

国務省職員が、来るシアトル会議に向けた準備作業を本格化させる中、コロンボ・プランの重要性とさまざまな利点が指摘された。この点でとくに重要だったのは、国際協力庁長官Ｊ・Ｈ・スミスが、ディロンのために準備した五八年八月二二日付覚書である。スミスは、コロンボ・プランと米州機構（ＯＡＳ）に関連して大統領が述べた国連総会演説に留意したうえで、アメリカはコロンボ・プランを通して、「自由世界とアジア諸国との連携を強化する」ことができると強調した。スミスはさらに、コロンボ・プラン組織の利点として、以下の点を指摘したのが注目される。第一に、ソ連ブロックが同組織には参加していない。第二に、この組織は、中ソによる経済攻勢以前に誕生しており、その点で反共的意味合いや米ソ対立と直接の関連性が薄いと見られている。第三に、「アジアの人々からは、この組織が自分たちのものだと見られている」。それゆえ、第四に、モスクワは、SEATOのときとは違って、この組織を非難することが困難だと感じている。スミス覚書はまた、「アメリカ合衆国の援助計画や目的と同一視されている」計画や諸目的に固執するよりは、コロンボ・プランのような「アジア諸国に賞賛されているアンブレラ組織」の下での援助計画の方が、政治的に中立主義諸国の支持を得られやすい、と付け加えた[84]。

だが問題は、アメリカの援助が被援助諸国の間で必ずしもコロンボ・プランと関連していると受け止められていないことであった。それゆえ、スミスは、アメリカの援助は、「大部分がコロンボ・プランとの関係に基づくものだという」事実を、「政府援助に関する公的声明の中に織り込む」ことが必要だと指摘した[85]。

スミス覚書は、国務省高官の特別な関心を引いた。そのうちの一人は、コロンボ・プランに関するスミスの考えは、「大きなメリットがある」と評価している[86]。その結果、スミス覚書で示された見解は、大統領宛て覚書に取り入れられ、シアトルでの閣僚会議で大統領自らが演説するよう進言された。

ダレス自身、九月一三日付大統領宛て覚書の中で、スミスの考えを繰り返した。アメリカはコロンボ・プラン組織において、「多大な好意を享受している」ので、「そうした好意を涵養することは非常に大切である」。「この地域で我々の目的のいくつかを追求するための賞賛すべき組織」である。ダレスはさらに、受け入れ国が、アメリカの援助をコロンボ・プランと結びつけることがめったにないという問題があることを大統領に説明したうえで、このような状況を改善する最善の方法は、この地域に対するアメリカの援助計画を策定するさいには、コロンボ・プラン加盟国会合の席で、経済開発に関する諸問題を十分協議したかどうかを考慮するつもりだということを強調することである、と進言した。アジア諸国が、自国の経済を発展させようと努力する中で、ダレスは、コロンボ・プランを強化したいというワシントンの願望を強調することによって、「アジア諸国の人々の間に、彼らとのパートナーシップの姿勢をより強く植え付けることになるはずだ」と信じていた。彼は、この目的を達成しようとするにあたって、「コロンボ・プランほど適切なフォーラム」はないと考えていた(87)。

以上の目的にくわえて、アイゼンハワー政権は、コロンボ・プランの技術協力委員会（ＣＴＣ）への参加の希望を表明することにした。この決定の背景には、ワシントンの政策形成者の間で、資本の効率的活用のためには技術協力が必要であり、資本と技術協力は車の両輪だとの認識が強まったことがある。これまで、アメリカはＣＴＣに参加することには消極的だった。参加をした場合、この組織が調整機関の役割を担い、アメリカの二国間技術援助計画の効果を「妨げることになる」と恐れたからだ。しかしながら、ＣＴＣは決定機関ではなく、加盟国の技術援助に関する情報交換組織としての役割を果たしていることが明らかとなった。そうした認識が、アメリカ政府のコロンボ・プランへの積極的姿勢に反映された(88)。

ディロン国務次官は、シアトル会議での演説で、コロンボ・プランが、「非常に効率的で極めて実際的なメカニズム」として、「着実な発展」を遂げてきたことに賛辞を送ったうえで、アメリカ政府は近いうちに、ＣＴＣに参加すると発表した。ディロンはまた、コロンボ・プラン創設以来、アメリカは四〇億ドルを拠出してきたと強調した。彼はまた、開発借款基金（ＤＬＦ）は、一九五七年一月に活動を開始して以来、開発資金として約五億七二〇〇万ドルの拠出を約束し、そのうち三億三二〇〇万ドルが、コロンボ・プラン加盟国のプロジェクトに拠出されたことを明らかにした。ＤＬＦを創設するにあたって、アメリカ議会は、五九年六月三〇日を終了期限とする二年間の試験期間の予算を承認した。しかし同基金は、「明らかに極めて重要な手段として確立した」として、次官は政府としても、同基金に対する追加予算の承認を議会に求めるつもりである、と明言した(89)。

他方で、アイゼンハワー政権はＡＥＤＦの打ち切りを決めた。ＡＥＤＦは三年間の期限付きで、一九五五年に一億ドルの予算でスタートした。しかし基金が底をついたため、五九年六月三〇日に期限切れを迎えることになった。ＡＥＤＦが期限切れを迎えることになり、同基金の考えに沿ったアジアでの協力を推進する計画は、六〇年財政年度予算には盛り込まれないことになった。

常設事務局の設置に関しては、アメリカ政府は、シアトル会議でこの問題を正式に提起する前に、アジア諸国の見解を確認するべきだという立場で臨んだ。もしアジア諸国代表団が、常設事務局の設置に賛成であれば、アメリカ代表団もそうした動きを支持するという姿勢であった(90)。

シアトル会議に臨んだアメリカ代表団の秘密報告書によると、アジア諸国は、コロンボ・プラン会議に満足の意を表明し、さらにアメリカは「好意的に受け止められた」という(91)。シアトル会議はまた、アメリカ政府が、コロンボ・プランの政治的意義を高く評価するようになったことを示している。

おわりに

スターリン死去後のモスクワによる「経済攻勢」の強化に直面したワシントンは、野心的なアジア向け経済援助計画である「ボールドウィン計画」の提言を中心に政府内で、この地域における共産主義のさらなる拡大を阻止するための援助見直し協議を行った。しかし、ボールドウィンの提言は、援助の規模と方法をめぐるアイゼンハワー政権内の意見対立で行き詰まった。トルーマンおよびアイゼンハワー両政権の政策形成者たちは、コロンボ・プラン諮問委員会は「調査的、諮問的で協議的」な機関であるべきで、しかも援助方式についても、二国間ベースで行われるべきだとの立場を当初から維持した。ワシントンが、二国間援助方式に固執したのは、「第一義的には」、援助資金に対するコントロールを維持するためであった。

それゆえ、地域ベースの多国間援助を提案した「ボールドウィン計画」は政府内で支持を得られなかった。しかし、政権内で多国間援助方式が支持を得られなかったことは、コロンボ・プランの有用性の否定にはつながらなかった。むしろ、その政治的意義が認識されるにつれ、コロンボ・プラン組織へのワシントンの関与はより積極的になった。同プランは、重要な点で、アメリカの目的のいくつかを促進するのに役立つと考えられたからだ。第一に、日本の加盟は、日本が必要とする東南アジア諸国との経済的結びつきを促進すると見なされた。第二に、第三世界諸国が参加するアジア＝アフリカ諸国運動で指導的役割を果たしているインドとインドネシアをはじめ、コロンボ・プラン加盟諸国との協調的関係を促進する有用なフォーラムを提供すると考えられた。

コロンボ・プランシアトル会議に向けた準備過程において、ダレスは五八年九月一三日付け覚書の中で、アメリカはコロンボ・プラン加盟国のあいだで多大な好意を示されたと強調し、同組織を育てていくことは非常に大事だと述べた。ダレスはさらに、この組織が、この地域におけるアメリカの諸目的のいくつかを追求するための申し分のない手段であるとも指摘した。ダレスは、経済を発展させようとする努力において、彼らと我々が、パートナーであることを示す姿勢をアジア諸国の人々の目に確実に焼きつけるのに、コロンボ・プランほど都合のよいフォーラムを提供しうる組織はないと信じる、と大統領に進言した。

すでに検討してきたように、当初は、コロンボ・プラン参加問題であいまいな態度をとっていたワシントンであったが、「コモンウェルス色」が薄まり、また二国間援助方式など対外援助に関するアメリカの原則が確認され、さらにはコロンボ・プラン諮問会議が政策決定機能を有するのではなく、諮問的・調査的な協議機関であることが明らかになるにつれ、アメリカの政策形成者たちは、次第にコロンボ・プランへの関与を強めていった。なかでも、日本のコロンボ・プラン加盟が持つ意義、インドを主催国とするシムラ会議への高い評価を通して、アメリカは地域協力の枠組みとして、コロンボ・プランを重視するようになった。共産主義、植民地主義、自立化を志向する反植民地主義ナショナリズムの挑戦を受けるなか、ワシントンにとって、帝国主義的批判を受けずにこれらの挑戦にどのように対処するかは、重要な課題であった。コロンボ・プランは、ソ連が参加しない組織であり、アメリカの冷戦政策のなかで、西欧諸国とアジアの非共産主義諸国との協力を促進する枠組みとして重要であった。多国間組織としてのコロンボ・プランは、ワシントンの政治的意図や冷戦の論理を薄める機能を果たすことができるため、日本はもちろんのこと、インドなど中立主義諸国の西欧志向を確保する枠組みとして、アメリカの目的に資するとみなされた。

その一方で、コロンボ・プランへのワシントンの対応過程は、アメリカによる冷戦統合の限界を示すものであった。アジアにおける秩序再編過程にとっての障害（地域意識の欠如、自国優先の論理、援助活用能力の限界）は根強く、「ボールドウィン計画」が後退したことにもみられるように、アメリカが意図したような秩序形成の枠組みの構築という点では、不満を残すものとなった。

そのことと表裏一体の関係にあったのが、アジア諸国にみられる脱植民地化運動、自立志向（民族自決・生活水準の向上）の強さと、独自の国際秩序の模索であった。バンドン会議にみられるように、アジア諸国は、帝国主義秩序、社会主義秩序、リベラルな秩序に代わる、独自の国際秩序を模索した。[92] シムラ会議において、ワシントンが、インドのイニシアティブを尊重し、コロンボ・プラン加盟国の主体性に配慮する姿勢を示したことは、この時期の脱植民地化の潮流を無視できなかったことを示している。

この間、一九五〇年代アジアの秩序再編については、コロンボ・プラン加盟国の数は着実に増加し、英連邦諸国以外の国々を含むようになった。マラヤは、五七年一〇月に同組織に加盟した。そして、シアトル会議後の五九年一一月には、シンガポールが加盟を果たした。その結果、当初濃厚であった「コモンウェルス色」が、コロンボ・プラン組織からしだいに薄められていった。このことは、東アジアの秩序をより「リベラル」な路線に沿って再編しようとするワシントンの計画の一部を反映していた。ダレスは上述の大統領宛て覚書の中で、「コロンボ・プランに公式に分類されている」援助の大半は、アメリカの拠出によるものであり、一九五一年以降の拠出額は、コロンボ・プラン援助額全体のおよそ八五％、すなわち三〇億ドルにのぼる、と説明した。[93] コロンボ・プラン加盟国に対するアメリカの援助が占める比重の大きさは、「リベラル」な原則や規範に沿った東アジア秩序再編の主役が誰であるかを如実に示すものであった。

注

(1) Gay (FE) to Allison, Johnson (FE) and Young (NA), Dec. 3, 1952; Hemmendinger (NA) to McClurkin (NA), April 20, 1953, RG 59, Central Decimal File (以下 CDF) 1950–1954, Box 5524, National Archives, College Park, Maryland.

(2) 日本要因を重視する見解としては以下参照されたい。Sayuri Shimizu, *Creating People of Plenty: The United States and Japan's Economic Alternatives, 1950–1960* (Kent, Ohio: The Kent State University Press, 2001), pp. 90–91. 波多野澄雄「コロンボ・プラン加入をめぐる日米関係」『同志社アメリカ研究』(別冊) 第一四号 (一九九五年)、一四—三七頁。

(3) *FRUS, 1950*, VI, 46–47.

(4) *FRUS, 1950*, VI, 54, 63.

(5) Ademola Adeleke, "Ties without Strings? The Colombo Plan and the Geopolitics of International Aid, 1950–1980," Ph. D. dissertation, University of Toronto, 1996, p. 54.

(6) *FRUS, 1950*, VI, 51.

(7) *FRUS, 1950*, III, 1640.

(8) Adeleke, "Ties without Strings?" *op. cit.*, p. 136.

(9) Hemmendinger (NA) to McClurkin (NA), April 20, 1953, *op. cit.* See also, Gordon Strong (SOA) to Fluker (SOA), Dec. 8, 1953, RG 59, CDF, 1950–1954, Box 5525.

(10) British Embassy, Washington, D.C., 9 October, 1951, "Participation in the Colombo Plan of Non-member countries in South-East Asia," *ibid.*

(11) Hemmendinger (NA) to McClurkin (NA), April 20, 1953, CDF, Box 5524.

(12) *Ibid*; Gay (FE) to Allison, Johnson (FE) and Young (NA), Dec. 3, 1952, *ibid.*

(13) *U.S.-Vietnam Relations: 1945–67: Study Prepared by the Department of Defense*, Book 8 of 12 (1971), pp. 225–264, esp. 239, 248, 258.

(14) *FRUS, 1949*, VII, 927.

(15) Michael Schaller, *The American Occupation of Japan: The Origins of the Cold War in Asia* (New York: Oxford University

Press, 1985), pp. 193–214.

(16) *FRUS, 1951*, VI, pt. 1, 1159–61. See also, *ibid.*, 1300–01.

(17) 日本と東南アジアの結合に関する詳細な研究については、以下が有益である。William S. Borden, *The Pacific Alliance : United States Foreign Economic Policy and Japanese Trade Recovery, 1947–1955*（Madison, Wisconsin : Wisconsin University Press, 1984）; Andrew J. Rotter, *The Path to Vietnam : Origins of the American Commitment to Southeast Asia*（Ithaca, New York. : Cornell University Press, 1987）. Schaller, *The American Occupation of Japan, op. cit.*

(18) Acheson to all diplomatic TAC and ECA Far East Missions, Joint State-ECA Message, Dec. 21, 1951, CDF, Box 5523.

(19) *Ibid.*

(20) Tokyo（Bond）to SOS, March 21, 1952, cable 1993 ; Acheson to USPOLAD Tokyo, cable 2539, March 21, 1952 ; Karachi to SOS, cable 1039, March 21, 1952 ; Acheson to American embassy, Karachi, cable 1039, March 21, 1952 ; Acheson to USPOLAD Tokyo, April 16, 1952, CDF, Box 5524.

(21) *FRUS, 1950*, VI, 1359–1360.

(22) Gay to Allison, Johnson, Young, Dec. 3, 1952 ; Hemmendinger to McClurkin, April 20, 1953, CDF, Box 5524.

(23) *Ibid.*

(24) American embassy, Tokyo to SOS, cable 625, Oct. 9, 1953, CDF, Box 5524.

(25) New Dehli to SOS, cable 655, Oct. 19, 1953, CDF, Box 5524. 在日アメリカ大使館によると、オーストラリア政府は、大陸棚に関するオーストラリアの主張の妥当性を日本が認めるまでは日本の加盟に反対であると日本側に伝えたという。これに対して、ダレスはキャンベラのアメリカ大使館に対して、「アメリカが望ましいと考えている目的、すなわち日本のコロンボ・プラン加盟」に関して、キャンベラが、「明らかに無関係な問題を持ち込んでいる」ことに対して、アメリカ政府の「驚きと懸念」を表明するよう在豪米大使館に伝達した。Dulles to American embassy, Canberra, telegram 70, Oct. 13, 1953, CDF, Box 5524.

(26) Gordon Strong（SOA）to Fluke（SOA）, Dec. 8, 1953, CDF, Box 5525.

(27) Dulles to American embassy, Canberra, Wellington and London, August 9, 1954, CDF, Box 5525.

(28) The Australian memorandum to the Acting Secretary by Sir Percy Spender, September 2, 1954 ; Acting Secretary（Smith）to

American embassy, Manila, cable 949, Sept. 7, 1954 ; Memorandum of conversation between Kenneth T. Young, Director of Office of Northeast Asian Affairs and Shigenobu Shima, Minister Plenipotentiary, Japanese embassy, Aug. 30, 1954 ; Dulles to American embassy, Tokyo, cable 446, Aug. 30, 1954, CDF, Box 5526.

(29) Ottawa to SOS, cable 63, Sept. 24, 1954 ; Djakarta to SOS, cable 489, Sept. 23, 1954 ; Vientiane to SOS, cable 39, Sept. 23, 1954 ; Ottawa to SOS, cable 70, Sept. 30, 1954, CDF, Box 5526 ; Supplement to the Unclassified Report of the U.S. Delegation to the Colombo Plan Consultative Committee Meeting, Ottawa, Canada, Sept. 20–Oct. 9, 1954 (confidential), RG 59 General Records of the DOS, 1955–1959, CDF, Box 4987. この報告書は以後，the confidential supplement to the Ottawa conference report と表記する。

(30) Tokyo (Allison) to SOS, cable 283, Aug. 4, 1954, CDF, Box 5525.

(31) The confidential supplement to the Ottawa conference report, *op. cit.*

(32) Walt W. Rostow, *Eisenhower, Kennedy and Foreign Aid* (Austin, Texas : University of Texas Press, 1985), pp. 81, 93.

(33) J. R. Fluker (SOA) to Kennedy (SOA), “Economic Warfare”, Oct. 27, 1953, CDF, Box 5524.

(34) Memorandum, Ogburn to Allison, Feb. 13, 1953, quoted in Richard Byrne, “The United States and Mutual Security, 1949–1952,” Ph. D. dissertation, The University of Iowa, December 1987, pp. 170–71.

(35) *FRUS, 1952–54*, XII, pt. 1, 771–772.

(36) *Ibid.*, 773.

(37) *FRUS, 1952–54*, XII, part 1, 809–12.

(38) Memorandum of conversation between Dulles and Stassen, Aug. 24, 1954, CDF, Box 5526.

(39) Memorandum of conversation, Stassen, Robertson, Baldwin and Moyer, Sept. 1, 1954, CDF, Box 5526.

(40) The confidential supplement to the Ottawa conference report, *op. cit.*

(41) Drumright (FE) to Dulles, “Economic Counter-offensive against Communism in the Far East and Its Relations to SEATO,” July 22, 1954, CDF, Box 5525.

(42) *Ibid.*

(43) *Ibid.* ; *FRUS, 1952–54*, XII, 793–94.

(44) Dulles to certain diplomatic and consular offices, July 22, 1954, CDF, Box 5525.

(45) *FRUS*, 1952–54, XII, 932.

(46) Baldwin (FE) to Hoover (U), Oct. 27, 1954, CDF, Box 5527.

(47) Appendix "The Rise and Fall of the 'Baldwin Plan'" prepared by C. F. Baldwin before retiring in 1955, pp, 232–244, esp. 237. この文書は以下に収録されている。Rostow, *Eisenhower, Kennedy and Foreign Aid, op. cit.*

(48) Kenneth T. Young (PSA) to Walter Robertson (FE), "Comments on the Interim Report of the WG on Asian Economic Grouping," Dec. 9, 1954 ; Memorandum of conversation, Shigenobu Shima and Kenneth T. Young, "Economic Aspects of Manila Pact," Dec. 2, 1954, CDF, Box 5527.

(49) *FRUS, 1955–57*, XXI, 9.

(50) *Ibid*, 16–22.

(51) *Ibid.*, 6–8.

(52) *Ibid.*, 27.

(53) Rostow, Eisenhower, *Kennedy and Foreign Aid, op. cit.*, p. 104. See also, Burton I. Kaufman, *Trade and Aid : Eisenhower's Foreign Economic Policy, 1953–1961* (Baltimore : The Johns Hopkins University Press, 1982), p. 51.

(54) Rostow, *ibid.*, pp. 257–268.

(55) Memorandum of conversation between Ambassador Mehya of India and Governor Stassen, Feb. 15, 1955, CDF, Box 4987.

(56) Memorandum of conversation between G. L. Mehya, Ambassador from India and Governor Stassen, "The President's Fund for regional development through the Colombo Plan", March 30, 1955, CDF, Box 4987.

(57) *FRUS, 1955–57*, XXI, 85–86.

(58) PSA-Young to FE : Robertson, Sebald, Baldwin, "The Simla Conference", April 19, 1955, RG 59 General Records of the DOS, 1955–1959, CDF, Box 4988. Stassen to Dulles, letter, April 14, 1955, *ibid.*, Box 4988. *FRUS, 1955–1957*, XXI, p. 92.

(59) PSA-Young to FE : Robertson, Sebald, Baldwin, "The Simla Conference", April 19, 1955, *ibid.* Memorandum of conversation between J. K. Atal, Minister, Embassy of India and Kenneth T. Young (PSA), April 18, 1955, re. "The Proposed Simla Conference,"

CDF, Box 4988.

(60) Telegram from the DOS to the Embassy in India, April 20, 1955, CDF, Box 4988；*FRUS, 1955–1957*, XXI, 85–87. Charles Baldwin to Robertson, April 19, 1955, re. the Simla Conference, *ibid.*, Box 4988. 清水は、「中央集権的な援助配分機関」を介して資金配分が行われるよう組織の再編を提案したと述べているが、そのような事実はない。Shimizu, *Creating People of Plenty*, p. 99.

(61) Dulles to American Embassies（Circular）, Joint State-FOA cable No. 639, May 3, 1955, CDF, Box 4988；*FRUS, ibid.*, 92–93.

(62) *FRUS, 1955–1957*, XXI, 92–93 and notes 4 and 5.

(63) 参加国はインド、日本、カンボジア、インドネシア、シンガポール、マラヤ、北ボルネオ、サラワクであった。

(64) "Report of Simla Meeting：Agenda Item Four," Sept. 21, 1955, RG 59 General Records of the DOS, Records of the Division of Far Eastern Affairs,（以下 Record, FE と略記）1954–56, Ad Hoc Committee of the NSC on Asian Economic Grouping to Foreign Aid 1954, Lot 56 D 206, Box 4.

(65) From New Dehli（Wilson）to DOS and FOA, telegram 1801, May 16, 1955. CDF, Box 4988.

(66) Memorandum of conversation between Moekarto, Indonesian Ambassador and Charles F. Baldwin-FE, "Simla conference," May 16, 1955；New Dehli（Cooper）to SOS, telegram 1792, May 18, 1955. *ibid.*

(67) Dulles to American Embassy, Colombo, Telegram 350, April 20, 1955；Memorandum of conversation, New Dehli, telegram 1312, May 20, 1955. *ibid.*

(68) "Report of Simla Meeting,"（position paper）, Singapore Meeting of CPCC, Sept. 21, 1955, GR 59, Records, FE, Lot 56 D 206, Box 4.

(69) Memorandum of discussion, telegram 1312, Clifford H. Wilson with the members of the Japanese embassy, May 19, 1955；New Dehli（Cooper）to SOS, re. Evaluation of Simla Conference- Embassy and TMC representatives' joint conclusion, telegram 1838, May 24, 1955, CDF, Box 4988.

(70) Press-Barnathan, Galia, "Choosing Cooperation Strategies：The US and Regional Arrangements in Asia and Europe in the Early Post-World War II Years," Ph. D. dissertation, Columbia University, 1998, pp. 368, 394.

(71) From New Dehli（Cooper）to SOS, telegram 1792, May 18, 1955；New Dehli（Cooper）to SOS, telegram 1838, re. Evaluation of Simla Conference-Embassy and TMC representatives' joint conclusions, May 24, 1955；New Dehli to DOS, telegram 177, re. Presi-

dent's Fund for Asian Economic Development as Agenda Item for CP Meeting, Joint Embassy and TMC Message for DOS and ICA, May 3, 1956, CDF, Box 4988.

(72) Adeleke, *op. cit.*, pp. 250–258.

(73) "Report of Simla Meeting" (position paper), Singapore Meeting of CPCC, Sept. 21, 1955, RG 59, Records, FE, Lot 56 D 206, Box 4.

(74) From New Dehli (Cooper) to SOS, telegram 1792, May 18, 1955, CDF, Box 4988.

(75) *Ibid.* See also letter to Senator Alexander H. Smith from Thruston B. Morton, Assistant Secretary, regarding a copy of the communiqué, May 19, 1955, CDF, Box 4988.

(76) New Dehli (Cooper) to SOS, telegram 1838, re. "Evaluation of Simla Conference", May 24, 1955, CDF, Box 4988.

(77) *Ibid.*

(78) "Classified Report of US Delegation to the CPCC Meeting, Wellington, Nov. 5–Dec. 8, 1956 : Supplement to the official Report," RG 59, General Records of DOS, Records, FE, Lot 56 D 206, Box 4.

(79) Stassen to Dulles, letter, Jan. 3, 1956 ; Dulles to Stassen, letter, Jan. 24, 1956, CDF, Box 4980.

(80) American Embassy, Tokyo, to DOS, "Proposals for Economic Development in Southeast Asia," Despatch 915, April 9, 1956, CDF, Box 4988.

(81) Dulles to Stassen, letter, April 21, 1956, reply to Stassen's letter of March 2, 1956, Box 4980.

(82) *FRUS, 1958–1960*, XVI, pp. 1–3.

(83) *Ibid.*, p. 5.

(84) J. H. Smith, Jr. to C. Douglas Dillon, DOS, "The Colombo Plan," Aug. 22, 1958, RG 59, General Records of DOS, 1955–1959, CDF, Box 4992.

(85) *Ibid.*

(86) Robert C. Brewster, Staff Assistant, memorandum for John W. McDonald, Jr., Executive Secretary, International Cooperation Administration, Oct. 6, 1958 ; CSW to Mr. Leddy, Under Secretary for Economic Affairs, DOS, memorandum, Aug. 25, 1958, *ibid.*

(87) Dulles, memorandum for the President, "Your Attendance at the Colombo Plan Conference in Seattle on November 10," Sept. 13,

1958, RG 59, General Records of the DOS, 1955–59, CDF, Box 4993. See also, Frederick Reinhardt, the Counsellor（DOS）, memorandum for the President, "1958 Annual Meeting of the Consultative Committee of the Colombo Plan for Cooperative Economic Development in South and Southeast Asia," Oct. 8, 1958, *Ibid.*

（88） Beale（E）to Dillon（W）, "Participation by the US in the Council for Technical Cooperation of the Colombo Plan," Nov. 7, 1958, CDF, Box 4993.

（89） McCloskey, USDEL SEATTLE to SOS, telegram 42, Nov. 12, 1958, re. the text of statement by Under Secretary Dillon at the Colombo Plan Meeting, *ibid.*, Box 4993.

（90） Seattle Meeting of the CPCC Ministerial and Officials Meeting, Establishment of CP Secretariat（position paper）, RG 59 General Records of DOS, Records, FE, 1956–1958, Lot 60 D 514, Box 5.

（91） "Classified Report of US Delegation to the CPCC Meeting, Seattle, Oct. 20–Nov. 13, 1958, Supplement to the Official Report", RG 59, General Records of DOS, 1955–1959, CDF, Box 4993.

（92） この点の評価は、以下の拙論を参照されたい。「東アジアにおける冷戦」木畑洋一他編『東アジア近現代通史　第七巻（アジア諸国戦争の時代）』岩波書店、二〇一一年、四六―七〇頁。

（93） Dulles, memorandum for the President, "Your Attendance at the Colombo Plan Conference in Seattle on November 10," September 13, 1958, CDF, Box 4993.

第Ⅱ部

冷戦の変容と「日米協力」の展開

第4章 ベトナム戦争と日米安保体制

はじめに

日米安保はその当初の目的において、ソ連や中国の脅威に対処することを主眼としていた。したがって、冷戦の終結は、日米安保が依拠してきた脅威が消滅したことを意味し、論理的には、その存在意義はなくなったと考えられる。にもかかわらず、一九九四年一一月にはじまる日米安保「再定義」の過程はむしろ、安保の機能の縮小ではなく、拡大に向かった。それはなぜなのか。本章では、日米安保の持続と変容という観点から、その歴史的要因、なかでもアジアにおける地域主義の台頭に注目し、この時期に起こりつつあった諸変化の今日的意味を考察する。

具体的には、対象時期を六〇年代とし、とくに、アメリカのベトナム戦争への介入が拡大するジョンソン政権期を中心に検討する。さらには、ベトナム戦争が、日米関係に及ぼした影響という観点から、持続と変容の問題について考えてみる。というのは、ベトナム戦争は、日米関係を緊張させ、日米安保の存在意義を問うものであったからである。日本側からすれば、日米関係の重要性にもかかわらず、日米安保条約の存在は、日米両国の友好関係の維持にとってマイナスに作用していると受けとめられた時期である。にもかかわらず、日米安保はなぜ継続したのか。また、どのような変容を遂げたのか。さらには、ベトナム戦争をめぐる安全保障論議の過程で、どのような意識変化が、日本国民の間に起こりつつあったのか。また、アジア諸国への影響はどのようなものであったのか。アジアの国際環境の変化と日米安保の持続と変容はどのような関係にあるのか。そうした、もろもろの変化を促すのに、ベトナム戦争と日米両国政府の政策は、どのような関わりをもったのであろうか。上述のような問題意識のもとに、日米安保の持続と変容について考えてみるのが、本章の課題である。

1　ベトナム戦争の拡大と地域主義の台頭

(1) ジョンズ・ホプキンス大学演説

米政府内では、一九六五年の春ごろから、国務省政策企画会議（ＰＰＣ）が中心になって、地域主義アプローチによる、当面する国際政治の諸問題の解決を目指す検討が本格化した。その重要な帰結としての国務省政策企画会議文書が六五年三月、ウォルト・ロストウ政策企画会議長よりラスク国務長官に提出された。その際の情勢認識は次のようなものであった。まず、六二年のキューバ危機後、ソ連の存在は、それ以前に比べるとそれほど「恐るべき」ものではなくなり、ソ連の攻勢が弱まったと分析した。さらに、中ソ対立は、益々激化の傾向をみせ、共産圏の分裂は一層深化したと分析された。しかし、その結果、核による威嚇に失敗した共産主義者たちは、ゲリラ戦、反政府活動、対外援助活動やイデオロギー宣伝に重点を置くようになった。東南アジアは、こうした共産主義者たちの「間接侵略」による手段が成功するか否かのテスト・ケースである。他方、「自由主義世界」内においては、ソ連の脅威が低下したとみなされるようになったことから、ナショナリズムの台頭がみられ、アメリカへの依存度を減らし、自立的な政策を追求しようとする傾向が強まった。このような自立志向はまた、国際政治において、より大きな役割をはたしたいという欲求を作り出していた。しかし、同時に、ナショナリズムが台頭するなかで、世界の各地域においては、地域の覇権を求める国家同士が対立し、紛争や戦争が頻発するようになった。カシミールをめぐるインド―パキスタン間の紛争、キプロス紛争、アラブ＝イスラエル紛争などに加えて、アジアにおいては、インドネシアのスカルノが、地域における指導的役割を目指し、マレーシアとの対決政策を追求していた。このような過激なナショナリズムをいかにして穏健なものにするかは、当面する重要な課題となった(1)。すなわち、アメリカ政府にとって、自立化や役割増大への欲求とその過激化の危険という、この時期のナショナリズムの持つ二面性を管理し、より建設的な方向に導く方法、枠組みとは何かを案出することが重要な課題となった。その一つの重要な枠組みを提供すると考えられたのが、地域主義アプローチであった。

また、地域主義アプローチは、アメリカ国内の危険な徴候を封じ込めるためにも必要だと考えられた。当時、アメリカ国内には、孤立主義的徴候が顕在化しつつあった。ロストウによると、この時期、アメリカ国内にはアメリカの過剰介入をめぐる議論が出されていた。アメリカ世論のなかには、もし発展途上諸国が、アメリカへの依存を減らし、「わが道を行く」ということであるならば、それはそれで結構だ、という感情が存在した。リンドン・ジョンソン大統領もこうしたアメリカ国内世論の動向に注目し、警戒心を強めていた。ジョンソンにとっての不安は、発展途上諸国に広がっている自立化の欲求に確固たる、現実的基礎が備わらないうちに、アメリカは世界の問題から手を引くべきだとの声が高まることであった。ジョンソン大統領は、アメリカが「自由主義世界」への関与をある程度削減する必要性を認識していたが、急激な撤退には反対であった(2)。というのは、発展途上諸国が直面する諸問題は、安全保障であれ、経済問題であれ、一国主義や二国間主義アプローチで解決することは不可能な性格のものであるとみなされたからである。さらに、過激なナショナリズムを放置すれば、アメリカの国益にとって危険な状況が作り出されるかもしれなかった。

地域主義政策は、上述のような内外の複雑かつ相反する諸力にいかに対処するかという問題関心から出てきたものである。すなわち、第一に、「地域的結合」は、過激なナショナリズムが作り出す地域紛争を抑制すると期待された。第二に、「地域的結合」は、共産主義の政治的・軍事的浸透をより困難にすると考えられた。第三に、発展途上諸国の経済発展や政治的安定の諸問題は、一国主義アプローチでは解決できないものが多く、かといって、アメリカ単独で全面的な責任を担い続けることに対する国内世論の反発が強まっているなかで、地域主義は、途上国に第一義的責任をもたせることで、アメリカの関与の縮小を求める国内世論の感情にも配慮できるとみなされた(3)。ジョンソン政権期の地域主義政策は、上述の諸要求に応えることができるとみなされた。

以上のような考察に基づいて一九六五年四月七日に打ち出されたのが、ジョンズ・ホプキンス大学でのジョンソン大統領演説である。ジョンソンは、演説のなかで、発展途上諸国の貧困や文盲が、紛争や政治的不安定の根源に存在するとの認識に基づき、東南アジア諸国が開発のために地域的連合を結成して相互に協力しあうことの必要性を説き、その目的の実現に向けて、アメリカが支援を惜しまないこと、そのために一〇億ドルの資金を議会に要請する、と宣言した(4)。この演説は当初、メコン河流域の開発に焦点を当てていたが、その後の政策の展開過程においては、アジア開発銀行（ＡＤＢ）設立（六五年一二月に原則的合意に達し、六六年八月二二日に始動）に力点が移行し、同銀行を通して、開発のための地域協力の促進が目指された。後述するように、日本はＡＤＢの設立と資金の拠出の両面で、重要な役割を担うことになった。

ジョンズ・ホプキンス大学での大統領演説後、アジアにおいては、地域主義の展開にとって重要な出来事が発生した。六五年六月の日韓国交正常化の実現、それに続く、アジア太平洋協議会（ＡＳＰＡＣ）の結成、九月のインドネシアでのクーデターの失敗とスハルト政権の出現、同年夏ごろから本格化した中国における文化大革命、翌六六年一月のインド—パキスタン紛争の収束と平和的関係の回復などがそれである。これらの重要な政治的出来事を踏まえて、アメリカ政府内では、アジア情勢についての検討がおこなわれた。その検討を踏まえて同年七月一二日におこなわれた全米同窓協議会（American Alumni Council）でのジョンソン大統領演説は、アメリカが、アジアに対する責任を引き続き果たしていく必要、侵略を阻止する必要、敵対する諸国家間の融和の必要を説くと同時に、アジア諸国間の協力によって、政治的・経済的な力を建設する必要性を訴えた(5)。さらに、韓国の朴正熙大統領が、ベトナム戦争に軍隊を派遣している諸国による政府首脳会議開催を提案したのを受けて、アメリカ政府は、マニラ会議（六六年一〇月二四日―二五日）の開催に同意した。一〇月二五日のマニラ宣言は、アジアの経済発展と地域の安全・秩序・進歩を強調し、ジョンズ・ホプキンス大学演説の延長線に位置付けられるものであった。ジョンソン大統領は、マニラ会議開催の機会を利用して、一〇月一七日から一一月二日にかけてアジア諸国を歴訪し、主として、アジア諸国のイニシアティブに基づく地域協力の必要性を説いて回った。さらに、六七年八月には、東南アジア諸国連合（ASEAN）が結成された。

アメリカ主導ではない、アジア諸国のイニシアティブによる地域協力の必要性の訴えは、ナショナリズムの台頭にともなう自立化への動きに適合するものであった。そこで、次節で、ベトナム戦争が拡大するなかで、アジア諸国が、そうした地域協力の動きにどのように対応したかを検討する。

2　アジア諸国の対応

一九六三年一一月から六九年一月までを扱ったジョンソン政権期の対外関係史に関する国務省内部文書は、この時期、東アジアに「地域的相互依存と協力の意識」が出現したことに言及し、このような地域協力の動きを重視したアメリカ政府が、「一貫して積極的に」対応したと述べている(6)。ロストウによると、「地域的結合」を促す力学が最も強力であるのは、以下の三つの要因が作動している時であった、という。第一には、外部からの安全保障上の脅威が高まり、より大きな団結を通して、より大きな対抗力を作り出す必要性を域内関係各国が感じた時である。第二に、域内の強大な国家ないしは地域協力を支援する域外大国に対して、より大きな交渉力を獲得する必要性を感じた時である。第三に、地域協力にともなう経済上の利点を獲得したい時である(7)。

これら三つの要因のうちのいずれが最も大きな動機となるかは、国々によって異なるにしても、これらの要因はアジア諸国を地域協力へと向かわせることになった。たとえば、韓国は、増大しつつある日本の政治的・経済的影響力を相殺するメカニズムとして、多国間協議の場の必要性を感じていたし、また北朝鮮、ソ連、中国と対峙するにあたって、より幅の広い政治的基盤を必要としていた。台湾にとって、「地域的結合」は、北京政府と政治的に対峙している状況において、自国の支持基盤を拡大することにつながるし、長期的には、北京の国連加盟およびアジアの諸問題への関与の増大に対する防護措置ともなりうることが期待された。フィリピンやタイにとって、地域の力と支持を見いだし、さらにアメリカの安全保障上の恩恵を失わずにアメリカのコラボレーターとしてのイメージを希薄化するのに役立つと考えられた。マレーシア、シンガポール、オーストラリア、ニュージーランドにとっては、イギリスの東南アジアからの軍事的撤退が予定されているなかで、安全保障上の空白を部分的に補うものであったし、日本とのより緊密な政治的経済的連携の可能性を提供するものであった。インドネシアにとっては、マレーシアやシンガポールのような、インドネシアの存在を脅威とみなしている東南アジア諸国との関係維持にさいして、相互信頼の雰囲気のなかで対処する場を提供する、と考えられた。アジアにおける役割と責任の増大を目指す日本にとっては、国際機関を通して活動することで、日本帝国主義時代のいまわしい記憶を薄れさせ、他のアジア諸国に脅威を与えないようなやりかたで対外関係を処理することができるという利点があった(8)。

アジアにおける地域協力を促す各国特有の事情に加えて、アジア諸国に共通した認識が広まったことも注目される。それは、アメリカ政府が意図したものではなかったとしても、とくに六六年以降、一層明確に意識された感情である。すなわち、ベトナムでのアメリカの反共「封じ込め」戦争はあまり長くは続かないだろうということ、したがってアメリカは、アジアの非共産主義諸国が独立国家としての基礎固めをする時間稼ぎをベトナムでしてくれているのであって、この猶予期間になんとかしなければならないとの気持ちが広がっていたことである。このようなムードは、一つには、アメリカ国内に広がる反戦運動によって、さらにジョンソン大統領が、六六年一〇月一七日からのアジア諸国歴訪中、アジア諸国による一層の協力と自助努力の必要性を強調したことによって、一層強められた(9)。同年六月一五日、シンガポールのリー・クアン・ユー首相は、アメリカはベトナムでの戦争を戦うことによって、アジア諸国のために「時間稼ぎ」をしているのだ、「もしわれわれがただ座視しているだけで、これからもずっと時間稼ぎをしてくれるだろうと信じているとすれば、われわれは滅びるに値する」と述べたが[10]、そうした感情が、他のアジア諸国の間にも広がりつつあった。

六六年後半には、韓国経済の成長にともなって、韓国の人々のあいだに自国の発展と将来に関して、ある種の自信のようなものが生じつつあった。そうした国民感情を反映して、韓国内には、国際社会においてより大きな役割を果たしたいという欲求も強まってきた[11]。その結果、韓国政府は、一九六六年六月、地域協力のための国際会議を提唱し、オーストラリア、台湾、日本、マレーシア、ニュージーランド、フィリピン、タイ、ベトナム、ラオス（オブザーバー）の九ヵ国がソウルに参集し、六月一六日には、アジア太平洋協議会の創設が発表された。同年七月一二日、ジョンソン大統領は全米同窓協議会の席において、自主的な努力によって経済発展と国家建設を促進しなければならないという意識が、アジアに芽生えてきていることに留意し、地域協力の必要性を訴えた。その直後、韓国の朴大統領は、ベトナムの防衛に最も深く関与している国々の指導者たちによる会議を提案した。八月には、タイ政府が、全アジア諸国間会議を提案し、フィリピンとマレーシアも開催に関心を示した。そこで、アメリカ政府は、九月中旬、フィリピンのフェルディナンド・マルコス大統領夫妻によるアメリカ訪問の機会を捉えて、全アジア諸国間会議の考えをさらに協議した。アメリカ政府の立場は、このような会議の開催に賛同し、会議にも出席するが、イニシアティブはアジア諸国がとるべきだというものであった。マルコス大統領は、その後、アジア諸国との協議を経て、朴大統領、タイのタノム首相を加えた三首脳の名前で、会議の開催を呼びかけた[12]。マニラ会議（一〇月二四日―二五日）の開催はこうして実現した。

マニラ会議開催の呼びかけ国になったことにもみられるように、東南アジアにおいて重要な位置を占めるタイも、地域協力に積極的な対応を示した。国務省文書は、「地域的結合と地域的諸制度の構築にタイは重要な役割を果たした」と評価している。地域協力のための諸会議や組織の多くは主として、経済や文化の領域に関するものであった。タイが重要な役割をはたした事例としては、東南アジア連合（ＡＳＡ）、ＡＳＥＡＮ、東南アジア教育大臣事務局会議（ＳＥＡ

MES)、アジア開発銀行など、経済や文化に関するものが大半であるが、上述のアジア太平洋協議会の創設といった政治領域においてはたした役割も無視できない[13]。

ジョンソン大統領は、ジョンズ・ホプキンス大学演説のなかで、「まず第一のステップとして、東南アジア諸国が連合して、開発のためのより拡大された協力に向けて努力をおこなうことである」と述べて、ASEANによる開発のための自主的な地域協力の必要性を強調したが、アメリカの期待は、一九六七年八月八日のASEANの結成となって実現した。ASEANにつながる東南アジア諸国の地域協力の努力としては、六一年七月三一日に結成された東南アジア連合（マレーシア、フィリピン、タイ）および一九六四年に結成されながら、インドネシアによるマレーシア対決政策によって不発に終わったマフィリンド（マレーシア、フィリピン、インドネシア）の結成が存在するが、その後の事態の展開過程からみて、ASEAN結成は、東南アジアの地域協力のなかでも最も重要な出来事であった。ASEANは東南アジア連合加盟国にフィリピンとインドネシアが加わって結成されたことに明らかなように、インドネシアとマレーシアの対決の収束なしでは不可能であった。その意味で、六五年九月三〇日にインドネシアで発生したクーデターの挫折とスハルト政権の登場は、ASEAN結成に決定的影響を及ぼした事件であった[14]。また、ASEAN結成の背景には、東南アジア諸国が、共産主義あるいは国内の反政府活動の脅威に直面するなかで、東南アジア条約機構（SEATO）が有効に機能していないとの認識が働いていたことも重要である。ベトナム戦争は、中国や北ベトナムに支援された共産主義の脅威を、アジアの非共主義諸国の間により強く意識させる作用をもたらし、その側面からアジアにおける「地域的結合」を促進することになった。このことは、スカルノ後のインドネシアの他、以下に検討するタイ、日本、韓国についても言えることである。

ベトナム戦争のコスト負担に苦しむアメリカ政府は、より大きな役割と責任を分担させることで、アジア諸国に芽生えつつあるナショナリズムの要求に応え、同時にアメリカの負担を軽減することを目指した。アメリカの地域主義政策はそうしたアメリカの戦略に沿うものであった。アジア諸国によるベトナム戦争支援を求めるアメリカの必死の努力も、このような役割分担の文脈のなかで捉えることができる。

アメリカは六四年に入って、ベトナム戦争遂行に対する「自由世界」諸国からの経済援助を求める組織的外交努力を開始した。この新たな外交努力は、「自由世界援助計画」（"More Flags Program"）と公式に命名された。この計画の開始以前に南ベトナム援助に貢献していたのは、日本、フランス、イギリス、オーストラリア、ドイツ、韓国、カナダ、それにマレーシアとニュージーランドを加えた九カ国であったが、同年末までには、約二四カ国が援助を実施するか、実施の約束をするにいたった。六八年には、参加国数は三三カ国におよび、援助総額は六三〇〇万ドルと見積もられた(15)。この計画は、実質的な援助額からいえばそれほど大きな意味を有していなかったものの、ジョンソン大統領が、六四年四月二三日の記者会見において、「第三国の国旗」が、南ベトナムに目に見える形で存在していることを要求したことにみられるように、同盟国や支援国のベトナムにおける存在は、アメリカによる単独の戦争という帝国主義イメージを払拭する意味で、政治的には非常に重要な意味をもっていた。

他方、軍事的な貢献という点では、オーストラリア、ニュージーランド、韓国、フィリピン、タイの五カ国が、アメリカの要請に応えて、部隊を南ベトナムに派遣した。フィリピンは、公式声明や国際舞台でのアメリカのイニシアティブ支援、基地使用による支援に加えて、工兵部隊や医療班の派遣を通して、アメリカのベトナム戦争遂行を支援した。オーストラリアは、六八年一〇月までに約八〇〇〇人の戦闘部隊、一〇〇人の顧問、後方支援のための空軍部隊を派遣するまでになった。ニュージーランドも、歩兵部隊五五〇人、砲兵隊、工兵隊を含む軍事的支援をおこなった。オーストラリアとニュージーランドの派兵の動機として最も重要であったのは、やはり、東南アジアへの共産主義の拡大の阻止という脅威認識であった(16)。韓国は、六五年からベトナムへの派兵を開始し、その数は二個師団にのぼった。反共主義以外にも派遣決定の動機として重要であったのは、アメリカからの経済援助の減少に直面していた韓国としては、ベトナム派兵によって、ベトナム特需の恩恵を受けようとしたこと、援助の急激な削減に対する歯止め効果を狙ったことなどを指摘できよう。アメリカの対韓経済援助は一九五六年をピークに減少していたが、六八年には、七一年までに援助と借款を段階的に削減・終了するという決定がなされた（図5-2）。その決定の背景には、韓国による異常な対米依存を減らし、韓国の自立性と責任意識を涵養していくことが必要かつ健全であるとの判断が働いていた。しかし、派兵決定は同時に、国務省によると、「（韓国の）新たな自信と外部世界に対する新たな態度の直接的発現」でもあった[17]。

アメリカ―タイ間の軍事協力は、ラオスでの共産主義勢力の攻勢が進展する過程において、緊密化の度合いを深めつつあったが、六四年八月のトンキン湾事件以降、一層強まった。トンキン湾事件後、アメリカ政府は、共産主義中国または北ベトナムによる攻撃に備えて、タイ空軍基地を使用する許可を獲得した。続いて、六五年二月、北ベトナムが、南ベトナムのプレイク米軍基地を攻撃すると、タイ政府は、米軍による報復空爆のための基地使用に同意した。その後、北ベトナムおよびラオスの浸透ルートに対する米軍の空爆強化に伴い、米空軍によるタイ基地の使用および必要な軍事施設の建設は拡大した。タイ政府は当初、タイ基地からの米空軍の出動については公表しないことを強く主張していたが、六七年三月には、基地使用を公に認めるようになった。こうしたアメリカ―タイ軍事協力の緊密化の背景には、ベトナム戦争の行方が、タイの安全保障に影響を及ぼすとのタイ政府側の認識の深まりがあった。六七年九月のタイ政府による初の戦闘部隊二〇〇〇人の南ベトナム派遣も、同様の脅威認識にもとづくものであった。同年一一月には一個師団（一万人）の派遣が発表され、そのうち五五〇〇人が、六八年八月にベトナムに到着した。米軍による北ベトナムとラオス輸送ルートに対する空爆が強化されるに伴い、タイ駐留米軍数も六五年一月の三万四五〇〇人から六八年一月には四万四五〇〇人に増加した[18]。

ベトナム戦争は、アメリカ政府に地域主義政策の導入を重視するような内外の状況を作り出し、そのような状況は同時に、アジア諸国のなかに、「地域的結合」によって、ベトナム戦争が作り出している諸力と状況に対応していく必要性を実感させることになった。このことは、大なり小なり、日本についてもいえることである。

3　ベトナム戦争のなかの日米安保

(1) アジアにおける日本の役割とアメリカの対日要求

ジョン・F・ケネディ政権成立当初の最大の課題は、アメリカの国際収支の悪化問題であった。国際収支の悪化問題は、アメリカのヘゲモニーの経済的基礎を危うくするものであっただけに、ケネディ大統領は事態を深刻に受けとめ、この問題の解決に取り組んだ。その解決策の一つとみなされたのは、同盟諸国に対する役割分担の要求であった。その結果、一九六一年秋、アメリカ―西ドイツ間に、西ドイツにおけるアメリカの軍事支出を相殺するための協定が初めて締結されることになった。西ドイツは、この協定によって、アメリカ製兵器の購入および軍事訓練の費用の補填という形で、年間七億ドル相当の支出を担うことになった。この協定は、一九六三年、一九六五年と更新された[19]。

ケネディ政権以来のドル防衛策は、ジョンソン政権のもとでのベトナム戦争の拡大と戦費の増大によって、一層重要性を増した。一九六〇―六六年までの六年間におけるアメリカの対外軍事支出は年平均三一億ドルにものぼり、アメリカの国際収支赤字総額をおよそ五〇％も上回っていた[20]。したがって、為替レートや価格政策の操作によって直ちに解決できるといったような性格のものではなかった。貿易とサービスの分野では黒字を記録していたが、この黒字は、重い軍事負担、公的借款や公的資本流出、私的資本流出をまかなうのには不十分であった。したがって、アメリカ政府は西ドイツその他の欧州同盟諸国に対する場合と同様に、日本によるアメリカ製兵器の調達に期待し、そのための防衛予算増を強く求めてくることになった。しかし、アメリカの対日軍事支出は、この時期の日本の防衛予算全体に相当するほどの巨額なものであり、日本によるアメリカ製兵器や軍事技術の購入だけでは、解決に程遠い状況であった。それゆえ、アメリカ政府は、その他の是正措置や協力を求めただけでなく、アジアにおいて、日本がより大きな役割と責任を担うよう求めることになる。

しかしながら、日本がアジアにおいて、より大きな役割と責任を担っていくためには、内外に、さまざまな制約が存在していた。たとえば、六〇年代を通して、憲法九条の存在とそれを支える政治勢力の問題、核兵器に対する日本人の特別の感情、日米の安全保障観の相違、日本による過去の戦争責任への取り組みや日本軍国主義復活の恐れに対するアジア諸国の感情、などがそれである。日米安保の持続と変容を考察するにあたっては、これらの制約が、どのように克服されることになったのか、または緩和されたのかを検討しなければならない。と同時に、こうした制約要因の克服や緩和に役立った要因についても考察をくわえる必要がある。

(2) 高度経済成長とナショナリズムの高まり

一九六〇年安保改訂闘争に関する優れた研究を行なったパッカードは、「一九六〇年は軍国主義者たちを連想させる悪として、長い間抑圧されていたナショナリズムという主題そのものが尊敬に値しうる話題として再び出現した年である」と述べ、戦後日本に「新たなナショナリズム」が台頭してきたことに注目している。[21] 池田勇人首相は、一九六一年六月、ケネディ大統領との会談のため訪米したが、アメリカ議会における演説の中で、アメリカからの援助を要請しに来たのではなく、「わが国の経済成長に伴い、漸くわが国も、今日世界の平和と安定の問題の鍵を握る低開発諸国の経済建設と民生向上を助けるための自由世界の共同事業」に貢献することができるようになった、と胸をはった。戦後復興とその後の急速な経済成長によって、自信をもちはじめた日本国民の声を代弁するかのように、池田はその後も、日本のアジアにおける役割に積極的な姿勢をみせるようになった。池田は一九六三年一一月二四日、大平正芳外相と伴にケネディ前大統領の葬儀参列のため訪米し、ジョンソン新大統領と会談した。大統領が、対外援助費に対するアメリカ議会の厳しい態度について説明し、この分野での日本の支援を希望していると述べたのに対して、池田は、アメリカの対外的負担を縮小するという一般的傾向は避けがたいように思えると理解を示したうえで、日米両国が協力して東アジアの「低開発諸国」に対する広範な経済援助に力を入れてはどうか、と応じた。さらに、六四年一月に開催された第三回日米貿易経済合同委員会の折り、首相官邸でのディーン・ラスク長官との会談の席で、日本は「今や、自らの足で立ち、独自の考えを持つ決心である」と述べている[22]。池田は、六二年一一月の欧州訪問の旅のころには、自由主義諸国は、北米（米加）、ヨーロッパ、日本およびアジアの三本の柱が中心となるべきであるとの考えをいだくようになっており、帰国後は、益々そのような考えを強め、一一月二九日の日比谷公会堂での帰朝演説では、日米欧の三本柱という考えを開陳している[23]。

アメリカ政府は、日本国内におけるそうした変化の兆候を読み取り、「日米パートナーシップ」を謳い文句に、日本のアジアにおける役割と責任の増大を求めた。六四年に在日アメリカ大使館の助けを借りて作成された、対日政策の将来に関する国務省文書は、「今後一〇年間を見通してみると、わが国は、より強大で自信に満ち、ナショナリスティックになりつつある日本を相手にしていかなければならないと思われる」と予測した。また、同年六月のアメリカ中央情報局（ＣＩＡ）の報告書は、池田首相が、「西ヨーロッパ、アメリカと伴に、日本を自由世界の三本柱の一つと考えている」と述べたうえで、池田政権は、「防衛に対して、益々積極的な態度をとってきているように思える」、と観察していた。さらに注目されるのは、同報告が、「軍部に対する世論の無関心ないしはあからさまな敵意が、徐々に容認の態度に変化してきていると思われるいくつかの兆候が現れている」と分析している点である。憲法上の制約は軍事力強化に対する障害になっているし、日本の世論は、繁栄する日本経済と国際政治における増大する役割に見合った軍事体制を維持する日本の必要性を理解しているというには程遠いが、「戦後日本に支配的であった深い反軍国主義感情は次第に弱まってきているし、池田政権は徐々に、日本の軍隊を強化しつつあり、軍隊に対して、もっと公然と理解ある態度をとりつつある」とみていた[24]。

同報告の分析を裏付けるかのように、在日アメリカ大使館は、一一月一四日の国務省宛電文のなかで、一一月一二日に佐世保に入港した米原潜シードラゴン号に対する世論の態度について以下のように打電した。米原潜の初の日本寄港は反対デモと警官隊との衝突という事態を生み出したが、エドウィン・ライシャワー大使は、日本人の「核嫌い」を運動の争点として利用しようとする反対勢力の試みが失敗に終わったと分析し、これは「日本の世論がますます成熟し、洗練されてきている証拠」だと受け止めた。それゆえ、大使によると、今回の佐世保への原潜の寄港問題は、「日本世論の思考の歓迎すべき転換点を印す」ものであった(25)。

一九六四年一〇月、池田首相が病気退陣したことにより、一一月九日に第一次佐藤栄作内閣が誕生した。同年末の在日アメリカ大使館から国務省に宛てた防衛関係の現状を分析した報告書は、今後三―五年が、防衛関係のありようを長期にわたって決定する日本人の思考と行動のパターンを定める時期になろうと予測し、「日本による防衛上の役割の根本的再考」を歓迎すべきだ、と述べている。同報告書は、これまでの日本政府との防衛問題に関する話し合いは、日本本土にとっての脅威およびこの脅威に対抗するための日本の防衛努力の強化の必要、あるいはアメリカの対日軍事支出を相殺し、金の流出問題を緩和するために、アメリカ製兵器を日本にさらに購入させる必要という狭い文脈のなかでなされてきたこと、しかもその結果はかんばしくなかったことを反省し、次のような注目すべき提言をおこなった。すなわち、「極東における地域的性格をもった現在および将来の諸問題に日本が利己利益を有していること、およびこのより広範囲の防衛努力の文脈において、はじめて日本の防衛は意味のあるものとなるという事実を強調する」よう勧告した(26)。これは、アジア地域全体の経済開発と政治的安定に利益を有するリージョナル・パワーとしての日本の自覚と責任を求めたものと言えよう。こうした情勢報告の背景には、在日アメリカ大使館による日本の各界指導者たちとの数ヵ月間におよぶ接触と話し合いを通して、開発途上国援助増大の必要性についての論議が活発におこなわれていることが判明したこと、しかも発展途上国の経済開発は、日本の長期的な商業的利益に役立つとの認識にくわえて、これらの国々の政治的不安定を克服するための日本としての「責任ある役割」の自覚が高まっていることが確認されたことがある(27)。

(3) 佐藤政権と地域主義への対応

ライシャワー大使は、一九六四年一二月二九日、初のワシントン訪問を翌年一月一〇日に控えた佐藤首相に面会した。

佐藤は、ワシントンでの話し合いの主要議題は、防衛問題だとの見解を大使に伝えたが、その際、「アジアにおける防衛線は朝鮮の三八度線から台湾海峡を経てベトナムにいたる」と考えていると明言した。日米安保の適用範囲は、佐藤の見解では、すでに日本本土防衛を越えたものになっていることが注目される。ライシャワーはさらに、池田首相が、防衛問題で非常に用心深く、また世論より先を歩くことをしない政治家との評価を得ていたのに比べると、佐藤の「率直さと熱意」は新鮮な印象を与えたと、会談の印象を国務省に伝達している。(28) また、佐藤首相は、在日駐留米軍や日米安保が、日本の安全だけでなく、「極東」の安全に貢献しているとの認識を有しているとして、この点を評価した。これに対して、日本側も沖縄問題に関しての池田内閣との違いを強調するなかで、佐藤首相の場合、沖縄返還をただ単に求めているのではなく、沖縄の米軍基地が、「極東の安全の維持」に貢献している点を最重要視していることをアメリカ側に理解してもらうことに努力を傾注した。その結果、ライシャワー大使は、佐藤首相の沖縄に関する姿勢は、「極東における首相の全体的姿勢の一部」であり、彼の提案は、そのような観点から処理されるべきものである、と国務省に具申していた。(29) 大使は佐藤首相が、沖縄の問題を、アジア全体の安全保障との関連で考えている点を評価したのである。そうした考えはまた、国務省およびアメリカ政府の立場と一致するものであった。佐藤の場合、沖縄の米軍基地の役割認識に関しても、日米安保の持続と変容を促す性格を示していた。

佐藤首相は、一九六五年一月一〇日からワシントンを訪問し、佐藤―ジョンソン会談において、両首脳は朝鮮半島における三八度線の保持に関する日米両国のコミットメントを確認した他、佐藤は沖縄問題で、上述のようなアメリカ政府の認識に「完全に同意した」。また、この会談でのアメリカ政府にとっての最大の関心事はベトナム戦争であったが、ジョンソン大統領が、ベトナム問題で「日本は何ができるのか知りたい」と迫ったのに対して、佐藤首相はまず、アメリカに「忍耐と寛容」を求めたうえで、日本としては、医療班の派遣という線に沿った貢献ができると述べ、国連の後援のもとであれば、さらなる援助ができると回答した。佐藤は続いて、東南アジアにドミノ現象が出現しないように希望すると述べ、そのためにアメリカが、ベトナムから撤退しないように確認を求めた。(30) このような佐藤首相のベトナム戦争の位置付けからすれば、アメリカのベトナム戦争遂行に日本がなるべく協力するのは当然の論理であった。一九六五年四月、武内龍次駐米大使からラスク長官に手交された佐藤首相からの大統領宛書簡は、「ベトナム戦争の行方は東南アジア全体の平和にきわめて重要な影響を及ぼす」との認識を示し、それゆえ日本政府は、ベトナムにおけるアメリカの努力を支持する、と明言した(31)。アメリカのベトナム戦争遂行努力を支持するという佐藤首相の基本姿勢は、その後も変わらなかった。くわえて、東南アジアの政治的安定と経済的繁栄を日本の安全保障と一体のものと位置付ける佐藤首相の基本姿勢ゆえに、佐藤政権のもとでの東南アジアへの開発援助は、その政治的な意義をより強く意識したものとなった。

日本の置かれた状況のもとでは、ジョンズ・ホプキンス大学での大統領演説の内容は、まさに佐藤首相の歓迎するところであった。佐藤首相は翌日、自らライシャワー大使に電話をかけ、大統領演説を歓迎する旨伝えた。また、大使もバルティモア演説は「極めて有益」であるとのコメントを国務省に打電した(32)。この演説が重視する、東南アジアの開発という考えは、日本が、アジアにおける役割を拡大していこうとしている時、軍事的な貢献のできない日本にとっては、まさに格好の枠組みを提供するものであった。日本政府はアメリカの期待に応えて、日本が、主導するアジア首脳会議の開催を検討し始めたが、それは、一九六六年四月六、七の両日、戦後初の国際会議である東南アジア開発閣僚会議の東京開催という形で実現した。日本はこの会議で、ＧＮＰの一％を開発援助に向けると発表した。国務省の内部文書は、この会議が大成功を収め、「アジアの地域主義の主要な諸制度の一つ」となった、と高い評価を与えた(33)。

「アジアの地域主義の主要な諸制度の一つ」としてさらに重要なのが、アジア開発銀行（ＡＤＢ）設立であった。その創立総会は、一九六六年一一月に東京で開催された。ＡＤＢは、一九六三年一二月にマニラで開かれた第一回アジア経済協力閣僚会議に、国連アジア極東経済委員会（ＥＣＡＦＥ）が、アジア地域銀行設立を議題として提出したことに始まるが、日本もバルティモア演説後はその創設に深く関与し、重要な役割をはたした。日本は設立資金として、アメリカと同額の二億ドルの拠出に同意し、さらに同銀行の農業特別基金に一億ドルを拠出することになった。アメリカと同額の拠出金を日本が出すということの政治的意味は、佐藤にとって明らかであった。それは、アメリカという超大国と少なくともＡＤＢに関しては、対等の位置付けになるということを意味していた。したがって、佐藤がアメリカの同銀行への参加を特に重視した理由としては、資金力の限界ということの他に、日本の国際社会における威信の高揚という側面があったことも見逃せない。ＡＤＢ設立交渉過程において、総裁ポストと本部の東京誘致との二者択一を迫られたとき、日本政府が後者を優先させる決定をし、その誘致合戦を展開したことは、その挫折にもかかわらず、本部を東京におくことが、日本の役割の象徴的意味合いをもっていたからにほかならない(34)。

また、佐藤首相は、前政権の政治的「低姿勢」とは対照的に、日本の政治的役割を強く打ち出す姿勢をとった。それだけに、アジア諸国の反発を招かないような配慮も必要であった。それゆえ、マルチの枠組みのなかで、アメリカの参加と協力を得て、アジアにおける地域協力を促進するという地域主義アプローチは、アジア諸国の警戒心を緩和するという点で好都合であった。ＡＤＢ設立交渉過程で重要な役割を果たし、アジア開発銀行初代総裁に就任することになる渡辺武によると、日本がイニシアティブを取ることに対する他のアジア諸国の反発を恐れて、慎重かつ低姿勢に終始することにし、イニシアティブは、他のアジア諸国にとらせることにしたという(35)。アメリカも参加する地域主義の枠組みは、渡辺にみられるような懸念を緩和するものであった。

渡辺の懸念にはそれなりの歴史的背景に根ざした根拠があったことは否定できないにしても、同時に誇張も含まれていた。六〇年代半ばのアジアにおいては、地域主義や地域協力の動きが活発であり、日本の経済力への期待も高まっていた。したがって、軍事的な役割とは異なる、経済協力を介しての日本の役割には大きな反発が予想されるような状況ではなかったというべきだろう。事実、一九六五年三月にウェリントンで開かれた第二一回ＥＣＡＦＥ年次大会において、日本の朝海浩一郎首席代表が、ＡＤＢ設立に生温い支持でしかないと受けとめられるような見解表明をおこなうと、他のアジアの関係国から批判が噴出したため、朝海は急遽、外務省に打電し、単なる支持表明に代わる共同提案国となる許可を要請し、許可される、という事態に直面した(36)。日本の指導的役割への期待が存在していたというべきであろう。ライシャワー大使から国務省に宛てた一九六六年四月九日付電文は、東南アジアにおける日本の積極的イニシアティブを勧告するなかでこの点に言及し、「日本は極東における指導者として受け入れられない」との議論もあるが、「しかし、もし日本が十分なお土産を携行するならば、このような主張は恐らくもはや妥当ではないだろう[37]」、と分析していた。この時期のアジア諸国のなかには、そのような状況が出現しつつあったといえるだろう。

4　日米安全保障観の相克と池田勇人政権

(1) 戦後日本の安全保障観と池田政権

戦後の日本においては、もちろん鳩山一郎、中曽根康弘などの「自主防衛」論者にみられるように、古典的な安全保障観の下、勢力均衡論に立脚した外交を唱道する勢力も存在していた。しかし、国民の大多数および「革新」勢力に代表される安全保障観はそれとは異なり、憲法九条に立脚した非軍事的手段を基礎とした安全保障観であった。「保守本流」といわれる自民党の政治家たちでさえも、軍事力の役割を否定するものでは毛頭ないが、経済力などの非軍事的手段をより重視する安全保障観をいだいていたといえよう。戦後の日米関係の処理にあたって、「安保体制派」といわれる自民党の保守本流にとっての最大の課題は、米ソ対立が国際政治の基調をなしている状況の下で、日米安保をアジア戦略の要と位置付けるアメリカの戦略的要請と憲法上の制約の下で非軍事的手段を重視する安全保障観との相克をいかに調整するかということであった。したがって、日米間には、安保条約から両国が得ている利益とそれに見合った義務をめぐって、しばしば対立が生じた。一九五五年四月九日に承認された国家安全保障会議政策文書（NSC五五一六／一）は、「アメリカと日本の間の利益と目的の主要な対立点」という項目のなかで、日本はアメリカの軍事的保護の必要を認めながらも、「日本に対する侵略の脅威をアメリカほど重大に受け止めていない」ために、在日米軍基地は、日本防衛のためだけでなく、「アメリカの戦略的利益にも役立つ」のであり、「戦時には、日本を危険なまでに核攻撃にさらすもの」とみなしていると述べ、在日米軍基地をめぐる両国の対立点を指摘している。さらに、同文書は、日本が、直接侵略の危険を割り引いて考えているので、「政治の安定と経済力強化を軍事的発展に優先させている」として、このことが、「日本の防衛支出を増大させようというアメリカの努力に抵抗している」原因だとされた[38]。こうした日米両国の脅威認識の相違や、政治の安定と経済力強化を優先させる日本と日本の防衛力増強を優先させようとするアメリカとのあいだの緊張関係は、その後も継続することになる。

池田首相に関してはしばしば、経済一辺倒であり、東南アジアを貿易市場としてのみとらえていたとの評価が存在する。佐藤は、一九六四年七月の総裁選出馬声明のなかで、「経済力とともにわが国の国際的地位はあがったが、真に自主性のある外交は展開されなかった。この意味からも、池田君の時代は終わったと思う」と語り、池田首相の外交姿勢に不満を表明した[39]。佐藤の意味するところは、東南アジアをもっぱら、経済の対象としてのみとらえ、日本の政治的役割をないがしろにしてきたとの批判である。しかし、そのような池田の「経済外交」に関する評価は、何が一国の安全保障の基礎をなすのかに関する見解の相違、ないしは池田の安全保障観に関する誤解に根ざしたものである。すでに指摘したように、一九六一年六月の訪米中のアメリカ議会での演説のなかで、池田は、「世界の平和と安定の問題の鍵」として、「低開発諸国の経済建設と民生向上」への日本の貢献について語ったが、それは経済建設が民生向上を生み、政治的安定をもたらし、その結果、「平和と安定」に貢献するという安全保障観である。したがって、池田はケネディとの会談でも、日本の経済援助は「民生の安定に役立つ方向でやりたい」とし、政権維持のための資金援助というアメリカの方式には批判的であった。

池田は、一九六三年一一月四日から訪欧の旅に出かけたが、この時の欧州経済共同体（ＥＥＣ）の実験をつぶさに観察して、経済は、外交や安全保障の武器になりうるとの自説に一層自信をもった。帰国後の一一月二九日におこなわれた日比谷公会堂での演説会では、ＥＥＣは、「経済的にも強くなり、戦争を阻止する力をもつだろう」、「各国が孤立し繁栄しうる時代は去った。われわれはアジア近隣と、今後ますます協力の基礎をかためていかなければならない。相手の国が栄えることは、わが国もまた栄えることにほかならないのである」、と述べた[40]。池田は、軍事力の役割を否定していたわけではないが、戦後日本をとりまく内外の環境（与件）を踏まえたとき、経済的相互依存の認識に立って日本およびアジアの安全保障を追求していくことに、現実的政策を見い出したのである。こうした池田の安全保障観が、一九六三年二月に訪日したアメリカの国防次官ローウェル・ギルパトリックとの会談のなかで、「日本に飛行機や潜水艦を一機でも多くもたせれば、日本の防衛力が増強されると考えるのは早計だ。日本人の心構えがいちばん大事なのです。……アメリカの援助がなくても、自分たちの力で日本の防衛力は増加させていきます」との発言を生み出したのである。[41]

六〇年に改訂された日米安全保障条約第二条は、「安定および福祉の条件を助長することによって、平和的かつ友好的な国際関係の一層の発展に貢献する」となっているが、新たに設けられたこの「経済条項」は、より広義の経済的・政治的関係が、同条約の基礎にあるとの基本認識を示すものであった。安保改訂交渉に臨むにあたって自民党内で作成され、党内合意を得た自民党安保条約改訂要綱（一九五九年四月九日）は、「安全保障関係はより広い政治的経済的関係の一環としてのみ成り立ち得るところであるから、この見地より政治経済の分野における両国の協力関係を明らかにすることとし、併せて安全保障に関する一般的協力関係を明らかにする」との認識を示したが、当時安保改訂に反対していた自民党の実力者河野一郎も、同様の認識を持つに至り、反対の態度を変えることになった。[42]したがって、五〇年代後半の安保改訂交渉の過程において、日米安保条約の内容には、安全保障をより広義に捉える見方が新たに加わるという安保観の変容が生じていたのである。池田の安全保障観は、六〇年安保条約の第二条の「経済条項」のそれと合致したものであったし、池田はそうした安全保障観を日本のなかに定着させることに貢献した。一九六一年六月の池田・ケネディ会談の合意に基づき、日米貿易経済合同委員会が設置されたが、その目的は、日米安保条約第二条の精神を実現することにあった。そのことは、会談後発表された日米共同声明が、大統領と総理大臣は、「両国間に存在するこの提携を強化するために、貿易及び経済問題に関する閣僚級の日米合同委員会を設立し、これによって相互協力及び安全保障条約第二条の目的達成に資することに意見の一致をみた」と謳っていることに明白である。

5　佐藤栄作政権下のベトナム戦争と中国への対応

（1）沖縄返還とベトナム戦争

佐藤首相の安全保障観は池田に比べると、より伝統的な安全保障観に近かった。しかし、その佐藤にしても、「保守本流」の安全保障観の枠内にあったというべきで、経済が、安全保障に貢献するとの認識を否定するものではなかった。そのことが、軍事力を重視するアメリカの冷戦型安全保障観とは性格を異にし、ベトナム戦争への対応をめぐって、日米関係をしばしば緊張させることになった。一九六五年七月、ラスク長官は大統領宛覚書のなかで、「佐藤政権はアジアにおけるアメリカの政策に対する支持を表明し、日本および極東におけるわれわれの目的に基本的に理解を示している」と評価した。しかし同時に、「一九六〇年の日米安保条約をめぐる暴動以来、ベトナムにおけるわれわれの最近の行動ほど日米関係に深刻な影響を与えたものはない」とも述べ、ベトナム戦争が、日米関係の重大な緊張要因になっていることについて、大統領に注意を喚起している。[43] 佐藤首相によるアメリカのベトナム戦争支持政策はしばしば、日米関係を緊張させることになった。

一九六四年一二月末のライシャワー大使との会談のなかで、佐藤首相は、アメリカが、ベトナムで大きな犠牲を払っていることを認識しているとしながらも、「最も重要な問題は民生の安定を作り出すことである」と述べ、さらに東南アジアに対する日本の貢献に関しては、国連のような国際機関を通したほうが有益だ、との見解を示した。[44] 翌年二月には、国会審議に備えた準備作業の一環として、日本政府は在日アメリカ大使館に対して、①ベトナムにおける戦闘において、アメリカはどこまで範囲を拡大する覚悟なのか、②ベトナム戦争でのアメリカの戦闘行動と理由について説明するためにソ連とは接触しているのか、③ベトナム戦争は、中ソの和解を促すかもしれないという危険を認識しているのか、という三点について、アメリカ側の見解を求めた。だが、とくに①に示されるように、日本側には、アメリカが武力による問題解決に傾斜することによって、戦争を拡大し続けることについての懸念が強かった。したがって、ジョンソン大統領が、六五年四月七日のバルティモア演説において、東南アジアの開発と戦争の交渉による解決を強調したことは、佐藤を非常に喜ばせ、同演説は「今や自分がいだいていた疑念と不安を解消した」、とライシャワー大使に自ら電話で伝えたほどであった。これに対して、ライシャワーは、日本国内に強まっている戦争拡大の恐怖に対しては、「これを完全に払拭することはできない」とし、アメリカの戦争目的の防衛的、限定的性格、これらの目的をハノイ、北京、モスクワが理解していること、相手側のこれまでの反応は、ハノイの空の防衛に限定されていること、などを強調することによって緩和する他に方法がない、との見解を国務省に打電している。(45)

アメリカの戦争拡大政策によって、日本が戦争に巻き込まれるのではないとの恐怖感が、日本国内に広がるにつれて、日本の国内世論のアメリカのベトナム戦争批判も高まった。日本も巻き込まれるかもしれないという不安の背景には、在日米軍基地が、ベトナム戦争の作戦に使用されたことと不可分の関係にあった。一九六五年七月二九日、台風避難を理由に沖縄に飛来していたB—52爆撃機三〇機が、沖縄からサイゴン南東へ渡洋爆撃を実施したため、日本国内には激しい抗議の声が上がった。社会党の佐々木更三委員長は、アメリカは、台風による避難を口実として沖縄の基地を使用し、日本国民を戦争に巻き込もうとしていると非難した。佐々木は特に、ベトナムが、安保条約にいう「極東」の範囲に含まれるのかを追求することによって、B—52爆撃機とベトナム戦争を安保条約との関連で問題にした。民社党や公明党も抗議声明を出した。佐藤首相は、沖縄の基地をベトナム戦争の作戦に使用するアメリカの権利を疑うものではないとしながらも、八月一九日に予定されていた首相の沖縄訪問も含めた国内世論への悪影響に「深い個人的懸念」をライシャワーに伝えた。ライシャワーは、今回の在沖縄米空軍の渡洋爆撃は、佐藤の沖縄訪問を前に、日本とベトナム戦争と沖縄を劇的な形で結びつけることになり、日本の左翼勢力に強力な安保批判の材料を提供したとし、今回のアメリカ側の行動が、日本国民にベトナム戦争への「直接的関与の意識」を付与した点を重視した。(46)国務省は、今回の行動に関する日本の世論、とくに保守勢力の反応を懸念し、状況報告と分析を要求してきた。在日アメリカ大使館は、保守派の人たちの公式反応は「穏健かつ間接的」なものであり、一九六〇年安保闘争の時の状況とは異なると回答した。しかし同時に、外務省筋からは、佐藤首相は「ショック」を受けたと伝えられたこと、将来の沖縄からの爆撃作戦を実施する場合には、「慎重な行動」と「日本の国内感情への十分な配慮」を求められた旨返電した。(47) かくして、六五年二月の北爆開始以来、日米関係は最悪の状態に陥った。ライシャワーは、六五年八月三一日に佐藤首相と面会した際、「第一義的には、日本国内におけるアメリカのベトナムでの行動に対する世論の広範な批判ならびに日本および琉球における米軍基地使用に対する反対のゆえに、日米関係は過去数カ月間、停滞状態ないしは悪化している」と憂慮を表明した。しかも、ベトナム戦争支援の要請に対する佐藤首相の反応は、他の保守派の政治家たちと同様に、「基本的にはぐらかす」というものであり、「失望した」、とライシャワーは国務省に打電した。(48)

日米間に「緊張が高まっている時」ではあったが、ライシャワーは、実は、八月三一日の佐藤首相との会談のなかで、より強力な実りある関係を構築するために、日米関係の将来に関するより突っ込んだ協議をする用意があるかどうかを打診した。アメリカが、それらの協議を通して期待したのは、①日本の利益がベトナム戦争の行方と密接に関係があることを国内世論に対して説明するにあたって、これまで以上に積極的姿勢をとること、②日米共通の利益に関するより深い理解を達成するために、ベトナム戦争を出発点として、長期的な日米関係を根本から全面的に検討すること、であった。ライシャワーは、その際、佐藤首相に対して、東南アジアにおける共産主義の勝利を阻止することは、アメリカと同程度に、日本にとっても利益であることを認識するように要望した。そのような協議の必要性については、ワシントンの了解を得たものであった。ライシャワーは、九月一日、椎名悦三郎外相、松野頼三防衛庁長官、ユリシーズ・シャープ太平洋統合司令官らの出席のもとに東京で開かれた第六回日米安保協議委員会の席でも、日米相互安全保障に関する諸問題の全局面にわたって、十全の対話を歓迎するとのアメリカ側の希望を開陳した。ライシャワーは、そのメッセージは「明確に理解された」と述べている。(49) しかし、佐藤は八月三日の会談の席では、「はぐらかす」態度に終始し、ライシャワーを「失望」させた。その最大の理由は、一〇月五日から一一月末までに予定されている国会で、日韓基本条約を批准するという難題を抱えており、政府としては、この条約の成立に全力を投球する必要があったからだ。

佐藤政権は、六五年一一月一二日に衆議院本会議で、さらに一二月一一日に参院本会議で、日韓基本条約をそれぞれ可決させると、一九七〇年の安保改訂を視野に入れた安保条約の継続の必要性を世論に訴えるキャンペーンならびにベトナム戦争支持政策に関する世論工作を展開し始めた。他方、佐藤首相、外務省、日本政府の意向を踏まえ、日韓基本条約批准までは米原潜の佐世保入港には反対であるとしていた在日アメリカ大使館も、日本政府と緊密な連絡をとりながら、積極的な世論工作に乗り出した。参議院本会議で法案が可決された後の二四日、シードラゴン号が佐世保に入港したのに続いて、アメリカ政府は、二六日には、原子力空母の日本寄港を非公式に要請するとともに、米海軍は、空母エンタープライズを第七艦隊に配属すると発表した。さらに、一二月二〇日には、米原潜プランジャー号が、翌年一月一八日には米原潜サーゴ号が、それぞれ佐世保に入港した。佐藤首相は、同年一月二八日の施政方針演説のなかで、中立は幻想だとして、日米安保条約の堅持を強調したのに続き、二月一四日には、衆議院予算委員会で原子力空母の安全性を確認すれば寄港を承認すると答弁し、さらに三月八日の同予算委員会では、日米安保条約の長期存続を示唆した。ライシャワーは二月一四日、こうした日本政府による世論工作の活発化について、日米安保の日本にとっての利益を国民に理解させるための、「政府・自民党による一致したキャンペーンが防衛分野で進行中である」と打電している。この間、クリスマス休戦に伴い、前年一二月二四日から翌年一月三一日まで北爆撃が停止されたことによって、日本国内の対米批判が緩和された。このため、ライシャワーは、日米関係は「大いに改善された」とし、ベトナム戦争への支援も含めて、「日本政府とその支持者たちは、アメリカにとって重要な関心事である多くの防衛問題に関して、十分に協力している」、と本国に報告した。[50]

こうした情勢変化を踏まえて、一九六六年四月二九日のＣＩＡ特別報告書は、次のような評価を下している。佐藤首相は、一九六五年末の時点では、安全保障政策で公然とより強い姿勢を打ち出すことは政治的に不可能とみなしていたが、いまや、社会党による安保条約や「アメリカ帝国主義」批判にもかかわらず、「一九七〇年後も引き続き日米安保条約を継続する必要性について、益々歯に衣をきせぬ声明を出している」。また、政府指導者たちは、「高まりつつあるナショナリズム」を利用して、自国防衛のためのより大きな努力の必要性と、日本の安全の不可欠の一部として、日米安保条約を堅持する必要があることなどを強調している。CIA報告はこのように分析したうえで、日本国民は、「国の安全に関して真剣かつ責任ある論争に着手した」として、佐藤政権の努力を評価した。さらに注目されるのは、佐藤首相の日米安保問題での積極的姿勢の背景には、「この問題に関して世論が成熟した」との「佐藤の自信」を読み取っていることである。すなわち、世論はいまや防衛問題を、「より現実的な枠組みのなかで」検討する用意が整っている、としていた。CIA報告は、その証拠として、自衛隊および「自由世界」との同盟に対する世論の容認の増大にくわえて、佐世保への米原潜の寄港に対する「世論の比較的穏やかな容認」を挙げている。後者について、同報告は、「核問題においてさえ、世論が益々寛大になってきていること」を示すものだと分析している。[51]

佐藤政権による日本の安全保障と日米安保についての世論啓発キャンペーンが進行するなかで、一九六七年一一月一二日から二〇日まで、佐藤首相、三木外相ら一行がワシントンを訪問した。この訪米は、アメリカにとっても重要な意味をもっていた。ラスク長官による大統領宛覚書は、佐藤―ジョンソン首脳会談は、「日本がいかに早く、大国としてメジャー・リーグ入りし、アジアにおけるアメリカの十全のパートナーとして成長するかに影響を及ぼす点で重要である」と位置づけていた。また、ラスクは、佐藤首相の意図も「明らかにそこにあり」、首相は、「ここ数年で、アジアにおける日本の関与を目に見える形で深めた」、と評価した。[52] 一五日の佐藤との会談のなかで、ラスク長官は、「日本がアジアで役割を拡大し、ADBや他のプロジェクトに益々大きな関心を示していることを喜んでいる」と評価する発言をおこなった。とくに、前年一〇月八日からの東南アジア諸国歴訪のさいに、国内の激しい反対デモに遭遇しながらも南ベトナム訪問を断行したことの意義を、「勇気ある行為」として讃え、日本がアメリカの戦争努力に協力していることを、アメリカ国民に納得させるのに役立った、と高く評価した。佐藤首相は、これに対して、東南アジア歴訪中、「東南アジアのいたるところで、アメリカが、自由を守るために犠牲を払っていることに対する認識と感謝の気持ちを見い出した」と応じ、さらに、北爆に批判的な人々が日本国内に存在するが、彼らは少数派であること、「こうした批判的感情が存在することに対して忸怩たる思いである」とまで述べた。さらに、ラスクの「勇気ある行為」という賛辞に対しては、「恐縮である」と答えている。この会談ではさらに、日本の地域協力との関連では、インドネシア援助で日米三分の一ずつの負担を求められたのに対して、これに同意し、アジア開発銀行特別基金への一億ドルの追加供与の要請に対しては、「真剣に検討する」と答えた(53)。アメリカ側は、日本による役割の拡大を今後も期待するとしたものの、全体として、日本のなかに、日本の利益とアジアにおける役割増大との相互依存関係の認識が出てきたことを確認できたという意味で、日米安保の持続と変容の一端を示す会談だったといえよう。

日米首脳会談では、沖縄や小笠原の返還問題も話し合われたが、安全保障の領域でのさらなる日本の責任分担の増大なしでは、沖縄の返還は困難だと感じた佐藤首相は、アメリカ訪問からの帰国後、日本人の「核アレルギー」の克服と防衛意識の向上に焦点を当てた世論啓発キャンペーンを開始した。その一つが、原子力空母エンタープライズの日本寄港問題の敢行であった。アメリカ政府はすでに、一九六七年九月七日に同空母の日本寄港を申し入れ、日本側も一一月二日に受け入れ同意の回答をしていた。また、佐藤首相は、アメリカ訪問からの帰国当日、小笠原は一年以内、沖縄は三年以内に返還合意成立と言明したが、さらに一二月五日の衆参両院での施政演説のなかで、自衛のための努力が沖縄復帰につながると強調する演説をおこなっていた。エンタープライズは、一九六八年一月一九日に佐世保に入港し、反対派の学生と警官隊が衝突した。原潜の寄港は、強い反対が予想されるなかで敢えて予定通り決行された。寄港のタイミングについては、日本政府が望めば変更可能であったが、日本政府からの変更要請はなかったことから、アレクシス・ジョンソン大使は、「佐藤首相は、エンタープライズの日本寄港を明らかに望んでいた」と感じた。その意図は明白で、補給や乗組員の休養に加えて、「われわれのアジア防衛の取り決めへの日本の関与の増大」、および「核ならし」であった。しかも、「核ならし」は沖縄返還が数年後に予想されるなかで、沖縄の米軍基地に核兵器を貯蔵することを望んでいるアメリカ政府としては、是非とも必要なことであった。(54) ライシャワー大使の後任として、一九六六年一〇月二九日に日本に赴任していたジョンソン大使によると、エンタープライズの寄港は、佐藤政府および自民党による日本人の「防衛意識」啓発キャンペーンに伴う国内論争と重なったこと、さらには、アメリカが沖縄の基地に核兵器を保持する必要性を主張していたため、これが沖縄返還の代償として要求されているとの憶測を生んだこともあり、「われわれおよび日本政府」が予想していたよりも反対勢力の運動が盛り上がったとしながらも、「訪問が先例を確立し、世論の動向を見極めるのに役立った」こと、したがって、「全体的にみた場合、この厄介な問題をなんとかうまく切り抜けたと信じる」、と分析した。(55)「核ならし」の効果はあった、と大使は判断したのである。

しかし、六八年一月二一日には、北朝鮮ゲリラ三一人が、韓国大統領官邸に侵入し、韓国警察隊と銃撃戦を交える事件に続き、二三日には、米情報艦プエブロ号が、北朝鮮に拿捕されという事件が発生した。さらに、一月三〇日には南ベトナム解放民族戦線（NLF）、北ベトナム軍による南ベトナム全土での大攻勢（テト攻勢）が開始され、三一日にはサイゴンのアメリカ大使館が、一時占拠される事態が生じた。二月には、沖縄の基地からB―52爆撃機が連日発進するなか、アメリカ政府は在日アメリカ大使館の勧告にもとづき、問題を公表しないことにしたが、沖縄では、一〇日に琉球立法院によるB―52基地化反対決議がおこなわれ、外務省としては、アメリカ大使館にB―52沖縄移住説に注意を喚起せざるをえなかった。

日米間には、これらの出来事の処理と対応をめぐって、再び関係がギクシャクすることになった。佐藤首相をことさら心配させたのは、ベトナム情勢の悪化であった。佐藤は、防衛庁を通して、ベトナム情勢の悪化に関するメディア報道に対抗するための材料を在日米軍に問い合せるほどであった。ジョンソン大使自身、敵によるケサン米軍基地の包囲という事態をどう説明し、「第二のディエンビエンフーにならない」との納得のいく根拠を佐藤首相に提供できるか苦慮している、と国務省に打電するという状況であった。(56) ただし、日米安保の持続と変容との関連で留意すべきことは、在日アメリカ大使館の分析では、沖縄住民や日本国内世論の反対は、B―52そのものに向けられたものというよりは、ベトナム戦争にそれが使用されている現状に対するものである、というものだった。したがって、沖縄の在日米軍基地を朝鮮半島における危機と関連づければ、日本政府の理解は得られる、と本国に伝えた(57)。

以上のような事態の展開の下で、アメリカのベトナム戦争遂行に対する佐藤首相の支持政策に一時的に迷いが生じるようになった(58)。首相の迷いをさらに強める事になったのが、六八年三月三一日のジョンソン声明であった。この声明のなかで、ジョンソン大統領は、北爆の一方的停止を発表し、ホー・チ・ミン北ベトナム大統領に対して、和平交渉への即時応諾を要請するとともに、自らは次期大統領選挙不出馬を発表した。この声明は日本国内では、アメリカによるベトナム戦争政策の転換であり、ベトナムからの撤退の前兆であると広く受け止められた。このため、アメリカのベトナム戦争遂行に一貫した支持を表明し、協力してきた佐藤首相は、野党やマスメディアの一斉批判を浴びることになっただけでなく、自民党内からも批判の声が上がるなど、苦況に立たされた(59)。他方、ワシントンの側からみると、アメリカのベトナム戦争政策に対する日本国内の批判と、それに対する佐藤政権の対応は、大いに不満であった。六八年六月にワシントンで開かれた日米安全保障小委員会に出席するために帰米中であったジョンソン大使は、一三日に大統領に面会した。ジョンソン大統領はその席上、「日米関係の長期的存続を期するためには、日本人は、両国の関係についての一方的な見方を克服しなければならないだろう」と語り、さらに、「われわれが、アジアの安全のためにベトナムで毎週四〇〇―五〇〇人の死者を出している状況の下で、最近の出来事に対する日本国民の反応によって突き付けられているような諸困難を、アメリカ国民は理解しないだろう」、と強い不満を述べた(60)。こうした大統領の認識を踏まえて、ジョンソン大使は、帰任後、「一方的な」見方を改善するよう日本側に強く要請したことは言うまでもない。

日本では、一九六八年一一月三〇日に第二次佐藤内閣がスタートし、愛知揆一が外相に就任した。新外相との会談のなかで、ジョンソン大使は再度、こうした見方を修正すべきだと強調したが、この会談で、両者は「両国関係が安全保障の領域において漂流しつつある」という認識で一致した(61)。

六八年末の日米関係の「漂流」の原因は、ベトナム戦争だけに帰することはできない。経済・貿易問題も日米間の摩擦要因として重要であった。また、アメリカの国内事情の問題もあった。すなわち、アメリカ国内における反戦運動の高揚が示すように、アメリカの対外的コミットメントに対する批判が強まっていた。それゆえ、ジョンソン政権首脳の間には、日本をはじめとするアジアの非共産主義諸国の役割の増大を求める声が、以前にも増して強まらざるを得ないという状況が存在していた。六月六日に牛場信彦外務次官、下田武三大使、ジョンソン大使らが同席した席でラスク長官がおこなった発言は、まさにこの点を強調したものであった。ラスク長官は、アメリカ国民の間に広まっている感情を指摘した後、「もはやアメリカ国民は一方的に警察官の役割を受け入れないだろう」、したがって、「アメリカ国民にとっての重要問題は、誰がこれらの責任を担うのか」である、と述べた。牛場次官は、「遺憾ながら、多くの日本人は現実から遊離しており、この点は、日本政府にとって無視できない」と回答するに止まった(62)。

この「現実からの遊離」の背景には、日米両国の安全保障観の違いや脅威認識の違いが存在していた。アメリカだけがベトナムで血を流しているのに、日本国民は積極的な協力をしないばかりでなく批判的でさえある、と不満を述べるジョンソン大使の言い分に対して、三木外相は、八月二一日の会談で、在韓米軍に対する支援という在日米軍基地の役割を日本は認識しており、朝鮮半島有事のさいの在日米軍基地からの作戦行動を日本国民は十分に支持するだろうとしながらも、日本は、北朝鮮が韓国を直接攻撃してくることはないと考えているとも述べて、脅威認識の違いを指摘した(63)。朝鮮半島の危機についてもこのような違いが存在したことから明らかなように、ベトナム戦争は、それが拡大して米中対決につながり、日本がそれに巻き込まれない限りは、日本の安全に直接関係がないというのが、日本国民の一般的な受けとめ方であった。

(2) 佐藤政権と中国問題

こうした脅威認識の違いが最も鮮明な形で現われたのが、中国問題であった。六〇年代を通して、アメリカ政府は共産主義中国をアジアにおける最大の敵とみなしてきた(64)。第三回日米貿易経済合同委員会に出席するため来日したラスク長官は、一九六四年一月二八日の大平正芳外相との会談のなかで、予想されるフランスの中国承認問題に言及し、フランスの態度は、中国の好戦的態度を助長するだけであるとして、日本の中国への接近を牽制したのに対して、大平は、朝鮮戦争、ベトナム戦争などでのアメリカの苦々しい経験のゆえに、アメリカの態度は理解できないわけではないが、日本国民は、中国における過去の戦争責任に対する罪悪感が残っていることもあり、アメリカ国民とは違った感情を抱いていると理解を求めた。大平は、東南アジアや中印国境紛争は日本国民にとっては身近なものではなく、関係ないこととみなされている、と釈明した。二月二九日のラスク—武内会談でも、ラスクは、「今日の世界で当面する最大の脅威は中国である」とし、中国の侵略的政策を助長するような行動はとるべきではないと繰り返した。ラスクはさらに、日本の中国政策は、「日米関係の問題としてみるべきではなく」、日本が、みずからのアジア政策を決定するにあたっての「重要な鍵となる要因」であること、したがって、中国の存在が、朝鮮、ベトナム、インドネシアなどにおける日本の利益にどう影響するかが問題である、と述べた(65)。共産主義中国を当面の最大の脅威として「封じ込め」ようとするアメリカと、それほどの脅威を感じない日本国民の中国観とのあいだには、常にギャップが存在した。

ケナンは、一九六四年一〇月の『フォーリン・アフェアーズ』誌掲載論文のなかで、「中国情勢に関する日米間の解釈上の見解の相違」を指摘し、「日本の対中国政策とアメリカの対中国政策が同一である必要はない」との観点から、「日中関係の改善への道を意識的に開いておく」ことを提唱した。ケナンは、「アメリカが、日本側の対中関係改善の取り組みの妨げになると考えられるような政策をとらず、日本側の特別な必要性や感情に理解ある態度を示す」よう提言した。ライシャワー大使は、ケナン論文が、「日本でかなりの関心を呼び起こし」、「すでに強い反響をもたらしている」として、同論文の主張に反論すべきだと打電したが、ライシャワーの電文の内容は、はからずも、日米間の中国認識の違いを確認するものとなっている。同電文はとくに、アメリカが、日中関係の発展にとっての主要な制約要因となっているというケナンの主張には、「誤解」があり、この点について特に反駁することが望ましい、と述べている。興味深いのは、ライシャワーが、そうしたケナンのような見方は、彼が話をした日本の知識人の多くには当てはまるが、日本政府には当てはまらない、と述べていることである。日本政府は、対中貿易の分野では、アメリカの意志とは別個に行動しているし、政治の領域では、アメリカと同様、台湾問題と共産中国の「侵略性」に直面している、とライシャワーは指摘した[66]。

池田首相は、日中関係については、両国の歴史的・伝統的な特殊関係を強調して、政経分離方式で今後も共産中国との貿易はやるつもりであるが、中共の承認と国連の代表権の問題は、経済とは別で、政治の問題であるから、アメリカと協力してやっていく、という方針を持っていたとされる。池田は、中共とアメリカの橋渡しをすることを目指した[67]。その意味で、池田の中国観においては、脅威認識は弱かったといえる。

しかし、佐藤首相は、北京政権を脅威だとみなしたため、中国認識についての日米間ギャップは縮小した。佐藤は政権をとる以前には、日中関係改善に積極的な姿勢をみせ、政権の座についた当初も、関係改善に前向きであるという印象を与える発言をしていた[68]。六四年初頭、半年後の自民党総裁選挙に向け、佐藤のブレーン集団「Ｓオペレーション」が結成され、政権構想の準備が進められた。同年一月に作成された報告書において、第一の課題として重視されたのは中国問題であり、沖縄返還問題はそれに次ぐ課題とされていた[69]。前者に関しては、「一つの中国・一つの台湾」の立場から、「中共政府」の国際社会への復帰の近いことを「期待し」、そのため「米中関係の改善、正常化に日本が橋渡し的な役割をはたせるよう準備を進める」というものであった。後者については、アメリカに施政権の返還を正式に要請することを掲げた[70]。しかし、五月一二日に佐藤も参加して開かれた「Ｓオペ」会合で、佐藤は、沖縄に関する提言に関しては、「沖縄の部分は非常にいい」と評価したものの、中国問題については、「二つの中国」論は「少し早い」と退け、「正統政府は国府ということだけでよい」との考えを示した[71]。

佐藤が沖縄返還問題を優先し、中国問題を後回しにする判断を行った背景には、一つは、アメリカの対中国「封じ込め」政策が厳しさを増していたことがあった。佐藤はアメリカの対中国敵視政策には反対だったが、「米国の態度はなかなか厳しい」、「困ったものとの感深し」との見方をしていた[72]。第二には、自民党内には「親台湾派」と「親中国派」の対立という党内事情があった。佐藤は、「二つの中国」論を退けたさいに、対中延払い問題の推進と対中国政策をリンクさせる「Sオペ」の考えに対して、「よっぽど抵抗が強い」と述べ、当面の課題とはなりえないとの考えを示した。[73]佐藤はまた、自民党総裁選に就任した六四年一二月一日に「親台湾派」の石井光次郎と「親中国派」の松村謙三と面会し、「一は台湾、一は中共問題」との対応を行った。[74]おりしも、自民党内には、六四年一二月一六日に「親台湾派」の「アジア問題研究会」が、翌年一月二八日には、「親中国派」の「アジア・アフリカ問題研究会」が結成されており、それぞれが、党内主流派と非主流派の派閥構図を反映していた。したがって、佐藤は、中国問題への対応次第では、政権基盤に悪影響を及ぼしかねないことを懸念した。

しかし、一九六四年一〇月一六日の中国による核実験の成功は、佐藤にとって最も大きな関心事となった。一一月二一日の所信表明演説では、「われわれ国民にとって最大の関心事は、中共による核爆発実験であったことは申すまでもありません」と述べ、「心からの遺憾の意を表明せざるをえない」と非難した。翌年一月の佐藤訪米でも、中国による核保有問題は、佐藤首相の最大の関心事であった。[75]一三日の佐藤―ジョンソン会談で、佐藤は、日本が核兵器を保有していないことからくる日本の安全保障の問題に言及したのに対して、大統領は、核拡散は望まないとしたうえで、日本の事情に理解を示し、アメリカの支援を約束した。佐藤は、日本国民の多くはアメリカの保護があるから安心だと思っていると述べ、さらに、日本国民は核兵器の所有を全く望んでいない、と応じた。興味深いことに、「個人的な意見」だと断りながらも、「中共が核兵器を保有した場合は、日本も核を保有すべきだと感じている」と発言した点である。佐藤が中国の核武装を脅威とみていたことを示すものであろう。こうした日本側の不安に対して、七月二五日には、日米貿易経済合同委員会の昼食会の席で、ラスクはこの問題に言及し、日米安保条約の下での「日本の安全保障に対するアメリカのコミットメントのなかには、使用される兵器に限定はない」ことを強調した。六六年一一月二九日には、核不拡散防止条約問題の協議のため国務省を訪れた武内駐米大使は、日本国民はアジアにおける唯一の核保有国である共産主義中国について「非常に心配している」と述べたのに対して、ラスク長官は七月二五日の発言を繰り返し、日本側の懸念を払拭しようとした。佐藤首相は、一二月六日のラスクとの会談においては、「日本にとっての最大の心配事」

は、中国が核兵器を使用できるような状況になるということであるとして、そうなれば、「狂人に刃物」をもたせるようなものだ、と訴えた(76)。

そうした状況の下で、一九六四年一〇月の中国による核実験と、一九六五年五月の文化大革命の開始に伴う「革命外交」の展開は、中国の国際的な孤立化を招き、その対外的威信を失墜させることになった。その結果、日本の中国イメージも悪化した。六七年一一月一四―一五日の佐藤訪米のころには、国務省のブリーフィング・ペーパーは、中国の核開発の進展と文化大革命にともなう中国の「好戦性、不合理性や行き過ぎた行為」が、「日本人にショックを与え」、「日本にとってのみならず、日本の利益が拡大しつつある東南アジアに対する中国の脅威」を真摯に見直させる契機になった、と指摘していた。このとき発表された日米共同声明のなかで、佐藤首相は、「アジア諸国が中共からの脅威に影響されないような状況を作ることが重要だということで一致した」と述べ、「中共の脅威」について、アメリカ側と共通認識を持ち、それに対処するための協力の必要性を力説した。一一月一五日の会談で、ラスクは、中国の核兵器の問題に日本国民はどのような反応を示しているのか問うた。これに対して、佐藤首相は、この問題を真剣に考えている日本人は心配していると述べ、世論の一部に中国観が変化しつつあることを示唆したが、同時に一般大衆は心配していないこと、その点で、政府による世論啓発の努力が不十分であると返答した(77)。しかし、佐藤政権の下での日中関係の悪化と中国の文化大革命に対する日本人の幻滅感は、日本国民の中国観に一定の変化をもたらした。六七年一一月二六―二八日に日本で開かれた日米間の協議に参加したヘンリー・オーエンは、東南アジア諸国に対する中国共産主義の脅威についての日本人の認識は、「共産主義の圧力に対抗する万能薬として、経済発展を過度に強調しすぎる傾向が依然としてあるものの」、「着実に、より洗練されたものになりつつあり、より現実主義的になってきているのは明白だ」、との覚書きを国務省に送っている(78)。佐藤政権の下での中国認識の変化も、日米安保の持続と変容をもたらしたと考えられる。

日米間の緊張要因となっていた日中貿易問題でアメリカが柔軟な姿勢を示したことで、政府レベルでは、両国における争点としての中国の重要性は低下した。だが、中国に対する脅威認識のギャップは、その後も、完全に埋まることはなかった。六七年九月四日の大統領宛覚書のなかで、対中強硬派のラスク長官は、「共産主義中国と中国周辺の諸国の国内的不安定状況によってもたらされている脅威に関して、日本は成熟した、責任ある態度を欠いている」と不満を述べている。(79)

佐藤政権の下では、首相が、将来的には日中関係改善の意向を抱きながらも、実際の行動において、中国を敵視する態度をとったことにより、中国問題をめぐる日米両政府間の認識ギャップは縮小した。佐藤政権は、中国認識では、池田政権の時よりアメリカに接近したといえよう。加えて、アメリカ側が、日本の対中貿易に対してより柔軟な態度をとり始めたことも、中国についての認識ギャップを埋めるのに役立った。六五年一月の佐藤訪米の折、副大統領に就任予定のヒューバート・ハンフリーは、一月一三日の三木武夫自民党幹事長との会談において、日本は共産主義中国に対して経済的関心を抱いており、アメリカ側が好ましくないと思っていても、中国との貿易関係を発展させていくだろう、と柔軟な姿勢をみせた。ハンフリーは、日中貿易に反対であるというより、貿易条件により関心があるとの立場から、日本が、イギリス、フィリピン、あるいはアメリカよりも有利な条件や信用供与を中国に与えることには反対である、と述べた。ハンフリーはさらに、「日中貿易を通して、日本が、共産主義中国の攻撃的・好戦的精神を和らげることができるかもしれない」とも述べ、私見だとことわりながらも、「日本と中国本土との貿易は好ましい要因となりうる」と締めくくった。三木は、「副大統領がおっしゃったのとまさに同じやり方で、共産主義中国との貿易を行なうことを考えていた」と応じた。(80)

その一方で、佐藤政権は、中国承認問題や中国の国連加盟のような政治問題では、アメリカ支持の立場をとった。このため、佐藤首相は、国連代表権問題では難しい局面に直面することになった。六五年一一月の国連総会では、カンボジア案をめぐる評決が同数（四七票）となり、北京政府の国連加盟論が高まったことを示した。この結果について、佐藤は一一月一六日の日記に、「段々むつかしくなった様だ」、「ここらで大転換の要もあるかと思ふ」と記した。「まだ一両年は現状が続く模様」と分析したが、この問題で近い将来、日本が態度を決めなければならない日が来ると受け止めた[81]。

そうした中、六八年三月一一日にジョンソン大統領は、先述したように、ベトナム和平に専念するために、同年の大統領選挙には出馬しないとの声明を出した。佐藤はジョンソン声明を、一方で「和平の道が開けた」と評価した[82]が、他方で、ジョンソン政権の対中国政策が転換するのではないかと危惧した。佐藤首相は国内では、ベトナム政策でワシントンとあまりにも緊密な連携を取ってきたことを強く非難されるようになったが、それ以上に佐藤が懸念したのは、アメリカの対中政策の転換であった。佐藤は四月五日、鎌倉の別荘でジョンソン駐日大使と密かに会談したさいに、使節をワシントンに派遣したいと申し出た。佐藤は、使節派遣を通して、ワシントンの」「雰囲気や考え」を「よりよく感じ取ることができる」と考えたのだ。佐藤の懸念に対して、ジョンソン大使は、ジョンソン声明を含む最近の出来事は、ベトナム政策の「敗北」や「転換」を意味するものではなく、従来の政策を「より効果的にかつ強力に遂行する」ものだとして、説得を図った[83]。

佐藤首相は懸念を抱きながらも、四月二日の閣議では、「中共問題は柔軟に対処するが、当面、政経分離原則は変わらず」との判断に落ち着いた[84]。また、外務省内の主要な見解も、「中ソ接近」も「米中接近」も可能性は低いというものであり、「米中接近」の可能性を重視する岡田晃香港総領事の立場は退けられる状況が続いた。六九年七月一日から始まったアジア・太平洋地域公館長会議において、岡田総領事は、中国にとっての台湾問題の優先度は、米中ソ関係への対処に比べれば高くないとして、「中ソ再接近」を退け、「米中接近」の可能性を訴えたが、まったく受け入れられなかった[85]。佐藤首相もまた、「中ソ干係は少しも改善されぬ」との報告を受けたにも拘わらず、「当分中共の出方を見る外なし」との姿勢であった[86]。このため、橋本恕中国課長や渡邊幸治首席事務官らは、対中関係改善について、「挫折感」を訴えていた[87]。

その一方で、アメリカと中国との関係改善に向けた動きは顕在化しており、ルーマニアのチャウシェスク大統領が七〇年一〇月に訪米したさいの歓迎晩餐会で、ニクソン大統領は、「中華人民共和国」の呼称を用いた。この知らせに接した岡田総領事は、「米中接近は殆ど決定的段階に入ったと確信するに至った」[88]。また、同じく同年一〇月の国連総会では、中国の加盟と台湾の追放を求めるアルバニア決議が、賛成五一、反対四九、棄権二五で採択された。「重要指定」決議案も同時に採択されたため、直ちに中国の国連加盟は実現しなかったものの、早晩決断を迫られる状況が出現しつつあった。

佐藤首相はそうしたなか、七〇年三月二〇日に松村謙三を団長とする訪中団が出発する前に、一行に対して、「唯一のパイプを大事にする事」と指示したように、情勢の変化に対応する余地を残そうと腐心した[89]。七一年一月二二日の総理施政方針演説において、中国の正式呼称を用いて、「中華人民共和国政府との間に、政府間の各種接触を行う用意」があると呼びかけた[90]。だが、七〇年代初めに入って、中国側は、「日本軍国主義復活」批判を繰り広げており、その非難の調子はエスカレートするばかりであった。

六九年一一月の佐藤訪米のさいに発表された日米共同声明では、七二年の沖縄返還で合意したものの、韓国は日本の安全にとって「緊要」(「韓国条項」)、さらに台湾は日本の安全にとって「きわめて重要」(「台湾条項」)と謳われた。「韓国条項」と「台湾条項」の文言の違いは、実は、将来的に中国との関係改善に配慮したものであった[91]。だが、中国側には、日米による中国包囲網の強化と映った。七一年二月一一日には、藤山愛一郎訪中団が、覚書貿易の延長交渉のために北京を訪問したが、中国側の強硬姿勢は前年度同様変わらず、共同コミュニケには、双方の見解として、「日本軍国主義の復活がすでに現実となっている」との非難が盛り込まれる有様であった[92]。佐藤首相は、七一年三月の日記に「中共にきらわれておるのは自民党佐藤内閣と㊒と同列」と自嘲気味に記している[93]。

米中関係の展開に神経をとがらせていた佐藤は、七一年三月訪米予定の法眼晋作外務審議官に対して、「対中共や対国府……問題など米国との干係を調整」するよう指示したが、帰国後の法眼審議官の報告は、「米国も尚模索中というのが正しいか」との印象を与える内容であった[94]。ところが、それから四カ月後の七月一六日、ヘンリー・キッシンジャー補佐官が、七月九日から一一日まで北京を密かに訪問し、翌年ニクソン大統領が訪中することで合意したと発表された。この発表に関して、佐藤首相は、「中身はわからぬが、ベトナム戦争を早くやめ度い、それが主眼か」と受け止めた。しかし、同時に、佐藤は「それにしても北京が条件を付けないで訪支を許した事は意外で」、「中共の態度も柔軟になってきた証拠か」と衝撃を隠せなかった。なかでも、佐藤が重大視したのは、台湾の処遇であり、「一層むずかしくなる」と感じていた(95)。

ことここにいたって、佐藤首相は、「ここまでやる以上、中国の承認についても、話はできているに違いない。その時機はいつなのか、また、その際、台湾の扱いはどうするつもりなのか、もっと具体的に糺せ」と牛場大使に訓電した。事実、佐藤の感は的中していたことが、のちに明らかになった資料で確認できる。すなわち、キッシンジャーが周恩来との会談で、アメリカの対中国承認に関して、「今明年中には実現できないでしょうが、大統領の二期目では最初の二年以内になされる」と発言しているからだ(96)。

しかし、佐藤政権のコラボレーターとしての性格ゆえに、佐藤首相は北京政府をさらに怒らせる行動に出た。七一年秋の国連総会で、佐藤はアメリカとの共同提案国となり、台湾議席の擁護に回ったのだ。もっとも、佐藤は八月二六日に腹心の松野頼三を台湾に派遣し、国連代表権問題の結果次第では、台湾断行もあり得ると蒋介石に直接伝達する措置をとり、万が一の場合に備え、台湾への配慮を怠らなかった(97)。九月九日の自民党顧問会議で、三木外相から「総理の腹を伺いたい」と問い詰められ、佐藤は、「基本的には、中共を国連に参加させる。国府の議席を維持する方針を決めた」との決意を表明した。しかも、「過渡的な措置として、国府にも議席を与える」とも述べていることからすると、佐藤は状況によっては、台湾が国連から追放される事態を想定していたようだ(98)。台湾追放を「重要事項」に指定する「逆重要事項指定」決議案と、中台双方の議席を認める「二重代表制」決議案の共同提案国になるという選択は、佐藤にとって苦渋の決断だった。だが、沖縄返還協定の批准が迫っており、他方で、繊維問題でニクソンとの関係をこじらせている状況の下では、佐藤はリスク回避を優先した。沖縄返還協定は一二月一〇日に米議会上院が承認したことから、最終的決着がついた。佐藤はその一〇日後の日記に「沖縄返還がまづ第一、結局この為にすべてをあきらめる」と記している。[99]沖縄返還を政権の第一の課題とした佐藤政権にとって、それまでとってきた対米協力は、北京政府から中国敵視政策だとみなされ、高い代償を払うことになった。

その後も佐藤は、北京との対話の糸口を掴むべく、さまざまな接触を試みるが、中国指導部からは反応を得られなかった。七一年一〇月にアルバニア案が通過し、中国は国連に加盟、台湾は国連を脱退することになった。それでも佐藤は、「アルバニア案が通過した今日、中国の代表として北京中華人民共和国と国交を正常化することを図り、日華平和条約並びに台湾の処遇はその間で決着する事」と述べ、中国との国交正常化と台湾の処遇に取り組む意欲を見せた。[100]佐藤は七二年の年頭にあたって、「今年は中国との国交も樹立しなければならぬと思うが、それにしても気がかりなのは台湾の処遇で、北京に出かけてでなければけりはつかぬ」と心境を披露している。[101]だが、中国側はすでに、佐藤政権ではなく、次期政権との交渉に正常化の期待をかける決定をしていた。

おわりに

一九六八年の出来事は、アメリカ政府および佐藤政権にとって、安全保障の領域においては、依然として、世論「啓発」の必要性が残っていることを示した。しかし、すでに検討してきたことから明らかなように、日本の政治的・経済的役割の増大に対する日本国民の欲求は高まっており、アメリカ政府の要求が、これらの分野での役割分担の増大に止どまっている限り、徐々に問題はなくなってきていた。特に、日本政府や経済界には、日本と他のアジア諸国との間の相互依存の認識が深まってきており、日本の「国益」という観点から、日本の責任と役割の増大が必要であるとの考えが強まっていた。次期大統領選挙不出馬を表明した六八年三月三一日の大統領声明が、佐藤首相に与えたショックの大きさは、裏を返せば、日本政府が、ベトナムとアジアにおけるアメリカのプレゼンスをいかに強く必要としているかを示すものだ、とのジョンソン大使の洞察は正鵠を射ているといえる。[102]ベトナムとアジアにおけるアメリカの将来のプレゼンスは、日本の役割と責任の増大如何にかかっているとのアメリカの論理に、佐藤政権は反論できなかったのである。その意味で、六〇年代は、日米安保の持続と変容を促す力学が、より構造的な形で形成されつつあった時期とみなすことができよう。

また、すでに検討したことから明らかなように、冷戦を闘うアメリカにとって、日米安保条約の適用範囲は、日本区域に限定されたものではなく、アジア全域における対ソ「封じ込め」に寄与するという観点から考えられていた。一九五一年九月八日に締結された日米安保条約第一条が「極東における国際の平和と安全の維持」に寄与すると謳っていることのアメリカにとって意義は、まさにこの点にあった。「極東」の範囲をめぐる日本国内の激しい安保論争と、日米間に生じる緊張関係の重要な原因もこの点にあった。一九六〇年の新日米安保条約には、第六条の「極東における国際の平和及び安全の維持」に寄与するという条項に加えて、さらに「経済条項」(第二条)が追加されたが、この条項は、日米両国のニーズを補完する性格を持っていたと言える。すなわち、一方で、ベトナム戦争への介入を深めたアメリカが、国際収支の悪化と国内世論の批判に直面するなかで、状況を打開する策として、地域主義を重視するようになり、日本の政治的・経済的役割の増大を求めるようになったが、他方で、日本では、六〇年代に入って、新たなナショナリズムの台頭がみられ、より大きな役割と責任を担おうとする動きが顕著になるなかで、日本政府は憲法九条や国民の間の根強い反戦・平和主義的感情の制約の下、政治的・経済的な分野での役割分担を拡大していった。六〇年代には、このような意味での日米安保の持続と変容が起こっていたのである。

一九六七年一一月の佐藤首相訪米に備えた国務省のブリーフィング・ペーパーは、① 在日米軍は日本の直接的防衛を第一の使命とするものではない、② 第一の使命は、ベトナムも含む西太平洋全体でのアメリカの作戦に対する「かけがえのない後方支援および通信のための支援」を与えることである、③ 日本防衛を直接の任務とする在日米軍が、過去一〇年間に削減されてきたのに対応して、日本自身が本土防衛の責任を引き受けてきた、と述べている[103]。日米安保の軌跡は、アメリカの設定した上述のような役割分担に関する枠組みのなかで展開してきたたし、この構造は、冷戦後の今日でも変わっていない。アメリカの描いたアジア戦略の構図のなかで、ワシントンに関する限り、日米安保の力点は、②にあったことは明らかであり、六〇年代は、ベトナム戦争と国際収支の悪化を背景に、日米安保の地域的役割に日本を組み込むことが、アメリカにとっての緊急の課題となった時期であった。

そのプロセスにおいて、アメリカはその障害となる諸問題の解決に努めた。その意味で、一九六五年一二月の日韓基本条約の批准による日韓関係の正常化も極めて重要であった。アメリカはこの難題の解決のため、黒子に徹しながらも重要な役割を果たした。さらに付言するならば、沖縄返還交渉の過程において、アメリカ政府は、佐藤政権に対して、日米安保条約と沖縄の米軍基地が「極東」の安全にとって不可欠の役割を担っていることを熱心に説き、その過程で、佐藤首相は、安保条約が日本の防衛に限定されるものではなく、アジア全体の政治的安定と安全に役立っていることを受け入れざるを得なかった。そのようなアメリカの安保条約の役割認識を受容しない限り、沖縄返還は極めて困難だと佐藤は感じていた。したがって、沖縄返還交渉のプロセスもまた、日米安保の持続と変容を促す重要なプロセスであったのである。佐藤は六七年一一月一二日からの訪米に際して、「返還と極東の安全問題は両立する。これが俺の政治的使命」だと語った。[104]だが、沖縄返還と極東の安全を両立させるためには、アメリカが求める日本の役割分担の増大を受け入れなければならなかった。

くわえて、ベトナム戦争と米中対立が激化するなか、沖縄返還を実現するために、アメリカの意に反する行動をとることができず、北京政府が敵対的とみなすような措置を取り続けた結果、佐藤首相の念頭から離れなかった長期的な目標である中国との国交正常化の道を自ら閉ざすことになった。

以上の意味で、「戦争中に獲得した戦略的遺産はいかなる大国といえども、これを容易には手放さない」との指摘は、沖縄についても日米安保についてもいえるのである。[105]そのことはまた、コラボレーター政権のディレンマと苦悩を浮き彫りにしている。

注

（1） Rostow memo to Rusk, "A Foreign Policy for the Johnson Administration," 3/29/65, LBJ Papers, White House Central File, Confidential File, Box 44, LBJ Library, Austin, Texas. 以下、明記しない場合の Box No. は、LBJ Library の文書である。

（2） Lyndon B. Johnson, *The Vantage Point*（New York： Popular Library, 1971）, pp. 347–348.

（3） Policy Planning Council Paper, "Some Reflections on National Security Policy," 4/65, in Walt W. Rostow, *The United States and the Regional Organization of Asia and the Pacific, 1965–1985*（Austin, Texas： University of Texas Press, 1986）, pp. 203, 213–214.

（4） *Public Papers of the Presidents： Lyndon B. Johnson, 1965*, Vol.1（Washington, D.C.： GPO, 1966）, pp. 394–399. ジョンズ・ホプキンス大学演説にいたる経緯とジョンソン大統領の思惑については、以下を参照されたい。Lloyd C. Gardner, *Pay Any Price： Lyndon Johnson and the Wars for Vietnam*（Chicago： Ivan R. Dee, 1995）, Chapter 9.

（5） *Ibid., 1966*, Vol .2, pp. 718–35.

（6） Administrative History of the Department of State, Vol. 1, Chapter 7（East Asia）, A. Overview： Asian Trends and U.S. Policy, pp. 5, 6. LBJ Library. 以下、Administrative History と略記する。

（7） Rostow, *The United States and the Regional Organization of Asia and the Pacific, op.cit.*, p. 55.

（8） *Ibid.*, p. 25.

（9） *Ibid.*, p. 26. LBJ, *The Vantage Point, op. cit.*, pp. 356–60.

（10） *Ibid.*, p. 14. LBJ, *The Vantage Point, ibid.*, pp. 357–58. "6th Meeting of the Joint US-Japan Committee on Trade and Economic Affairs,"（Washington, D.C.）9/13—15/67, NSF Country File, Japan memos, Vol. VI, 2/67—10/67, Box 252. Security Subcommittee of Security Consultative Committee, 9/11—12/68, NSF Country File, Japan memos, Vol. VII, 10/67—12/68, Box 252. LBJ Library.

（11） Administrative History, Vol. 1, Chapter 7（East Asia）, F（Republic of Korea）, pp. 20–21. 詳細は本書第五章を参照されたい。

（12） LBJ, *The Vantage Point, op.cit.*, pp. 358–59.

（13） Administrative History, Vol. 1, Chapter 7, p. 6.

（14） Russell H. Fifield, *Americans in Southeast Asia*（New York： Thomas Y. Crowell Co., 1973）, pp. 317–18. Rostow, *The U.S. and the Regional Organization of Asia and the Pacific, op.cit.*, p. 15.

(15) Administrative History, Vol. 1, Chapter 8 (Vietnam), Sections B–F, Box 3, pp. 231–32.

(16) *Ibid.*, Vol. 1, chapter 7, Sections K–O, pp. 10–11; Australia and New Zealand, p. 8.

(17) *Ibid.*, Section E and F (Republic of Korea), pp. 20, 34.

(18) *Ibid.*, Vol. 1, Chapter 7, Sections G–J (Thailand), pp. 17–18, 22.

(19) William S. Borden, "Defending Hegemony: American Foreign Economic Policy," in Thomas G. Paterson, ed., *Kennedy's Quest for Victory*, (New York: Oxford University Press, 1989), p. 82. ジョンソン政権期については、以下を参照されたい。Burton I. Kaufman, "Foreign Aid and the Balance of Payments Problem: Vietnam and Johnson's Foreign Economic Policy," in Robert A. Divine, ed., *The Johnson Years*, Vol. II, (Lawrence: University Press of Kansas, 1987).

(20) "U.S. Financial and Military Expenditures: Relationships with Japan," Joint State/Treasury/Defense memo, 8/22/67, NSF Country File, Japan memos, Vol. IV, 2/67—10/67, Box 252.

(21) George R. Packard III, *Protest in Tokyo: The Security Treaty Crisis of 1960* (Westport, Connecticut: Greenwood Press, 1978) c. 1966, pp. 334–37.

(22) 鹿島平和研究所編『日本外交主要文書年表』(二) 原書房、一九八四年、三四四―三四六頁。Memo of conversation, 11/25/63, NSF Country File, Japan memos, Vol. I, 11/63—4/64, Box 250. Memo of conversation at the Prime Minister's Residence, 1/28/64, Box 250.

(23) 伊藤昌哉『池田勇人とその時代』朝日新聞社 [朝日文庫]、一九八五年、一八四、一九六―二〇一頁。

(24) U.S. Department of State, "Department of State Policy on the Future of Japan," NSC Country File, Japan. Special Report (CIA), 6/5/64, NSF Country File, Japan cables, Vol. II, 5/64—11/64, Box 250.

(25) Reischauer to Rusk, cable 1724, 11/14/64, *ibid.*

(26) Reischauer to Rusk, cable 2013, 12/23/64, NSF Country File, Japan, Sato's Visit, memos and cables [1 of 2], Box 253.

(27) Reischauer to Rusk, cable 2016, 2/23/64, *ibid.*

(28) Reischauer to Rusk, cable 2058, 12/29/64, *ibid.* 池田首相の評価については、以下を参照されたい。Am Embassy Tokyo to Rusk, cable 299, 7/23/64, NSF Country File, Japan cables, Vol. II, 5/64—11/64, Box 250.

(29) Am Embassy Tokyo to Rusk, cable 2076, 12/30/64, NSF Country File, Japan, Sato's Visit Briefing Book [1 of 2], Box 253. Memo of conversation, 1/13/65, NSF Country File, Japan memos [1 of 2], Vol. III, 1/64—10/65, Box 250.

(30) James C. Thompson, memo for the Record, 1/13/65, NSF Country File, Japan memos, Sato's Visit memos and cables [1 of 2], Box 253.

(31) Memo to President LBJ from PM Sato, 4/10/65 delivered by Ambassador Takeuchi to Rusk, NSF Country File, Japan memos [1 of 2] Vol. III, 9/64—10/65, Box 250. Reischauer to Rusk cable 4232, 6/15/65, NSF Country File, Japan cables [2 of 2] Vol. III, 9/64—10/65, Box 250.

(32) Reischauer to Rusk, cable 3185, 4/7/65, NSF Country File, Japan cables [2 of 2] vol. III, 9/64—10/65, Box 250. Memo of conversation Rusk-Takeuchi 4/13/65, NSF Country File, Japan memos [1 of 2], Vol. III, 9/64—10/65, Box 250.

(33) Administrative History, Vol.1, chapter 7, Sections E and F, p. 32.

(34) Dennis T. Yasutomo, *Japan and the Asian Development Bank* (New York: Praeger, 1983), pp. 28–29, 66–70, chapters 2, 3 and 4; Administrative History, *ibid.*, p. 33.

(35) Yasutomo, *ibid.*, pp.38–39.

(36) *Ibid.*, p. 57.

(37) Reischauer to Rusk, cable 3220, 4/9/65, NSF Country File, Japan cables [2 of 2] Vol. III, 9/64—10/65, Box 250.

(38) NSC 5516/1 "U. S. Policy toward Japan," 4/9/55, Records of National Security Council, RG 273, National Archives, Washington D.C.

(39) 山本剛士『戦後日本外交史』Ⅵ、三省堂、一九八四年、七三―七四頁。

(40) 前掲、伊藤『池田勇人とその時代』一九五―二〇六頁。

(41) 同上、二三八頁。

(42) 石丸和人『戦後日本外交史』Ⅲ、三省堂、一九八五年、一三三―一三四頁。河野一郎は一九五九年一〇月二九日から欧州七カ国訪問の旅に出かけたが、帰国前日の一一月二九日、香港の空港での記者会見で、ＥＥＣにみられる欧州の新潮流に影響を受け、「欧州では北大西洋条約機構（ＮＡＴＯ）よりも共同市場に重点が移っており、各国とも軍事より経済政策に力をいれている。日米安保条約でいえば第一条の安全保障条項よりも第二条の経済協力の方に重点がおかれねばならない」と述べ、態度を変更した。同上、一七三頁。

(43) Memo for the President from Rusk, 7/10/65, NSF Country File, Japan memos, Vol. III 9/64—10/65, Box 250.

(44) Reischauer to Rusk, cable 2058, 12/29/64, NSF Country File, Japan, Sato's Visit, memos and cables,[1 of 2], Box 253. James C. Thompson memo for the Record, 1/13/65, *ibid.*

(45) Reischauer to Rusk, cable 2496, 2/10/65, NSF Country File, Japan cables [1 of 2] Vol. III, 9/64—10/65, Box 250; cable 3430, 4/26/65,[2 of 2], *ibid.*

(46) Reischauer to Rusk, cable 361, 7/30/65; cable 388, 8/2/65; cable 407, 8/3/65, NSF Country File, Japan cables [2 of 2], Vol. III, 9//64—10/65, Box 250.

(47) Rusk to Tokyo, cable 320, 7/31/65, NSF Country File, Japan cables [1 of 2], Vol. III, 9/64—10/65； Reischauer to Rusk, cable 388, 8/2/65, *ibid.*； cable 407, 8/3/65, Japan cables [2 of 2], Vol. III, *ibid.*

(48) Reischauer to Rusk, cable 818, 9/4/65, NSF Country File, Japan cables [2 of 2], Vol. III, *ibid.*

(49) *Ibid.*； Reischauer to Rusk, cable 941, 9/4/65, *ibid.*

(50) Reischauer to Rusk, cable 1063, 9/22/65, NSF Country File, Japan cables [2 of 2], Vol. III, 9/64—10/65； cable 2829, 2/14/66, Japan cables [1 of 2], Vol. IV, 7/65—9/66； cable 2828, 2/14/66, *ibid.*

(51) CIA Special Report, "Japan Rethinking Security Policy," 4/29/66, NSF Country File, Japan cables [1 of 2], Vol. IV, 7/65—9/66, Box 251.

(52) Rusk memo for the President, 11/10/67, NSF Country File, Japan, Sato-Briefing Book, 11/14—15/67, Box 253.

(53) Memo of conversation, drafted by Morton H. Halperin, 11/15/67, NSF Country File, Japan, Visit of PM Sato, 11/14—15/67, Box 253. William P. Bundy memo for Walt Rostow, 11/15/67, *ibid.*

(54) Rostow memo for the President, 1/26/68, NSF Country File, Japan memos, Vol. III, 10/67—12/68, Box 252. Papers of U. Alexis Johnson, Diaries [Tapes #15, 16, 17, 1967—69], pp. 13–14, LBJ Library.

(55) Johnson to Rusk, cable 5586, 2/13/68, NSF Country File, Japan cables, Vol. VII, 10/67—12/68, Box 252. Papers of U. Alexis Johnson, *ibid.*, p. 14.

(56) Johnson to Rusk, cable 5639, 2/15/68； cables 115496 and 116147, 116148, 2/15/68； cable 5799, 2/21/68； cable 5849, 2/23/68, *ibid.*

(57) Johnson to Rusk, cable 5799, 2/21/68, *ibid.*

(58) Johnson to Rusk, cable 5848, 2/23/68, *ibid.*

(59) Johnson to Rusk, cables 7136 and 7158, 4/14/68 ; cable 7206, 4/5/68, *ibid.*

(60) Alfred Jenkins memo for Mr. Rostow, 6/14/68, NSF Country File, Japan memos, Vol. VII, 10/67—12/68, Box 252. Rostow memo for the President, 6/12/68, *ibid.*

(61) Johnson to Rusk, cable 14604, 12/11/68, *ibid.*

(62) Memo of conversation, "U.S.-Japan Relations," 6/6/68, *ibid.*

(63) Johnson to Rusk, cable 11300, 8/21/68, NSF Country File, Japan cables, Vol. VII, 10/67—12/68, Box 252.

(64) この点に関しては、以下の拙論を参照されたい。「ベトナム戦争をめぐる国際関係」『国際政治』第一〇七号（一九九四年九月）および「ベトナム戦争と米中ソ三角関係、一九六八年—六九年」『西洋史学論集』第三二号（一九九四年一二月）。

(65) Memo of conversation (Hotel Okura), 1/28/64, NSF Country File, Japan memos, Vol. I, 11/63—4/64, Box 250 ; memo of conversation (PM's residence), 1/26/64, *ibid.* ; memo of conversation (DOS), 2/29/64, *ibid.*

(66) George F. Kennan, "Japanese Security and American Policy," *Foreign Affairs* (October 1964). Reischauer to Rusk, cable 1069, 9/24/64, NSF Country File, Japan, Vol. II, 5/64—11/64, Box 250.

(67) 前掲、伊藤『池田勇人とその時代』二一〇—二一三頁。小松久磨「池田ケネディ会談で何が」『エコノミスト』一九六一年七月号、九—一〇頁。

(68) 前掲、山本『戦後日本外交史』Ⅵ、六〇—六三頁。

(69) 千田恒『佐藤内閣回想』中央公論社［中公新書］、一九八七年、一〇六、一〇八—一一一頁。

(70) 楠田實編著『佐藤政権・二七九七日』（上巻）行政問題研究所、一九八三年、五八—六一頁。

(71) 前掲、千田『佐藤内閣回想』三〇—三一頁。

(72) 佐藤榮作『佐藤榮作日記』（伊藤隆監修）第二巻、岩波書店、一九九八年（一九六四年一月二八日）、八〇頁。

(73) 前掲、千田『佐藤内閣回想』三〇—三一頁。

(74) 『佐藤榮作日記』第二巻、一九六四年一二月一日、二〇三頁。

(75) Reischauer to Rusk, cable 2058, 12/29/64, NSF country File, Japan, Sato's Visit, memos and cables [1 of 2], Box 253; cable 2059, 12/29/64, cable 2067, 12/29/64, *ibid*.

(76) Memo for the Record (James C. Thompson, Jr.), 1/13/65; Memo for the Record, "White House Meeting with PM Sato," 1/13/65, *ibid*. Memo of conversation, "counterpart luncheon" during the U.S.-Japan Joint Economic Committee Meeting, 1/12/65, NSF Country File, Japan, memos [1 of 2], Vol. III, 9/64—10/65. Memo of conversation, 11/29/66, Japan cables [1 of 2], Vol. IV, 7/65—10/66, Box 251. Tokyo to Rusk, cable 4196, 12/6/66, Japan cables, Vol. V, 1/66—2/67, Box 251.

(77) "Japanese Foreign Policy: Vietnam, China and Soviet Union," 11/9/67, NSF Country File, Japan, Visit of PM Sato-Briefing Book, 11/14—15/67, Box 253. Memo of conversation, drafted by Morton M. Halperin, 11/15/67, NSF Country File, Japan, Visit of PM Sato, 11/14—15/67, Box 253.

(78) Henry Owen to Rusk, "U.S.-Japan Planning Talks-information memo," 11/26—28/67, NSF Country File, Japan memos. Vol. VII, 10/67—12/68, Box 252.

(79) Memo for the President from Rusk, 9/4/67, Central File, LBJ Library.

(80) Memo of conversation, 1/13/65, NSF Country File, Japan memos [1 of 2], Vol. III, 1/64—10/65, Box 250.

(81) 『佐藤榮作日記』第二巻、一九六五年一一月一六日、三三七頁。

(82) 同上、第三巻、一九六八年四月一日、二六一頁。

(83) Tokyo to SOS, telegram 7136, April 4, 1968; telegram 7158, April 4, 1968, NSF Country File, Japan cables, Vol. VII, 10/67—12/68, LBJ libarary.

(84) 楠田實『楠田實日記』(和田純・五百旗頭真編)中央公論新社、二〇〇一年、一九六八年四月二日、一九五頁。

(85) 岡田晃『水鳥外交秘話』中央公論社、一九八三年、七九頁。

(86) 『佐藤榮作日記』第三巻、一九六九年一月九日、三七八頁。

(87) 『楠田實日記』一九七〇年一月二九日、四三二頁。

(88) 前掲、岡田『水鳥外交秘話』一〇五頁。

(89) 『佐藤榮作日記』第四巻、一九七〇年三月一八日、五五頁。

(90) 官報号外、昭和四六年一月二二日、第六五回衆議院会議録第二号（二）。

(91) 井上正也『日中国交正常化の政治史』名古屋大学出版会、二〇一〇年、三八一—三八六頁。

(92) 田川誠一『日中交渉秘録　田川日記—一四年の証言』毎日新聞社、一九七三年、二九五頁。

(93) 『佐藤榮作日記』第四巻、一九七一年三月一一日、二九〇頁。

(94) 同上、一九七一年三月二五日、二九八頁。

(95) 同上、一九七一年七月一六日、三七七頁。

(96) 毛里和子・増田弘監訳『周恩来・キッシンジャー機密会談録』岩波書店、二〇〇四年、五八頁。

(97) 神田豊隆『冷戦構造の変容と日本の対中外交　二つの秩序観一九六〇—一九七二』岩波書店、二〇一二年、三二三—三二四頁。

(98) 『楠田實日記』一九七一年九月九日、六四二頁。

(99) 『佐藤榮作日記』第四巻、一九七一年一二月二〇日、四八八頁。

(100) 同上、第五巻、一九七二年一月六日、二一頁。

(101) 同上、一九七二年一月一日、一六頁。

(102) Papers of U. Alexis Johnson, Diaries, *op. cit.*, pp. 20–21.

(103) "Defense of Japan" 11/8/67, NSF Country File, Visit of PM Sato-Briefing Book, 11/14—15/67, Box 253.

(104) 『楠田實日記』一九六七年一一月七日、一一五頁。

(105) John Welfield, *An Empire in Eclipse* (London: The Athlone Press, 1988), p. 222. そのような視点から日米安保の軌跡を論じたものとしては、拙論「米国にとっての日米安保」初瀬龍平編『内なる国際化』（三嶺書房、一九八八年）、一三一—一五五頁を参照されたい。また、日韓国交正常化交渉におけるアメリカの役割については、李鍾元「韓日国交正常化の成立とアメリカ—一九六〇—六五年」近代日本研究会『近代日本研究』一六（戦後外交の形成）、山川出版社、一九九四年、がある。

第5章 アメリカの対韓援助政策と朴正煕政権の対応、一九六〇年―一九七〇年代初頭

はじめに

冷戦の変容・終焉、そして冷戦後の「新自由主義」主導のグローバリゼーションという脈絡の中で考えたとき、六〇年代半ば以降、輸出志向型工業化戦略への移行によって目覚ましい経済成長を遂げることになったアジアの「開発独裁体制」国家は、「社会主義モデル」と「自由主義モデル」が競合するなかで、積極的な外資の導入を図る「国家主導型発展モデル」というオルタナティブを提示した。アジアにおいて、輸出志向型工業化戦略を特徴とする反共「開発独裁体制」国家が、七〇年代に入って急速な経済発展をとげたことは、六〇年代に入ってアメリカが推進する、発展途上国向けの「近代化」論と一定の親和性をもっていたこともあり、冷戦の展開において西側陣営に有利にはたらき、「社会主義モデル」の失墜につながった。その意味で、「国家主導型発展モデル」は、八〇年代に登場するネオ・リベラルな流れと相まって、冷戦の終焉をもたらす一翼を担った。このような歴史的文脈の中で考察したとき、アジアの「開発独裁体制」国家は、単なる米ソ冷戦の客体に留まらず、この地域における冷戦秩序の変容・再編に主体的にかかわったと

いえる。

本章では、「自由主義モデル」とは異なる、輸出志向型工業化戦略を採用し高い経済成長を維持することで、レーガン政権の新自由主義路線の登場より以前に、独自の成長モデルを提示したアジアの「開発独裁体制」国家の果たした歴史的役割に注目する。その成功モデルとしては、シンガポール、フィリピン、インドネシア、マレーシア、台湾などが挙げられるが、本章では、代表的事例として韓国を分析対象として取り上げる。

六〇年代後半から七〇年代にかけて韓国が達成した目覚ましい経済成長に注目し、その工業化戦略を考察した研究については相当の蓄積がある。(1) だが、それは専ら、韓国の輸出志向型工業化戦略を中心に考察したものであり、アメリカの冷戦政策や開発援助政策との関連で同国の成長戦略を考察した実証的研究は、まだ十分だとはいえない。

韓国の成長戦略を考察した近年の研究の特徴は、国際的文脈や対外的要因を重視するものと、韓国の主体性を重視するものとに分けられる。前者は、韓国の経済成長に及ぼした開発援助の重要性、国際経済の拡張基調、冷戦という国際政治状況の存在など国際システムの文脈を重視する。(2) これに対して、韓国の主体的役割を重視する研究は、開発援助を引き出すために、韓国政府が冷戦を積極的に利用したことに注目し、韓国経済の自立化に向けた自助努力や主体的取り組みの重要性を強調する。(3)

本章は、こうした先行研究を踏まえながらも、冷戦秩序の変容に果たしたアジアの「開発独裁体制」国家の歴史的役割という文脈のなかで、韓国の経済発展の事例を取り上げ、「韓国モデル」の形成過程を対外的要因と国内要因との相互作用に注目して、政治経済学的観点から検討する。(4) 韓国の経済発展は、アメリカのヘゲモニーを頂点とし、ワシントンの冷戦政策を補完する役割を果たした日本、そして被援助国としての韓国、という「三層構造」の下での発展であったことに留意し、自立と従属の狭間にあって、朴正煕政権が、アメリカのコラボレーターとして、同国の冷戦政策に積極的に協力をすることによって、アメリカから経済・軍事援助を引き出し、経済の分野では、徐々に自立を達成していったこと、しかし安全保障分野では、依然として、依存の構造を脱却できない状況が続いたことを明らかにする。

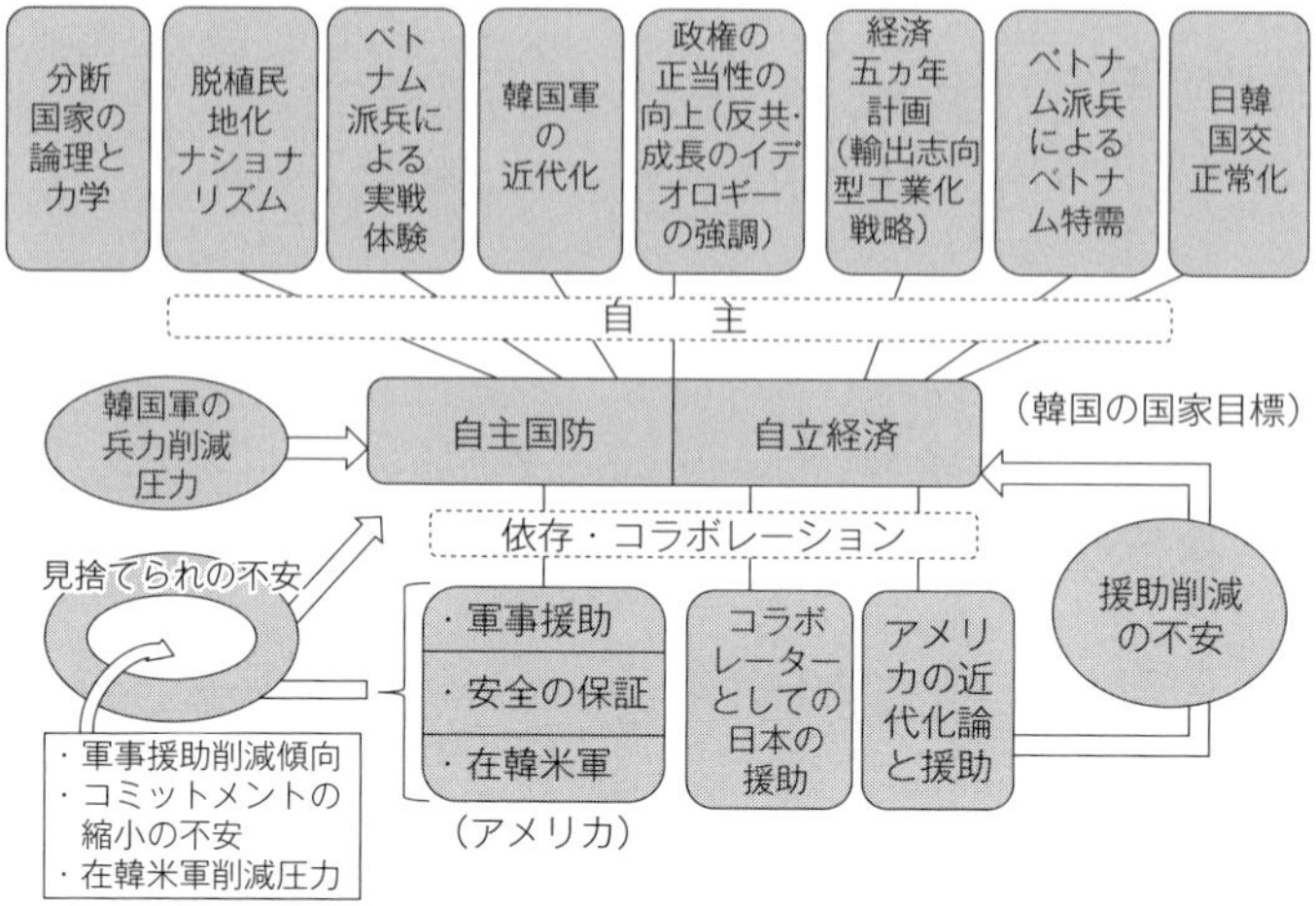

図5－1　朴政権の国家目標と課題

（出所）筆者作成.

以上との関連で、ベトナム戦争の泥沼化と国際収支の悪化に苦しむアメリカが、対韓援助削減を迫られるなか、同国の対韓援助を補完する形で韓国への経済・技術援助を行った日本の役割を考察する。六五年の日韓国交正常化に伴い、巨額の請求権資金が日本から韓国に支払われ、この資金と日本の経済協力資金が第二次五ヵ年計画に充当されたことで、その後の韓国の経済成長の基盤が形成されていったことに留意する。

従来の研究では、韓国の経済発展は専ら、経済・技術援助に焦点を当てて論じられてきたが、半面、経済発展に及ぼす軍事援助や安全保障の供与が果たす役割は、考察の外に置かれてきた。本章では、経済・技術援助と軍事援助・安全保障の供与は表裏一体の関係にあるとの問題意識に立脚し、アメリカによる軍事援助や安全の保証が韓国の開発援助政策において果たした役割にも注目する。

本章はまた、韓国による経済の自立化と「自主国防」に向けた取り組みを促す要因を考察することで、援助国が開発に果たす役割のみならず、被援助国である韓国による、経済の自立化と「自主国防」の実現に向けた主体的取り組みに光を当てる。韓国の自立化を促進する対外的要因としては、アメリカの対韓経済・軍事援助削減傾向への不安や在韓米軍と韓国軍の削減圧力の下での韓国の「見捨てられ」の不安に触発された、韓国軍の近代化および軍需産業の育成への取り組み、朴大統領のイニシアティブによる韓国軍のベトナム派兵の決断とベトナム特需への期待、日韓国交正常化に向けた朴政権の積極的対応と日本からの「経済協力資金」の活用を通した第二次経済開発五ヵ年計画の推進、ニクソン・ドクトリンと「見捨てられ」の不安、それに朝鮮半島の分断状況の下で発生した青瓦台襲撃事件並びにプエブロ号拿捕事件をめぐる米韓双方の対応の違いと不信の相互作用が注目される。くわえて、「自主国防と経済的自立」という朴政権の国家目標の持続性および一貫性は、韓国が分断国家であったことが大きいという点にも留意する。すなわち、共産主義中国やソ連の支援を受けた北朝鮮の脅威に常時晒されている中で、朴正煕は、経済、安全保障の面で北朝鮮よりも優位に立たなければならないという強烈な使命感に駆られていた。この使命感と朴政権が長期政権となったことが、国家目標の一貫性と持続性を可能にし、韓国の自立化を促した点も考慮する必要がある（図5－1）。

1　五・一六軍事クーデターと民政移管問題

ケネディ政権誕生後の六一年二月、米国際協力庁（ICA）の在韓技術援助使節団（USOM in Korea）のヒュー・ファーレイはロストウ大統領特別補佐官宛報告書の中で、韓国社会に賄賂、腐敗、不正が広範に広がり、政府は無気力で必要な対策を打ち出すことができず、人々は将来に対する自信を喪失し、四月一九日が近づくなか、李承晩政権を打倒した四・一九革命のような事態が再現されるかもしれないと警告した。ファーレイ報告はロストウ大統領特別補佐官の関心を引き、ケネディ大統領にも伝えられた。ロストウは三月一五日付大統領宛覚書の中で、国務省や在韓アメリカ大使は、四月革命のような事態にはならないという見解であるとしながらも、関係部局は韓国の状況が「好ましくない」という点では一致しているとし、アメリカの対韓政策は「見直す」必要があると述べていた。(5) それから二カ月後の五月一六日、軍事クーデターが勃発した。

首謀者たちはクーデター直後に、「軍事革命委員会」（同年五月一九日に「国家再建最高会議」（SCNR）に改称）を結成し、同委員会名で、今回の行動は腐敗の除去および韓国が直面する難局を乗り切るためであると発表した。また、新たに樹立される政府の基本姿勢として、反共主義、腐敗の根絶、国連憲章や国際協定の遵守、アメリカをはじめとする「自由主義諸国」などとの協力、国民経済の安定、南北統一、「正直で有能な政治指導者たち」への政府権限の委譲を挙げた(6)。アメリカ政府は、クーデター勃発以前から張勉内閣に対して、腐敗の根絶や政治的抑圧の中止、社会改革の必要性を繰り返し要求してきた。にもかかわらず、同内閣はこれらの問題に積極的に対処する能力を欠いていた。それだけに、軍事政権の公約については、ケネディ政権内に異存はなかった。

だが、ワシントンの主要な政府機関は、クーデターの首謀者たちは、政権運営能力の点で未知数であるうえに、前政権に比べて、「国家主義的」で、「手ごわく、強固な意志を持ち、扱いにくい」相手だという見方で一致していた(7)。事実、そうした傾向はクーデター直後からしばしば浮上した。たとえば、五・一六革命の首謀者たちは、カーター・B・マグルーダー朝鮮国連軍司令官の事前の承認なしに、陸軍第一軍団（First Army）配属の二個師団を最前線基地からソウルに異動させた。この措置は一九五〇年七月一二日に米韓双方で合意された協定に違反していた。このため、マグルーダーは、首謀者の一人である金鐘泌と面会したさいに、こうした行動は国連軍司令官（CINCUNC）の作戦統制権を侵害するものだと注意を喚起した。この問題は、マグルーダーがその後、朴正熙と金鍾泌と協議した結果、六一年六月二六日に韓国軍の指揮権を国連軍司令官に移管し、韓国軍の高官の任命に際しては事前協議することで合意したことによって、解決に向かうことになった(8)。

一方、在韓アメリカ大使館は六一年六月一三日、以下のような内容の電文を国務省に送ってきた。それによると、軍事政権の指導者たちの間では、政治家への不信感が根強く、文民政府への移管は当面ありそうもないこと、進むべき方向が不透明なうえ、政権内や韓国軍内部の対立が激化する可能性があること、さらには新政権が反共の立場をとる限り、アメリカは彼らを支持せざるを得ないと見られていること、それゆえ「軍事政権に代わる選択肢は共産主義による権力の掌握だ」という脅しをかけてくる可能性があるというものであった。そのうえで、在韓アメリカ大使館は、新政権の指導者たちは、アメリカの軍事・経済援助の必要性を「鋭敏に認識している」ことを踏まえ、新政権への影響力を保持するためにも、現時点で全面的支持を表明するよりは、「控えめな友好の姿勢」を保持した方が、はるかに好ましいと進言した[9]。それゆえ、ケネディ政権は、在米大使館の情勢報告を踏まえて、軍事政権とは一定の距離を置き、当面は新政権の対応を見守ることにした。

なかでも、ケネディ政権が重視したのは、早期の民政移管であった。しかし、民政移管をめぐっては、早期の移管を求めるワシントンと権力維持を優先する軍事政権側との間の交渉は難航し、その実現までに二年半を必要とした。六一年七月一六日サミエル・バーガー駐韓アメリカ大使は、軍事革命委員会の議長に就任した朴正熙を訪問し、民政移管の重要性を強調した。これを受けて、国家再建最高会議（SCNR）は八月一二日、民政移管計画を発表した。それによると、六二年一〇月に新憲法と選挙法の制定に着手し、六三年五月に大統領選挙と国会議員の選挙を実施するというものであった[10]。

ケネディ政権は民政移管の発表を歓迎したものの、予定される選挙までの道のりは平坦ではなかった。最大の障害は、韓国中央情報部（KCIA）部長に就任した金鍾泌を中心とする「少壮派将校」グループの動きであった。彼らは、ワシントンと相談することなく、疑わしい理由で政敵を逮捕したり、活動資金を捻出するために不正に為替相場を操作して、金融市場を深刻な混乱に陥らせるなど、ワシントンの期待に背く行動が目立った。六二年六月、国家再建最高会議は突如、交換比率を一〇（旧通貨）対一（ウォン）とするデノミを発表し、同時にすべての銀行預金口座を凍結した。この通貨制度改革は、アメリカ側に事前の相談なく行われたこと、さらには信用不安、急激なインフレと景気後退を引き起こしたため、ワシントンの強い批判を招いた[11]。国務次官補代理エドワード・ライスは駐米韓国大使を呼び、韓国にはアメリカ国民の税金が毎年五億ドルも投入されていると指摘したうえで、アメリカ側に相談がなかったことを問題視した。また、ライスは、こうしたことが繰り返されれば、アメリカ政府としても、「援助政策を見直さなければならない」と警告した[12]。現地のアメリカ大使館も強硬な態度で臨んだことから、軍事政権は銀行預金の凍結を解除した。

ワシントンにとっての懸念材料は、反対勢力の排除、逮捕・拘束や疑わしい根拠にもとづく裁判が続いていたことだ。六二年三月には、政治活動浄化法を導入し、多数の政治家の活動を禁止しただけでなく、疑わしい理由で張勉前首相他四〇名の政治家を起訴し、有罪判決を下した。アメリカ政府や在韓アメリカ大使館筋は、こうした動きの背後には、韓国中央情報部を中心とする金勢力の存在があると分析していた(13)。

それゆえ、バーガー大使は、「われわれの支援を引き続き得たいのであれば、軍事政権が越えてはならない限界があるのだということを印象づけるべきだ」と考え、六二年九月、金がアメリカ中央情報局（ＣＩＡ）の招聘にもとづき訪米する機会を捉えて、ワシントンの見解に沿った振る舞いをするよう、彼を教育するべきだと進言した(14)。アヴェレル・ハリマン極東担当国務次官補は一〇月二九日に金部長と会談し、選挙立候補者の制限や政治活動の禁止措置に対する懸念を伝えた(15)。しかしその後も、金部長らの問題行動はなかなか改まらなかった。

くわえて、ケネディ政権内には、軍事クーデターで成立した政権に積極的な援助を供与することには躊躇があった。それゆえ、ケネディ政権は、軍事政権に対して、早期の民政移管を迫った(16)。

紆余曲折を経たのち、朴議長は六二年一二月二七日、六三年四月に大統領選挙を、同年五月に国会議員選挙をそれぞれ実施すると正式に発表した。これを契機に、軍事政権内で権力闘争が再燃した。金部長は、大統領選挙における朴の選出とその後に続く国会選挙での勝利を確実にするため、民主共和党を創設したが、同党内の主要ポストから反主流派を排除したため、反金勢力との間に激しい権力闘争が繰り広げられた(17)。六三年二月一八日、朴は大統領選挙に立候補しないと発表、さらに二月二五日、金は韓国中央情報部長を辞任し、アメリカに向かったが、その後も反対勢力の逮捕・投獄や政治活動の停止が続いた(18)。同年三月一六日、朴は、選挙を四年間延期するための国民投票を実施すると発表した。国務省はこれに強く反発し、四年間の軍政延長は、六一年一一月一四日の米韓共同声明も含め、これまで朴議長が繰り返し行ってきた約束を反故にするものだとし、朴政権に対するアメリカ政府の支持を見直さざるを得ないと伝えるよう訓令した。このため、ＳＣＮＲは四月八日、四月に予定されていた国民投票を九月まで延期すると発表し、ワシントンの意向を忖度する姿勢を示した。その後、一〇月一五日に大統領選挙がようやく実施された。大統領選挙では、朴が僅差で対立候補を破り、在韓アメリカ大使館の予想に反して、一一月の総選挙でも民主共和党が大差で勝利した。その結果、一二月に入って、ようやく文民政府がスタートすることになった(19)。

2　第一次五ヵ年計画とケネディ政権の対韓援助政策

軍事政権はクーデター後の七月二二日、第一次五ヵ年計画を発表し、韓国の経済の自立化を目指した。韓国の経済発展により、貧困に苦しむ民衆の不満を和らげることは、非民主的な手段で権力を掌握した政権の正当性を高めるために不可欠だと見なされた。経済の自立化はまた、軍事政権に対するワシントンの承認と支持を獲得するうえでも必要だと考えられた。

一方、六二財政年度の軍事援助計画の予算が二四億ドルから一八億ドルに削減されることが予想されるなか、アイゼンハワー政権末期には、韓国軍の削減が議題にのぼり、モーリス・スタンズ予算局長に代表されるように、韓国軍の削減は、韓国が経済の自立化を達成するためにも必要だとの考えも浮上していた。また、韓国の経済発展のためには、外国為替制度や税制の改革、輸入の抑制と輸出拡大を図るべきだとの方針が打ち出されるようになった(20)。

そうした考えは、ケネディ政権の登場に伴い、より明確になった。ケネディ大統領は六一年五月二五日の議会宛特別教書で、「今日、自由の防衛と拡大の主戦場は……アジア、ラテン・アメリカ、アフリカ、中東、すなわち新興諸国からなる地域である」と述べ、さらに同年九月の国連総会演説では、六〇年代を「国連開発の一〇年」と位置づけ、生活水準の向上を求める第三世界諸国の人々の「期待革命」に対して効果的に対処していくことの重要性を明らかにした。

ケネディ大統領が発表した第三世界重視政策に理論的な枠組みを提供したのは、ハーバード大学やマサチューセッツ工科大学（ＭＩＴ）の研究者集団で、なかでもＭＩＴのＷ・Ｗ・ロストウは、ケネディ政権の国家安全保障担当大統領特別補佐官に就任し、同年末に国務省政策企画会議（ＰＰＣ）の議長に就任した。ケネディ政権の近代化論の最初の実験場として選ばれたのは、ラテン・アメリカであり、六一年三月一三日、ケネディ大統領は、「進歩のための同盟」と命名された、この地域向け援助計画を提案した。

先述したように、六一年八月に民政移管計画が発表され、六三年五月に大統領選挙と国会議員選挙を実施する方針が示されたのを受けて、バーガー大使は、朴議長のワシントン訪問を要請した[21]。朴議長は六一年一一月一四日から一六日にかけてワシントンを訪問した。一一月一四日のラスク国務長官との会談で朴議長は、共産主義の脅威に対処するために、六〇万の現行兵力を維持すると同時に、経済を発展させなければならないと強調した。さらに、アメリカの軍事援助の減少に伴い生じる韓国の防衛予算の増大が、経済発展にとって重荷となっているとして、兵力維持に必要なアメリカからの援助額に関して、五九年レベルを維持するよう求めた。その他、経済五ヵ年計画を実施するために多額の投資資金が必要だとしたうえで、一億ドルの借款、開発借款基金（ＤＬＦ）七〇〇〇万ドル、それに八〇〇万ドルの技術援助を要請した[22]。

これに対して、ラスクは、ケネディ政権と議会は、対外援助の在り方を見直し、経済五ヵ年計画のような長期的な開発援助を重視するようになっていること、他方で、軍事援助や短期援助などは削減するよう議会から圧力が加わっていると述べ、明確な言質を与えることは避けた。朴議長は、ケネディ大統領との会談でも、軍事力の維持と経済建設の必要性を訴え援助を要請したが、同大統領は、ドル防衛策を取らざるを得なくなっている厳しい財政事情を説明するにとどめた。結局訪問中に約束されたのは、九〇〇〇万ドルの維持援助（support assistance）だった[23]。

ケネディ政権下の援助政策で注目されるのは、経済援助と軍事援助とは密接な関係にあるとの認識が顕著だったことだ（表5-1）。このため、対韓援助問題は、韓国軍の削減や在韓米軍の削減と結びつけて議論された。援助政策の力点を軍事から経済発展に移すべきだとする考えは、国家安全保障会議スタッフのロバート・コマーが、軍事クーデターが発生する四日前にマクジョージ・バンディ国家安全保障担当大統領補佐官宛てに送った覚書にも示されていた。コマー

表5－1　韓国の財政規模とアメリカの軍事援助

（単位：億ウォン）

	1966	1967	1968	1969	1970	1971	1972
歳出総額（A）	1,409	1,809	2,621	3,705	4,413	5,463	7,011
国防費（B）	405	496	647	844	1,023	1,347	1,739
B/A	28.7%	27.4%	24.7%	22.8%	23.2%	24.7%	24.8%
軍事援助総額（C）	569	729	1,095	1,461	1,044	2,076	2,122
C/A	40.4%	40.3%	41.8%	39.4%	23.7%	38.0%	30.3%

（出所）経済企画院『韓国統計年鑑』1970年版及び1975年版より作成．
朴根好『韓国の経済発展とベトナム戦争』御茶の水書房，1993年，100頁．

は、五三年以来の対韓援助が成果を挙げていないのは、圧倒的に軍事援助中心であったためだとして、韓国軍を一八個師団（五二万五〇〇〇名）から一四個師団ないしは一二個師団まで削減すべきだと進言した[24]。だが、六一年六月一三日の国家安全保障会議では、ロバート・マクナマラ国防長官は、軍事政権の反発を招く、深刻な失業問題につながる、一〇万人の兵を削減しても年間六〇〇万ドルの経費削減にしかならない、などの理由で異議を唱えた。また、リーマン・レムニッツアー統合参謀本部議長は、現在の韓国軍兵力は韓国防衛に不可欠な最低限のレベルでしかないと主張した。このため、国務省と国防省は、この問題を緊急に再検討することを求められた[25]。しかし、八月二日に統合参謀本部からマクナマラ長官に提出された報告は、現行の兵力（六〇万人）は「容認可能な最低限の兵力」だとして、韓国軍の任務、米韓双方の兵力構造、軍事援助において変更すべきではない、とこれまでの主張を繰り返した[26]。

軍事援助と経済・技術援助は、資源配分の観点から不可分な関係にあると見なされており、優先順位をめぐる見解の相違は、在韓米軍と在韓アメリカ大使館の間でも存在した。バーガー大使は、韓国の六二年度予算を支援するにあたって、アメリカが利用することのできる現地通貨二七五〇億ウォンの配分を軍事一五〇〇億ウォン、経済一二五〇億ウォンとすべきだと主張した。だが、韓国の軍部はこれに不満を示し、朝鮮国連軍司令部司令官ガイ・メロイも、不満を示す韓国の軍部に同調し、一八〇〇／八五〇の割合を主張した。メロイは韓国軍兵力六〇万は米統合参謀本部と国家安全保障会議で承認された兵力レベルだとして、「聖域」論を展開した。結局、バーガー大使の意見が通う、六二財政年度に関しては、韓国の国防予算に一五〇〇億ウォンを、経済発展に一二五〇億ウォンを割り当てることで落ち着いた[27]。

一方、六一年七月八日に国務・国防両省長官は軍事援助運営委員会の設置で合意し、同委員会に軍事援助計画の再検討を指示していたが、運営委員会報告は、被援助国が自前で維持できない大規模な兵力を抱えており、アメリカの軍事援助の大半は軍の近代化ではなく、装備と兵力維持に振り向けられていると指摘した。六二年一月一八日に開催された国家安全保障会議は、同報告について協議したが、結論を得るにいたらず、ケネディ大統領は、予算が限られていること、軍事援助と経済援助は競合関係にあると同時に相互に補完する関係にあるとの前提の下に、両者の関係についての再検討を指示し、七月一五日までに結論を出すよう要請した[28]。

軍事援助と経済援助の配分をめぐる見解の相違はまた、韓国の安全保障への脅威をどう認識するかの違いでもあった。六二年四月四日付特別国家情報評価（SNIE四二—六二）は、韓国の安全保障に対する最大の脅威は、国内の政治対立、経済の停滞、社会不安にあると分析、アメリカが韓国を防衛すると中ソが信じている限り、侵略の恐れは低いとして、六四—六八財政年度において韓国軍兵力を三分の一削減しても、それに見合った経済援助で補完すれば、侵略の危険が増大することは恐らくないだろうとの見解であった。だが、米陸軍と海軍、それに軍の情報機関は、共産主義の脅威に対する主たる抑止力は、アメリカの対韓防衛のコミットメントだけでは十分ではなく、在韓米軍と韓国軍の兵力レベルも重要な要素を占めているとして、異議を唱えた。準軍事的な観点から分析を行った米統合参謀本部も同様の見解であった。また、政治・軍事の両面からこの問題を検討したケアリー報告は、韓国軍の兵力削減は韓国内に与える政治的悪影響という観点から現状維持を主張したが、その半面、政治的な悪影響が大きくなければ、六個師団の削減が可能だとの含みを持たせていた[29]。

韓国軍の兵力削減問題に加えて、アメリカ政府内では、在韓米軍を一個師団削減する案が浮上した。その理由は二つあり、一つは、西太平洋における米軍事態勢の柔軟性の向上であり、もう一つは、アメリカの国際収支の改善であった。北朝鮮が、中国の支援を得て韓国を攻撃した場合には、在韓米軍二個師団が必要であるとする米統合参謀本部の見解を踏まえ、選択肢の一つとして、在韓米軍一個師団の沖縄への移転が検討された。沖縄はドルが使用されている地域であることから、国際収支の改善という目的にも合致していた。しかし、国務省はこの選択肢を検討した結果、沖縄での土地の取得の困難さ、朝鮮半島有事のさいの輸送手段の確保が十分でないことにくわえて、韓国にとって、九三〇万ドルの損失となり、この損失は韓国の輸出総額の二二・七％に相当すること、韓国の経済発展への悪影響、韓国軍兵力の削減によって経済発展のための援助予算の再配分を図る計画を困難にするなどの弊害が明らかになった。その結果、アレクシス・ジョンソン国務次官補は六二年九月一五日のラスク長官宛覚書の中で、在韓米軍一個師団の削減は、現時点で得策ではないと結論づけた(30)。

ラスクとマクナマラの見解の違いは、ワシントンの直面するディレンマを浮き彫りにした。第一は、分断国家韓国が直面する安全保障上の脅威に対処するためには、在韓米軍や韓国軍兵力の削減はできないとする米統合参謀本部の軍事戦略上のニーズと議会の援助削減圧力・国際収支改善の必要性という二つの要請を同時に充たすことが困難であることを意味した。第二に、韓国の経済発展により多くの予算を振り向けるべきだというケネディ政権内の「近代化」論者の考えと、在韓米軍一個師団の削減が韓国経済に及ぼす深刻な影響の双方を同時に実現することの困難さである。議会の対外援助削減圧力が強まるなか、ケネディ政権は、韓国の安全保障を維持しながら、いかにして韓国の経済発展に必要な援助予算を捻出するかに苦慮した。

そうしたなか、ケネディ大統領は、新たな案を検討するよう指示した。米統合参謀本部の戦争計画は、核兵器の使用を前提としなかった場合、北朝鮮と中国による同時攻撃に備えるためには、現行の韓国軍兵力と在韓米軍二個師団が必要だとの立場に立脚していた。これに対して、ケネディはまず、在韓米軍と韓国軍の任務を、北朝鮮による単独攻撃を想定した戦争計画の是非という観点から検討するよう命じた。当時、中国と北朝鮮の合同軍が、韓国に対する全面攻撃を行った場合には、核兵器の使用を含む戦争計画を想定した研究が進められていた。軍事顧問を務めていたマックスウェル・テイラー将軍の報告を受けたケネディが、六二年九月二六日、韓国における必要兵力について再検討するよう命じたが、それは核兵器の使用を念頭に置いたものであった。国家安全保障会議スタッフのコマーが、カール・ケイセン安全保障問題担当大統領特別補佐官代理に宛てた九月二六日付覚書はそのことを裏付けるものである。コマーは、在韓米軍と核兵器の使用の可能性が、共産主義中国に対する真の抑止力となるとの考えに基づけば、六－八個師団の韓国軍の兵力削減は、軍事力のバランスに本的な変化をもたらすものではないとの考えを披歴した[31]。

しかし在韓米軍の削減に対する米統合参謀本部の反対は根強く、ケネディ政権の下では、この問題に明確な答えを見出すことはできなかった。

一方、ケイセンはそうした政権内の議論を踏まえて、同年一〇月九日に駐米韓国大使丁一権と面会したさいに、韓国軍兵力を削減し、より多くの予算を経済発展に振り向ける可能性を打診した。これに対して、韓国大使は、失業を増やさずにしかも援助レベルを維持しながら経済発展に資源を回すことができれば、それは望ましいと回答している。その意味するところは、韓国軍兵力の削減は、アメリカ政府による軍事援助や経済援助の増大といった補完措置が不可欠だということであった[32]。

だがその一方で、議会は、対外援助予算に対して厳しい態度を示しており、六三年に入って、政権内では、援助予算の削減は避けられないとの見通しが広がっていた。同年五月三一日にバーガー大使が一時帰国し、ケネディ大統領と面会したさいに準備された大統領宛覚書は、次年度の韓国向け軍事援助プログラム予算は二億五〇〇〇万ドル、経済援助は一億二五〇〇万ドルから一億四五〇〇万ドル（うち八〇〇〇万ドルはPL四八〇）にのぼると考えられているとしたうえで、対外援助予算が大幅に削減される可能性があるなか、インドへの援助が増大していることから、対韓援助額を削減せざるを得ないことをバーガーに伝えるべきだと進言している[33]。その背景には、アメリカの軍事援助総額の半分は韓国、台湾、パキスタン、イラン、ギリシャ、トルコの五カ国で占められていること、なかでも韓国が最大のレシピエントであるということがあった。六四財政年度においても、韓国に対しては、二億ドルの軍事援助プログラムが予定されていた。コマー国家安全保障会議スタッフは五月三一日付大統領宛覚書の中で、朝鮮戦争以降、韓国に対しては、五〇億ドルの援助が注ぎ込まれてきたこと、軍事援助プログラムに限っても、今後五年間でさらに一〇億ドルが予定されていること、そのうえ過剰な軍隊を抱えているため、国防予算の現地通貨援助額さえ自前で賄えない現状を問題視した。コマーはさらに、政治的にセンシティブな争点だと認めながらも、韓国軍兵力を現在の一九個師団から一二個師団に削減できれば、年間五〇〇〇万ドルを経済発展などの目的に振り向けることができると付言した(34)。

コマーが、上記のような大統領宛覚書を作成したのは、他にも理由があった。それは、朝鮮戦争以降、アメリカが多額の経済・軍事援助を行ってきたにもかかわらず、韓国経済の自立化に向けた歩みが十分ではないとの不満の表明であった(35)。ケネディ政権は、近代化論を掲げて、韓国に対する巨額の経済・軍事援助を供与してきた。その一方で、韓国は、北朝鮮と対峙する分断国家であり、朴政権は、安全保障の分野で過重な負担を強いられ、六〇万人の兵力を削減することには強い抵抗を示し、米軍部もまた、在韓米軍や韓国軍兵力の削減には反対した。韓国の経済発展を重視する方針を打ち出したケネディ政権は、軍事援助と経済・技術援助の配分割合において、後者を増やす方途を模索したが、このディレンマを克服することができなかった。

一方、朴政権もまた、政権の正当性を高めるために、「自主国防と経済的自立」の達成を最優先目標に掲げたが、安全保障分野においてはもちろんのこと、経済の分野においても、アメリカの援助に大きく依存しながら、二つの目標の実現に取り組まざるをえなかった。

この間、第一次五ヵ年計画（六二―六六年）の最初の三年間は、試行錯誤が繰り返された。クーデターによって成立した政権の中核を担ったのは軍人たちであり、経済運営には精通しておらず、また民間からの人材確保と養成には、時間を要することもあって、第一次五ヵ年計画の実施過程は紆余曲折を辿った。民政移管が実現する六三年秋以前の軍事政権下の経済政策は、輸入代替工業化戦略に力点が置かれており、多くの先行研究が指摘するように、この戦略は六三年末には行き詰まりをみせていた。それゆえ、朴政権は六四年五月に、輸出志向型工業化戦略に移行することになる(36)。

3　ジョンソン政権のベトナム戦争拡大政策と朴政権の対応

ワシントンでは、ケネディ大統領の暗殺で、副大統領のリンドン・B・ジョンソンが大統領に就任していたが、ジョンソン政権が直面した最大の試練は、悪化するベトナム戦争への対応であった。

周知のように、ベトナム戦争のエスカレーションは六五年春に始まった。戦争の拡大はジョンソン政権内で、在韓米軍削減と韓国軍兵力の縮小に関する協議を再燃させた。この問題は、ケネディ政権の時にも議論されてきたが、結論を得るまでにはいたってなかった。ジョンソン政権の下では、在韓米軍二個師団のうち一個師団の海外配備の是非について改めて検討されたが、六五年五月のジョンソン・朴首脳会談（ワシントン）で、ジョンソン大統領が、在韓米軍の削減を考えていないと述べたことで、政権内での兵力削減の議論は下火になった(37)。その最大の理由は、この時期に韓国軍部隊のベトナム派兵が本格化したことである。

ジョンソン政権は六四年四月、「自由世界援助計画」を発表したが、そのさい韓国にも支援を要請した。ワシントンによる援助削減圧力が強まるなか、朴政権は六四年九月一一日、一四〇人の医療班と一〇人の空手教官をベトナムに派遣した。続いて、同年一二月一九日にW・ブラウン駐韓米大使が、朴大統領に面会したさいに、朴正熙は、二個師団の戦闘部隊を派兵する用意があると述べた。だが、同大使は、ジョンソン大統領が、戦闘部隊ではなく技師・医師・工兵部隊の派遣を望んでいると伝えたため、朴正熙は、六五年二月に二〇〇〇人の医師・工兵部隊を追加派遣した(38)。

六五年三月になると、米政府内では、韓国軍戦闘部隊の派遣要請が検討されるようになった。そうしたなか、朴大統領は五月一七日からワシントンを訪問し、ジョンソン大統領と会談した。米側は、首脳会談での朴大統領の最大の関心事は、日韓国交正常化後も引き続き、ワシントンからの援助が得られるとの確約を得ることだと見ていた。韓国内では、日韓国交正常化によって韓国経済が日本の支配下に置かれるとの懸念が強く、そうした韓国側の懸念はまた、国交正常化後にアメリカの対韓援助が削減されるのではないかとの不安と結びついていた[39]。そうした韓国国内の事情を考慮し、ジョンソン大統領は首脳会談で、日韓国交正常化実現に向けた朴大統領のリーダーシップおよびベトナムへの韓国軍部隊の派遣を高く評価すると同時に、開発借款基金（DLF）一億五〇〇〇万ドルの供与、輸入必需品への融資、技術援助・訓練資金の継続、PL四八〇援助を約束することで、韓国側の懸念の払拭を図った[40]。

にもかかわらず、首脳会談は以下の点で、韓国側に不安を残すことになった。韓国政府は、首脳会談開催前の事前折衝段階から、米韓相互防衛条約への「自動介入条項」の盛り込みを求めていたが、アメリカ側は、相互防衛条約の改訂には応じられないとの立場に終始した。韓国側はまた、韓国軍兵力六〇万人を維持するのに必要な支援の約束や在韓米軍兵力の現状維持を強く求めた。だが、ジョンソン大統領は、在韓米軍の削減は目下のところ念頭になく、もしそのような事態が生じたさいには、韓国政府に事前に十分な協議を行うと述べるに止どめ、将来の撤退の可能性を否定しなかった。このことは、韓国側に不安を残すことになった[41]。

朴大統領が、韓国軍戦闘部隊の派遣に積極的な態度を示したことは、そうした不安の現れであった。ジョンソン大統領が首脳会談で、韓国軍戦闘部隊一個師団の派兵を要請したのに対して、朴大統領は個人的にはそうしたいと述べ、改めて、朝鮮国連軍部隊の撤退がないようにと念を押している。朴正煕は、そのような動きがあれば、韓国の安全保障に対する国民の不安を高め、韓国軍のベトナム派兵は「非常に難しくなる」と、暗に韓国軍部隊の派兵は在韓米軍の削減をしないことが前提であると示唆した[42]。韓国議会は、六五年八月一三日から韓国軍部隊一個師団のベトナム派兵の審議を開始し、同日、野党議員欠席のまま賛成一〇一、反対一、棄権二で派兵提案を承認した。これを受けて、朴大統領は同年一〇月、一個師団二万人の派兵を決定した。

ところが、一二月七日には駐米韓国大使からウィリアム・バンディ国務次官補に対して、韓国軍の追加派兵の打診がなされたのに続いて、丁一権首相からも同様の意向が伝えられたため、バーガーの後任として六四年八月に赴任していたウィンスロップ・ブラウン大使は、六五年一二月二四日に朴大統領と直接面会して大統領の真意を確認したところ、朴大統領もその意向だということが判明した。[43] 韓国側の狙いは、経済・軍事援助の増大、在韓米軍削減の阻止、韓国軍近代化計画への支援、ベトナム特需、米韓相互防衛条約の改定による「自動介入」条項の挿入であった。

韓国軍のベトナムへの追加派兵を必要としていたジョンソン大統領もまた、この問題を最優先で扱うよう指示し、さらに一二月二九日には、二九〇〇万ドルの開発借款を閣議決定した。ブラウン大使は、米軍をベトナムに一個師団派遣することに比べれば、韓国軍一個師団の派遣に見合った援助を行うことは理に適っているとして、軍事援助プログラム（MAP）移転の停止によって韓国側予算に生まれる余裕を、韓国軍の給与待遇改善に充てるよう進言した。これを受けて、国務—国防—AID合同委員会は、韓国軍部隊がベトナムに駐留し続けている間は、MAP移転プログラムを停止する決定を行った、とブラウン大使に通達した。[44]

ラスク国務長官は一月二七日付電報で、六六年四月までに韓国軍一個旅団と役務・施設部隊を、さらに同年七月までに、一個師団と役務・施設部隊をベトナムに派遣することを条件に、以下の援助を提供する旨、在韓アメリカ大使館に伝達した。ベトナムに派兵される追加部隊に必要な装備および費用、現在ベトナムで従軍中のタイガー師団に支払われている海外勤務手当の支払い（最近引き上げられた韓国軍兵士への手当の三〇倍、およびベトナム軍兵士に支払われている手当の約四倍に相当）、ベトナムにおける戦闘での死亡者・負傷者・身体障害者への見舞金の支払い、韓国軍部隊専用の通信設備および4C—54輸送機の供与、韓国軍部隊の近代化に必要な資材の今後数年間の提供など、追加派兵に伴う費用負担のすべてを支払う内容であった。その他にも、韓国経済への支援措置として、MAP移転プログラムの停止、ベトナムの韓国軍部隊に必要な役務・資材・物資の韓国での調達、ベトナムでAIDが調達する資材の韓国での調達、ベトナムでアメリカ政府と同国の契約企業が実施する建設プロジェクトへの韓国の建設会社の参入の機会の増大、それに伴う韓国技術者のベトナムでの雇用、輸出振興の分野での韓国への技術支援の増大、六五年五月に合意したAID借款一・五億ドルを上回る援助、南ベトナムへの韓国の輸出および開発プロジェクト支援として六六年度に一・五億ドルのプログラム・ローン供与などが含まれていた。[45] これらの支援内容は三月四日付ブラウン覚書として、三月七日に韓国外相に手交された(46)。

韓国政府が、上記の提案を受け入れたことから、六六年二月二八日に韓国軍戦闘部隊三万人の追加派兵の決定が公表され、韓国議会は三月二〇日、賛成九五、反対二七、棄権三で派遣を承認した(47)。

韓国政府が、六六年二月二八日に三万人の追加派兵の決定を公表する前後から、ワシントンでは、別途、約一万人の兵站・補給部隊の追加派遣を要請する検討が行われていた(48)。その背景には、南ベトナム政府を取り巻く政治情勢の混乱と戦況の急激な悪化があった。

しかし、ベトナムの戦況の悪化は、韓国軍の追加派遣に対する国内世論や韓国議会の態度を変化させ、追加派兵に反対する声が急激に高まった。このため、ワシントンから一万人の追加派兵の打診を行う旨の指示を受け取ったブラウン大使は、そうした要請を行う状況にないことを説明し、これに強く反対した(49)。だが、アメリカ側は、あくまで戦闘部隊の派兵に拘り、六七年末までに戦闘部隊一個師団の追加派兵が可能か否か、朴大統領に打診することの是非をブラウン大使に照会してきた(50)。だが、朴大統領は、このところ、北朝鮮の特殊工作要員による韓国への浸透活動が激化していることから、韓国国民の不安を増幅していると述べて、難色を示した。ただし、後方支援部隊と技術者の派遣であれば、韓国議会の承認なしでも可能かもしれないとして、その検討を行っていることを明らかにした(51)。

しかし、ラスク国務長官は一一月三〇日付在韓アメリカ大使館宛電文の中で、ワシントン首脳は、韓国に一個師団の戦闘部隊派兵を改めて要請することになったと伝えた。この通達を受けて、ブラウン大使は、一二月六日に朴大統領や閣僚と協議した。その結果、韓国側は、一個師団相当（light division、民間人五〇〇〇人と、六〇〇〇人の部隊、計一万一〇〇〇人）の派兵に同意した。その後、キャンベラで米韓両首脳が会談したさいに、ジョンソン大統領は、ベトナム派遣軍司令官ウィリアム・ウェストモーランド将軍から一〇万人の兵力増強を求められているとして、六八年三月一日までに、韓国からの戦闘部隊の派兵を重ねて要望した。朴大統領は、キムチを在ベトナム韓国軍部隊に届けてくれたことに対する謝意を表すると同時に、三月一日までの派兵に最善を尽くすと伝えた(52)。

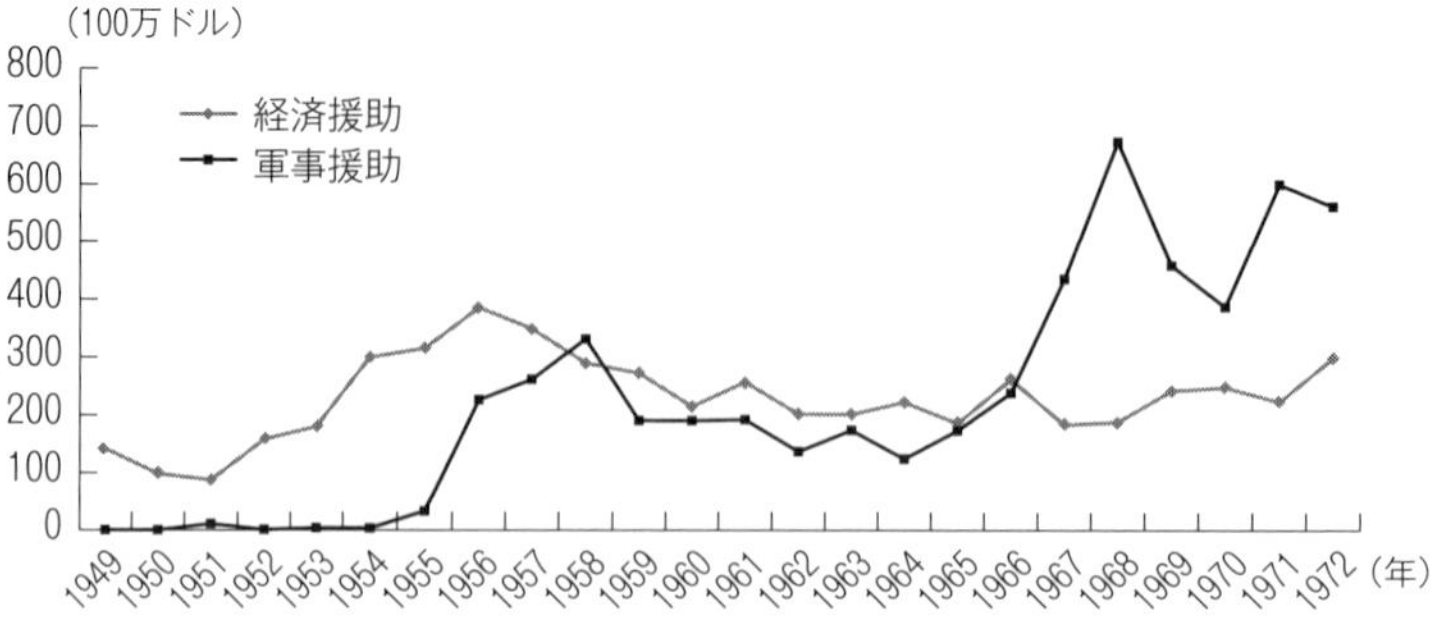

図5－2　アメリカの対韓援助1949–1972

（出所）
1．U. S. Foreign Assistance and Assistance from International Organizations (July 1, 1945–June 30, 1961)
2．U. S. Overseas Loans and Grants and Assistance from International Organizations (July 1, 1945–June 30, 1967)
3．U. S. Overseas Loans and Grants and Assistance from International Organizations (July 1, 1945–June 30, 1972)
より筆者作成.

韓国側は同時に、部隊派兵に対する見返りを強く求めた。朴大統領は、韓国軍部隊の派兵は、韓国の安全保障の確保を前提に行わなければならないとして、北朝鮮の工作員やゲリラの浸透作戦の増大に対処するために必要な資材や設備（三二〇〇億ドル）の提供を求めた。ジョンソン大統領は、韓国側の要望をかなえるべく取り組んでいるところだと述べたうえで、さらに以前から要望の出ていた駆逐艦二隻の提供（六〇〇万ドル）、すでに供給された一八機のヘリコプターに加えて、ヘリコプター三機（三〇〇万ドル）の追加支援、北朝鮮ゲリラに対抗する八個大隊へのMAP支援、一個大隊への八インチ砲（Howitzers）の六八年度中の受け渡し（三〇〇万ドル）、ベトナムに派遣される民間兵站部隊五万一〇〇〇人への給与支払い（五〇〇〇万から二〇〇〇〇万ドル）、それに三月一日までに派兵が予定されている一個師団（一万一〇〇〇人）への装備・報酬面での支援（六二〇〇万ドル）を約束した[53]。

しかし六八年一月二一日に青瓦台襲撃事件、その四八時間後に北朝鮮による米情報収集艦プエブロ号と乗組員の拿捕事件が発生したことで、韓国軍の追加派遣をめぐる米韓協議は一時棚上げされた。くわえて、六八年一月の北ベトナムとNLFによるテト攻勢と戦況の悪化に続き、三月三一日のジョンソン大統領の次期大統領選への不出馬声明は、朴大統領に大きな衝撃を与えた。朴大統領はこれまでも、和平交渉やベトナムでの空爆作戦の停止には強く反対してきただけでなく、韓国軍部隊をベトナムに派兵したことで、アメリカの韓国を見る態度に変化が生じ、韓国史において初めて、ワシントンから「対等」に扱われるようになったとの思いを抱いていた。それだけに、ジョンソン大統領の不出馬声明と和平交渉の開始は、朴大統領にとっては、そうした首脳同士の信頼関係を損なうものと映った(54)。

同年四月一七日のホノルルでの首脳会談の内容は、朴大統領にとって、そうした不安を裏付けるものだと受け止められた。朴正煕は、ジョンソンの不出馬声明が、韓国に相談なく発表されたことに強い不満を示し、さらにジョンソン大統領のリーダーシップなしでは、従来のベトナム戦争政策が放棄されるのではないかとの懸念を表明した(55)。

すでに言及したように、青瓦台襲撃事件、プエブロ号拿捕事件、ジョンソン大統領の不出馬声明の影響のため、六八年に入って、韓国軍部隊の追加派遣協議は棚上げ状態になった。それでも、ジョンソン政権期のベトナム戦争遂行における韓国の貢献度は大きかった。六八年六月の時点で、韓国軍総兵力五六万三四〇〇人のうち五万人がベトナムに派兵されていた(56)。コラボレーターとしての朴政権の振る舞いに対する見返りは、アメリカの対韓軍事援助の増大であった（図５―２）。対韓軍事援助は、六一年から六五年までは年間一・六三億ドルであったのが、六六年から七〇年の時期には年間三・三六億ドルに増大した。また、アメリカの対韓経済援助も、ジョンソン政権期には年間平均二億ドルにのぼった。その他、ワシントン首脳は、ベトナム特需という形で韓国軍のベトナム派兵に報いた。

4　日韓国交正常化と「日米協力」

六〇年代末までの東アジア秩序は三層構造になっており、中心にアメリカが位置し、準周辺に位置する日本はワシントンのコラボレーターとして、アメリカの冷戦戦略を補完する役割を果たし、周辺に位置する韓国に援助を行うという構図であった（図１―１）。ワシントンは日本に対して、対韓援助肩代わりを求めていたのではなく、あくまでコラボレーターとして、補完的役割を果たすことを期待していた。アメリカはヘゲモニー国家として、東アジアでは、日本を対ソ・対中「封じ込め」政策の要石と位置づけていた。

一方、アメリカは、韓国を冷戦の最前線基地として重視し、韓国の安全を保証し、朴政権が目指す韓国経済の自立化と「自主国防」を支援するための軍事・経済援助を実施してきた。換言するならば、アメリカの対ソ、対中「封じ込め」にとって、日米韓の安全保障協力が必要だと考えられていたこと、そうした文脈の中では、日本の対韓援助は安全保障上の含意を持っていたことに留意する必要がある。

日韓国交正常化が実現するまでには、請求権問題、漁業専管水域や漁業協力資金問題、在日韓国人問題など、多岐にわたる争点が存在し、交渉は難航した。請求権問題に関しては、すでに先行研究で明らかになっているように、六二年八月二一日から日韓予備交渉が開始され、その後、大平大臣と金鍾泌中央情報部長との間に二回の会談（一〇月二〇日、一一月一二日）がもたれた結果、無償供与三億ドル、期間一〇年間、有償二億ドル（供与期間一〇年間、利率三・五％、返済期間二〇年、七年据え置き）、コマーシャル・ベースの信用供与一億ドル以上で合意した[57]。これを受けて、朴議長は、同年一二月二七日の記者会見で、「原則的合意成立」を発表した。

請求権問題は韓国側が最も重要だと主張してきた案件であった。それゆえ日本側には、「原則的合意成立」で国交正常化問題の大きな山場を越えたと受け止め、日本側が最も重視していた漁業問題では、韓国側の弾力的な対応を期待していた。しかし、漁業問題でも交渉は難航した。当初、領海三カイリに固執していた日本側は、その後、漁業専管水域一二カイリに譲歩し、他方、李ラインに拘っていた韓国側も、その後、四〇カイリを漁業専管水域とし、その外側に共同規制水域を設ける案を提示したが、双方の溝は容易に埋まらなかった。漁業専管水域一二カイリと専管水域の外での漁獲量などに関して漁業協定の骨格が最終的に固まったのは、六四年一二月九日であった。韓国側が求める漁業協力資金についても、一億七八〇〇万ドルを提示する韓国側と金額に難色を示す日本側との間で交渉が難航し、九〇〇〇万ドルで決着をみたのは、六五年になってからであった。

以上の経過を経て、椎名悦三郎外務大臣が訪韓して、最終的に日韓基本関係条約案にイニシアルしたのは六五年二月二〇日、また在日韓国人の待遇、請求権・経済協力、漁業に関する合意事項に日韓代表がイニシアルしたのは、四月三日であった。

注目されるのは、この間、アメリカ側が並行して、貴重な情報提供者ないしは触媒としての役割を果たしていたことだ。

六一年一一月の池田勇人総理と朴正熙大統領との首脳会談を契機として、ようやく日韓国交正常化交渉が進展し始めた。六二年二月の金鍾泌韓国中央情報部長と池田総理との会談に続き、崔徳新外務部長官一行が三月一〇日に来日し、小坂善太郎外相との間で三月一二日―一七日にかけて、五回にわたって会談を行ったが、請求権問題で、韓国側の七億ドルと日本側の七〇〇〇万ドルとの開きは余りにも大きく、会談は失敗に終わった(58)。

会談の失敗は、米側関係者を大いに失望させた。四月二一日にライシャワー駐日米大使は、小坂外相と会談したさいに、今回の結果に対して「失望している」と述べたうえで、日本側が提示した「七〇〇〇万ドルというのはあまりにアンリアリスティックな数字であり。数億ドルは出さねば解決しないと考える」と苦情を述べた(59)。

ワシントンでは、日韓交渉の停滞への懸念が高まるなか、六二年四月初めに作成された国務省の対日政策ガイドラインは、「日韓関係に横たわる相違点」の早期解決と日本による韓国への「大規模援助計画」の助長をあらためて確認するものであった(60)。したがって、五月一七日に国務省が作成した覚書は、日韓双方とも、アメリカが交渉に「介入」することを嫌っている状況の下で、「合衆国を仲介者の立場に置くことなく」、国交正常化交渉の促進を働きかけていく方針を確認した。そのさい、日本政府内には、アメリカの肩代わりをさせられるのではないかとの懸念があり、他方韓国側には、国交正常化によって、アメリカの援助が削減されるとの不安が強いことから、そうした不安を払拭する必要があるとされた。具体的には、韓国の対日請求額と日本の対案との開きが大きいことから、韓国側は七〇〇〇万ドルの引き下げを、日本側には補償額と経済協力資金のうちの贈与分を引き上げるよう働きかけていることが言及されている(61)。

以上の方針の下に、国務省は、ソウルと東京の大使館に政策指令案を送り、とるべき行動について両大使館の見解を求めた。打診の内容は、日韓国交正常化を促進するために、アメリカが「斡旋」、「仲介」、「メッセージの内々の伝達」、交渉の推移や進め方に関する「内々の情報提供者」、「交渉の当事者として行動するのではなく交渉の触媒の役目を果たす」というものであった(62)。この政策指令に対して、ライシャワー大使は、日本に対する影響力の行使には限界があるとして、ワシントンが役割を拡大する場合のマイナス面を過小評価しているとの見解を寄せた(63)。それゆえ、ワシントンは、交渉への「干渉」と受け取られないように配慮しながらも、双方の考えを内々に伝達したり、交渉の促進を促すなどして、国交正常化交渉に重要な「触媒」の役割を果たすよう努めた。

六二年七月二四日の外務省幹部会議で、新任の大平正芳大臣は、「日韓問題に対する米国の態度如何」と尋ねている。これに対して、伊関佑二郎アジア局長は、「早くまとめてほしい。日本は少しケチすぎるというところだ」と答えている。大平はこれを受けて、「わかった。もうこれ以上、延ばすことはない。早急に総理と相談してきめよう」と決意を新たにしている(64)。この会談から一週間後の七月三一日、ライシャワー大使は、エマーソン公使とともに大平外相を訪問し、「ここ数カ月の間に解決がみられなければ、今後多年にわたって解決をえないであろう。ここ数カ月が最後のチャンスである」と述べ、日韓双方の早期妥結を促した。八月二三日には、ケネディ大統領が、池田総理宛てに書簡を送り、「多くの障害があるのは承知しているが、解決（settlement）を実現するために全力を尽くされるであろうことを確信しています」と強い期待を表明した。池田総理は八月三一日の返書で、会談妥結に関する固い決意を述べている(65)。

六二年九月五日、ライシャワーは、武内龍次事務次官に、バーガー駐韓アメリカ大使からの連絡として、「韓国側は無償三億ドル、有償二億ドルならば妥結にふみ切ることは確実」だと伝え、したがって日本側が、二・五億ドルまで上げることが、「この際もっとも肝要」だと助言している。続いて、大平外相が国連総会出席のため訪米した機会を捉えて、ラスク国務長官は九月一五日に外相と会談したが、そのさい「問題の中心は無償供与の額」にあるとしたうえで、「三億ドルなら解決可能と思う」と述べた。さらに、九月二八日から一〇月六日の間に韓国に滞在中、後宮虎郎審議官はバーガー大使と会談したさい、大使から「無償三億ドル以下では満足しないことだけは絶対確実」だと告げられた[66]。こうした情報は、日本が妥協点を探るうえで有益だったと思われる。

日韓双方の交渉が膠着状態になると、その都度事態を打開するために、アメリカが重要な役割を果たした。六三年二月から三月にかけて、韓国政局が激動するなか、国務省やホワイト・ハウス内には、この機会を逃すと、正常化交渉は「予見可能な将来」実現できなくなるとの懸念が広がった。マイケル・フォレスタル国家安全保障会議スタッフの意向を受けて、六三年二月一二日付けで、ハリマン極東担当国務次官補は、正常化交渉を三月までに実現することの重要性を強調する電文をバーガー大使に送った。同時に、国務省もまた、正常化交渉を促進するために、「韓国側に強く働きかける」よう在韓アメリカ大使館に指示した[67]。

六四年一月にラスク国務長官が、日韓両国を訪問することとなった。日米貿易経済合同委員会に出席するために来日したラスクは、二六日に大平外相と会談し、協定の締結の促進を促したが、大平は請求権問題が片付いたことで、目下の争点は、排他的水域の幅、排他的水域の外での規制、漁業協力だと指摘したうえで、「目下のところ、困難の原因は韓国側にあり、日本側にはない」と述べた。ライシャワー大使も一月三日の国務省宛電文で、「解決の障害は韓国側にある」との認識を示した[68]。

ラスクは、一月二九日に韓国を訪問し、朴大統領と会談したが、事前に韓国政府から国務省に送られた一月二九日付覚書で、アメリカの対韓援助削減への懸念と日本の経済的支配への恐れを強調していたこともあり、会談後に発表された共同声明では、「アメリカの対韓軍事経済援助についての根本政策は日韓国交正常によって影響されない」と謳われた[69]。

日韓会談を妥結させようとするワシントンの積極的な努力は、その後も続けられた。六四年二月の段階における交渉の重要な争点は、竹島問題を別とすれば、韓国の漁業産業の強化のための日本からの漁業協力資金額、および一二カイリと李ライン海域における日本漁船の操業に焦点が絞られてきていた。在韓米大使館は、日本側が、六〇〇〇―七〇〇〇〇万ドルの漁業協力資金を提供すれば、韓国側のニーズを満たすとみていた。また、一二マイルの外の海域における日本の漁獲量を韓国漁業の近代化が実現するのに要する数年間、現行水準に抑制することができれば、韓国側としても、一二カイリを事実上容認する用意があると分析していた。以上の観点から、在韓アメリカ大使館は、日本には、漁業協力資金七〇〇〇万ドル、排他的経済水域外の海域での日本の漁獲量を現行レベルに維持するよう働きかける一方、韓国側には、国際慣行に沿って一二カイリの幅を認め、新たな要求を持ち出すことをしないように働きかけることを進言した。(70)

しかし、韓国では、六四年三月二四日に学生デモと野党の倒閣運動が激化した。朴政権は六月三日、ソウルに戒厳令を布き、戒厳令は七月二八日まで続いた。在韓米大使館は反対運動の背景には、（1）日本による経済的支配への広範な世論の懸念、（2）対韓援助の日本への肩代わりとアメリカの「撤退」への不安がある、と観察した。国務省も認識を共有しており、「深刻な障害」の原因は韓国側にあると考えた。(71)それゆえ、ワシントンは、韓国内の反対勢力の抵抗を乗り越えるのに役立つ、寛大なアプローチをとるよう日本政府に進言し、他方、韓国側の不安や懸念を払拭する努力を継続した。

コマーNSCスタッフの大統領への進言にもとづき、六四年七月三一日に、コマーも同席するなか、ジョンソン大統領は、韓国に赴任するブラウン大使とホワイト・ハウスで面会し、交渉のすみやかな妥結を「最優先事項」とみなしていることを伝えた。同時に、ラスク国務長官は、朴大統領宛「口頭メッセージ」をブラウン大使に託するよう進言した。それによると、国交正常化は韓国にとって、経済的にも政治的にも「大きな利益」をもたらすものであることを指摘したうえで、「アジアにおける自由世界の立場」に悪影響を与えるため、「これ以上の遅滞は許されない」ことを強調するものであった。くわえて、韓国側の懸念を緩和するために、国交正常化によって、対韓経済援助政策に影響が及ぶことはないと念を押すことも忘れなかった。(72)「口頭メッセージ」が、ジョンソン大統領は「これらの見解を強く抱いている」という文章で締めくくられていたことは、ベトナム戦争で国際収支が悪化するなか、同政権が対韓援助の負担分担を日本に期待していたこと、そのために、国交正常化の早期実現が不可欠だと考えていたことを示している。[73]

新任のブラウン大使は、六四年八月一七日に李東元外務部長官と会談したが、この時の共同声明で、アメリカは「日韓両国の懸案の早期妥結のため可能な限り支援する」、日韓国交正常化後も、アメリカは「韓国に対する経済・軍事援助を引き続き強化する」と述べ、韓国側の懸念を和らげるよう努めた。[74]

アメリカ政府はまた、朴大統領の訪米を検討することで、中断を余儀なくされていた会談の再開を後押しした。在韓アメリカ大使館は、国務省からの問い合わせに対して、朴訪米は有益だとしたうえで、日韓国交正常化の進捗状況と関連づけて行われるべきだと具申してきた。ブラウン大使は、六五年三月に交渉が妥結した場合、三月か四月の朴訪米が実現すれば、国交正常化への世論の支持を調達し、この困難な問題を克服するのに大いに資することになる、一方、三月までに妥結しない場合でも、妥結を促進するうえで朴訪米を利用することが可能だと伝達してきた。これを受けて、ラスク国務長官は、ジョンソン大統領に三月か四月の朴訪米を勧告した。[75]

韓国内の反対運動が高揚し、戒厳令を出してでも反対派を抑え込み、残された争点を克服する覚悟を決めていた朴大統領にとって、朴訪米はワシントンが、日韓国交正常化を強く希望していることの現れであることを世論に訴える意味で、朴政権を後押しすることになった。朴訪米は五月に実現し、一七日の首脳会談の席上、朴大統領は、交渉は六月に妥結すると述べた。この会談で、アメリカ政府は、朴大統領に「おみやげ」を用意した。一八日の共同声明で、ジョンソン大統領は、「日韓交渉の進展を歓迎し、国交正常化後の対韓軍事援助を続ける」と表明し、開発借款基金から一億五〇〇〇万ドルの借款を供与することを盛り込んだ。NSCのトンプソンからバンディ大統領特別補佐官宛覚書（五月一四日）によると、この借款は、「日韓交渉の妥結を間近に控えるなか、わが国が、対韓援助を継続することを韓国国民に得心させることを意図した」援助の一部であった。この支援はまた、韓国内の反対勢力と世論の多くが、アメリカは韓国を見捨て日本の支配に委ねるのではないかという「強い恐怖感」に対処するために朴大統領が必要としているものであった。[76]

一方、六四年一一月には佐藤栄作内閣が誕生したが、六五年一月には佐藤総理が訪米し、一二日のジョンソン大統領との会談で、「韓国の国内政治状況は理解しがたい」としながらも、交渉の妥結は遅らせることはできないと述べ、「日本政府は、関係正常化を促進するために全力を尽くす」と誓った。佐藤はこの会談で、残された争点は、李ラインと竹島（独島）問題だと述べている[77]。

以上述べてきたように、日韓国交正常化交渉が膠着状況に陥るたびに、アメリカは助言者やタイムリーな情報提供者として交渉の促進を後方から支援した。この間、ワシントンは、交渉に直接関与して仲介役を務めることは慎重に回避した。とくに、ライシャワー大使は、日本への圧力は逆効果を生み出すとして、一貫して慎重なアプローチを採るよう本国に進言し続けた。圧力に関する同大使の表現を使えば、日韓両国の国内状況は、「韓国における必要性と日本におけるリスクとの間の注意深いバランスをとる行動」が必要とされた[78]。ワシントンは基本的には、ライシャワー大使が進言したアプローチによって、日韓両国の正常化の実現に貢献した。

ワシントン首脳が、これほどまでに日韓正常化を重視した理由としては、三点を指摘できる。第一に、日韓正常化は、韓国の経済的発展と政治的安定にとって非常に重要だと考えていた。第二に、日韓関係の改善は、アジアにおける西側陣営の結束を強化するうえで不可欠だとの認識があった。第三に、ベトナム戦争の泥沼化と国際収支の悪化に喘ぐアメリカにとって、アメリカの対韓援助の軽減を実現するための役割分担を引き受けられるのは日本だとの共通認識が政府内には形成されていた。

日韓国交正常化後の日本は、アメリカのコラボレーターとして、対韓援助に重要な役割を果たした。まず、対日請求権資金の無償三億ドル（一〇年間に均分）、有償二億ドル（一〇年間に均分）は、第二次五ヵ年計画の主要財源として使用された。六六年から七五年までの一〇年間に導入された請求権資金のうち、無償資金の使用実績は、農業、林業、水産業、役務、その他の資本財部門に全体の四〇・四％（一億二一三二万ドル）、原料供給のために原資材導入部門に四四・三％（一億三二八三万ドル）が、それぞれ使用された。また、有償二億ドルは、鉱工業部門に全体の五六・九％（一億一三七三万

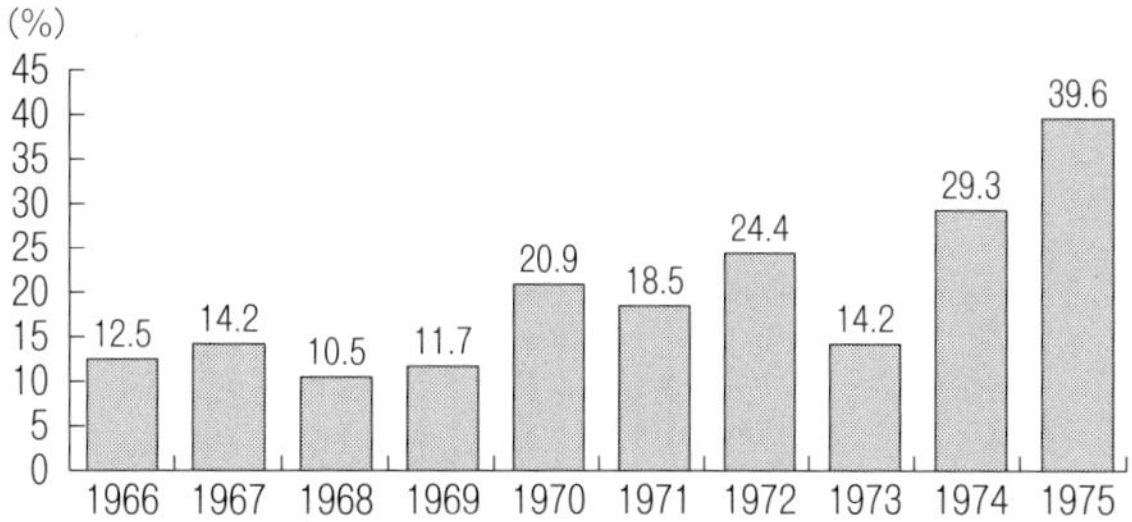

図５−３　請求権資金の経済成長寄与率

（出所）韓国経済企画院『請求資金白書』1976年，97頁.
永野慎一郎『相互依存の日韓経済関係』勁草書房，2008年，270頁.

ドル）が重点的に使用された。なかでも、浦項総合製鉄工場建設のためには、四四・三％（八八六八万ドル）が配分され、無償資金からも三〇八〇万ドルが充当されたため、対日請求権資金の二三・九％が、同製鉄工場建設に振り向けられたことになる（図５−３）[79]。

以上の他に、日韓経済協力協定の締結にもとづき、別途三億ドルを超える商業ベースの民間信用供与が行われた。六七年八月の第一回日韓定期閣僚会議において、韓国側から一般プラント二億ドルの信用供与の要請があり、日本側は支払いの延べ払いを承認した。この種の民間商業ベースの供与額は六五年―七〇年までの六年間で四億四三〇〇万ドルに上り、これによって船舶、鉄道車両、電気機械、産業機械などの延べ払い方式での輸入が可能になった[80]。

韓国は、第一次五ヵ年計画が終わった段階でも、資本設備や技術レベルではいまだ十分ではなく、これが経済発展の大きな制約になっていた。六六年までの韓国の輸出は年間二〇〇〇―五〇〇〇万ドルにすぎず、海外援助の大部分はＰＬ四八〇による食料、消費財であったので、六五年までに導入した借款一億二〇〇〇万ドルを除けば、海外からの資本財導入資金が不足していた。対日請求権資金は資本財導入に大いに資するものであった。請求権資金による資本財導入総額は三億二一三二万ドルであったが、そのうち五一・六％は国内で生産できない一般機械であった[81]。

韓国の場合、海外資本の導入が、経済成長に大きな役割を果たしたことを考えれば、第一次五ヵ年計画が終了し、資本財購入のための資金需要が増大する時期に、対日請求権資金が導入され、それに伴い、日本からの借款も増加したことは、第二

表5－2　国別借款導入実績（到着ベース）

（単位：百万ドル）

		1959-65	1966-72	
		金額	金額	比重
公共借款	小計	68.0	1,131.2	100.0%
	アメリカ	41.9	685.7	60.6%
	日本		254.5	22.5%
商業借款	小計	74.2	1,949.3	100.0%
	アメリカ	31.9	605.9	31.1%
	日本		530.1	27.2%
借款総額	合計	142.2	3,080.5	100.0%
	アメリカ	73.8	1,291.6	41.9%
	日本		784.6	25.5%

（出所）全国経済人連合会『韓国経済年鑑』各年度版，経済企画院『経済白書』各年度版より作成．
朴根好『韓国の経済発展とベトナム戦争』(1993年)82頁．

次五ヵ年計画の遂行において重要な役割を果たしたと評価できよう。くわえて、六〇年代後半の韓国の目覚ましい経済成長にともない、商業借款も急増した。借款導入実績で見た場合、五九年―七二年の政府借款は、日米二国で全体の八三・一％を占め、うちアメリカ六〇・六％、日本二二・五％であるが、その圧倒的部分は六六年―七二年の時期で占められている。商業借款は、日米二国で全体の六七・四％を占め、アメリカ四一・九％、日本二五・五％であったが、政府借款の場合と同様、六六年―七二年度に集中している（表5－2）。(82)

韓国経済は外資に大きく依存しながら発展をしてきただけなく、輸出入の依存度も高かった。輸出に関しても、日米が果たした役割は大きく、韓国の輸出全体に占める日米の割合は六五年度六〇・三％（米三五・二％、日二五・一％）、六八年度七二・六％（米五一・七％、日二一・九％）、七三年度七〇・二％（米三一・七％、日三八・五％）を占めた。韓国経済の成長に占める輸出貢献度は、かなり高く、五五年―六八年度で二〇・二％、六〇年―六八年度では二二・四％となっている。(83)

ワシントン首脳は、日韓国交正常化は、アジアにおける西側陣営の立場を改善する意味で重要であるだけでなく、韓国の経済発展と政治的安定にも不可欠だと考え、交渉を後押しした。対日請求権資金とその後に続く商業ベースの借款は、韓国の第二次五ヵ年計画の実施期間と重なったことで、同計画が高い成長率を達成するのに少なからず貢献した。「日米協力」は第二次五ヵ年計画の成功に大きな貢献をした。

5　ニクソン・ドクトリンの影響と朴政権の「自立化」路線の加速化

六八年一月二一日の北朝鮮ゲリラによる青瓦台襲撃事件、その二日後に発生した米情報収集艦プエブロ号拿捕事件、六九年四月一五日の米偵察機EC—121撃墜事件は、朝鮮半島の緊張を一挙に激化させることになった。なかでも、青瓦台襲撃事件とプエブロ号拿捕事件は、米韓双方の思惑の違いから対応に齟齬が生じたため、両国関係を悪化させた。その結果、朴政権の対米不信は増幅され、「自立化」路線（韓国経済の「自立化」と「自主国防」の強化）はさらに加速されることになった。

朴大統領は一月二四日、六七年八月ソウルに赴任したウィリアム・ポーター大使に対して、韓国としては、北朝鮮に対する謝罪とプエブロ号の即時返還、今後この種の襲撃をしないという保証を要求すると述べたうえで、ワシントン首脳は、北朝鮮から満足すべき要求を引き出す以上に、韓国による北への報復を心配しているようだと憤慨した。朴正煕はさらに、朝鮮国連軍司令部の立場を尊重し、現時点で一方的な報復を行わないとしながらも、北朝鮮からのさらなる攻撃があった場合には、反撃は不可避だと明言した。彼は、アメリカが、ベトナム戦争への対応に追われ、朝鮮半島で挑発的な行動に出ても、報復する余裕はないと北朝鮮が考えているとみていた。それゆえ朴は、積極的で適切な対抗措置をとらなければ、北朝鮮の挑発行為を阻止することはできない、と危機感を露わにした(84)。

一方、ワシントン首脳は、韓国が、アメリカ政府と協議なしで報復することには強く反対し、朴大統領からその保証を取り付けることを重視した。ポーター大使は、朴正煕の発言から、韓国が北朝鮮に侵攻した後に、在韓米軍が北朝鮮の反撃に備えることができるように、アメリカ政府に事後通告する可能性があるとして、韓国の北への侵攻には反対であるとの米側の考えを改めて伝達すべきだと勧告してきていた(85)。この進言を受けて、国務省は一月二三日、「とくにプエブロ号拿捕事件で緊張がさらに高まっていることに鑑み」、韓国による北朝鮮への報復攻撃には反対である旨、「最も強い言葉で」伝えるよう訓令した[86]。朴大統領が、感情的になっていることに懸念を抱いた国務省は、さらにジョンソン大統領の意向を韓国側に伝達した。ジョンソン大統領は、韓国側の自制を「多とする」としたうえで、米軍機二五〇―三〇〇機を韓国と韓国周辺地域に緊急配備すると伝えた。ロストウ大統領補佐官は、この措置によって、「少なくとも、韓国側を落ち着かせる効果はあるだろう」と期待した。アメリカ政府はさらに念を押すべく、ジョンソン大統領から朴大統領宛に書簡を送り、北朝鮮の攻勢に対抗するために、韓国軍の軍備強化支援策を検討していることを強調した。ジョンソンの書簡は、ポーター大使によると、朴大統領を「明らかに感動させた」という[87]。

しかし、韓国側の不満と懸念は容易に収まらなかった。韓国政府と世論の間では、アメリカ政府は、プエブロ号拿捕問題に対しては徹底的に対処しているのに、青瓦台事件に対しては、十分な対応を行っていないとの不満が渦巻いていた[88]。韓国側にとくに不信感を与えたのは、アメリカ政府が、板門店でプエブロ号の返還と乗組員の解放について北朝鮮側と秘密裏に折衝していることが明らかになったことだ。韓国側は、休戦協定違反を北朝鮮側が繰り返しているにもかかわらず、北によるゲリラ攻撃問題が、秘密交渉では協議の対象になっておらず、しかも韓国側を排除する形で折衝が進められていたことに不信感を募らせた。韓国側が同席を求めると、アメリカ側は、韓国が同席すれば、プエブロ号返還と乗組員解放の交渉が頓挫するとして、あくまで北朝鮮との二国間協議に拘った[89]。

国務―国防両省は、「アメリカは北朝鮮との間に裏取引をしているのではないかという疑惑」に早急に対処する必要があるとの観点から、青瓦台襲撃事件とプエブロ号拿捕事件は問題の性格が異なるものであり、したがって、異なるアプローチが必要だと主張した。アメリカ政府は、後者の問題は内密の折衝によって解決される可能性があるが、北からの侵略の問題は、公の非難や長広舌で相手の行動を抑え込むことはできず、韓国の軍事態勢の目に見える形での強化と浸透を撃退する能力にかかっているとして、そうした観点から韓国側を納得させようと腐心した。そのため、韓国政府と世論に「最大限の心理的、政治的インパクト」を与えるべく、一億ドルの支援を行うことになった。この支援は、韓国統合参謀本部と朝鮮国連軍司令部が協議して決定した支援パッケージであり、北の浸透への対策費三二三〇万ドルにくわえ、韓国海軍への駆逐艦二隻、一砲兵大隊分の八ミリ砲、その他装備の供与を含んでいた。さらに、国務―国防両省は、在韓米軍司令官チャールズ・ボーンスティルに対して、F―4戦闘機一八機にくわえて、F―5SAMミサイル、パトロール用舟艇と高速舟艇の供与が、韓国側の不安を緩和するうえで効果的か否かも検討するよう指示した[90]。

韓国側が、ベトナムからの韓国軍部隊の撤退をちらつかせたことも、両国間に緊張をもたらした。韓国側からすれば、北朝鮮の侵攻に対して、ワシントン首脳が十分な対抗措置をとることを躊躇しているように見えるなか、韓国の安全への不安が、国民の間に広がっており、ベトナムからの韓国軍部隊の撤退を示唆することは、アメリカ側から援助を引き出すため、また世論の不安を鎮めるためにも必要だと考えられた。しかしワシントンは、こうした韓国側の動きには強硬に反対した。アメリカ側は、北朝鮮による青瓦台襲撃事件や南への浸透・破壊活動のエスカレーションの背景に、まさに韓国軍部隊のベトナムからの撤退ないしは追加派遣の阻止があるとみていたからだ。したがって、韓国軍部隊のベトナムからの撤退は、金日成主席の思う壺であり、逆にここで朴政権が、この問題で踏ん張ることができれば、北朝鮮に打撃を与えることができるとの判断があった[91]。

それでも、韓国側の不安や不信は容易に払拭されなかったことから、二月一一日、サイラス・ヴァンス前国防副長官が、特使としてソウルに派遣された。ヴァンス特使は、韓国側が一方的に北への報復行動に出ることに対しては、明確に反対である旨繰り返した。これに対して、韓国側は、板門店で韓国不在のまま秘密の折衝が行われていることについて、韓国内に疑惑が生じている、と改めて指摘した。さらに、ベトナムから韓国軍部隊の撤退を求める圧力が高まっていると述べたのに対して、ヴァンスは、そういうことが行われれば、アメリカ側は、在韓米軍を引き上げると発言し、韓国側を驚愕させた。ヴァンスが後日、ジョンソン大統領に行った報告は、特使派遣の目的（一方的報復行動をとらない、韓国世論の報復を求める声を宥める、北朝鮮との二国間の折衝を容認させる）を「基本的には達成した」と述べている[92]。

その一方で、ヴァンスは帰国後、アメリカ政府が、青瓦台襲撃事件に対する報復を認めなかったことは、韓国側に強い不満を残し、プエブロ号拿捕事件で対抗措置をとらなかったことで、韓国側は「面目を失った」と受け止めた、とも報告している。ヴァンスによると、韓国側が報復を思い止まったのは、在韓米軍司令官ボーンスティルが、韓国統合参謀本部首脳に対して、米側に相談なく一方的な報復行動に出た場合には、在韓米軍の撤退を勧告すると明言するなど、アメリカ側が、強硬な反対を繰り返したからである。それでも、ヴァンスは、北による新たな襲撃事件や武装ゲリラの進攻が発生した場合には、韓国側として、アメリカ側の意向にかかわらず、必要な報復行動をとると朴大統領が発言したことを、「最も深刻な問題」だ、と大統領に報告している(93)。

安全保障の不安は、対米不信感と相まって、朴大統領が「自主国防」路線をさらに強めることにつながった。六八年一月六日、朴正煕は韓国陸軍本部で、北朝鮮の浸透と武装ゲリラ鎮圧という課題に取り組むために、国内安全に関する緊急会議を招集し、新たに「市民防衛法」(Civil Defense Bill)の成立を目指す考えを明らかにした。二月に入って、朴大統領は自主国防力の構築の必要性を強調するようになった(94)。同年四月、朴は二五〇万人の予備役部隊の創設と兵器産業の育成・強化を発表、その後韓国議会は、五月六日に同法を成立させ、「郷土予備軍」を創設した。続いて、七月五日、戦闘態勢完備三ヵ年計画(一九六八―七〇年)と第一次防衛産業整備三ヵ年計画(一九六九―七一年)を発表した。これらの計画を通して、朴正煕は、まずは郷土予備軍の武装化とそのための兵器の国産化を図り、長期的には、「自主国防」路線の基盤をなす国防産業の育成を目指した(95)。

一九六九年一月、大統領に就任したリチャード・ニクソンは、ベトナムからの「名誉ある撤退」を掲げ、ベトナム戦争の主体を南ベトナム政府軍に移行させる政策を追求した。続いて、七月二五日にグアム・ドクトリン(以下、ニクソン・ドクトリン)が発表された。ニクソン・ドクトリンは、アメリカは同盟国に対して拡大抑止力(「核の傘」)を提供するものの、同時に自助努力の必要性を強調し、地上兵力は自前でまかなうことを求めるものだったため、アメリカの対外的コミットメントの縮小の流れを確認するものと韓国では受け止められた。

ニクソン・ドクトリンは、在韓米軍削減問題を両国の争点として再浮上させることになった。ニクソンと朴正煕の初の首脳会談は、ニクソン・ドクトリンの発表後であったため、ニクソンは、米韓同盟条約を順守すると述べたうえで、在外米軍の削減を求める声がアメリカ国内世論にあるが、削減はしないと明言した[96]。しかし、この間政府内では、在韓米軍の削減に関する検討が行われており、その後七〇年三月二〇日付国家安全保障決定覚書（ＮＳＤＭ）四八において、ニクソンは七一年六月までに、二万人の在韓米軍兵力を削減する決定を行った[97]。

金東祚駐米韓国大使は七〇年四月二三日、ニクソン大統領宛に朴大統領の書簡を手交したが、朴書簡は、先のサンフランシスコ首脳会談でニクソンが在韓米軍の削減は行わないと約束していたことを取り上げ、このタイミングで削減の決定が行われたことに「深甚なるショック」を受けたと抗議した[98]。さらに朴大統領は五月二九日のポーター大使との会談で、在韓米軍の一部撤退は一九七五年まで待つべきであり、時期を早めるとすれば、韓国軍の近代化計画に対するワシントンの支援の規模と内容を具体的に明らかにすべきだと主張した。これに対して、ポーターは、軍の近代化計画は五年間で一〇億ドルあるいはそれ以上の規模の予算を必要とするものであることから、まず議会に説明し、原則的な了解を得ることが先決だと主張し譲らなかった。さらに注目されるのは、朴大統領が、在韓米軍の撤退には彼の同意が必要だと理解していると述べたのに対して、ポーターはこれをきっぱりと否定し、いま行っているのは、協議であって、許可を求めているのではないと釘を刺した[99]。

同年八月四日、Ｊ・ミカエリス朝鮮国連軍司令官も同席して行われた二時間半に及ぶ協議では、両国間の「信頼の欠如」をめぐるやり取りに発展した。朴正熙の頑なな態度に直面したポーター大使は、アメリカ政府首脳は韓国軍の近代化と韓国の安全に対するコミットメントを繰り返し保証する意図を表明してきたが、にもかかわらず納得できないというのなら、究極的には「信頼の問題」に帰すると発言した。朴正熙は両国間に信頼が欠けているというのはその通りかもしれないとしたうえで、一年前のサンフランシスコでの首脳会談で、ニクソン大統領が、ニクソン・ドクトリンについて説明したさいに、この原則は韓国には適用せず、むしろ在韓米軍を強化すると語ったこと、さらに韓国軍部隊をベトナムに派遣している間は、在韓米軍の削減は行わないと言明したことに言及した[100]。

最終的には、七一年二月五日、韓国側が、二万人の兵力削減を容認する代わりに、アメリカ側は、韓国軍の長期的な近代化計画を支援するとする合意文書が交わされた。ニクソン政権首脳は、韓国側の不満と不安を緩和するため、韓国軍の近代化五ヵ年計画に一〇億ドル、韓国空軍と海軍の近代化のために五〇〇〇万ドルを追加することにした。七一―七五財政年度で総計一五億ドルの支援が決定され、七一年二月六日の共同声明で発表された。この合意にもとづき、ニクソン政権は同年七月、第七歩兵旅団二万人の削減を実施した[101]。

二万人の在韓米軍削減問題は、朴大統領の強い反対を押し切る形で進められたことから、韓国側はこの措置に強い不満と不信感を抱いた。この問題は、朴正煕の「自主国防」ならびに「自立化」路線を一層加速化させることになった。朴大統領が核兵器の開発を決断したのは、その現れであった。その契機となったのは、七月の在韓米軍二万人の削減の実施だったとみられている。同年一一月、朴正煕は極秘に核開発計画の立案を命じた。最終的に、韓国政府はワシントンの強い圧力に直面し、核開発を放棄することになるが、七九年に朴大統領が暗殺されるまで、彼自身は核開発を断念するには至らなかった[102]。

そうした状況のなか、日本政府は、「経済協力」の形をとりながら、韓国の「自立化」の促進に重要な役割を果たすことになった。そのさい留意すべきは、日本からの経済・技術援助は、アメリカの対韓経済・軍事援助と同様に、政治経済学的観点から理解すべき性格を有していたことである。日韓両政府レベルにおいて、両者は相互に関連のあるものと理解されていた。

ニクソン・ドクトリンの発表は、アメリカが、アジアに対するコミットメントを縮小していく傾向を示すものとして、韓国政府内のみならず、日本政府内でも不安と懸念をもって受け止められた。しかし、分断国家として北朝鮮と対峙し、その背後に中ソの存在を意識せざるをえない韓国の立場と、日本の置かれている状況とでは、脅威認識と危機意識で相当な隔たりが存在した。このような地政学上の立ち位置の相違は、同時期に進行していた沖縄返還交渉をめぐる日米韓の認識の違いとして現出した。

六九年七月ニクソン・ドクトリンが発表された時点で、すでに沖縄返還交渉は重要な局面を迎えていた。周知の通り、同年三月一一日佐藤首相は、参議院予算委員会で「核抜き・本土並み」発言を行い、非核三原則の立場で沖縄返還交渉を行うことを明らかにした。佐藤は、この発言以降、日本国民の反核感情に配慮しながら、野党の批判を封じ込めると同時に、日米安保条約の沖縄への適用によって、本土と沖縄の扱いにおいて法的一元化を目指した[103]。しかし、日本の内政上の立場を優先した論理は、韓国とアメリカの安全保障上のニーズと相容れない側面を持ち、両国との調整が必要になった。

冷戦の論理を優先するアメリカは、アジアの同盟国に提供する抑止力の低下を招かないような形での沖縄返還の実現を目指した。そのためには、沖縄からの核兵器の撤去は望ましくなかったし、それ以上に沖縄の基地の自由使用は不可欠だとみなされた。その一方で、アメリカ政府内では、沖縄返還が実現しなければ、日米安保条約の運用に重大な支障が生じると認識されるようになっており、沖縄を返還しないという選択肢は困難になりつつあった。そこで、ワシントンは、沖縄の基地の自由使用を最優先事項としながら、核兵器については、有事の持ち込みを日本に認めさせるという方針で返還交渉を進めた。

一方、韓国は、沖縄の在日米軍基地が、北朝鮮の挑発や侵略の危険を抑止するのに不可欠だとの認識を有しており、「核抜き・本土並み」返還は、アメリカの抑止力の低下を招くとして強く反対した。六九年四月八日、崔圭夏外務部長官は、ポーター大使に備忘録を手交し、北朝鮮の軍事挑発により、沖縄の米軍基地の戦略的重要性は増大しているとの情勢認識を示したうえで、これらの基地は、日本の安全のみならず、韓国およびアジア全域にとっても「不可欠である」として、基地の戦略的価値と機能が損なわれないようにすべきだと訴えた。覚書はまた、沖縄の地位になんらかの変化が生じた場合には、韓国政府と「十分協議する」よう求めていた[104]。

同長官はまた、四月九日、金山正英駐韓日本大使にもほぼ同内容の覚書を手交したが、同覚書は、沖縄の戦略的価値を損なうようなことはすべきではないと強調し、さらに「韓国の安全と繁栄が、日本のそれに重大な影響がある」とした第二回日韓定期閣僚会議（一九六八年八月二九日）の共同声明にも言及していた。これに対して、金山大使は、「沖縄返還は日米間で解決すべき問題だ」として、「第三者が介入するのは適切ではない」と反論している。続いて、四月一一日に愛知揆一外相が記者会見で、そのようなやり取りが双方で行われたことを明らかにした(105)。このことは、日本政府が、韓国の干渉が沖縄返還交渉を複雑にすることを懸念し、そうした干渉を排除する姿勢を示したことを意味する。

アメリカ政府は、沖縄返還交渉で日本に与える「悪影響」を考慮して、韓国に「情報提供」は行うが、「協議」はしないとの立場を貫いた。四月末に国務省は、今後もこれまで通り、「情報提供」と「協議」を区別して対応するよう在京、在ソウルのアメリカ大使館と申し合わせている(106)。

ニクソン政権は、六九年五月二八日の対日政策文書（NSDM一三）で、沖縄返還交渉に関する最終方針として、（1）基地の自由使用についての合意が、六九年に成立することを条件に、七二年の返還に同意する、（2）朝鮮、台湾、ベトナムに関する基地使用が最大限自由であること、（3）沖縄に核兵器を保持することを希望するが、他の要件で満足のいく合意が成立するならば、「緊急時の核の貯蔵と通過権が維持されることを条件に、大統領は交渉の最終段階で核兵器の撤去を考慮する用意がある」と決定した(107)。その後、六九年一一月の佐藤訪米の際に発表された佐藤・ニクソン共同声明で、日米双方は、七二年までに沖縄を日本に返還することで合意したが、注目されるのは、この共同声明には、韓国の安全は日本にとって「緊要である」という「韓国条項」が盛り込まれたことである(108)。佐藤はさらに、共同声明発表当日、ナショナル・プレスクラブで演説し、韓国に対する武力攻撃が発生した場合には、米軍が日本国内の施設・区域を戦闘作戦行動の発信基地として使用することを、日本政府としては、事前協議で、「前向きに、かつすみやかに態度を決定する方針である」と述べた。この文言は、「法律的な約束はしないけれども、政治的には、日本はアメリカが事前協議してくれれば、ほとんど間違いなくイエスと言うでしょうという心証を与えるということによって、手を打った」という性格のものであった(109)。

日本政府が、韓国の安全保障へのコミットメントを強めるなかで、日本の対韓経済協力もまた、安全保障上の含意を有するものとなった。六七年八月九日から一一日の三日間、東京で開催された第一回日韓定期閣僚会議で、韓国側が、第二次五ヵ年計画の遂行のために、二億ドルの新規民間借款を求めたのに対して、日本政府は最終的に、韓国側の要求に応じた。その後、青瓦台襲撃事件とプエブロ号拿捕事件を経て、六八年八月二七日から二八日にかけて、第二回日韓定期閣僚会議がソウルで開かれ、商業借款六〇〇〇万ドルを一九六九年三月末までに、漁業・船舶借款三〇〇〇万ドルを六九年末までに、それぞれ供与することで合意された。注目されるのは、このとき発表された共同声明が、「韓国の安全と繁栄は日本のそれに重大な影響がある」と謳ったことである。[110]この文言は、元来、日本の対韓経済協力を正当化するために用いられたものだが、安全保障上の意味合いも含まれていた。

第二回日韓定期閣僚会議開催時には、朴大統領の肝いりで開始された浦項総合製鉄所の建設事業が頓挫しかかっていた。総合製鉄所建設事業は、蔚山の石油化学工業団地と並んで、第二次五ヵ年計画における重化学工業の二大重点事業であった。六六年一二月、アメリカ、イギリス、西ドイツ、イタリア四カ国、七社による韓国国際製鉄借款団（KISA）が発足したものの、世界銀行と米国輸出入銀行との借款交渉が遅々として進まない状況が続いていた。このため、韓国政府は、対日請求権資金のうち未使用金の使用を認めてくれるよう日本の財界と日本政府に働きかけた。六九年八月二六日から三日間、東京で開催された第三回日韓定期閣僚会議で、韓国側は正式に、浦項総合製鉄建設のための協力を日本側に要請した。会議後に発表された共同声明では、「両国の安全と繁栄が極めて密接な関係にある」ことが再び謳われた。さらに、韓国側は、「総合製鉄所の建設につき日本の対韓経済協力における最優先計画として、日本側の協力を要請した」のに対して、日本側は、これに深い理解を示し、調査団の派遣を約束した。六九年一二月三日には、浦項総合製鉄所の着工に関する日韓基本協約が締結され、一億二三七〇万ドルの資金と商業借款が供与されることになった。[111]

総合製鉄所建設に投入された資金は、内資約三億九二八三万ドル、外資五億一八九一万ドルという莫大な金額であった。全額施設資金に投入された外資の二三％に該当する一億一九四八万ドルが、対日請求権資金によって充当された。

借款全体からみれば大きいとはいえないかもしれないが、「対日請求権の流用と日本の鉄鋼業界の技術協力があったからこそ、浦項製鉄の創業が可能となった」[112]といえる。

この時期の朴正熙の最大の関心事は、「自主国防」の強化であったが、同時に留意すべきは、彼が、韓国軍の近代化計画の基盤は韓国の重化学工業の育成と発展であることを強く意識していたことだ。浦項製鉄所建設事業を彼が重視したのも、そのような動機に基づいていた。朴正熙は、同鉄工所の起工式で、製鉄産業が「最も根幹となる産業」であるとしつつ、軍需産業の育成と発展のためにも、「製鉄産業を最も優先的に開発しなければなりません」と述べた。さらに朴は、七〇年一月九日の年頭記者会見において、「二〇〇余万の郷土予備軍」の早急な動員体制の確立と正規軍への転換を可能とする体制の整備の必要性を訴え、そのためには、「軍需産業を徐々に育成していかなければならない」と語った。そのさい、彼は、「国防イコール経済建設、経済建設イコール国防」という表現を使い、両者が不可分であることを明言した[113]。

七〇年六月二二日、丁一権国務総理は佐藤総理と会談し、七二年から開始される第三次五ヵ年計画（七二―七六年）への支援を要請し、さらに同年六月二二日、黄秉泰経済企画院運営次官補は、第三次五ヵ年計画の期間中に建設する「重工業育成計画」プロジェクトを日本側に提示した。この重工業育成計画の中から、「四つのプロジェクト」（「四大核工場建設事業」）、すなわち鋳物銑工場、特殊鋼工場、重機械工場、造船所の建設を選定し、日本からの円借款で建設する方針を固めた[114]。韓国側の要請に対して、日本政府は、在韓米軍削減の肩代わりをしているかのような印象を与えることを慎重に回避しつつ、経済協力を進めていった。

第四回日韓定期閣僚会議（七〇年七月二一日―二三日）がソウルで開催されたさい、韓国側は日本の懸念への配慮から、表向きには、在韓米軍削減と日韓経済協力の関連性を否定したが、内々には、在韓米軍削減によって失うことになる外貨を輸出で補う他はないとして、輸出産業へ資本を投入する必要性を指摘し、五〇〇〇万ドル程度の現金借款の供与を求めた[115]。定期閣僚会議開催中の七月二二日、第七回日米安全保障高級事務レベル会議（ＳＳＣ）の事前会合で、安川壮外務審議官は、日本は在韓米軍削減と韓国からの経済的支援を求める圧力との間で、どのような対応をすべきか決めかねているとしたうえで、「韓国側は在韓米軍の削減を補うために日本からの追加経済支援を強く要請してきている」と述べた。安川によると、朴大統領自ら、在韓日本大使を通じて、在韓米軍削減で失う国際収支の減少を補うために、九〇〇〇万ドルから一億ドルの現金借款を要請してきたという(116)。

第四回定期閣僚会議二日目、韓国側は「四つのプロジェクト」への資金協力として、計五九〇〇万ドルを要請したのに対して、日本側は、重工業育成が浦項製鉄所工場の効率的な活用と経済発展に緊要であるとの認識の下に、必要な調査などの協力を行う用意があると応じた。また、韓国側は、農業近代化、輸出産業育成および中小企業振興のために一億ドルの新規借款を要請したが、日本側は、これに前向きに対処すると約束した。その後、七一年八月一〇日に開催された第五回日韓定期閣僚会議で、日本側は「四つのプロジェクト」に対して、輸銀延べ払い方式に基づき、金利六%、償還期限一二年の条件で融資する取り決めを結んだ。韓国は上記プロジェクトを第三次五ヵ年計画（七二―七六年）期間中に実現したいという方針を示していたが、七三年一月二五日から、日本の輸出入銀行は、同プロジェクトに対する資金供与を開始した(117)。

日本による対韓経済・技術援助は、アメリカの経済・軍事援助と同時並行して行われた。アメリカの対韓経済援助は基本的に、国際開発局（ＡＩＤ）プログラムとして行われたが、主として、以下の三つから構成されていた。（１）原材料、機械、その他の重要な輸入物資の購入（維持援助プログラム）と食糧および綿花の購入（ＰＬ四八〇）、（２）韓国経済の鍵を握るセクターへの主要な投資（開発借款）、（３）金融の安定と経済成長の促進、農工業生産の増大、経済成長の果実の公平な配分を実現するための政策とプログラムの発展（技術援助）(118)。

アメリカの対韓経済援助総額は六八財政年度一億七八〇〇万ドル、六九財政年度二億二八〇〇万ドル（推定）、七〇財政年度一億一五〇〇万ドルと減少傾向にあり、韓国の急速な経済成長に伴い、援助の性格も贈与から長期的な開発借款に変化した（図5―4）。贈与である維持援助は、六八財政年度三六〇〇万ドル（実績）、七〇財政年度は一五〇〇万ドル

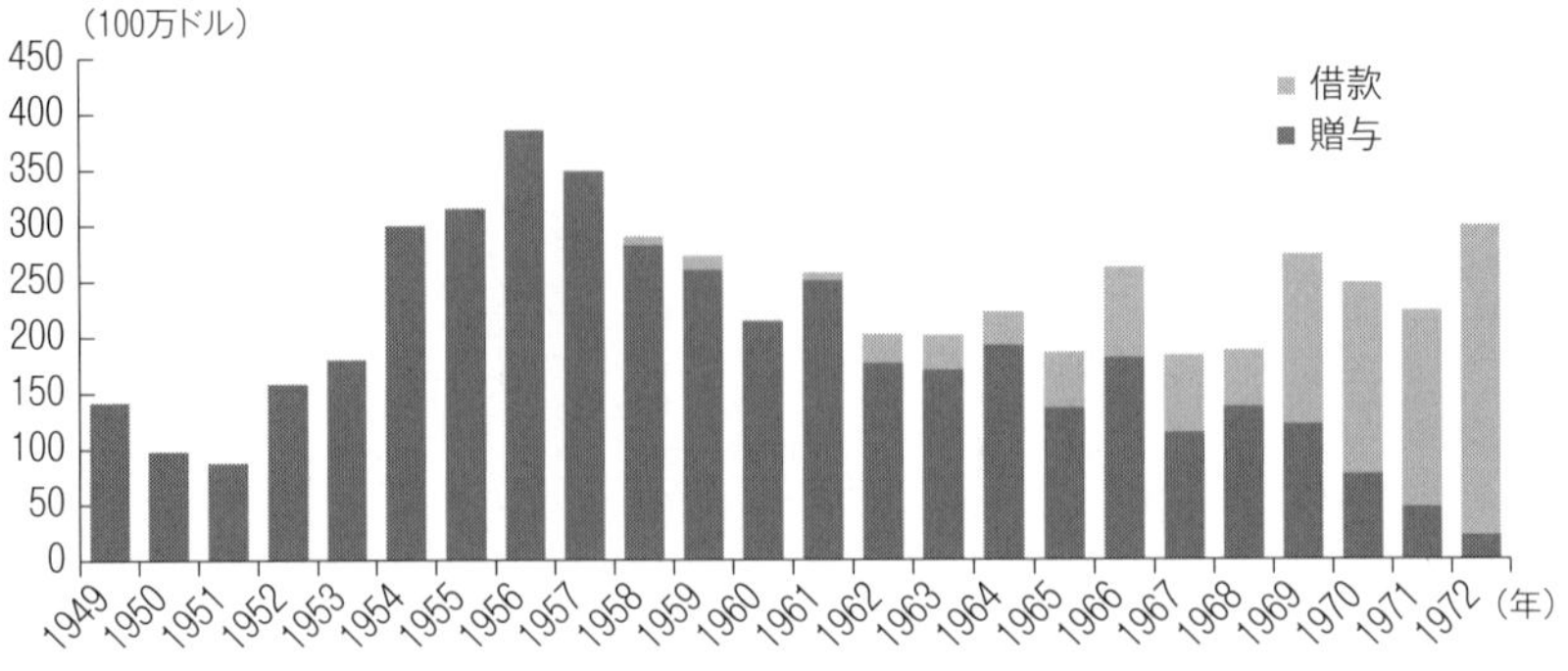

図5－4　アメリカの対韓援助額の推移

（出所）
1．U.S. Foreign Assistance and Assistance from International Organizations (July 1, 1945–June 30, 1961)
2．U.S. Overseas Loans and Grants and Assistance from International Organizations (July 1, 1945–June 30, 1967)
3．U.S. Overseas Loans and Grants and Assistance from International Organizations (July 1, 1945–June 30, 1972)
より筆者作成.

（提示額）に減少し、七〇財政年度で終了することになった。同じく贈与である技術援助は、それぞれ六七〇万ドル（実績）から四八〇万ドル（提示額）に減少した。開発借款についてみると、六六財政年度をピークに、その後は減少し、六八財政年度は三二〇〇万ドル（実績）、六九財政年度は二〇〇〇万ドル（推定）、七〇財政年度は三〇〇〇万ドル（提示額）となっている。PL四八〇については、六八財政年度一億二九〇〇万ドルであったが、七〇財政年度は六五〇〇万ドルが提示されている。その他、PL四八〇に基づく援助として、六八財政年度一億二九〇〇万ドル、六九財政年度一億八二九〇万ドル（推定）、七〇財政年度六五五〇万ドルが供与された[119]。

ウィリアム・ロジャース国務長官の東アジア歴訪用に作成された六九年七月の覚書によると、対韓軍援助プログラムの目的は、共産主義の侵略から防衛するのに必要な韓国軍への支援にくわえ、軍事援助で余裕ができる韓国の資源を経済的・社会的基盤の構築に振り向けることとされている点が注目される。六八財政年度軍事援助プログラム（MAP）予算は一億六〇〇〇万ドルであったが、六九財政年度は、議会がMAP予算総額を削減した結果、対韓援助額は一億三九〇〇万ドルに減少した。しかしその他、必要に応じて追加援助が行われており、六七財政年度には韓国軍近代化のために一千万ドル、六八財政年度の対北朝鮮ゲリラ対策予算三二三〇万ドル、青瓦台襲撃事件とプエブロ号拿捕事件発生後に組まれた六九財政年度予算では、一億ドルが追加供与されている。六七財政年度から六九財政年度に韓国軍に供与された援助総額は一〇億九八〇〇万ドルで、さらに韓国軍部隊のベトナム派遣に対する援助として、同じく三年間で計一〇億九八〇〇万ドルが供与されている[120]。

アメリカの対韓経済・軍事援助は、日本からの請求権資金や経済協力資金の導入と相まって、韓国経済が六〇年代半ば以降急速な成長を遂げるのに大きく役立った。六九年七月に作成されたアメリカ政府文書は、大旱魃による農産物生産の落ち込みにもかかわらず、六八年の韓国のＧＮＰ伸び率は一三％を記録し、ＧＮＰの伸びに占める割合で製造業部門が農業部門を初めて上回ることになったと記している。輸出も好調で、六八年度は四億八〇〇〇万ドルに達し、六九年度は七億ドルに達すると見込まれていた。このため、上記文書は、韓国は「離陸」段階にあると述べている[121]。

おわりに——アメリカのヘゲモニー、冷戦の論理、「三層構造」下の「日米協力」、韓国のイニシアティブ

本章の主張は、冷戦という時代背景を踏まえたとき、経済援助と軍事援助は相互に密接な関連があり、韓国の経済発展を検討するさいにも、アメリカの対韓軍事援助によって韓国の国防費の負担が軽減されたことで、経済発展のためにその資源を投入することができたこと、さらには外資の導入を可能とする政治の安定と安全保障環境を提供することにも寄与した点を考慮すべきだというものである。六〇年代を通して、韓国の政治は現実には、必ずしも安定したものではなかったとしても、アメリカの経済・軍事援助の支えがなければ、さらに悪化したことは間違いない。このような観点から、韓国の国防費に占めるアメリカの軍事援助の割合を見ると、六六年—七二年度平均で二六・六％を占めており、アメリカの軍事援助なしで韓国の国防予算は成り立たない状況であった。また、韓国の歳出総額に占めるアメリカの軍事援助総額は、六六年度—六八年度は四〇％を超えており、六九年度—七二年度においても二二％—二四％を占めて

いた[122]。また、一九四九年から六八年までのアメリカの東アジア諸国への軍事援助を見ると、最大の被援助国は韓国であり、ケネディ政権からジョンソン政権にかけて、五三年―六一年平均で三〇・九％、四九年―六八年平均で二七・二％を占めていた[123]。

アメリカの軍事・経済援助とベトナム特需は、経済の自立化という観点からみれば、朴政権が力を入れていた経済発展にも益するところが大きかった。朴政権は、六四年五月に輸入代替工業化戦略から輸出志向型工業化戦略に力点を移行させたことで、一九六〇年から六五年の期間に、韓国の工業製品の輸出は急速な伸びを示した。六三年度八六七九万ドルだった輸出が、六四年度一億一八八六万ドル、六五年度一億七四九九万ドルに増大した。とくに工業製品の伸びが顕著であり、六五年には輸出総額の四分の三を占めるにいたった[124]。また、六六年度二億四七六〇万ドル、六八年度四億五五二〇万ドル、七一年度一〇億六七六〇万ドルと増大した[125]。その結果韓国経済は、第一次五ヵ年計画で八・五％、第二次五ヵ年計画で一〇・五％の成長率をそれぞれ達成することになった。

この間、アメリカが、韓国の経済発展に果たした役割は非常に大きかった。冷戦の論理を優先するアメリカは、冷戦の前哨地としての韓国を重視し、国際収支の赤字に苦しみながらも、対韓経済・軍事援助を継続した。ベトナム戦争が拡大していく六六年以降、援助は顕著な伸びを示した。アメリカの対韓経済援助は、五六年をピークに、その後は漸減傾向にあったものの、ケネディ政権期からジョンソン政権期にかけて、全体平均で見ても、年間二億ドルを下回ることはなかった[126]。

一方、朴正煕による韓国軍兵士のベトナム派兵の決断によって、韓国はベトナム特需で優先的配分を受けることになった。韓国による六五年の輸出志向型工業化戦略への力点の移行は、原材料や中間財の輸入の急増をもたらし、輸入代金支払いに必要な外貨獲得は急務となった。ベトナム特需は外貨獲得に大きく貢献した。韓国の外貨保有高に占めるベトナム特需総額の割合は六六年度―七一年度平均で三四・九％であった。また、輸出総額に占める割合も、六六年度二四・四％から六七年度四七・三％に急増、その後も六八年度三七・〇％、六九年度三二・二％、七〇年度二四・五％

と高い割合を占めた[127]。

くわえて、アメリカの対韓援助漸減傾向の中で、ワシントンの強い要請に応える形で、六五年の日韓国交正常化以降、日本の請求権資金と経済協力資金が果たした役割も看過できない。韓国が急速な経済成長を遂げる六〇年代半ば以降から七〇年代にかけて、東アジア秩序は米日韓の「三層構造」をなしており、日本はアメリカのコラボレーターとして、対韓経済・技術援助を供与した。これら三者の関係がうまく機能したことが、韓国の経済成長を可能にした点に注目したい。

六六年八月二六日、ブラウン大使からバンディ極東担当国務次官補に送付された書簡は、韓国国民の態度が、「不安と依存」から「高まりつつある自信と希望」へと変化しつつあると述べているが、その一方で、同大使は、「われわれは韓国政府のすべての重要な経済的決定に参加している」こと、とくに重要な「経済企画委員会」(Economic Planning Board) にも常時アメリカ人が参画し、専門家として助言を行ってきていること、韓国の地方自治体は、アメリカ人顧問を置いていること、米軍もまた、「韓国の国防予算の事実上あらゆる局面で審査をし、承認をしている」と指摘している。そのうえで、大使は、米韓関係はある意味で「非常に特殊な関係」にあり、「大韓民国は、アメリカなしでは存在していないだろう」、「われわれは韓国軍の存在を可能にしている」と言明している。このことは、それまでの韓国は安全保障と経済成長においてアメリカに大きく依存し、さらに経済の分野では、日本にも依存する関係にあったことを示している。その意味で、この時期の韓国の経済発展は、従属的発展であったと言えよう。

その一方で、韓国の経済発展は、朴正煕政権の「自主国防」と経済の「自立化」路線の成果でもある。すでに検討してきたように、韓国の「自立化」路線を促す要因としては、アメリカの経済・軍事援助の全般的削減傾向、在韓米軍削減圧力、韓国軍の削減圧力に加えて、分断国家の論理と力学が働いたことを指摘できる。朴正煕政権は、北朝鮮の脅威に対処すべく韓国軍の近代化を推進し、北朝鮮との体制の正当性をめぐる競争に打ち勝つために、一連の経済五ヵ年計画にもとづき輸出志向型工業化戦略を追求し、経済と国防の基盤の強化を進めた。

朴大統領はまた、アメリカの援助削減傾向に歯止めをかけるために、韓国軍部隊をベトナムに派兵する決断を行い、その見返りとして、韓国軍の近代化のための追加予算を獲得した。ベトナム派兵には、実戦体験を通した韓国軍の強化を目指すという狙いもあった。韓国軍のベトナム派兵によってもたらされたベトナム特需は、急増する輸入に伴う外貨不足を補うことに役立った。

朴大統領はまた、日韓国交正常化においても、イニシアティブを発揮した。朴正熙が、それまでなかなか進展しなかった国交正常化交渉を積極的に推進したのは、第二次五ヵ年計画で実現を目指した韓国経済の重化学工業化に必要な莫大な資金を、日本からの巨額の請求権資金と経済協力資金で賄うことを意図したものであった。ベトナム派兵と日韓国交正常化交渉で発揮した彼の政治決断とイニシアティブは、朴政権の国家目標である「自主国防」と経済の「自立化」を実現するために不可欠な外資を導入する必要性の認識にもとづく、主体的な取り組みであった。

注

（1）Alice Amsden, *Asia's Next Giant: South Korea and Late Industrialization* (Oxford: Oxford University Press, 1989). Anne Krueger, *The Developmental Role of the Foreign Sector and Aid* (Cambridge: Cambridge University Press, 1979). Seo Ichk-jin, "Industrialization in South Korea: Accumulation and Regulation," Lee Byeong-cheon, ed. *Developmental Dictatorship and the Park Chung-Hee Era: The Shaping of Modernity in the Republic of Korea* (Paramus, New Jersey: Homa & Sekey Books, 2003), pp. 51–79. Lee Sang-cheol, "Industrial Policy in the Park Chung-hee Era," *ibid*, pp. 80–107.

（2）Bruce Cumings, "Webs with No Spiders, Spiders with No Webs: The Genealogy of the Developmental State," Meredith Woo-Cumings, ed. *The Developmental State* (Ithaca: Cornell University Press, 1999), pp. 61–92.

（3）Gregg Brazinsky, *Nation Building in South Korea: Koreans, Americans, and the Making of a Democracy* (Chapel Hill: The University of North Carolina Press, 2007). Idem, "From Pupil to Model: South Korea and American Development Policy during the Early Park Chung Hee Ear," *Diplomatic History*, Vol. 29, No. 1 (January 2005), pp 83–115. 木宮正史「韓国の『冷戦型開発独裁』と

民主化」古田元夫編『岩波講座世界歴史』第二六巻（経済成長と国際緊張、一九五〇年代―七〇年代）岩波書店、一九九九年、一〇九―一三〇頁。末廣昭「開発体制論」和田春樹他編『東アジア近現代通史』第八巻（ベトナム戦争の時代一九六〇―一九七〇年）岩波書店、二〇一一年、七一―九六頁。本章では、韓国の輸出志向型工業化戦略は、抑圧装置と開発主義とが不可分の関係にある国家体制の下で展開されたことから、開発独裁体制という用語を使用する。

（4）本章は、米ソ冷戦という国際システム要因と朴政権の政策対応のいずれか一方を強調するのではなく、両者の相互作用を統一的に把握する必要があるとの立場であるが、そうした観点から朴正煕政権期の米韓関係を検討した論考としては、以下がある。Taehun Kim and Chang Jae Baik, "Taming and Tamed by the United States," Byung-Kook Kim and Ezra F. Vogel, eds., *The Park Chung Hee Era : The Transformation of South Korea*（Cambridge, Massachusetts : Harvard University Press, 2011）, pp. 58–84. Jung-En Woo, *Race to the Swift : State and Finance in Korean Industrialization*（New York : Columbia University Press, 1991）.

（5）*FRUS, 1961–1963*, XXII, 426–428.

（6）*ibid.*, 449–450.

（7）"Special National Intelligence Estimate," May 31, 1961, *ibid.*, 468–469.

（8）最終的には、同年九月二〇日に朴正煕が、国家非常事態の際に韓国軍が朝鮮国連軍司令官の作戦統制権を離れる場合には、事前に協議することに同意したことで解決をみる。*Ibid.*, 467 and note 1, 497–498.

（9）*Ibid.*, 486–488.

（10）*Ibid.*, 511, note 2.

（11）Jung-en Woo, *op. cit.*, p. 82. Lee Sang-cheol, "Industrial Policy in the Park Chung-hee Era", Lee Byeong-cheon, ed., *Developmental Dictatorship and the Park Chung-Hee Era*, *op. cit.*, pp. 85–86.

（12）Donald Stone Macdonald, *U.S.-Korean Relations from Liberation to Self-Reliance The Twenty-Year Record*（Boulder : Westview Press, 1992）, p. 218.

（13）*FRUS, 1961–1963*, XXII, 575 note 1. See also, *ibid.*, 581–582.

（14）*McDonald*, *op. cit.*, pp. 218–219.

（15）*FRUS, 1961–1963*, XXII, 613–614.

（16）*FRUS, 1961–1963*, XXII, 511, note 2.

（17）*Ibid.*, 618 note 1 and 619 note 1. 622–626.

（18）*Ibid.*, 633–634, 636–640.

（19）*Ibid.*, 630–631, 642 note 1, 665–668. See also, McDonald, *op. cit.*, p. 219. Kim and Baik, "Taming and Tamed by the United States," *op. cit.*, pp. 68–72.

（20）この点に関しては、アイゼンハワー政権末期の対韓基本政策である国家安全保障会議報告（ＮＳＣ六〇一八）の作成過程での政権内議論を参照されたい。*FRUS, 1958–1960*, XVIII, 699–713.

（21）*Ibid.*, 477. 韓国に関するタスクフォース報告（七月一六日）によると、朴議長をワシントンに招聘する件は、すでに了解されていた。極東担当国務次官補マカナギーは八月三一日にも、上記報告の勧告に沿っているとして、朴のワシントン招聘をラスク国務長官に進言している。*Ibid.*, 529の注を参照。

（22）*Ibid.*, 530–531.

（23）*Ibid.*, 536–538, 540–541.

（24）*FRUS, 1961–1963*, XXII, 474–475.

（25）*Ibid.*, 480–481, 484.

（26）*Ibid.*, 512 note 4.

（27）*Ibid.*, 548–549 and note 3.

（28）*Ibid.*, 550.

（29）*Ibid.*, 552–553, note 2 and 3. 554–555, 558–564.

（30）*Ibid.*, 588 and note 1, 596–597, 599–600.

（31）*Ibid.*, 601–607.

（32）*Ibid.*, 608.

（33）*Ibid.*, 646.

（34）*Ibid.*, 647. また、マクジョージ・バンディ安全保障問題担当大統領特別補佐官もコマーの見解に賛成し、二億ドルを超える対韓軍事援助は「極めて過大」（fat indeed）と述べている。*Ibid.*, 647 note 1.

（35）*Ibid.*

（36）クルーガーは、六五年の韓国経済は、六〇年五月から「移行期」にあると位置づけ、朴正煕政権は、六四年五月に輸出志向型工業化路線に転換したと述べている。一方、韓国の経済学者ソ・イクジンは、朴政権の経済政策は、六四年五月にいきなり転換したのではなく、「移行期」には輸入代替工業化政策と輸出志向型工業化政策は同時並行的に進行していたと主張する。筆者は、ソの見解が実態に近いと考える。Anne O. Krueger, *The Developmental Role of the Foregin Sector and Aid op. cit.*, 1979, p. 82. Wontack Hong and Anne O. Krueger, eds. *Trade and Development in Korea*（Seoul：Korea Development Institute, 1975）, p. 21. Seo Ick-jin, "Industrialization in South Korea：Accumulation and Regulation," Lee Byeong-cheon, ed., *Developmental Dictatorship and the Park Chun-Hee Era, op. cit.*, pp. 80–81.

（37）*FRUS, 1964–1968*, XXIX., 94–97.

（38）*FRUS, 1964–1968*, XXIX, 15–16, 53–54, 59–61.

（39）*Ibid.*, 91. 94–95.

（40）*Ibid.*, 90, 94–95.

（41）*Ibid.*, 61–63, 81, 85–88, 96.

（42）*Ibid.*, 98.

（43）*Ibid.*, 129, 131, 135.

（44）*Ibid.*, 140 note 2 and 143 note 2.

（45）*Ibid.*, 156–160.

（46）ブラウン覚書全文については、以下を参照されたい。*The Investigation of Korean-American Relations, Hearings before the Committee on International Relations, 95th Congress, 2nd Session, appendixes to the Report, Vol. 1：Background to the Investigation of Korean -American Relations and Conduct of the Investigation*（Washington, D.C.：GPO, 1978）, pp. 544–545.

（47）*Ibid.*, pp. 171–172.

（48）*Ibid.*, p. note 2.

(49) *FRUS, 1964–1968*, XXIX, 177–178, 199.
(50) *Ibid.*, 230–232.
(51) *Ibid.*, 268–270.
(52) *Ibid.*, 296–297, 301–304.
(53) *Ibid.*, 302–304, 305–306.
(54) *Ibid.*, 409–410.
(55) *Ibid.*, 411–421.
(56) *Ibid.*, 432, 456.
(57) 「Ⅸ　日韓会談予備交渉」――請求権処理大綱の決定と漁業問題等の進展」日本外務省公開日韓会談文書、七七―八三頁。
(58) 「日韓国交正常化交渉の記録　総説八」、二七三―二七四、二八八―二八九頁。
(59) 同上、三〇一―三〇二頁。北東アジア課「日韓問題に関する小坂大臣・ライシャワー大使会談記録」一九六二年四月一七日、日本外務省公開日韓会談文書、六―一一七二―一八〇〇。
(60) *FRUS, 1961–1963*, XXII, 735.
(61) *Ibid.*, 565–569.
(62) *Ibid.*, 579.
(63) *Ibid.*, 581, note 2.
(64) 「Ⅸ　日韓会談予備交渉―請求権処理大綱の決定と漁業問題等の進展」、日本外務省公開日韓会談文書、九―一〇頁。
(65) 同上、六一―六四頁。
(66) 同上、六七―六九頁。
(67) *FRUS, 1961–1963*, XXII, 620–621 and note 2, 621.
(68) *Ibid.*, 746, 750.
(69) *FRUS, 1964–1968*, XXIX, 9.「Ⅹ　再開第六次会談」第六次開示決定文書一一二六、一―二頁。
(70) *Ibid.*, 751–753.

(71) *Ibid.*, "Editorial Note," 756. *Ibid.*, 38–41, 758–759.
(72) *Ibid.*, 763–764.
(73) *FRUS, 1964–1968*, XXIX, 760, 763–764.
(74) *Ibid.*, 766.
(75) *Ibid.*, 779 and note 3, p. 780.
(76) *Ibid.*, 90–91.
(77) *Ibid.*, 782–783.
(78) *Ibid.*, 768.
(79) 請求権資金の使用とその経済的効果に関する研究は以下が詳しい。永野慎一郎『相互依存の日韓経済関係』勁草書房、二〇〇八年、二五七—二五八頁。
(80) 同上、二五九頁。
(81) 同上、二六六—二六七頁。
(82) 朴根好『韓国の経済発展とベトナム戦争』御茶の水書房、一九九三年、八二頁。
(83) Wontack Hong and Anne O. Krueger, eds., *Trade and Development in Korea, op. cit.*, pp. 29, 32–34
(84) *FRUS, 1964–1968*, XXIX, 278–282, 311–312.
(85) *Ibid.*, note 3, 282.
(86) *Ibid.*, note 2, 311.
(87) *Ibid.*, note 3, 316, 322, 324.
(88) *Ibid.*, 317–318.
(89) *Ibid.*, 325, 311–332.
(90) *Ibid.*, 327–328, 337–338.
(91) *Ibid.*, 338, note 4, 371–373.
(92) *Ibid.*, 370, 375, 384, 382.

(93) *Ibid.*, 376–383.
(94) *Ibid.*, 308, 395–397.
(95) 倉田秀也「朴正熙『自主国防論』と日米『韓国条項』―『総力安保体制』の国際政治経済」小此木政夫・文正仁編『市場・国家・国際体制』慶應義塾大学出版会、二〇〇一年、一五七―一五九頁。
(96) *FRUS, 1969–1976*, XIX, 99, 101.
(97) *Ibid.*, 148–150.
(98) *Ibid.*, 150–154.
(99) *Ibid.*, 154–157.
(100) *Ibid.*, 176–177.
(101) *Ibid.*, 181–182, and note 4.
(102) Sung Gul Hong, "The Search for Deterrence : Park's Nuclear Option," Kim and Vogel, eds., *The Park Chung Hee Era, op. cit.*, pp. 483, 486–510.
(103) 拙著『冷戦と「アメリカの世紀」』岩波書店、二〇一六年、一三〇―一三一頁。中島琢磨『沖縄返還と日米安保体制』有斐閣、二〇一二年、一四四―一四六頁。
(104) 石井修・我部政明・宮里政玄監修『アメリカ合衆国対日政策文書集成』第一四期、日本外交防衛問題、一九六九年・沖縄編、第三巻、柏書房、二〇〇四年、一四八―一四九頁。
(105) 同上、一五七―一五八頁。
(106) 同上、二六一―二六二頁。
(107) 前掲、拙著『冷戦と「アメリカの世紀」』、一三四頁。
(108) 同上、二四九―二五一頁。成田千尋「米国の東アジア戦略の変容と沖縄返還」『二十世紀研究』第一七号（二〇一六年一二月）二七頁。
(109) Ｃ・Ｏ・Ｅオーラル・政策研究プロジェクト「栗山尚一（元駐米大使）オーラルヒストリー――転換期の日米関係――」（ＧＲＩＰＳ　政策研究院大学、二〇〇五年三月二五日）八頁。第一回（二〇〇四年一〇月二七日）のインタビュー発言。

(110) 日韓関係（第二回日韓定期閣僚会議）、第二回日韓定期閣僚会議コミュニケ（一九六八年八月二九日）、文書管理番号二〇一〇―三九四八、分類番号SA122。外務省外交史料館所蔵。

(111) 日韓関係（第三回日韓定期閣僚会議）、「韓国総合製鉄所問題」（一九六九年八月七日、経協）、文書管理番号二〇一〇―三九五六、分類番号SA122。劉仙姫『朴正煕の対日・対米外交』ミネルヴァ書房、二〇一二年、六二―六三頁。また、浦項総合製鉄所建設事業への日本鉄鋼連盟の技術協力と日本政府の対応については、以下が詳しい。前掲、永野『相互依存の日韓経済関係』、二〇六―三一三頁。

(112) 同上、永野、三〇七―三一三頁。引用文は三一三頁。崔圭夏外務部長官も佐藤総理との会談で、経済開発と安全保障が不可分だとの方針を示した。「佐藤・崔会談要旨」（一九六八年一二月二日、北東アジア課長）。「日韓関係」文書管理番号二〇一五―〇〇一四。外務省外交史料館所蔵。

(113) 前掲、倉田論文、一七一―一七二頁。

(114) 第四回日韓定期閣僚会議（Ⅰ）「資金協力に関する韓国政府の要請について」（一九六九年七月一一日、外務省）、文書管理番号二〇一〇―三九五九、分類番号SA122。駐韓日本大使館「日韓閣僚会議」第七三五号（一九七〇年六月二三日）、同前、第七九五号（一九七〇年七月四日）、同前、七九六号（一九七〇年七月四西）同前、七九六号（一九七〇年七月四日）。外務省外交史料館所蔵。崔慶原『冷戦期日韓安全保障関係の形成』慶應義塾大学出版会、二〇一四年、一〇七頁。

(115) 「ポク大統領との会見」金山大使から外務大臣宛電信第九一一号（一九七〇年七月二〇日）、同前。外務省外交史料館所蔵。

(116) Telegram 5584 from Tokyo to Secretary of State, July 22, 1970. *Japan and the United States*, No. 01304.

(117) 「定期閣僚会議（報道関係）」（金山大使から外務大臣宛電信、九二四号）。「第四次日韓定期閣僚会議共同声明」（一九七〇年七月二三日）、同前。外務省史料館所蔵。第五回日韓定期閣僚会議（二）「全体会議（Ⅱ）議事録」（一九七一年八月一〇日）、管理番号二〇一〇―三九六二。外務省史料館所蔵。

(118) Secretary's Trip to East Asia, July-August, 1969, secret, Volume X, Aide-Memoire-Briefing Books: Korea, China, and New Zealand, Reel 322, Frames 316-506, CF 394. RG Entry 59, Conference Files, RG 59, Central Records of Department of State, Executive Secretariat Conference Files, 1966-1972, CF 384-CF 387, Box 496, Lot 70D387. NACP.

(119) *Ibid.*

（120）*Ibid.*

（121）*Ibid.*

（122）前掲、朴根好『韓国の経済発展とベトナム戦争』、一〇〇頁。

（123）Norman D. Levin and Richard L. Sneider, "Korea in Postwar U.S. Security Policy," Gerald L. Curtis and Sung-joo Han, eds., *The U.S.—South Korean Alliance*（Lexington, Massachusetts : D. C. Heath and Company, 1983）, p. 41.

（124）Krueger, *The Developmental Role of the Foreign Sector and Aid*, *op. cit.*, pp. 100–103.

（125）*Ibid.*, table 34, pp. 132–133.

（126）U. S. Foreign Assistance and Assistance from International Organizations（July 1, 1945–June 30, 1967）, U.S. Overseas Loans and Grants and Assistance from International Organizations（July 1, 1945–June 30, 1967）, U.S. Overseas Loans and Grants and Assistance from International Organizations（July 1, 1945–June 30, 1972）, *Special Report Prepared for the House Foreign Affairs Committee.*

（127）前掲、朴根好『韓国の経済発展とベトナム戦争』三九頁。

エピローグ

「民主化支援」とアメリカの秩序形成の特徴

はじめに――所与としてのアメリカ型民主主義

民主主義という政治制度は、それぞれの国の文化的、歴史的特徴によって大きく規定される。それゆえ民主主義制度は国によって異なるというのが、政治学者のあいだの一般的な理解である。(1)

しかし、アメリカ人の大多数にとって、民主主義のモデルといえば、アメリカ・モデルである。アメリカ社会では、民主主義とはアメリカ型民主主義のことであり、それ以外のモデルが存在するという認識はきわめて希薄である。(2) 民主主義制度が所与のものとして議論が展開されていること自体、アメリカ型民主主義が、民主主義のモデルとして想定されているからだといえよう。

アメリカが、自由と民主主義の発祥の地であるというアメリカ人の国民感情は、それが国際社会におけるアメリカの使命感と結びつくとき、民主主義の世界への輸出という形をとることになる。トニー・スミスは、アメリカの使命感について研究した著書の中で、「アメリカ外交における一貫した伝統」として、「アメリカの安全は民主主義の世界的な普及によって、もっともよく守られるという信念」の存在を指摘している[3]。また、アメリカ外交史家ロナルド・スティールは、アメリカの民主主義を世界に普及させるための運動の特徴として、自己のアイデンティティの確認という意味合いと、アメリカ型民主主義が広く受容される世界は、より安全で繁栄するという信念を挙げている[4]。

アメリカニゼーションとは、単純化していえば、世界のアメリカ化の試みである。アメリカの海外における「民主化支援」とは、そうした世界のアメリカ化の一環であり、歴史的にはウッドロー・ウィルソン大統領以来のアメリカの「リベラル・プロジェクト」の中に位置づけることができる。「リベラル・プロジェクト」は、第二次世界大戦後の世界秩序形成にも反映され、アメリカは戦後も引き続き、自由、民主主義、人権や法の尊重といったリベラルな諸価値を世界に普及させることを目指した。

その際、自由民主主義という用語に見られるように、自由と民主主義とは一体のものであるかのように扱われてきた。しかし、ワシントンの政策形成者たちは、戦後の秩序形成において、かならずしも両者を不可分のものとして追求してきたのではない。政策目標において、自由と民主主義・人権がトレード・オフ関係にある場合には、前者が優先されてきた。

アフリカにおける民主化支援を検討したゲオルグ・ソレンセンによると、自由民主主義モデルとして、(1)自由主義的要素、すなわち市場原理によって導かれ、国際貿易に対して開放的な経済、国家が限定的な役割しか果たさない場合、(2)民主主義の政治的・参加的な側面を重視し、自由で公正な選挙の実施を強調する場合、(3)強力な開発型国家の長所と国民のニーズへの反応がよい国家の長所とを組み合わせたようなケース(具体的には、日本、韓国、台湾がこれに含まれる)、(4)エリートが支配する民主主義、(5)大衆が支配する民主主義、の五つをあげている[5]。

本章では、ソレンセンが列挙する五つの自由民主主義モデルのうち、アメリカニゼーションと「民主化支援」は、(1)の「市場主義モデル」と(2)の「選挙モデル」を組み合わせた「自由民主主義」モデルであり、それは「エリート民主主義」的な性格を強く帯びたものであったことを明らかにしようとするものである。アメリカの「リベラル・プロジェクト」においては、市場経済と民主主義・人権との関係においては、前者が後者よりも高い優先順位を与えられてきた。

そこで、本章では、戦後のアメリカの秩序形成における、前述のような特徴と問題点を念頭におきながら、ワシントンが推進するアメリカニゼーションと「民主化支援」の問題を考察してみたい。

1　レーガン政権の「民主化支援」とサンディニスタ政権

一九七〇年代は、米ソ間にデタントが進展するなか、第三世界では、抑圧的な独裁政権に対抗する革命運動が高揚し、一九七四年から一九八〇年までの時期に、少なくとも一四ヵ国で革命政権が出現した(6)。第三世界の革命的状況に対処するために、ロナルド・レーガン政権は、八四年に全米民主主義基金（NED）を設置するなどして、「民主化支援」を開始した。レーガン政権の「民主化支援」に論拠を提供したのが、ジーン・カークパトリックであった。

反デタント派が結集する「現在の危険委員会」のメンバーでもあり、ジョージタウン大学から国連大使として、レーガン政権入りすることになったカークパトリックは、一九七九年の論文の中で、ジミー・カーター政権の人権外交を批判し、「権威主義」政権と「全体主義」政権とを区別する必要性を説いた。前者は自由を抑圧しているが、自国経済を外国資本に開放し、親米的である。他方、後者は共産主義者によって構成され、資本主義を拒絶し、アメリカに敵対的である。したがって、アメリカは、共産主義政権や左翼政権に対抗するためには、抑圧的な政権であっても、これを支援すべきだと主張した(7)。カークパトリックの主張は、共産主義政権や左翼政権に対抗して、抑圧的な右翼政権を支援する第三世界介入政策の論拠を提供した。

中米のニカラグアでは、一九七九年七月、アメリカが支援してきたソモサ政権が、サンディニスタ革命勢力によって打倒され、五〇年に及ぶソモサ独裁に終止符が打たれた。サンディニスタ政権は、保守的な反ソモサ支配者層、労働者、農民、貧困者層に支持基盤を有するサンディニスタ民族解放戦線（FSLN）から成る連合政権であった。一九八四年選挙は、左派、中道、右派から七つの政党が参加して実施されたが、FSLNが勝利し、サンディニスタ派のダニエル・オルテガが大統領に就任した。

そうしたなか、レーガン政権は、反共や「安全保障」の名目で行なわれる、抑圧的な右翼政権に対する支援によっては、第三世界の急進的な運動に効果的に対処することはできないと考えるようになった。レーガン大統領は、一九八五年二月の年頭教書の中で、「自由と民主主義」の推進をアメリカの使命だと宣言し、反共や「安全保障」に代わって、自由と民主主義の旗印の下に、社会主義的なプログラムを掲げる革命政権に対抗する反政府右翼ゲリラ闘争を支援する政策を開始した。レーガンは、左翼政権に対するゲリラ闘争を行なっている右翼勢力を「自由の戦士」と呼び、第三世界の急進的運動に対抗するための「民主化支援」を開始した。レーガン・ドクトリンと呼ばれるようになる同政権の第三世界介入政策は、より直接的には、中米諸国への介入政策、なかでもニカラグアに対する反革命的介入政策を正当化するために打ち出されたものである(8)。

国際政治学者ロバート・タッカーは、リアリストの立場から、レーガン・ドクトリンを批判する議論を一九八五年に展開した。第一に、同ドクトリンは、民主政府を打倒する権利は有しないが、民主的に選ばれていない政府を打倒する権利を有すると主張し、「民主革命」を後押しするという名目の下に民族自決、主権、内政不干渉といった諸原則に挑戦し、既存の国際秩序を破壊するものだとの批判である。第二に、このドクトリンは、独裁政権と共産主義政権を区別し、前者とは協力すべきだと主張するが、タッカーは、非共産主義政権であれば、抑圧的な政権であってもこれを支持することの是非を問題にする。とくにニカラグアの場合、サンディニスタ政権は、アメリカの死活的利益にとっての脅威となっていないし、外国の軍隊の干渉によって政権を獲得したわけでもない。また、ワシントンがこれまで支援してきたソモサ独裁政権のような残虐行為を行なっているわけでもないし、民主主義勢力による反政府運動が存在するわけでもない。タッカーは、こうした点を踏まえて、このドクトリンの中米諸国への適用の仕方を批判した(9)。

タッカーによる前述の批判は、その限りでは、妥当ではあるが、アメリカの「民主化支援」に関するリアリストの批判には、重要な欠落がある。タッカーの批判は、民主主義支援と新自由主義的経済政策との関連を看過している。実は、カークパトリックは、「権威主義」政権と「全体主義」政権とを区別する必要性を説いたが、同時に前者は自由を抑圧しているが、自国経済を外国資本に開放し、親米的であること、他方で、後者の共産主義政権は、資本主義を拒絶し、アメリカに敵対的である、とも述べていた。彼女の主張で注目されるのは、アメリカが支援すべき基準として、親米で、開かれた経済システムを有していることを重視していることである。すなわち、「民主化支援」の基準として重視されたのは、政治的自由や民主主義に対するコミットメントというよりも、自国経済を外国資本に開放するコラボレーター政権であるかどうかであった[10]。

レーガン政権の「民主化支援」は、同政権によって着手されることになった「小さな政府」論や新自由主義的経済政策と密接な関連があった。すなわち、「民主化支援」を通して彼らが目指したのは、「資本主義的ポリアーキー」であった。それは、自由選挙という手続きに競争を限定することで、不平等の問題はもちろんのこと、「誰が社会の物質的・文化的資源を支配するのかという問題が、民主主義をめぐる議論とは無関係になる」ような、形式的、エリート主義的民主主義であった。ウィリアム・ロビンソンは、そうしたアメリカ流民主主義を「低強度民主主義」または、「ポリアーキー」と呼んでいる[11]。

「低強度民主主義」概念を使ってグアテマラ、アルゼンチン、フィリピン、韓国における民主主義と自由選挙との関係を分析した研究は、「社会的改革を伴わない形式民主主義は経済的不平等を増大させ、その結果、社会における権力の不平等な配分を激化させる」[12]との結論を導き出している。彼らによると、こうした「エリート民主主義」は現実には、軍事独裁とも共存する、という。言い換えると、アメリカ流民主主義は、自由民主主義の促進とともに、自由市場の促進も求める外交政策を展開するために、「民主主義推進政策が、アメリカの安全保障上ならびに経済上の利益に反する場合には」、前者の優先順位はしばしば後退することになる[13]。

レーガン政権によるサンディニスタ政権に対する「低強度紛争」政策は、レーガンが「自由の戦士」と賞賛した右翼ゲリラ組織「コントラ」(Contra)への支援という形で展開された反革命的「民主化支援」であった。コントラは、旧ソモサ政権の支配の手段であった「国家警備隊」の隊員を中心に再編成された反政府武装組織である。レーガン大統領は、一九八一年一一月には、コントラの軍事訓練に一九〇〇万ドルの資金を使用する権限をアメリカ中央情報局(CIA)に与える文書に署名したが、八一年から九〇年までの期間にコントラに供与された資金は約四七〇〇万ドルにのぼった。くわえて、レーガン政権は、ホンジュラスに大規模な反革命基地を建設し、コントラは、これらの基地から政府軍を攻撃した。八三年からは、約三万の米軍兵士が、さまざまな反政府活動を展開した。経済制裁のほか、CIAは同年末、ニカラグアの港湾に機雷を敷設し、さらに石油施設と空港を攻撃する作戦を実施した(14)。

しかし一九八〇年代末になると、レーガン政権は、コントラ支援によるサンディニスタ政権打倒から、次に予定されている一九九〇年選挙を睨んだ「民主化支援」政策にシフトした。それはつぎの三つの段階を辿った。第一段階は、支配エリートのあいだに反サンディニスタ勢力をつくりだすための政治的援助、第二段階は、一九九〇年選挙における反サンディニスタ勢力の勝利、第三段階は、反サンディニスタ勢力による政権掌握後の「民主化支援」である。

サンディニスタ政権の誕生後、CIAは、一九七八年に開始された反ソモサ保守勢力に対する秘密支援計画を継続したが、レーガン政権になって、この計画は拡大された。八四年には、民主化支援のための民間組織として、NEDが創設された(15)。NEDはCIAに代わって、一九八八年から九〇年にかけて本格化する、九〇年選挙での反サンディニスタ保守勢力への支援プロジェクトの中心的担い手となった。NEDは一九八四年から九二年にかけて、一六〇〇万ドルの資金を使ったが、うち約一五〇〇万ドルは、コントラへの軍事支援に重きが置かれ、一九八四年から八七年までの期間に使用された。しかし、選挙活動が本格化する一九八八年から九〇年の時期になると、NEDの民主化支援も強化されることになり、この期間の資金援助は約一三〇〇万ドルにのぼった(16)。

一九八七年には、ニカラグア野党連合(UNO)が結成されたが、NEDはその傘下の組織を介して、支持層の掘り起こしのためのノウハウ、人材育成・募集など、さまざまな支援活動を行なった。また、その後、ワシントンは七八年一月、ソモサに暗殺された反ソモサ保守勢力の指導者ペドロ・チャモロの未亡人（Violeta Chamorro）をUNOの大統領候補として選出する工作を行なった。八九年一〇月、アメリカ議会は、ニカラグアに対する選挙支援資金として、九〇〇万ドルの予算を承認し、うち五〇〇万ドルはUNOと他の反サンディニスタ政党や集団に、二九〇万ドルはNEDの自由裁量資金として、残りは選挙監視グループに供与された。そのほかにも、CIAは少なくとも、一〇〇〇万ドルをUNOの活動資金として供与した。選挙に投入された民主化支援は、総額で三〇〇〇万ドルにのぼった[17]。

注目されるのは、反サンディニスタ勢力への政治的支援と並行して、経済制裁やコントラへの軍事支援も継続されたことである。一九八九年四月、アメリカ議会は新たに、コントラ支援のための予算六七〇〇ドルを承認した。ジェームズ・ベーカー国務長官によると、それは選挙に敗北した場合の一種の保険としての意味を持っていた。この援助により、コントラ組織は存続しただけでなく、選挙が公示された八九年八月にホンジュラスの基地から八〇〇〇―一万二〇〇〇の部隊を送り込むことを可能にした。八八年には、月およそ五〇回、八九年の前半には、月三〇〇回の頻度でニカラグアへの侵攻作戦を展開した。その結果、サンディニスタ政権は、コントラとの戦闘に備えるために膨大な人的・財政的・物的な資源を割り当てることを余儀なくされた。一九七九年から八一年の三年間の国防支出は、国家予算の一五％に達し、八五年には国家予算の六〇％、GNPの二五％を占めた[18]。

レーガン政権によるニカラグアに対する「低強度紛争」政策は、ニカラグア経済に深刻な損害をもたらした。人口三五〇万人、GNP二〇億ドルの小国ニカラグアで五万人の犠牲者を出し、社会に及ぼした損失は一二〇〇億ドルにのぼるといわれる。この損失はGNP換算で六〇〇％、年間輸出総額の四四〇〇％と見積もられている。このため、ニカラグア経済は一九八八年には三万三〇〇〇％のインフレを記録し、GNPは八四年から毎年低下したため、政府の福祉政策は崩壊し、政府に対する国民の不満は高まるばかりであった[19]。

このため、一九九〇年選挙はサンディニスタ勢力の敗北に終わり、同年四月にUNOのチャモロが大統領に就任した。

チャモロ政権は、公共部門の職員の大量解雇、民営化、交通機関・電気・ガス・水道料金など公共事業部門の値上げ、福祉支出の削減、補助金の廃止など、広範な新自由主義的施策を発表した。ワシントンは、選挙後、二年間で五億四一〇〇万ドルの援助を承認したが、ニカラグア駐在の米国際開発局（ＡＩＤ）のプログラムは世界最大規模となり、同国のアメリカ大使館は、中米で最大規模のスタッフを擁するまでになった。[20]

ニカラグアにおける「資本主義的ポリアーキー」への移行は、不平等の劇的な拡大、社会の二極化、貧困の増大をもたらした。新政権が発足した初年度に実質賃金は五〇％も低下し、一九九二年には人口の六九％が貧困に落としいれられ、一九九〇年から九二年の期間の一人当りの食料消費率は三一％も低下した。[21] レーガン政権からブッシュ（シニア）政権誕生までにニカラグアで実施された「民主化支援」は、「資本主義的ポリアーキー」への移行であり、ロビンソンによると、それは、「少数者からなる集団が支配しており」、「意思決定への大衆の参加が、互いに競い合うエリートたちによって慎重に管理される選挙で指導者を選出することに限られているシステム」であった。[22]

2　冷戦後の世界と「民主化支援」――ブッシュ・シニア政権とクリントン政権

ジョージ・Ｈ・Ｗ・ブッシュ（シニア）政権は冷戦終結の処理に追われることになり、同政権が打ち出した「新世界秩序」構想は、政策によって実質的な裏づけをされることもなく、曖昧なままに終わった。その意味で、冷戦終結後の秩序形成に本格的に取り組むことになったのは、ウィリアム・クリントン政権だったといえよう。

冷戦後のグローバリゼーション論争においては、新自由主義的言説が支配的となった。この新自由主義的言説の担い手は、アメリカ系の多国籍資本とその支持者たちであり、その意味で、現在進行中のグローバリゼーションは、アメリカニゼーションとしての性格を強く持っている。

そうしたなか、クリントン政権は、「拡大と関与」戦略を打ち出した。「関与」とは孤立主義を排し、国際社会において積極的な役割を果たしていくという意思の表明であり、「拡大」とは、民主主義諸国から成る「共同体」の輪を拡大していくことを意味した[23]。

クリントンは大統領選挙中から、民主主義的な価値と制度が、世界中の人々にアピールする魅力について繰り返し語った。一九九一年一二月のジョージ・ワシントン大学での演説では、冷戦後の「アメリカの安全保障に関する新たな契約」について説明するなかで、アメリカ外交の目的として、新時代に合った米軍の再編、経済分野でのアメリカのリーダーシップの再確立に加えて、「海外における民主主義の普及と強化」を挙げた。クリントンは大統領に就任した後も、これら三つの目標を追求し続けた。同政権の「民主化支援」は、「市場民主主義諸国の世界共同体」を拡大することが、アメリカの安全保障にもつながるという考えにもとづいていた[24]。こうした考えは、九五年二月に作成された「関与と拡大の国家戦略」および九七年五月に発表された「新しい世紀のための国家安全保障戦略」という二つの報告書にも盛り込まれた[25]。

「市場民主主義」という言葉に示されているように、クリントン政権が推進した「民主化支援」は、ネオ・リベラル国際主義の文脈で展開された。それは、自由主義、市場民主主義、民主化を推進しようとするもので、ウォーレン・クリストファー国務長官が述べているように、経済と同じく、人権や民主主義が戦略的意味合いを持つようになったことを意味した[26]。クリントン政権の拡大戦略はまた、アメリカに本拠を置くアメリカ系多国籍企業の利益を海外で促進するという性格を併せ持っており、その場合の大義名分はグローバル化、自由化、規制緩和であった。一九九三年九月、ジョンズ・ホプキンス大学で行なわれた講演の中で、同政権の安全保障担当大統領補佐官アンソニー・レイクは、「拡大戦略」を発表した。レイクによると、この戦略は第一に、「主要な市場民主主義諸国の共同体」（NAFTA、欧州、日本）を強化すること、第二に、これらの国々を中核として、「新たに誕生した民主主義諸国ならびに市場経済」（ロシアや東欧諸国）を育成・強化することを目指した。また、第三に、その準周辺地域に軍事力を配置し、それに敵対する地域（イラン、イラク、北朝鮮など）の侵略に備え、ソマリアやボスニアなど紛争地域での平和維持活動を強化するとともに、

民主主義と市場経済に敵対的な国々においても自由化を迫るとした。さらに第四に、人権を促進することを目標に掲げた。(27)

レイク演説に示されたクリントン政権の「拡大戦略」は、社会主義のイデオロギーが失墜し、代わって自由民主主義や市場経済が圧倒的に優位な状況に立つなか、旧社会主義諸国で誕生しつつある「市場民主主義」を支援し、さらには市場や民主主義に敵対的な国々においても自由化、民主化を積極的に推進していくことを目指す新自由主義的国際主義の戦略であった。レイク演説が強調するように、そこには、民主主義諸国同士は戦争をしないし、人権の尊重という点でも良い記録を残しているとの考えが支配的であった。それは、イラクや北朝鮮といった「ならず者国家」や、ソマリア、ボスニアなど「破綻国家」状況にある国々を自由主義的秩序に組み込むことによって、安定と成長を求めるグローバル資本の要求に資する国際的枠組みを構築することを意図したものであった。それゆえ、クリントン政権の「拡大戦略」の下に推進された「民主化支援」は、グローバル化時代の新たな国際環境に適応するヘゲモニー国家の戦略でもあった。

そうした観点から、クリントン政権は、国防総省再編の一環として、レス・アスピン国防長官に指示して、民主主義・平和維持問題担当国防次官補のポストを新設した。また、人権問題に関心の高いマデレーン・オールブライトをアメリカ国連大使に任命したが、同大使は、一九九三年六月の下院外交委員会の国際安全保障・国際機構・人権小委員会における証言の中で、国連平和維持活動の重要性を確認すると同時に、「積極的な多国間主義」の必要性を強調した。

こうした考えは、クリントン政権の地域主義政策に明確に現われた。中南米おけるワシントンのネオ・リベラルな地域主義政策は、ブッシュ（シニア）政権下で開始されており、すでに九〇年六月に中南米支援構想（ＥＡＩ）が発表されていた。同構想はラテン・アメリカ諸国が抱える深刻な債務問題に取り組むと同時に、投資の促進とそのための自由貿易協定の締結を目指した。(28)

ＥＡＩの発表によって北米自由貿易協定（ＮＡＦＴＡ）の南への拡大方針が示されて以来、米州自由貿易地域（ＦＴＡ

A）形成に向けた協議は、一九九四年一二月にクリントン大統領の呼びかけで開催された第一回米州首脳会議（マイアミ・サミット）によって大きく前進した。キューバを除く米州地域三四ヵ国が出席したマイアミ・サミットは、二〇〇五年一月までに南北米州地域全域を含む自由貿易地域を創設する構想を提唱した。マイアミ・サミットで注目されるのは、民主主義の維持・強化が謳われたことである。この点は九八年四月の第二回米州サミット（サンティアゴ）でも確認され、さらに二〇〇一年四月にケベックで開催された第三回米州首脳会議では、共同声明に「民主主義条項」を盛り込み、民主主義の一層の強化を図ることで合意した。この条項は、クーデターといった違法な手段で民主体制を変更、停止した国にはＦＴＡＡ交渉への参加を禁止するとした。それはまさに、新自由主義的な政策を中心に据えた「市場民主主義」であり、「資本主義的ポリアーキー」の推進であった。

一方、アジア太平洋地域においては、一九八九年にアジア太平洋経済協力会議（ＡＰＥＣ）が発足したが、クリントン政権は、アジア太平洋をヨーロッパ並みに重視する姿勢を打ち出した。ウィンストン・ロード東アジア担当国務次官補は九三年春、上院での公聴会で、「今日、アジア太平洋ほど重要な地域はない」と述べたのに続いて、同年七月、東京ミットに出席するために来日したクリントン大統領は、早稲田大学で行なった講演の中で、「新太平洋共同体」構想を発表した。同構想は、日米パートナーシップの復活、より開かれた経済と貿易の拡大、それに民主主義への支持、という三本柱から構成されていた。クリントンは、「民主主義諸国同士はよりよい隣人となる。彼らはお互いに戦争したり、テロを行なったり、難民を生み出したりしない」、「民主主義を実現しようとする運動は人権の最善の保障である」と述べて、デモクラティック・ピース論を展開した。(29)

クリントンは大統領選挙中、民主主義的な諸価値の持つ強力な魅力について語り、「民主化支援」を任務とするＮＥＤを支援すると述べていたが、(30)ホワイトハウス入りするや、国務省と国際開発局（ＡＩＤ）内にさまざまな民主化支援のポストと部局を設置し、民主化支援プログラムと政策を調整するためのいくつかの各省間グループも設けた。国際関係予算の組み替えも実施し、「民主化支援」の優先順位を高めた。ＮＥＤの設置（一九八四年）と「民主化支援」は、レーガン政権によって開始されたが、クリントン政権下では、民主化支援予算は、レーガン政権当時の年間およそ一億ドルから七億ドルにまで増大した。およそ一〇〇カ国で、アメリカの政府機関、NEDやユーラシア基金といった準政府組織、それに政府資金を得て活動する非政府組織（NGO）は、「自由で公正な選挙」、法整備支援、独立系メディア支援、地方分権、自立的なNGO支援など、さまざまな「民主化支援」に取り組んだ。(31)

一九八〇年代の最初の数年間、NEDは、およそ予算の半分をラテン・アメリカに投入したが、冷戦が終焉を迎えた八〇年代の末には、東欧諸国とソ連に振り向けられるようになった。さらに、九〇年代に入ると、中国など東アジア、アフリカ、中東のイスラーム諸国に関心が移った。一九九〇年から九九年までの地域別予算配分を見ると、中・東欧が五八五〇万ドルで一位を占め、続いてラテン・アメリカとカリブ海地域が四八五〇万ドル、アジアが四六〇〇万ドル、旧ソビエト連邦諸国が四〇〇〇万ドル、アフリカが三五〇〇万ドル弱、中東と北アフリカが二〇五〇万ドルであった。(32)

NEDが発表した九二年度の「諸原則および目的に関する声明」によると、民主主義の基礎的条件として、表現や結社の自由、法の支配が重視されている。言い換えると、この声明は、労働権、教育を受ける権利、社会保障などの社会権への言及はなく、逆に「自由な社会における私的制度」が、民主主義の発達には重要であるとされている。(33) NEDが目指した「民主化支援」とは、「アメリカ型民主主義」すなわち「資本主義的ポリアーキー」の促進を意図したものであった。

ロシアにおけるアメリカ流民主主義を分析したピーター・ラトランドは、クリントン政権が、ボリス・エリツィン政権に対して行なった民主化支援は、（1）国家社会主義的政治システムに代わる民主主義的政治システムの構築、（2）計画経済に代わる市場経済の構築、（3）主権国家としての新たな国民意識とアイデンティティの確立、という三つの移行に取り組まなければならなかったとし、ロシアが第一、第二の課題には「部分的な進歩しか遂げておらず」、第三の課題については「ほとんど進歩していない」、と結論づけている。(34) 興味深いことに、ラトランドは、クリントン政権が、ロシアへの「民主化支援」を実施していく過程で、「民主主義」と「市場」は両立できるものだとの単純な思い込みがあった、と指摘している。彼によると、「独裁主義から民主主義への転換には、公共政策における主体の、エリートから市民への転換が伴なうべきである」が、ロシアではこのような転換は行なわれていない。[35]「自由で公正な選挙」が実施されれば、責任ある政党が自然発生的に登場し、有権者の票を求めて競い合う多元的政治が展開されるはずだと想定されていた。しかし、市民社会が十分成熟していないロシアで出現したのは、民主主義の原則を建前として形式的に遵守するということであり、手続き的な民主主義の下で、現実には、エリートが私利私欲に走り、国家の資産を略奪することが行なわれた。ラトランドの研究は、ロシアにおけるクリントン政権の民主化支援は、「エリート民主主義」に終わり、実質的民主主義、参加型民主主義とはほど遠い状況にあることを示している。

3　「民主化支援」と対イラク戦争——ブッシュ・ジュニア政権

財務省や商務省が中心になって進めている経済のグローバル化は、国務省が推進する「民主化支援」とセットで展開されてきたが、自由化、規制緩和、「小さな政府」論にもとづく新自由主義政策は、格差と貧困の拡大を生み出し、それは世界各地で反グローバリズムの運動を巻き起こし、民主化支援とのあいだに矛盾を生み出している。また、発展途上諸国の中には、グローバル化の衝撃に耐えることが困難となり、「破綻国家」、「崩壊国家」に転落する国が出てきた。その結果、ワシントンの政財界のあいだでは、機能不全に陥った国家は、テロリストや過激派の温床となり、世界を不安定にし、グローバル資本の活動にとって大きな障害となっているという認識が広がった。クリントン政権下でCIA長官に就任にしたネオコンの同調者ジェームズ・ウールジーは、一九九〇年代初めの公聴会の席で、「あたかも巨大なドラゴン（ソ連）をやっつけたものの、われわれはいまや驚くほど多種多様な、猛毒をもった蛇がうようよとうごめくジャングルに住むことになった感がある。そして、より強い猛毒を持った蛇の一つが、飢餓を武器として用いるような輩である」[36]と述べた。冷戦後の世界においては、こうしたイメージは、ワシントンの外交・安保担当者だけでなく、グ

ローバル資本の代弁者である財務省や商務省にも広まっている。(37)

そうしたなかで注目されるのは、一九九〇年代に入って、「民主化支援」の推進者と経済のグローバル化推進者たちのあいだで、経済成長を実現するためには、発展途上国の社会全体を改革する必要があるという考えが広まったことである。開発援助は、自由主義的経済政策の推進と結びつけられるだけでなく、ますます「民主化支援」とも結びつけられるようになった。(38)問題の原因は、発展途上諸国の国内にあるとの見方に立っている点で、民主化支援論者とネオ・リベラルな経済政策の唱道者とのあいだには共通性がある。紛争が発生する原因は、当該国の内政が政治的腐敗、不平等、貧困、人権抑圧、法制度の不備といった問題を抱えており、「民主化支援」の目的は、こうした国内問題を改革することにあると考えられている。他方、経済のグローバル化推進論者たちは、経済活動への政府の介入や多くの規制の存在など反自由主義的政策が問題だと考えている。国家改造論者らはまた、発展途上国の多くが、こうした国内問題を抱えている状況の下で、低開発は秩序の攪乱要因であり、安全保障上も危険であると考える点で、問題関心を共有している。(39)

「民主化支援」と新自由主義的経済政策が結合し、開発に伴う国家の不安定化や紛争の発生原因を被援助国の国内に求め、その対処方法として、当該国の社会全体の改革が必要だとする考えは、ジョージ・W・ブッシュ（ジュニア）政権の対イラク戦争後のイラクの戦後復興政策と「民主化支援」に典型的に現われた。イラクの戦後復興への取り組みの過程では、マーク・ダッフィールドが「戦略的複合体」と呼ぶ状況が生まれた。すなわち、政府と非国家的アクター、公的機関と私的組織、軍事組織と民間部門が協力し合うかたちでイラクの戦後復興に携わることになった。

ブッシュ政権のイラク再建は、イラク戦争が戦われた目的に大きく影響されることになった。対イラク戦争は、EUがパワーとして台頭するなかで、EUに対するヘゲモニー支配を確保するためには、中東における石油へのアクセスを保持し続ける必要があると考える人たちが主導した戦争であった。また、湾岸戦争のときと異なり、サダム・フセイン政権打倒（「体制転換」）が目標とされた背景には、サウジアラビアの政情不安の原因となっている要因のうち、サウド王家の腐敗、パレスチナ問題に加えて、湾岸戦争のときサウジに建設された米軍基地問題への対応があった。サウジにおける米軍基地の存在は、アルカイダの反米活動やサウド王家に対する反政府活動の原因になっていた。ポール・ウォルフォウィッツ国防副長官は、米軍基地をサウジから撤去しなければ、九・一一テロのようなことが再発しかねないと懸念していた。それゆえ、フセイン政権を打倒し、イラクにコラボレーター政権を樹立することで、米軍基地をイラクに確保することが可能となれば、サウジの米軍基地を撤去できると考えた。言い換えると、ブッシュ政権は当初、サウジに代えて、イラクに恒久的な軍事基地を維持することを考えていた(40)。

民主化支援団体であるNEDの有力メンバーで、コンドリーザ・ライス大統領補佐官とも親交のあったラリー・ダイアモンドは、ライスからの依頼もあり、イラク再建の任務を担った連合国暫定当局（CPA）の顧問として、「民主化支援」活動に従事した。彼は、イラク国民のあいだに反米感情が広がり、イラク情勢が内戦の危機に直面するなかで、イラクに恒久的な基地を設ける意図のないことを、なるべく早く宣言すべきだと進言した。ダイアモンドは、それによって、占領に対するイラク国民の疑惑や反発をかなり緩和することができるし、そうすれば反米感情をこれ以上悪化させないですむと考えた。ダイアモンドは、自らの進言が受け入れられなかったことに関して、イラクに恒久的な基地建設の意図があったからだと述べている(41)。彼が指摘するように、米軍基地を恒久的に保持する意図がないことをイラク占領の早い段階で明言できなかったことは、ブッシュ政権が掲げたイラクの民主化の大義が疑われることになり、イラク再建を困難にした。

CPAのポール・ブレマー行政官は、イラク再建に取り組むにあたって、ダグラス・マッカーサーが日本で行なった占領政策をモデルに採用し、イラクからフセイン色を一掃する改革に着手した。彼は着任早々、行政組織の脱バース党化を実施し、さらにイラク軍の解体を命じた。これらの決定は、イラクの国家改造を目指すものであったが、こうした措置は、バース党党員五万人と職を失ったイラク軍将兵三〇万人、それにお払い箱になったイラク指導者たちを敵に回すことになり、イラク社会の混乱に拍車をかけることになった(42)。

さらに悪いことに、ブレマーはイラク側に対して、イラクに主権を移管する時期を明示せず、占領者として振る舞っているという印象をイラク国民に与えた。二〇〇三年九月『ワシントン・ポスト』紙に掲載されたブレマーの寄稿記事は、選挙名簿、選挙法、政党法もいまだ存在せず、選挙区の確定も行なわれていない状況では、早期の選挙はありえない、と述べていた。選挙よりもまず憲法制定が先決であり、その後選挙を実施し、権力の委譲とCPAの解体は最後になる、というのが彼のシナリオであった。くわえて、ブレマーは、反米勢力が復活するのを阻止するために、イラク統治評議会のメンバーの選出を自ら行ない、憲法制定準備にいたる手続きにおいても、そうした余地がないように政治過程を統制した。彼はまた、直接選挙を行なって当選者が憲法を制定するという手順にも反対していた。イラク全土の市町村で自発的に始まっていた選挙についても、ブレマーは中止指令を出し、地方自治体の指導者も占領当局が指名するという決定を行なった。イスラーム過激派勢力の台頭を怖れたのだ。このため、イラク国民の目には、イラク統治評議会は占領当局の傀儡だと映り、CPAは、アメリカに都合のいい人物を議会に送り込むよう目論んでいるとみなされた。(43)

実際、ブレマーの行動は、ブッシュ政権首脳の考えを反映していた。イラクでは二〇〇五年一二月一五日、任期四年の国民議会選挙が予定されていたが、その二日前に開催された国家安全保障会議（NSC）で、イラク新政府樹立に適用する一〇項目の指針が承認された。それによると、新政府の閣僚は、武装勢力はもちろんのこと、イランやシリアのような反米政権とも協力関係があってはならないとされた。また、石油相には石油産業の経験者を据えるべきである、とも記されていた。ブッシュ政権は、イラクに主権を委譲した後も、「その政府を厳しく吟味する」という方針を維持した。(44)

要するに、ブッシュ政権は、イラク再建に際して、かつての植民地主義国家とさほど変わらない振る舞いをした。同政権首脳はまた、イラク再建を新自由主義政策のモデル・ケースとみなした。イラクは世界第三位の石油埋蔵量を占める国であるだけでなく、イラクも含めて、中東諸国の経済は自由化されておらず、グローバル資本にとって、アラブ世界は最後のフロンティアであった。

それゆえ、ブッシュ政権は、イラクの戦後復興の機会を利用して、イラク経済の民営化計画に取り組んだ。カナダのジャーナリストで『ショック・ドクトリン』の著者ナオミ・クラインは、イラク侵攻の立案者たちは「ショック・ドクトリン」の信奉者であるという。現地で取材したクラインは、「人々が目前の緊急事態に振り回されている間にさっさとイラクの国家資産を売り払い、あとから既成事実として公表するというのが彼らの手口」なのだが、ジャーナリストや活動家は、「最大の利益を得る連中はけっして戦場に姿をみせないということを忘れ、劇的な攻撃の光景にすっかり注意を奪われているのが実情だった」と述べている[45]。

ブッシュは二〇〇三年五月、イラク戦争の戦闘終結宣言からわずか八日後に「中東自由貿易圏構想」を発表した。そして、このプロジェクト担当者に任命されたのが、ロシア経済の民営化、民主主義支援に携わった経験を有するリズ・チェイニー（副大統領の長女）であった[46]。ブレマーは、就任後四ヵ月間は経済改革に専念したが、就任翌月には、イラク経済を支えていた国営石油会社および二〇〇社にのぼる国営企業のうち、イラク国営石油会社の民営化には踏み切らなかったものの、二〇〇社をただちに民営化すると発表した。しかも、国営石油会社の収益から二〇〇億ドル相当を差し押さえ、「イラク開発基金」を設置して、占領当局が自由に使えるようにした。その後、約四五％だった法人税を一律一五％に引き下げ、外国企業がイラクの資産を一〇〇パーセント保有することを可能にする法律を制定した。この法律によると、投資家はイラクであげた利益を、一〇〇パーセント無税で国外に持ち出すことができたし、再投資の義務もなかった[47]。

イラク復興資金として、アメリカ議会は三八〇億ドルの予算を計上し、その他諸外国から五〇億ドル、イラクの石油収入からも二〇〇億ドルが拠出された。しかし、イラクの復興事業は国防総省が牛耳っていたことから、復興資金の大半は、ハリバートン、ベクテル、パーソンズなど、アメリカの企業が受注することになった。たとえば、コロラド州に本社を置くエンジニアリング建設会社ＣＨ２Ｍヒルは、カリフォルニア州に本社を置く巨大エンジニアリング企業パーソンズ社と合弁事業という形で、大手四社の契約事業の監督を二八五〇万ドルで受注した。イラクに「民主主義を根づかせる」任務でさえも民営化され、この仕事は、ノースカロライナ州に本社を置くリサーチ・トライアングル・インスティチュート（RTI）に四億六六〇〇万ドルで発注された。(48)

イラク再建は国務省ではなく、国防総省を責任者として進められたこともあり、イラク復興計画は露骨な植民地主義的性格を持つことになった。その結果、イラク国民の強い反感を買い、イラクは内戦状態に陥った。正常な経済活動が続けられる状況ではなくなったため、ブッシュ政権がイラク復興と「民主化支援」に着手した三年後には、ほぼすべての大手アメリカ契約企業はイラクから撤退することになった。

おわりに――アメリカの「民主化支援」と「エリート民主主義」の促進

本章では、ソレンセンが列挙する五つの自由民主主義モデルのうち、アメリカニゼーションと「民主化支援」は、「市場主義モデル」と「選挙モデル」を組み合わせた「自由民主主義」モデルであり、それは「エリート民主主義」的な性格を強く帯びたものであったことを明らかにしようとした。すでに指摘したように、ロビンソンは、アメリカの中南米諸国に対する民主化支援を分析した結果、このようなタイプの民主主義支援を「資本主義的ポリアーキー」と呼んだ。(49)

『ニューズウィーク』誌の国際版編集長であったファリード・ザカリアは、西欧世界にとって、民主主義とは、自由民主主義を意味すると指摘したうえで、しかし自由主義と民主主義は必ずしも両立するものではない、と述べている。彼は、今日の世界では、両者は切り離されてきており、選挙で選ばれた政治エリートが、基本的人権を無視するような国が出現しつつあるとし、これらの国を「反（非）自由主義的民主主義」（illiberal democracy）と名づけている。(50)

ロバート・ダールの「ポリアーキー型デモクラシー」は、本章で扱った、アメリカ型民主主義とほぼ同義である。彼は、自由選挙が繰り返されることで、資本主義市場経済によって「不可避的に」生じる「政治的資源の不平等」を是正することが可能だと主張する。[51]しかし一九六〇年代末には、セオドア・ロウィは『自由主義の終焉』の初版（一九六九年）の中で、ダールが唱えるような意味での利益集団リベラリズムは危機に直面していると主張し、第二版（一九七九年）では、その危機を克服できなかったと述べていた。ロウィは、ダールが想定したように、多様な利益集団が競争していて勝ったり負けたりしているのであれば問題はないが、現実には、「勝ち組」と「負け組」の固定化が進んだ結果、少数の大規模利益集団が、その既得権益を維持するようになっていることを問題視した。官僚組織が肥大化する中で、行政機関が支配的利益集団と結託して、既得権益の擁護に走る結果、一般の人々は政策過程から排除されるのが実態だと喝破した。アメリカ型民主主義は、一九七〇年代には行き詰っていたことを想起する必要がある。[52]

ポリアーキーと平等との関係は、うまくいったとしても、非常に流動的であり、前者は一定の不平等と共存可能であることを示している。その意味で、佐々木毅も指摘するように、民主主義の下では、平等が達成されるというのは神話であり、民主主義と平等との関係は常に流動的であるといえる。[53]むしろ、これまで検討してきたことから明らかなことは、レーガン政権の誕生とともに開始された「民主化支援」という名のアメリカニゼーションは、アメリカ国内だけでなく、国際社会においても格差の拡大と貧困の増大をもたらしてきた。そして、冷戦後に加速した経済と金融のグローバリゼーションの下で生み出される格差の拡大と貧困の増大は、発展途上諸国の経済基盤を揺るがし、政治的不安定化の重要な要因となり、多くの「破綻国家」や「崩壊国家」さえ出現させることになった。

そうした不安定な国際情勢の下で、中東地域のなかでも石油資源に恵まれた国々は、深刻な債務危機に直面することがなかったため、世界銀行や国際通貨基金（ＩＭＦ）の「構造調整」プログラムの適用から免れてきた。言い換えると、イラク、イラン、サウジアラビアといった国の経済は、社会主義諸国の場合と同様に、国営企業が中心であり、民営化、規制緩和は進んでいなかった。それゆえ、フセイン政権の打倒を目指したブッシュ政権は、対イラク戦争終結後のイラク再建計画において、イラクを新自由主義的政策の実験場とみなしたのである。ブッシュ政権が掲げたイラクの「民主化」と中東の「民主化」は、そのような脈絡で理解する必要がある。

グローバル資本にとっては、格差の拡大と貧困の増大がもたらす世界秩序の不安定化への取り組みは、冷戦後の最優先課題であり、「崩壊国家」や「破綻国家」は、「民主化支援」を通して改革されるべき対象であった。また、イラクのような、石油資源を梃子に規制緩和や貿易の自由化に抵抗する「ならず者国家」は、必要ならば武力行使によって打倒されるべき対象とされた。ブッシュ政権が、イラクの「体制転換」を目指したのは、フセイン政権の存在が、イスラエルや中東のコラボレーター政権の安全保障にとって危険であるとみなされたことに加えて、同政権の経済ナショナリズムが、グローバル資本にとっても障害だとみなされたことによる。

本章で検討してきたように、アメリカの「民主化支援」は、経済的自由主義を優先する「市場民主主義」であり、そのような性格を持った「民主化支援」政策は、権威主義的体制や軍事独裁政権とも協調的な関係を維持してきたのである。その意味で、冷戦期におけるアメリカの国際秩序形成は、非民主主義的ないしは反自由主義的要素を包摂するものであったし、冷戦後においても、そのような性格は基本的に変わっていないように思われる。冷戦後の米中関係の展開を見ても、そういえるのではないか。すなわち、政治的には共産主義一党支配体制ではあっても、中国経済がグローバル資本に開放的である限り、米ソ冷戦のときとは異なるメカニズムが、米中関係には働いていると言えよう。アメリカニゼーションと「民主化支援」には、そのような特徴があったことも看過されるべきではない。

注

（1）たとえば、デイヴィッド・ヘルドは、民主主義には八つのモデルがあるとしている。この分類によると、自由民主主義の制度はそのうちのひとつにすぎないということになる。オランダの政治学者アーレンド・レイプハルトが、「多極共存型デモクラシー」という概念を提示したのも、民主主義にはいくつかの類型が存在することを示している。カナダ政治学会の会長を務めたC・B・マクファーソンは、自由民主主義の歴史を検討するなかで、四つのモデルの存在を指摘し、自由民主主義の現代的再生のモデルを参加民主主義に求めている。David Held, *Models of Democracy*, third edition（Stanford : Stanford University Press, 2006）〔『民主政の諸類型』（中谷義和訳）御茶の水書房、一九九八年〕：Arend Lijphart, *Democracy in Plural Societies: A Comparative Exploration* (New Haven: Yale University Press, 1977)〔『多元社会のデモクラシー』（内山秀夫訳）三一書房、一九七九年〕；C. B. Macpherson, *The Life and Times of Liberal Democracy* (Oxford: Oxford University Press, 1977)〔『自由民主主義は生き残れるか』（田口富久治訳）岩波書店［岩波新書］、一九七八年〕.

（2）Steve Smith, "US Democracy Promotion: Critical Questions," in Michael Cox, *et al.*, eds., *American Democracy Promotion* (Oxford: Oxford University Press, 2000), p. 68; Thomas Carothers, "Taking Stock of Democracy Assistance," *ibid.*, p. 194.

（3）Tony Smith, *America's Mission: The United States and the Worldwide Struggle for Democracy in the Twentieth Century* (Princeton: Princeton University Press, 1994), p. 9.

（4）Ronald Steel, *Temptations of a Superpower* (Cambridge, Mass.: Harvard University Press, 1995), pp. 19–20. この点に関する詳細な議論としては、拙編著『アメリカの戦争と世界秩序』法政大学出版局、二〇〇八年所収の拙論（序論および第四章）を参照されたい。

（5）Georg Sorensen, "The Impasse of Third World Democratization: Africa Revisited," in Cox *et al.*, eds., *American Democracy Promotion*, pp. 279–304. 猪口孝／マイケル・コックス／G・アイケンベリー編『アメリカによる民主主義の推進』ミネルヴァ書房、二〇〇六年、第一三章。

（6）Fred Halliday, *From Kabul to Managua: Soviet-American Relations in the 1980s* (New York: Pantheon Books, 1989), p. 29.

（7）Jean J. Kirkpatrick, *Dictatorships and Double Standards* (New York: Simon & Schuster, 1982), pp. 2–52; idem, "Dictatorships & Double Standards," *Commentary* (Nov. 1979), pp. 1–17, esp. 15 〈http://www.commentarymagazine.com/article/dictatorships-double-standards/〉（二〇一二年六月二七日アクセス）. 秋元英一・菅英輝『アメリカ20世紀史』東京大学出版会、二〇〇三年、二八二―二八五頁。

（8）Robert Tucker, *Intervention and the Reagan Doctrine* (New York: The Council on Religion and International Affairs, 1985), p. 4.

（9）*Ibid.*, pp. 10, 14–17.

（10）Kirkpatrick, *Dictatorships and Double Standards*, pp. 2–52; idem, "Dictatorships & Double Standards," p. 15. 秋元・菅『アメリカ20世紀史』、二八二―二八五頁。

（11）William I. Robinson, *Promoting Polyarchy: Globalization, US Intervention, and Hegemony* (Cambridge: Cambridge University

Press, 1996), pp. 60–62.

(12) Barry Gills, Joel Rocamora and Richard Wilson, eds., *Low Intensity Democracy: Political Power in the New World Order* (Boulder, Colorado: Pluto Press, 1993), pp. 4–5.

(13) Jason G. Ralph, "'High Stakes' and 'Low Intensity Democracy': Understanding America's Policy of Promoting Democracy," in Cox, *et al.*, eds., *American Democracy Promotion*, p. 215.

(14) 秋元・菅『アメリカ20世紀史』、二八二―二八三頁。

(15) NEDについては、以下を参照されたい。Joshua Muravchik, *Exporting Democracy: Fulfilling America's Destiny* (Washington, D.C.: The American Enterprise Institute Press, 1992), chap. 13 (The National Endowment for Democracy), pp. 204–220. ジョシュア・ムラヴチクによると、NEDは、民間組織だが、予算は議会によって承認される。また、その傘下に、アメリカ商業会議所加盟組織である国際私企業センター、民主党全国委員会加盟組織である民主党全国委員会国際問題研究所、共和党全国委員会加盟組織である共和党全国委員会国際問題研究所、それに自由労働組合研究所を抱えている。NEDは、外国の諸団体に直接資金を交付することはめったになく、通常は、たとえば、諸外国の労働組合の支援活動を行なうアメリカの労働組合に資金を供与するという形で民主化支援が行なわれる。

(16) Robinson, *Promoting Polyarchy*, p. 222.

(17) *Ibid.*, p. 226.

(18) *Ibid.*, pp. 235–237.

(19) *Ibid.*, pp. 220, 237.

(20) *Ibid.*, pp. 241–250.

(21) *Ibid.*, pp. 251–252.

(22) William I. Robinson, "Promoting Capitalist Polyarchy: The Case of Latin America," in Cox, *et al.*, eds., *American Democracy Promotion*, p. 310.

(23) 詳細は以下の拙論を参照されたい。「クリントン政権のアジア政策の展開」『国際問題』四〇七号(一九九四年二月)、三五―四八頁。

(24) Address by Governor Clinton, Dec. 21, 1991, "A New Covenant for American Security," at Georgetown University, Washington, D. C.; Remarks by President Clinton, May 3, 1994, on CNN's "Global Forum with President Clinton," Atlanta, GA, in Philip Auerswald, *et al.*, eds., *Clinton's Foreign Policy: A Documentary Record* (The Hague: Kluwer Law International, 2003), pp. 11–21, 22–25.

(25) White House, *A National Security Strategy of Engagement and Enlargement* (Feb. 1995), pp. 7, 22–24; White House, *A National Security Strategy for a New Century* (May 1997), pp. 15–16.

(26) Warren Christopher, *In the Stream of History* (Stanford: Stanford University Press, 1988), pp. 17–19.

(27) Speech of Anthony Lake at Johns Hopkins University, Washington, D. C., September 21, 1993, in Alvin Z. Rubinstein, *et al.*, eds., *The Clinton Foreign Policy Reader: Presidential Speeches with Commentary* (Armonk, New York: M. E. Sharpe, 2000), pp. 20–27.

(28) ワシントンの地域主義政策の展開については、以下の拙論を参照されたい。「『市場経済の拡大』方針と地域主義の台頭」『原典アメリカ史　第九巻（唯一の超大国）』岩波書店、二〇〇六年、二七二―二八三頁。

(29) Remarks and a Question-and-Answer Session at Waseda University in Tokyo, July 7, 1993, *Public Papers of the Presidents, William J. Clinton*, 1993, Vol. I, pp. 1019–27.

(30) "American Foreign Policy and the Democratic Ideal," at the Institute of World Affairs, Milwaukee, Wisconsin, Address by Governor Clinton, October 1, 1991, Atlanta, GA, in Philip Auerswald, *et al.*, eds., *Clinton's Foreign Policy, op. cit.*, p. 10.

(31) Thomas Carothers, *Critical Mission: Essays on Democracy Promotion* (Washington, D.C.: Carnegie Endowment for International Peace, 2004), pp. 42–43.

(32) Colin S. Cavell, *Exporting 'Made-in-America' Democracy: The National Endowment for Democracy and U. S. Foreign Policy* (Lanham, New York: University Press of America, 2002), pp. 94–95.

(33) *Ibid.*, pp. 92–93.

(34) Peter Rutland, "Russia: Limping Along Towards American Democracy?" in Cox, *et al.*, eds., *American Democracy Promotion, op. cit.*, p. 243. ラトランドが、こうした結論を出す際に検討したチェックリストは、（1）自由で公正な選挙、（2）権力分立、（3）公正で独立した司法制度、（4）自由で探求的な報道機関、（5）民主的な価値観の広範囲にわたる共有、（6）人権の尊重、すなわち最低でも個人の権利、できれば、少数民族の権利といった集団の権利の尊重、（7）市民社会、すなわち多数の社会組織の存在、の七項目であった（*ibid.*, p. 246）。

（35）*Ibid.*, pp. 246–247.

（36）Statement by James Woolsey at Senate Hearings, Washington D. C., February, 1993. また、ブライアン・アトウッド国際開発局（ＡＩＤ）長官もまた、同様の認識を示した。Remarks of J. Brian Atwood, "Conflict Prevention in Today's World," Georgetown University, Washington, D.C., Oct. 14, 1998. アトウッドは、全米民主主義基金（ＮＥＤ）の下部組織である民主党全国委員会国際問題研究所の初代所長に就任したが、その後一九九三—九九年までのあいだ、ＡＩＤ長官を務めた。

（37）Paul Rogers, *Losing Control: Global Security in the Twentieth-first Century* (London: Pluto Press, 2000), chap. 4, pp. 58–77; Mark Duffield, *Global Governance and the New Wars* (London: Zed Books, 2001), pp. 119–120.

（38）ダッフィールドは、ネオ・リベラルな経済政策が惹起する「新たな戦争」や混乱に対処するために、近年の開発政治は、紛争解決と発展途上国の社会全体の改革を重視するようになっていると指摘している。彼はこうした特徴を「開発政治の急進化」と呼んでいる。Duffield, *Global Governance and the New Wars*, *idid.*, pp. 2, 11, 22.

（39）*Ibid.*, p. 116; Ray Kiely, *The New Political Economy of Development: Globalization, Imperialism, and Hegemony* (London: Palgrave/macmillan, 2007), pp. 138, 169–171.

（40）拙著『アメリカの世界戦略』（中央公論新社［中公新書］、二〇〇八年）、一三七—一四八、一五五—一五七頁。Lloyd C. Gardner, *The Long Road to Baghdad: A History of U. S. Foreign Policy from the 1970s to the Present* (New York: The New Press, 2008), pp. 185–190.

（41）Larry Diamond, *Squandered Victory: The American Occupation and the Bungled Effort to Bring Democracy to Iraq* (New York: Owl Books, 2005), p. 241; Gardner, *The Long Road to Baghdad*, *idid.*, p. 190.

（42）Diamond, *Squandered Victory*, *idid.*, pp. 39–40; Bob Woodward, *State of Denial: Bush at War, Part III* (New York: Simon & Schuster, 2006), pp. 248–249, 252［『ブッシュのホワイトハウス』（伏見威蕃訳）上・下、日本経済新聞出版社、二〇〇七年］.

（43）Diamond, *Squandered Victory*, *idid.*, pp. 80–81; Michael R. Gordon and General R. Bernard E. Trainor, *Cobra II: The Inside Story of the Invasion and Occupation of Iraq* (New York: Pantheon Books, 2006), p. 490.

（44）Woodward, *State of Denial*, *idid.*, p. 434.

（45）Naomi Klein, *The Shock Doctrine: The Rise of Disaster Capitalism*（New York: Metropolitan Books, 2007）, p. 326〔『ショック・ドクトリン』（幾島幸子・村上由見子訳）下、岩波書店、二〇一一年、四七三頁〕.

（46）Edwin Chen and Maura Reynolds, "Bush Seeks U.S.-Middle East Trade Zone to Bring Peace, Prosperity to Region," *Los Angeles Times*, May 10, 2003.

（47）Klein, *The Shock Doctrine, op. cit.*, p. 345（邦訳、下巻、五〇〇—五〇一頁）.

（48）*Ibid.*, pp. 346-349（邦訳、下巻、五〇三—五〇七頁）.

（49）Robinson, *Promoting Polyarchy, op. cit.*, pp. 60-62.

（50）Fareed Zakaria, *The Future of Freedom: Illiberal Democracy at Home and Abroad*（New York: W.W. Norton & Co., 2003）〔『民主主義の未来』（中谷和男訳）阪急コミュニケーションズ、二〇〇四年、一二—一九頁〕.

（51）ロバート・A・ダール『デモクラシーとは何か』（中村孝文訳）岩波書店、二〇〇一年、二一七頁（Robert A. Dahl, *On Democracy*, New Haven: Yale University Press, 1998）。ポリアーキー概念については、ダール『ポリアーキー』（高畠通敏・前田修訳）三一書房、一九八一年。

（52）Theodore J. Lowi, *The End of Liberalism: The Second Republic of the United States*（New York: W. W. Norton & Co., 1979）, 2nd edition, pp. xi-xii, 57-61, 200, 226.

（53）佐々木毅『政治学講義』東京大学出版会、一九九九年、一五〇—一五一頁。

終章 「自由主義的国際秩序」——理念と現実

「自由主義的国際秩序」論をめぐる議論をリードしてきたアイケンベリーは、二〇一八年一月の『インターナショナル・アフェアーズ』誌上で、トランプ政権は「自由主義的国際主義に敵対的だ」として、アメリカの対外政策に危機感を表明している。だが、彼の国際秩序論は、「開かれた、ゆるやかなルールにもとづく秩序のヴィジョン」というアメリカが主導して構築した戦後秩序についての独自の見解や解釈にもとづくトランプ批判であり、彼のリベラル秩序論では、冷戦後の国際秩序が危機に陥っている原因を十分に説明できないと考えられる。彼自身は、世界が直面する戦後秩序の危機の原因は、アメリカのパワーの相対的低下と「その他の国々」のパワーの台頭、なかんずく中国のパワーの目覚ましい台頭によるものであり、リベラルな規範や原則が、その有用性を喪失したからではないと主張する。(1)

本書は、戦後国際秩序の構築に取り組むワシントンの政策決定者たちが、リベラルな理念を、政策にどのように反映させ、実現しようとしてきたのか、その過程で、どのような障害に直面し政策の修正を迫られ、非リベラルないしは反自由主義的な要素を内包する秩序を形成するにいたったのかを検討し、併せて戦後国際秩序が陥っている危機の原因についても示唆を得ようと努めた。

そのような問題関心にもとづき、本書は以下の点を確認した。ワシントンの政策決定者たちは、ソフト・パワーとハード・パワーを使い分けることによって、その「リベラル・プロジェクト」(「自由主義的・資本主義的秩序」)の実現を目指した。そのさい、ソフト・パワーの行使によって目的を達成できなかった場合、彼らは戦争や武力に訴えることも辞さなかった。戦後アメリカが築き上げた「自由主義的国際秩序」は、ヨーロッパにおいてはＮＡＴＯ、アジア太平洋においては「ハブ・アンド・スポーク」と称される同盟のネットワークに、安全と安定を依拠してきた。その意味で、戦後秩序は軍事主義と不可分の関係にあったというべきである。

軍事力の行使は、反(非)リベラル(illiberal)な手段であり、原理的には、法の尊重や説得を重視するリベラルな規範とは相容れない。それだけでなく、戦後のアメリカは、秩序維持のために、広範な在外米軍の駐留を維持し、必要に応じて武力行使に訴えたため、膨大な国防予算を必要とした。その結果、ワシントン政府は、同盟国や友好国への巨額の軍事・経済援助の供与も手伝って、政府財政赤字の重要な要因を抱え込むことになった。その帰結は、一九六八年初頭のドル危機であった。コリンズは、このときのドル危機によって、大恐慌以来最も深刻な経済危機に西側世界は見舞われたと述べ、「成長のリベラリズムは挫折し、アメリカの世紀は終わりを告げることになった[2]」と言明している。

その兆候は早くも、アメリカのヘゲモニーがその頂点にあった六〇年代初めに現れ、六〇年二月、アイゼンハワー政権はドル防衛策を発表、続いてケネディ政権もまた、国際収支の赤字是正が西側陣営のリーダーとして影響力を発揮していくために不可欠だとの認識の下に、輸出拡大、対外軍事援助支出の削減に本格的に乗り出し、その一環として、同盟国に対するアメリカ製兵器の売却、駐留軍経費の削減などを実施していった。なかでも、西欧駐留米軍の約八割は西ドイツに駐留していたこと、西ドイツが高度成長を遂げるに至ったことから、同国に対する負担分担要求を強めた。六一年一一月には両国間で相殺協定が締結され、西ドイツは向こう二年間、新たなアメリカ製兵器の購入と役務負担を約束し、その額は一三億五千万ドルにのぼった。その後、同協定は六三年と六五年に更改され、六一年から六六年までの西ドイツの兵器購入額は、西ドイツ駐留米軍経費にほぼ匹敵するものであった。西ドイツは、アメリカからの兵器購入によって西ドイツ駐留米軍経費を相殺しただけでなく、対外準備の半分をドルで保有し続けたり、ドイツ中央銀行によ

るアメリカ財務省証券の購入などを通して、ドルの買い支えを実施し、アメリカのドル防衛策に協力したのである。(3)

一方、アメリカのコラボレーターとして、日本政府もまた、アメリカ製兵器の買い付け枠の拡大やアメリカ財務省証券の新規購入などで対米協力を行った。六五年に日米貿易収支が逆転し、日本が対米黒字を増大させていくようになると、対日防衛費分担要求も激しさを増した。(4)

ジョンソン政権が、六五年春にベトナム戦争を拡大したことに伴い、戦費は増大した。六六年末までには、国際収支に占める軍事支出のおよそ三分の二はベトナム戦費であった。このため、六六年八月からは、駐留米軍経費相殺問題に関する米、英、西ドイツ三国間協議が開始され、米独間の対立は、ルートヴィヒ・エアハルト政権の崩壊を招くことになった。この時期の駐西ドイツ米大使で交渉にあたったジョン・マックロイが、ジョンソン大統領に対して、「(NATO)同盟は崩壊の危機に瀕している」と警告するほど、深刻な危機に直面した。しかし、クルト・キージンガー新政権の下で、西ドイツは、アメリカ財務省証券五億ドル分を購入することに合意し、さらに金の購入を控えると発表したこと、三国間協定が六七年五月に成立したことによって、ようやくこの同盟の危機は峠を越したのである。(5)

本書はまた、とくに第一章およびエピローグにおいて、「自由主義的国際秩序」論者が視野の外においてきた自由・民主主義・平等の関係に内在するディレンマを考察し、そのことが、戦後秩序の危機の原因になっていることを論じた。アメリカ国民の大多数は、自由と民主主義とは一体のものであると考えてきた。だが、アメリカの政策決定者たちは、戦後の秩序形成において、そのレトリカルな主張にもかかわらず、かならずしも両者を不可分のものとして扱ってきたのではない。政策目標において、自由と民主主義がトレード・オフの関係にある場合には、前者を優先してきた。アメリカの「リベラル・プロジェクト」においては、経済的自由主義が、民主主義よりも高い優先順位を与えられてきた。したがって、その帰結が、アメリカ社会や国際秩序形成に何をもたらしたかを分析することが必要である。

本書では、その帰結は、「埋め込まれた自由主義の妥協」の崩壊であったと論じた。アメリカのヘゲモニー支配のもう一つの支柱であったブレトン・ウッズ体制（「ＩＭＦ・ＧＡＴＴ体制」）は、アメリカの繁栄を可能にしたが、世界経済の拡大に伴い、貿易の決済手段である基軸通貨ドルを世界に供給し続ける必要があり、それが政府財政赤字の原因となるという構造的問題を抱えていた。だが、カーター政権の末期には、アメリカの財政赤字は最悪の状況に陥り、財政支出により景気回復を図るという国際的ケインズ主義が機能不全に陥った。そこでカーター大統領は、ボルカーをＦＲＢ議長に迎え、インフレ抑制のため通貨供給量をコントロールする政策に転換し、公定歩合を引き上げる措置を取り始めた。「ボルカー・シフト」は、第二次石油危機により、さらに対外負債を膨らませていた第三世界の非産油国を中心に支払い不能に陥る国々の出現をもたらし、グローバルな規模で債務危機を惹起した。その一方で、国際通貨制度が変動為替制に移行するなか、七四年一月に資本統制の撤廃を行っていたアメリカ政府は、トランスナショナルな資本の移動と金融市場を制御する能力を大幅に喪失するに至った。その結果、経済と金融の自由化、民営化、規制緩和を求める圧力は強まり、ニューディール体制下でアメリカ社会に定着していた福祉国家の流れに逆行する動きが顕在化し、新自由主義的イデオロギーと「小さな政府」論が運転席に座ることになった。

このような歴史の文脈で考えると、「埋め込まれた自由主義の妥協」は、ホブズボームが二〇世紀の時期区分の中で、「黄金の時代」（一九四五年―七三年）と呼んだ時代の産物であるといえるだろう。彼によると、「黄金の時代」とは「例外的な歴史の一局面」で、その特徴は、「経済的自由主義と社会民主主義の結婚」である。彼は、第二次世界大戦後、「それまで考えられなかったことをやろうとする全般的な態度が生まれたこと」、ある種のコンセンサスが出現したことを指摘している。そのコンセンサスとは、一九世紀的自由主義の否定、「混合経済」、福祉資本主義、福祉国家、グローバルな規模の開放的経済体制の必要、そのような秩序の維持者としてのアメリカとドルの存在、である。[6]言い換えると、先進資本主義世界に関する限り、五〇年代に「戦後体制」（福祉国家体制＋安全保障国家体制＋グローバル資本主義世界体制）の基礎が形成され、五〇年代末から六〇年代にかけて、このシステムは絶頂期を迎えた。同時に、アメリカのヘゲモニーの後退が、六〇年代末に顕著となったことを反映し、六〇年代末から七〇年代、八〇年代にかけて、このようなシステムの崩壊過程を迎えることになり、七〇年代と八〇年代の国際政治経済は、「もう一つの危機の二〇年」の時期となった。

冷戦後に急速に拡大するグローバリゼーションの流れは、六〇年代アメリカの福祉国家体制の行き詰まりを背景としており、その意味で、ジョンソン政権の「偉大な社会」（貧困との闘い）建設計画とベトナム戦争での挫折は、レーガノミックス、「小さな政府」論、「レーガン冷戦」の生みの親であった。一九六八年という年に集中して発生する世界的出来事は、冷戦国家体制に対する市民社会の側からの抗議と改革の運動であったが、反面保守勢力の反発を生んだことにも留意する必要がある。なかでも、福祉国家体制の矛盾の噴出は、七〇年代末から八〇年代初めにかけて主流となる新保守主義の台頭を準備することになった(7)。

このような文脈でみると、レーガン大統領が、ソ連を「悪の帝国」と呼んで開始した「レーガン冷戦」、レーガノミックス、「小さな政府」論は、国外のソ連という「悪の帝国」に向けられたものであると同時に、「黄金時代」の経済・社会政策が有効でなくなったとの認識の下で展開された福祉国家体制（「ローズヴェルトの記憶」）に対する一つの治療法であったといえるのではないか。

本書はまた、第一章での議論を踏まえ、とくに第二章において、冷戦下の「自由主義的国際秩序」は、階層的、帝国的であったことを論じた。そのさい、戦後秩序を、一九世紀後半以降の世界秩序形成過程に見られた特徴の延長線上で捉えることの重要性を指摘した。すなわち、一九世紀以降のリベラリズムは、不安定な関係ながらも、帝国主義支配や植民地主義支配とも共存してきたという事実である。米ソ中心の冷戦秩序もまた、階層的、帝国的であった。冷戦期の米ソは、東西両陣営に分かれて対峙し、それぞれのブロック内支配を強化しようとした。米ソ両超大国が、世界共同管理体制を作り上げているとの疑念が強まると、もともと存在していた米ソ中心の秩序に対する異議申し立てが、両陣営内から起こり、冷戦体制の基礎を掘り崩すことになった。同様な動きは、独立、自主、近代化を目指す脱植民地化運動の担い手からも起こった。それは冷戦秩序が、帝国主義・植民地主義と親和性を有していたからだ。アメリカの自由主義イデオロギーは、ソ連の共産主義イデオロギーを敵視したが、経済的に閉鎖的体制でなければ、ワシントンの政策決定者たちは、政治的に独裁的、抑圧的な政権を支持することも厭わなかった。また、彼らは冷戦の論理を優先する立場から、イギリスやフランスといった植民地主義帝国との協力を重視した。その意味で。本書で論じたように、アメリカの「反植民地主義」政策には留保が必要なのだ。このこともまた、アメリカの「自由主義的国際主義」が、非リベラルないしは反リベラルな要素を包摂してきたと本書が主張する所以でもある。

最後に、本書は、アメリカが主導して構築した「自由主義的国際秩序」において、日本がどのような役割を果たしてきたのかについても論じた。本書では、日本政府をアメリカのコラボレーターだと位置づけたうえで、第三章で、ワシントンの政策決定者たちが、「とやかく指図しなくてもやるべきことをきちんとやるように仕向ける」装置を作りあげたことに注目し、日本のコロンボ・プラン加盟問題でのアメリカの支援の意図を明らかにした。

また、この枠組みは、戦略面では、日米安保体制である。日米安保体制はアメリカが、日本をヘゲモニー支配下に置き、日本の政治・経済エリートをアメリカのコラボレーターとして育成・支援する装置であった。本書の第四章では、佐藤政権が日米安保基軸論の立場から、高まる国内世論の批判に逆う形で、ジョンソン政権のベトナム戦争拡大政策を公然と支持していく過程を詳述し、その見返りとして、沖縄返還を実現したことを明らかにした。だが、コラボレーター政権は、アメリカが設定した冷戦のルールの範囲内で行動することを求められるがゆえに、その代償も大きかった。佐藤政権は、沖縄返還の代償として、「日米安保の第一段階の再定義」に踏み切り、日本の役割分担の拡大を受け入れていった。その帰結として、沖縄の基地の強化が進められることになり、今日までその状況は続いている。また、ベトナム戦争と米中対立が激化するなかで、沖縄返還を最優先の政治課題とする佐藤首相は、アメリカの意に反するような行動をとることができずに、将来実現したいと考えていた日中関係正常化の道を自ら閉ざす結果となる選択をすることになった。

本書ではまた、日本政府がアメリカのコラボレーターとして、冷戦政策の補完的役割を果たした事例として、韓国の朴政権に対する開発援助でどのような役割を果たしたか[8]を考察した。韓国の経済発展は、最大の援助国であるアメリカの軍事・経済援助が重要だったことはいうまでもないが、日韓国交正常化後に韓国にもたらされた日本の経済協力資金（請求権資金）とその後の経済協力にもとづく日本の借款供与も重要であったことを考証した。そこには、アメリカのヘゲモニーを頂点とし、コラボレーターとしてワシントンの冷戦政策を補完する役割を果たした日本政府、そして援助を最大限効果的に活用した韓国、という「三層構造」の下での発展であったことを強調した。

戦後の日本政府は、沖縄の基地問題に象徴されるように、日米地位協定の改定交渉に取り組もうとせず、辺野古の基地建設反対と「オール沖縄」を掲げて当選した翁長雄志沖縄県知事の要請を無視してきた。翁長知事の死去に伴う県知事選で、玉城デニー候補は、過去最多の三九万六六三二票を獲得し、自民、公明両党が全面支援した候補に八万票の大差をつけて当選した。その玉城知事もまた、翁長前知事の意思を受け継ぎ、辺野古の基地建設に反対している。にもかかわらず、防衛省は二〇一八年一〇月一七日に、沖縄県による辺野古沿岸部の埋め立て承認撤回に対する対抗措置をとり、行政不服審査法に基づき、国土交通省に対して不服審査請求と撤回の効力停止を申し立てた。これが認められたことで安倍晋三政権は移設工事を再開し、土砂の投入作業を開始した。一〇月一三、一四日に実施された全国世論調査でも、辺野古見直しが必要と回答した人は、五五％にのぼり、「その必要はない」は三〇％である。全国の世論調査の結果も沖縄の民意も無視して、日米合意に基づく辺野古移設を強行する日本政府は、コラボレーター政権としての行動をとり続けている。

注

（1）同論文については、本書序章の注（3）を参照されたい。

（2）Robert M. Collins, "The Economic Crisis of 1968 and the Waning of the 'American Century'," *American Historical Review*, 101–2 (April 1996), pp. 396, 422. Robert Collins, "Growth Liberalism in the Sixties," David Farber, ed. *The Sixties* (Chapel Hill: The University of North Carolina Press, 1994), pp. 32-33.

（3）Thomas A. Schwartz, "Victories and Defeat in the Long Twilight Struggle: The United States and Western Europe in the 1960s," Diane Kunz, ed. *The Diplomacy of the Crucial Decade* (New York: Columbia University Press, 1994), p. 138. Gregory F. Treverton, *The Dollar Drain and American Forces in Germany* (Athens: Ohio University Press, 1978), p. 33. William Borden, "Defending Hegemony: American Foreign Policy," Thomas G. Paterson, ed., *Kennedy's Quest for Victory* (Oxford: Oxford University Press, 1989), pp. 80-85.

（4）古城佳子「日米安保体制とドル防衛政策——防衛費分担要求の歴史的構図」『国際政治』一一五号（一九九七年五月）九四—一〇九頁。

（5）Schwartz *ibid.*, pp. 140, 146-47.

（6）エリック・ホブズボーム『二〇世紀の歴史』上巻、三省堂、一九九六年、四〇三、四〇七頁。Eric Hobsbawm, *The Age of Extremes: The Short Twentieth Century History, 1914-1991* (New York: Vintage Books, 1994).

（7）一九六八年の画期性という視点から一九六〇年代を理解する必要性については、以下の拙稿で論じた。「序論　冷戦の終焉と六〇年代性」『国際政治』一二六号（二〇〇一年、二月）、一—一二頁。以下も参照されたい。藤本博編『「１９６８年」再訪』行路社、二〇一八年。『思想』一一二九号（二〇一八年五月）は、「一九六八年」の特集号である。

（8）『朝日新聞』二〇一八年一〇月一六日（夕刊）。

あとがき

本書は、前著『冷戦と「アメリカの世紀」――アジアにおける「非公式帝国」の秩序形成』（岩波書店、２０１６年）の延長線上にある。前著では、三つの課題を設定した。第一は、「非公式帝国」アメリカが目指した「リベラルな秩序」は、その内実において、「非リベラル」な性格をもっていたことを明らかにする。第二は、アメリカがアジアで構築しようとした支配メカニズムの解明である。戦後アメリカは、領土支配を伴わない「非公式帝国」の構築を目指し、そのさい、「コラボレーター（協力者）」の育成を重視したことを明らかにした。第三は、アメリカが形成した秩序の中で、日本がコラボレーターとして果たした役割を検討することである。冷戦期の日本政府は、アメリカの対共産圏「封じ込め」政策を補完する形で、非リベラルな要素を包摂する「冷戦秩序」に深くかかわったことを考証し、その結果、日本は何を失ったのか、その帰結は、今日の日米関係にどのような影響を及ぼし続けているのかを探求した。

前著では、領土支配を伴う「公式帝国」（「植民地帝国」）と、領土支配を伴わない「非公式帝国」アメリカとを区別したうえで、議論を展開した。A・G・ホプキンスは、大著『アメリカ帝国』（American Empire, 2018）において、「アメリカ帝国」の本質は、領土支配を伴う「島嶼帝国」であり、その特質において、ヨーロッパの植民地帝国とほとんど異なるところがないとの議論を展開している。ホプキンスの「帝国」理解とは異なり、筆者の立場は、アメリカ「帝国」の特質は、「非公式帝国」であるというものである。

また、前著では、グラムシのヘゲモニー概念を援用し、コラボレーター政権を以下のように類型化した。すなわち、日本、スカルノ政権下のインドネシア（交渉されたヘゲモニー）、パキスタン（招かれたヘゲモニー）、李承晩政権下の韓国（強制されたヘゲモニー）、蔣介石政権下の中国および南ベトナム（挫折したヘゲモニー）、インド（拒絶されたヘゲモニー）である。そのさい、グラムシのヘゲモニー概念は、「非公式帝国」概念と整合性があると考え、両者を相互補完的に用いた。しかし、ヘゲモニー概念をかならずしも明確に定義していなかったため、ヘゲモニー、「非公式帝国」、「帝国」（「公式帝国」、「植民地帝国」）の相互の関連が、分かりにくかったかもしれない。

　前著では、アメリカの秩序形成における支配のメカニズムの解明に力点があったため、アメリカが、コラボレーター政権の育成を目指したことを強調した。そのさい、挫折したヘゲモニーの事例や拒絶されたヘゲモニーの事例を検討したのは、アジア諸国の対応の多様性とアメリカの帝国的権力の限界を指摘したかったことによる。アメリカは、対象国の主権を形式的に尊重する「非公式帝国」であるがゆえに、その影響力の行使の仕方において、領土支配を伴う「公式帝国」の場合に比べて、より間接的である。それゆえ、アメリカの帝国的権力は、必要な場合、軍事力を行使しなかったわけではないが、どちらかというと合意を重視した。

　しかしその一方で、コラボレーター概念の適用範囲を検討することは意図していなかったことから、フランスやドイツなど欧州諸国の政権の場合は、この概念が適応可能かといった問いが投げかけられた。この点に関して結論を出すためには、個別の政権の外交政策を検証する必要があるので、今後の課題として残されている。

　以上に関連して、ヘゲモニー、「非公式帝国」、「リベラルな秩序」という三つの概念相互の関係については、次のように考えている。ドゴールのフランスは、コラボレーター政権だとは認められないとしても、そのことは、フランスが「リベラルな秩序」の外に位置しているということを意味しない。ドゴール政権が、「非公式帝国」から離脱した、あるいはコラボレーター政権として振舞うことを拒絶したとしても、「リベラルな秩序」に留まるという選択肢はありうる。その一方で、パキスタン政府は、コラボレーターとして振舞うという選択をすることによって、アメリカから経済・軍事援助や安全の保証という恩恵を受けることになった。では、「非公式帝国」に編入されたパキスタン政権が、リベラルな規範・価値を遵守していたかと言えば、そうではない。パキスタンの各政権は、「リベラルな秩序」に包摂されていたとは言えても、その不可分な構成要素ではなかったとみることができる。パキスタンはその後、アメリカの「非公式帝国」圏から離脱するが、離脱後もリベラルな規範・価値を共有していない国であり続けたとみることができる。以上のような意味で、前著では、アメリカの秩序形成は、冷戦の論理を優先したことによって、非リベラルないしは反リベラルな政権（軍事政権、権威主義的政権）を包摂する秩序であったと考え、そのような秩序を「冷戦秩序」と呼んでいる。

総体として見るならば、西ヨーロッパ諸国（NATO加盟国）や日本のような先進工業諸国（OECD加盟国）は、リベラルな規範・価値を共有しており、「IMF・GATT体制」から恩恵を受けたが、インドは別にして、第三世界諸国の多くは、リベラルな規範・価値を共有しておらず、またIMF・GATT体制からも恩恵を受けていない地域であった。そのことが、「南北問題」や「南南問題」を生み出し、G-七七加盟国が、七四年四月の国連資源特別総会で、「新国際経済秩序（NIEO）」宣言を打ち出す背景となった。G-七七の多くは、「リベラルな秩序」の恩恵を受けておらず、その構成要素の一部ではなかったというべきだろう。

上述のような問いやコメントを踏まえたうえで、本書は、アメリカが目指した「リベラルな秩序」の内実について改めて論じることとし、アメリカの「自由主義的国際秩序」の性格とその問題点をより掘り下げて記述するよう試みた。そのさい、コラボレーター概念は、「帝国」論を前提にしていることから、「非公式帝国」統治下の秩序は、その階層性、支配・被支配、一定の強制性を特徴としていることを強調した。本書はまた、帝国的秩序が、リベラリズムと親和性を有していることに留意して議論を進めているが、それは、「非公式帝国」アメリカが戦後構築しようとした「自由主義的国際秩序」は、イリベラルな要素を包摂するものであったという本書の主張につながっている。

本書の大部分は、すでに活字化された論文を基にしているが、既発表の論考は紙幅の制約から、分量を半分から三分の一に圧縮せざるを得なかった。このため、本書は圧縮以前の論考を基に構成されている。各章と既発表論文との関連は以下の通りである。

序章　書きおろし

第一章「東アジアにおける冷戦」、和田春樹他編『岩波講座　東アジア近現代通史　第七巻（木畑洋一責任編集）アジア諸戦争の時代1945―1960年』岩波書店、二〇一一年、四五―七〇頁。「覇権システムとしての冷戦とグローバル・ガバナンスの変容」、グローバル・ガバナンス学会編、大矢根聡・菅英輝・松井康浩責任編集『グローバル・ガバナンス学』Ⅰ、法律文化社、二〇一八年、第五章。第一章は、以上二つの論考をもとに、さらに加筆修正を加えた。

第二章 "The Making of an 'American Empire' and US Responses to Decolonization in the Early Cold War Years," Uyama Tomohiko, ed. *Comparing Modern Empires：Imperial Rule and Decolonization in the Changing World Order* (Slavic-Eurasian Research Center, Hokkaido University Press, 2018), chapter 6.

第三章「アメリカの冷戦政策と1950年代アジアにおける地域協力の模索」渡辺昭一編著『コロンボ・プラン』法政大学出版局、二〇一四年、第八章。"US Cold War Policy and the Colombo Plan：A continuing search for regional cooperation in Asia in the 1950s," Shigeru Akita, Gerold Krozewski, and Shoichi Watanabe, eds., *The Transformation of the International Order of Asia：Decolonization, the Cold War and the Colombo Plan*, London and New York：Routledge, 2015, chapter 10.

第四章「ベトナム戦争と日米安保体制」『国際政治』一一五号（一九九七年五月）、七五―九三頁。

第五章「アメリカ合衆国の対韓援助政策と朴正熙政権の対応」渡辺昭一共編著『冷戦変容期の国際開発援助とアジア』ミネルヴァ書房、二〇一七年、第一〇章。

エピローグ「アメリカニゼーションとアメリカの『民主化支援』」初瀬龍平・松田哲編『人間存在の国際関係論』法政大学出版局、二〇一五年、第一章。

終章　書きおろし

本書をまとめる過程では、多くの方々にお世話になった。序章は書きおろしである。第一章は、『岩波講座　東アジア近現代通史』の第七巻を担当された木畑洋一先生（当時、成城大学）から声をかけていただいたことが縁で、「通空間論題」を執筆することになった。また、グローバル・ガバナンス学会が企画した『グローバル・ガバナンス学』は、同学会の会長であった大矢根聡先生の発案で動きだしたものである。木畑、大矢根、松井の諸先生にお礼申し上げたい。

第二章は、二〇〇八―一二年度にかけて新学術領域研究「ユーラシア地域大国の比較研究」（北海道大学スラブ・ユーラシア研究センター）という共同研究プロジェクトが実施されたのに伴い、第四班「帝国の崩壊・再編と世界システム」に加えていただいたことが、執筆につながった。第四班の責任者であった宇山智彦先生（北海道大学）、およびこのプロジェクトに誘っていただいた秋田茂先生（大阪大学）には、大変お世話になった。日頃のご教示とご支援に感謝申し上げたい。

第三章は、基盤研究A「アジアにおける新国際秩序の形成と国際援助計画の総合的研究」（代表者：渡辺昭一、二〇〇九―一二年度）の成果である。このプロジェクトの期間、二〇〇九年八月上旬にオランダのユトレヒト大学で開催された第一五回世界経済史学会で発表する機会があり、参加メンバーとともに貴重な体験をした。山口育人（奈良大学）先生には、この間、いろいろと気遣っていただき、大変助かった。渡辺昭一（東北学院大学）科研は、秋田茂先生の広汎な国際的ネットワークを活かして、非常に精力的な研究活動を行った。二〇一〇年六月の社会経済史学会（関西学院大学）、同年一〇月の日本国際政治学会（札幌コンベンションセンター）での部会報告に加えて、二〇〇八年一二月には、台北の國史館で国際ワークショップが開催され、それぞれ報告をする機会があった。館長の林満紅教授には大変お世話になった。渡辺先生をはじめ、渡辺科研メンバーに謝意を表したい。

第四章は、『国際政治』に執筆したものだが、この論文は、フルブライト交流委員会シニア・リサーチ・フェローとして、一九九六年夏から一九九七年夏まで、ハーバード大学ライシャワー研究センターおよびテキサス大学オースティン校において研究に従事する機会が与えられたことによって、可能となった。テキサス大学の広大なキャンパスの一角にあるリンドン・B・ジョンソン大統領図書館で半年間、日米関係、ベトナム戦争、米韓関係、米中関係に関する文書を読むことができた。また、ボストンでは、大西洋岸に面した位置にあるジョン・F・ケネディ大統領図書館で半年間、日米関係、米韓関係、米中関係などの史料を収集した。ライシャワー研究センターへの受け入れの際には、入江昭先生のご尽力があった。テキサス大学への受け入れに際しては、故ロバート・ディヴァイン教授にお世話になった。入江、ディヴァイン両先生のご厚意およびフルブライト交流委員会の財政支援には、衷心よりお礼の言葉を述べたい。

第五章は、第三章の場合同様、基盤研究A「戦後アジアにおける欧米諸国の開発援助戦略とアジアの自立化に関する総合的研究」（代表者：渡辺昭一、二〇一二年―一五年度）に参加したことで得られた成果である。

エピローグは、基盤研究B「グローバル時代における人間存在と国際関係論の再構築―実在変容の認識論と実践論」（代表者：初瀬龍平、二〇〇四―〇六年度）に参加したことが縁で、執筆することになった。初瀬龍平先生（当時、京都女子大学）には、筆者が代表を務める科研プロジェクトへの参加を通しても、長年お世話になっているが、この場を借りて、日頃のご教示にお礼を申し上げたい。

本書を刊行するに際しては、以下の二つの体験もまた、大いに有益だった。二〇一八年六月初旬に北九州市立大学で開催された日本アメリカ学会年次大会のアメリカ国際関係史研究分科会で、拙著『冷戦と「アメリカの世紀」』の合評会がもたれた。この企画にお誘いいただいた分科会責任者の森聡先生（法政大学）、および評者として、有益なコメントをしてくれた水本義彦会員（独協大学）と中島琢磨会員（龍谷大学）にお礼申し上げる。その後、同年一一月二五日に開催された関西アメリカ史研究会（キャンパスプラザ京都）で、拙著をベースにした報告の機会を与えられた。お誘いいただいた同会会長小野沢透先生（京都大学）および会場から有益なコメントと質問をくださった会員の皆さんにも感謝申し上げたい。小野沢先生は、同研究会のレビュー誌『アメリカ史評論』に掲載予定の、拙著に対する刺激的な書評原稿を事前に送っていただいたことで、拙著の問題点や不十分な点について、思考をめぐらすことができた。同じく、青野利彦先生（一橋大学）からも『国際政治』一九四号（二〇一八年一二月）に掲載された拙著に関する書評原稿を事前に送っていただいたが、貴重なコメントに啓発されること大であった。書評の労をとっていただいたお二人に対して、衷心より謝意を表したい。

本書をまとめるにあたっては、頂戴したコメントや問いをできるだけ反映させるよう努めたが、時間の制約もあり、不十分なままに終わっている個所もあると思う。そうした点については、今後の課題としたい。

海外の研究者の協力と支援にも感謝したい。オハイオ州立大学のロバート・マクマン教授は、二〇一八年に同大学を退職されたが、メールでの意見交換を通して、引き続き助言や励ましの言葉をいただいている。シカゴ大学のブルース・カミングス教授は二〇一八年九月の菅科研研究会に出席され、刺激的な報告をしてもらった。科研研究会終了後、京都外国語大学と南山大学において、カミングス先生の講演会（テーマ:「朝鮮半島の非核化問題」）が開かれた。藤本博先生には、南山大学での講演会の準備などで大変お世話になった。京都外国語大学で開催した講演会では、面倒な書類の作成から会場の準備まで手際よく作業をしていただいた同僚の國安俊彦先生をはじめ、佐々木豊、布施将夫、竹内俊隆、熊谷俊樹の諸先生にご足労をおかけした。皆様には、この場を借りて、日頃のご協力にお礼申し上げる。

また、菅科研その他でご協力をいただいているソウル大学日本研究所の南基正先生および韓国国立外交院日本研究所所長曺良鉉先生にも謝意を表したい。二〇一八年三月一三日には、南先生のご尽力によって、博士課程の学生を討論者とする「歴史認識対話集会」を、ソウル大学で開催することができた。曺先生と南先生からも丁重なコメントをいただき、非常に有益であった。日本からは菅の他、浅野豊美（早稲田大学）と三牧聖子（高崎経済大学）の二人が報告を行った。両先生に感謝申し上げる。その後、曺先生のお招きで、同年九月一八日には韓国国立外交院主催のブラウンバッグ・セミナーで報告する機会があった。当日は、文在寅大統領と金正恩労働党委員長の平壌での第三回目の首脳会談と重なったにもかかわらず、多くの研究者と元外交官の方が出席され、二人の討論者のコメントを踏まえて、活発な質疑応答が行われ、有意義な時間を送ることができた。曺先生をはじめ、参加者の皆さんに心よりお礼申しあげたい。

また、科研の仕事を長年手伝ってくれている川上耕平（九州産業大学、西南女学院大学非常勤講師）、森實麻子（九州産業大学非常勤講師）の両氏にもお礼申し上げる。本書の刊行の際には、索引の作成や校正作業でお世話になった。

出版事情の厳しい中、出版の相談に乗っていただいた晃洋書房編集部の丸井清泰氏には今回も大変お世話になった。『冷戦変容と歴史認識』（編著）、『アメリカの核ガバナンス』（初瀬龍平氏との共編著）に続いて、本書は三冊目である。同氏には深甚なる謝意を表したい。また、校正の労をとっていただいた坂野美鈴さんにもお礼申し上げたい。本書は、京都外国語大学から助成を受けた。出版助成の申請に際して、国際言語平和研究所所長の根本宮美子教授および同研究所のスタッフにお世話になった。お礼を申し上げたい。

最後に、私事にわたって恐縮だが、九七歳になる母と母の世話をしてくれている妻に本書を捧げたい。また、妻とともに母の面倒を見てくれている妹夫婦、弟夫婦、それにスペインから激励の言葉を送り続けている弟夫婦にもお礼の気持ちを伝えたい。長男夫婦と二人の孫たち、今年第一子が誕生した次男夫婦、それに社会人になって二年目の長女は、元気の源である。「家族に乾杯」。

二〇一八年一二月二五日

合馬の郷にて　菅　英　輝

《著者紹介》

菅　英輝（かん　ひでき）

コネチカット大学（米国）大学院史学研究科博士課程単位取得退学，法学博士（一橋大学）

現在，京都外国語大学客員教授

主要業績

『アメリカの世界戦略』（中央公論新社［中公新書］，2008年）

『東アジアの歴史摩擦と和解可能性――冷戦後の国際秩序と歴史認識をめぐる諸問題』（編著，凱風社，2011年）

『冷戦と同盟――冷戦終焉の視点から』（編著，松籟社，2014年）

『冷戦と「アメリカの世紀」――アジアにおける「非公式帝国」の秩序形成』（岩波書店，2016年）

『冷戦変容と歴史認識』（編著，晃洋書房，2017年）

『アメリカの核ガバナンス』（初瀬龍平との共編著，晃洋書房，2017年）

シリーズ 転換期の国際政治　9

冷戦期アメリカのアジア政策

――「自由主義的国際秩序」の変容と「日米協力」――

2019年3月30日　初版第1刷発行　＊定価はカバーに表示してあります

著　者　菅　英輝©

発行者　植田　実

印刷者　藤森英夫

発行所　株式会社　晃洋書房

〒615-0026　京都市右京区西院北矢掛町7番地

電話　075（312）0788番㈹

振替口座　01040-6-32280

装丁　尾崎閑也　印刷・製本　亜細亜印刷㈱

ISBN978-4-7710-3151-7

人名索引

〈ア　行〉

アイゼンハワー，D. D.（Eisenhower, D. D.）　48, 55, 56, 63, 91, 95, 96, 98, 99, 101–107, 111, 122, 123, 129, 134, 135, 137, 142–144, 150, 152, 153, 219, 292
愛知揆一　191
朝海浩一郎　181
アスピン，L.（Aspin, L.）　274
アチソン，D. G.（Acheson, D. G.）　44, 45, 48, 53, 54, 89, 125, 128, 130, 134
アトウッド，J. B.（Atwood, J. B.）　288
安倍晋三　26
アリソン（Allison, J. M.）　133, 135, 137
アレン，G. V.（Allen, G. V.）　131
アンダーソン，R. B.（Anderson, R. B.）　150
イーデン，A.（Eden, A.）　96, 97
池田勇人　18, 50, 176–179, 182–185, 195, 233, 234
石井光次郎　196
伊関佑二郎　234
ヴァンス，C. R.（Vance, C. R.）　243, 244
ウィルソン，C. E.（Wilson, C. E.）　40
ウィルソン，T. W.（Wilson, T. W.）　1, 9, 32, 34, 39, 266
ウールジー，R. J., Jr.（Woolsey, R. J., Jr.）　277
ウェストモーランド，W.（Westmoreland, W.）　229
ウォリング，F. A.（Waring, F. A.）　131
ウォルフォウィッツ，P. D.（Wolfowitz, P. D.）　279
牛場信彦　193, 201
後宮虎郎　234
エアハルト，L. W.（Erhard, L. W.）　293
エマーソン，J. K.（Emmerson, J. K.）　234
エリツィン，B.（Eltsine, B.）　276
オーエン，H.（Owen, H.）　197
大平正芳　176, 193, 194, 232–235
岡田晃　199, 200
オグバーン，C.（Ogburn, C.）　135
オルテガ，D.（Ortega, D.）　268
オルブライト，M. K.（Albright, M. K.）　274

〈カ　行〉

カークパトリック，J. J.（Kirkpatrick, J. J.）　267
カーター，J. E., Jr.（Carter, J. E., Jr.）　11, 267, 294
金山正英　247, 248
キージンガー，K. G.（Kiesinger, K. G.）　293
キッシンジャー，H. A.（Kissinger, H. A.）　200, 201
金東祚　245
金日成　243
金鍾泌　216–218, 232
ギルパトリック，R. L.（Gilpatric, R. L.）　184
クリストファー，W. M.（Christopher, W. M.）　273
グリフィン，R. A.（Griffin, R. A.）　88
クリントン，W. J.（Clinton, W. J.）　272–277
グルー，J. C.（Grew, J. C.）　40
ゲイ，M.（Gay, M.）　130
ケイセン，C.（Kaysen, C.）　224
ケナン，G. F.（Kennan, G. F.）　44, 48, 87, 92, 134, 194
ケネディ，J. F.（Kennedy, J. F.）　175, 176, 183, 215–220, 222, 223–226, 234, 254, 292
河野一郎　184, 207
ゴー・ディン・ジェム　33, 55–57
コーパーランド，M.（Coperland, M.）　116
小坂善太郎　233
コマー，R.（Komer, R.）　220, 224, 225, 236

〈サ　行〉

崔圭夏　247
崔徳心　233
ザカリア，F. R.（Zakaria, F. R.）　282
佐々木更三　186
佐藤栄作　18, 179–182, 185–192, 194, 196–203, 205, 238, 247, 248, 296
シアーズ，P. M.（Sears, P. M.）　78, 84
椎名悦三郎　187, 233
ジェサップ，P. C.（Jessup, P. C.）　87, 124
蒋介石　42, 43
下田武三　193
習近平　14
シャープ，U.（Sharp, U. ,Jr.）　187
ジャクソン，C. D.（Jackson, C. D.）　142
シャクバー，Sir E.（Shuchburgh, Sir E.）　96
周恩来　58, 201
シュルツ，G. P.（Shultz, G. P.）　11, 65
ジョヨハディクスモ，S.（Djojohadikusumo, S.）　52
ジョンソン，L. B.（Johnson, L. B.）　7, 10, 18, 165, 167–170, 172, 173, 175, 176, 179, 186, 192, 193, 199, 226, 228 – 231, 236 – 238, 242, 243, 254, 293, 296
ジョンソン，U. A.（Johnson, U. A.）　190–193, 199, 202, 223
スカルノ，A.（Sukarno, A.）　90, 167, 172
スターリン，J.（Stalin, J.）　43, 61, 62, 64, 122, 134, 153
スタッセン，H.　E.（Stassen, H. E.）　95, 99, 137, 140, 142, 143, 149
スタンズ，M.（Stans, M.）　219
スティッカー，D.（Stikker, D.）　53
スハルト（Suharto）　70, 172
スペンダー，P.（Spender, P.）　124, 132
スミス，J. H.（Smith, J. H.）　150, 151
ソールズベリー卿　（Lord Salisbury）　97
ソモサ，D. A.（Somoza, D. A.）　6, 267, 268, 270

〈タ　行〉

ダイアモンド，L.（Diamond, L. J.）　279
高碕達之助　60
ダグラス，L. W.（Douglas, L. W.）　85
武内龍次　180, 194, 196, 234
タノム，K.（Tanomu K.）　171
タフト，W. H.（Taft, W. H.）　34
ダライ・ラマ一四世（the 14th Dalai Lama）　63
ダレス，A.（Dulles, A. W.）　97
ダレス，J. F.（Dulles, J. F.）　56, 58, 59, 83, 95, 97–107, 111–123, 129, 137–140, 142, 145, 149, 151, 154, 155
チトー，J. B.（Tito, J. B.）　63
チャーチル，Sir W. L. S.（Churchill, Sir W. L. S.）　39, 91, 95, 101
チャウシェスク，N.（Ceaușescu, N.）　199
チャモロ，P. J.（Chamorro, P. J.）　271, 272
張勉　218
丁一権　224, 228
テイラー，M.（Taylor, M.）　223
ディロン，D.（Dillon, D.）　150, 152
デニング，E.（Dening, Sir E. M.）　124, 125
ドッジ，J.（Dodge, J.）　140–142
ドラムライト，E.（Drumright, E.）　138
トランプ，D. J.（Trump, D. J.）　2, 5, 15, 291
トルーマン，H. S.（Truman, H. S.）　42, 43, 47, 48, 53 – 55, 73, 86, 93, 123 – 128, 130, 134, 153
トンプソン，L. E.（Thompson, L. E.）　237

〈ナ　行〉

ナイト，R. B.（Knight, R. B.）　82
中曽根康弘　182
ナギーブ，M.（Naguib, M., Maj. Gen.）　95, 97, 98
ナセル，G. A.（Nasser, G. A.）　95–97, 99, 101, 103, 105, 116
ニクソン，R. M.（Nixon, R. M.）　11, 65, 199–201, 244–246
ニッツェ，P. H.（Nitze, P. H.）　48, 87, 134

ネルー，J.（Nehru, J.）　33, 58, 59, 70
ネルー，R. K.（Nehru, R. K.）　131

〈ハ　行〉

バーガー，S. D.（Berger, S. D.）　217, 218, 220-222, 224, 234, 235
ハーター，C.（Herter, C.）　150
バートン，J. W.（Burton, J. W.）　124
ハーレー，P. J.（Hurley, P. J.）　42
バイロード，H. A.（Byroad, H. A.）　78, 81, 82, 136
バオ・ダイ（Bao Dai）　56
ハガチー，J. C.（Hagerty, J. C.）　111
朴正熙　18, 168, 171, 213, 215-220, 225-233, 236-237, 241-246, 254-256
橋本恕　199
ハッタ，M.（Hatta, M.）　89, 90
鳩山一郎　182
ハリマン，W. A.（Harriman, W. A.）　218
ハル，C.（Hull, C.）　37
バンディ，M.（Bundy, M.）　110, 221, 237
バンディ，W.（Bundy, W.）　227, 255
ハンフリー，G. F.（Humphrey, G. F.）　142, 150
ハンフリー，H. H.（Humphrey, H. H.）　198
ビッセル，R. M.（Bissell, R. M.）　90
ピノー，C.（Pineau, C.）　100, 103, 104,
ファーレイ，H. D.（Farley, H. D.）　215
ファルーク国王（Farouk I）　95, 116
フーバー・ジュニア，H.（Hoover, H., Jr,）　139, 140, 150
フォレスタル，J. V.（Forrestal, J. V.）　44
フォレスタル，M. V.（Forrestal, M. V.）　235
藤山愛一郎　200
フセイン，S.（Hussein, S.）　278, 279, 284
ブッシュ（シニア）（Bush, G. H. W.）　272, 274
ブッシュ（Bush, G. W.）　5, 7, 23, 277-282, 284
ブラウン，W.（Brown, W.）　226, 228, 229, 236, 237, 255
フランクス，O. S.（Franks, O. S.）　54, 128
ブラント，W.（Brandt, W.）　15, 26
フルシチョフ，N. S.（Khrushchev, N. S.）　61-64
ブレマー，L. P., III（Bremer, L. P., III）　279-281
ベヴィン，E.（Bevin, E.）　91
ベーカー，J. A.（Baker, J. A.）　271
法眼晋作　200
ホー・チ・ミン（Ho Chi Minh）　54, 55, 192
ポーター，W. J.（Porter, W. J.）　241, 242, 245, 247
ホームズ，J. C.（Holmes, J. C.）　124
ボールドウィン，C.（Baldwin, C.）　135, 139, 140, 141, 153
ボーレン，C. E.（Bohlen, C. E.）　87
ボーンスティル，C. H.（Bonesteel, C. H.）　243, 244
ボルカー，P. A., Jr.（Volcker, P. A., Jr.）　294

〈マ　行〉

マーシャル，G. C., Jr.（Marshall, G. C., Jr.）　42-44, 85
マカナギー，W. P., Jr.（McConaughy, W. P., Jr.）　258
マクドナルド，M.（MacDonald, M.）　84
マクナマラ，R.（McNamara, R.）　221, 223
マクミラン，H.（Macmillan, H.）　103
マグルーダー，C. B.（Magruder, C. B.）　216
マッカーサー，D.（MacArthur, D.）　50
マックロイ，J. J.（McCloy, J. J.）　293
松野頼三　187, 201
松村謙三　196, 200
マハン，A. T.（Mahan, A. T.）　34
マルコス，F.（Marcos, F.）　171
マロニー，H. J.（Malony, H. J.）　90
ミカエリス，J. H.（Michaelis, J. H.）　245
三木武夫　189, 193, 198, 201
メイキンス，Sir R.（Makins, Sir R.）　79
メロイ，G.（Meloy, G.）　221

毛沢東　50, 62–64
モートン，S. B.（Morton, S. B.）　136
モロー，K.（Morrow, K.）　129

〈ヤ　行〉

ヤング，K. T.（Young, K. T.）　140, 149
吉田茂　18, 27, 50

〈ラ　行〉

ライシャワー，E. O.（Reischauer, E. O.）　177–181, 185–188, 191, 194, 233–235, 238
ライス，C.（Rice, C.）　279
ライス，E.（Rice, E.）　217
ラスク，D.（Rusk, D.）　166, 177, 180, 185, 189, 190, 193, 194, 196, 197, 220, 223, 228, 229, 235–237
ラフォレット，R. M., Sr.（La Follette, R. M., Sr.）　8
ランドール，C. B.（Randall, C. B.）　149
リー・クアンユー（Lee Kuan Yew）　170
李承晩　32, 215
李東元　237
レイク，W. A. K.（Lake, W. A. K.）　273, 274
レーガン，R. W.（Reagan, R. W.）　6, 7, 12, 19, 68, 69, 267, 268, 270, 272, 276
レムニッツァー，L.（Lemnitzer, L.）　221
ロイド，S.（Lloyd, S.）　100, 103, 104, 107
ロヴェット，R. A.（Lovett, R. A.）　52, 90
ローズヴェルト，F. D.（Roosevelt, F. D.）　34–36, 38, 42, 84
ローズヴェルト，K.（Roosevelt, K.）　116
ローズヴェルト，T.（Roosevelt, T.）　34, 111, 112
ロード，W.（Lord, W.）　275
ローワン，L.（Rowan, L.）　125
ロジャース，W. P.（Rogers, W. P.）　252
ロストウ，W. W.（Rostow, W. W.）　166, 167, 169, 215, 219, 242
ロックフェラー，N.（Rockfeller, N.）　141
ロッジ，H. C., Jr.（Lodge, H. C., Jr.）　83
ロバートソン，W. S.（Robertson, W. S.）　50, 136, 137, 140

〈ワ　行〉

ワウ，S. C.（Waugh, S. C.）　136
倭島英二　59
渡邊幸治　199
渡辺武　181
ンクルマ，K.（Nkrumah, K.）　108

事項索引

〈ア　行〉

IMF・GATT 体制　10, 37, 64, 65, 293
アイゼンハワー・ドクトリン　104, 118
悪の帝国　295
アジア・アフリカ会議（バンドン会議）　57-60, 155
アジア・アフリカ問題研究会　196
アジア開発銀行（ADB）　168, 171, 180, 181, 189
——特別基金　190
アジア極東経済委員会（ECAFE）　130, 132, 180, 181
アジア経済開発大統領基金（AEDF）　143, 145, 146, 152
アジア太平洋協議会（ASPAC）　168, 171
アジア太平洋経済協力会議（APEC）　275
アジア・太平洋地域公館長会議　199
アジア地域経済開発・協力委員会（CAREDC）　149
アジア問題研究会　196
アスワンダム計画　99
アメリカ中央情報局（CIA）（米中央情報局）　49, 91, 96, 97, 139, 177, 188, 189, 218, 270
アメリカ帝国　24
アメリカ連邦準備制度理事会（FRB）　11, 294
アラブ＝イスラエル紛争　95, 96
アラブ連合国（UAR）　105
アルバニア決議（アルバニア案）　200, 202
アルファ計画　97
安全保障国家　70
安全保障国家体制　4, 42, 49
EC-121撃墜事件　241
池田・ケネディ会談　184
委任統治領　38, 83
委任統治領制度　9
イラク戦争　277, 281
イラク統治評議会　280
イラン革命　11, 68
インドシナ休戦協定（1954年）　55
ウィルソン主義　22
ウィルソンの「一四カ条」　36
埋め込まれた自由主義　4, 12, 35
——という妥協（埋め込まれた自由主義の妥協）　12, 13, 293, 294
AID 借款　228
英米協調　84, 90, 92, 93, 108, 118
SNIE 四六-六二　222
S オペレーション（S オペ）　195, 196
NSC 五五一六／一　182
NSC 五五〇六　140, 141, 147, 149
NSC 五一　46, 87
NSC 五四二九／二　136
NSC 四八／一　46-48, 128
NSC 四八／二　46
NSC 六八　47, 48, 134
——の世界　5, 49
NSC 六四
NSC 六〇一八　258
NSDM 一三　248
NSDM 四八　245
MSA 秘密保護法（1954年）　51
エリート民主主義　2, 20, 266, 269, 277, 282
エリ＝コリンズ協定（1954年）　55
LT 方式　60
エンタープライズ　188, 190, 191
オイル・ダラー　11
欧州経済共同体（EEC）　183, 207
欧州経済協力機構（OEEC）　145
欧州防衛共同体（EDC）　55
沖縄返還　18, 190, 191, 195, 200, 201, 204, 246-248
オタワ会議　127, 131, 133, 137

〈カ　行〉

開発借款基金（DLF）　152, 220, 227, 237
開発主義　66, 257
「開発独裁体制」国家　19, 66, 69, 213, 257
核アレルギー　190
拡大戦略　273, 274
「拡大と関与」戦略　272
核ならし　190, 191
核抜き・本土並み　247
核不拡散防止条約　196
革命指導評議会　95
韓国国際製鉄借款団（KISA）　249
韓国条項　200, 248
韓国統合参謀本部　244
関税と貿易に関する一般協定（GATT）　37
「完全雇用法」案　12
機関車論　11
技術協力委員会（CTC）　132, 152
北大西洋条約機構（NATO）　32, 47, 48, 55, 58, 91, 107, 108, 207, 292
「逆重要事項指定」決議案　201
キャンプ・デービッド会談　63
郷土予備軍　244, 250
漁業協力資金　235
近代化論　225
クリーヴランド演説（1947年）　44
グリフィン使節団　88
軍産官学複合体　4, 49
軍産複合体　41
軍事援助プログラム（MAP）　252
軍事革命委員会　215, 217
軍事的ケインズ主義　49
経済開発五ヵ年計画　255
経済企画委員会（Economic Planning Board）　255
経済協力開発機構（OECD）　11, 68
経済協力局（ECA）　51
経済協力資金　233, 253, 255, 256
経済協力庁　88
経済協力法（1948年）　51
現在の危険委員会　267
五・一六軍事クーデター（五・一六革命）　215, 216
恒常的戦争経済　40, 49
「構造調整」プログラム（コンディショナリティ）　69, 283
国際公共財　23
国際通貨基金（IMF）　37, 38, 69, 283
国際的ケインズ主義　12, 69, 294
国際復興開発銀行（IBRD）（世界銀行）　37, 38, 249, 283
国防省（DOD）　49, 221
国連軍司令官（CINCUNC）　216
国連代表権問題　198, 201
ココム（CG-COCOM）　50
国家安全保障会議（NSC）　49, 139, 221, 222, 224, 237
国家安全保障法（National Security Act）（NSA）（1947年）　49
国家再建最高会議（SCNR）　215, 217-219
国家の経済的権利・義務憲章（Charter of Economic Rights and Duties of States）　67
国共内戦　43, 61
コラボレーター　15, 16, 18, 19, 32, 33, 42, 45, 55, 57, 59, 70, 87, 201, 213, 231, 238, 255, 293, 296, 297
コロンボ・プラン　17, 18, 121-127, 129-133, 136-138, 141, 143-147, 152-155, 296
——シアトル会議　150, 152-155
——諮問委員会　137, 144, 148, 153
——諮問会議　126, 127, 147, 154
コントラ（Contra）　6, 270, 271

〈サ　行〉

サーゴ号（原潜）　188
在韓技術援助使節団（USCOM in Korea）　215
佐藤・ジョンソン会談　189, 196
佐藤・ニクソン共同声明　248
三層構造　253, 255, 297
サンディニスタ政権　6, 267, 268, 270, 271
サンディニスタ民族解放戦線（FSLN）　268

G-7サミット　11
シードラゴン号（原潜）　177, 188
自衛隊法（1954年）　51
ジェサップ使節団　88, 115
資源ナショナリズム　16, 67
市場主義モデル　266, 282
市場民主主義　20, 273-275, 283, 284
自動介入条項　227
資本国家　70
資本主義的ポリアーキー　269, 272, 275, 276
自民党安保条約改訂要綱　184
市民防衛法　244
シムラ会議　123, 143-148, 154, 155
使命感国家　24, 70
社会主義現代化強国　14
重工業育成計画　250
自由主義イデオロギー　295
自由主義的国際主義　3, 296
自由主義的国際秩序（「自由主義的国際秩序」論）　2, 3, 8, 10, 13, 14, 16, 20, 291-293, 295
自由主義帝国　23, 80, 84, 108-111, 113
「自由主義」モデル　14
自由将校団　95, 96, 116
自由世界援助計画（More Flags Program）　173, 226
十大関係論　62
自由の戦士　268
自由の帝国　109
「自由貿易帝国主義」論　8
「重要指定」決議　200
ジュネーヴ会議　55
消費国グループ　68
ジョンズ・ホプキンス大学演説（バルティモア演説）　168, 169, 180, 186, 205
ジョンソン・朴首脳会談　226
人工衛星スプートニク　62
新国際経済秩序（NIEO）　16, 67-69
新自由主義的イデオロギー　294
新自由主義路線（新自由主義的経済路線）（新自由主義的経済政策）（新自由主義的政策）　12, 19, 68, 69, 213, 269, 283
新太平洋共同体　275
信託統治（国際信託統治）　38, 84, 113
信託統治制度　9, 83
進歩のための同盟　220
「人民民主主義独裁」論　50
スエズ運河委員会　101
スエズ運河国有化　99, 103
スエズ基地協定交渉　94, 98
スエズ戦争　80, 91, 103-106, 118
スターリン批判演説　61
スタッセン・プラン　147
青瓦台襲撃事件　230, 231, 241-243, 249, 253
請求権協定交渉　27
請求権資金（経済協力資金）　19, 27, 214, 238-240, 249, 253, 255, 256
請求権問題　232, 233
政経分離方式（政経分離原則）　195, 199
世界開発基金　69
石油輸出国機構（OPEC）　67, 68
積極的な多国間主義　274
一九四六年雇用法　25
戦闘態勢完備三ヵ年計画　244
全米民主主義基金（NED）　270, 271, 275, 276, 279, 288
象グラフ　13
相互安全保障計画（MSP）　149
相互安全保障法（Mutual Security Act）（MSA）（1951年）　49, 50, 135
相互防衛援助協定（MDA）（1954年）　51

〈タ　行〉

第一次インドシナ戦争　54, 55
第一次五ヵ年計画　219, 220, 225, 239
第一次石油ショック（第一次石油危機）　11, 16, 68
第一次ニクソン・ショック　11, 65
第一次防衛産業整備三ヵ年計画　244
第一の安保再定義　18
対外活動庁（FOA）　137, 139
対外経済政策会議（CFEP）　140, 141, 149
対韓経済協力　248
第三次五ヵ年計画　250, 251
大西洋憲章　36, 39, 70, 83, 113

対中延払い問題　195
第七艦隊　50, 188
第二次経済五カ年計画　19, 214, 215, 238, 240, 241, 249, 256
第二次石油ショック（第二次石油危機）　11, 16, 68
第二次台湾海峡危機　63
対日請求額　233, 250
対日平和条約（1951年）　47
「大躍進」政策　62
第四次中東戦争　11, 67
台湾条項　200
竹島（独島）問題　235, 238
ダンバートン・オークス会議　37
「小さな政府」論　12, 68, 294, 295
チベット動乱（1956年）　63
中印国境紛争　63, 76
中東司令部（MEC）　96
中国委員会（チンコム）　50
中国承認問題　198, 201
「中国大国化」構想　42
中国の国連加盟　198
中国モデル　14
中ソ対立　61, 64
中ソ友好同盟条約（1945年）　43
中ソ友好同盟相互援助条約（1950年）　50, 61
中ソ離反戦略　47
中東防衛機構（MEDO）　94, 96, 97
中南米支援構想（EAI）　274
朝鮮国連軍司令部　216, 221, 227, 241, 243, 245, 257
朝鮮戦争　47–50, 54, 87, 88, 92, 93, 122, 134
低強度紛争　271
低強度民主主義（ポリアーキー）　269, 283
テト攻勢　191
デニング＝ジェサップ会談　125
デモクラシーの帝国　23, 112
デモクラティック・ピース論　275
統合参謀本部（JCS）　49, 222–225
島嶼帝国　6, 23, 112
東南アジア開発閣僚会議　180
東南アジア条約機構（SEATO）　56–58, 137, 138
東南アジア諸国連合（ASEAN）　169, 171
東南アジア連合（ASA）　171
東方外交　15
特別国家情報評価（SNIE 四二–六二）　222
トルーマン・ドクトリン　31
ドル・ギャップ問題　45, 48, 52, 85, 86, 114
トンキン湾事件　174

〈ナ　行〉

ナショナル・プレスクラブ演説　248
NAFTA（北米自由貿易協定）　274
南南問題　69
ニカラグア野党連合（UNO）　270, 271
ニクソン・ドクトリン（グアム・ドクトリン）　215, 244–246, 247
「二重代表制」決議案　201
日米安保（日米安保体制）　165, 166, 176, 179, 188–191, 203, 204, 296
日米安保条約（1951年）　47, 59, 203, 204, 247
日米協力　231, 241, 253
日米合同委員会　184
日米貿易経済合同委員会　184, 193, 196, 235
日韓基本条約　188, 204, 249
日韓経済協力協定　239
日韓国交正常化　19, 214, 215, 227, 231–234, 237, 238, 240, 256
日韓定期閣僚会議（第一回）　239, 249
日韓定期閣僚会議（第二回）　248, 249
日韓定期閣僚会議（第三回）　249
日韓定期閣僚会議（第四回）　251
日韓定期閣僚会議（第五回）　251
「日本軍国主義復活」批判　200
日本再軍備　48
ニューヨーク連邦準備制度理事会（FRB）　11
ネオコン　7
ネオ・リベラル国際主義　273
農業集団化キャンペーン　62

〈ハ　行〉

排他的経済水域　236

バグダード条約　96
覇権システム　25
ハブ・アンド・スポーク　292
バミューダ会議　107
ハリバートン　281
バンドン会議平和宣言　59
バンドン精神　60
PL 四八〇　227, 239, 251, 252
PPS 五一　46, 53, 114
非核三原則　247
非公式帝国　23, 70, 77, 78, 112
非公式帝国主義　6
非同盟諸国会議　60
ヴィンセント法案（海軍拡張法案）　35
プエブロ号事件　191, 215, 230, 231, 241, 242, 244, 249, 253
ブッシュ・ドクトリン　5, 22
ブラウン覚書　224
プランジャー号（原潜）　188
プリンストン・プロジェクト　22
ブレトン・ウッズ会議　37
ブレトン・ウッズ協定　37
ブレトン・ウッズ体制　16, 64, 65, 293
文化大革命　197
米韓相互防衛条約（1953年）　48, 227, 228
米国国際協力庁（ICA）　215
米国際開発局（AID）　251, 272, 275, 288
米国輸出入銀行　249
米州自由貿易地域（FTAA）　274
米州首脳会議（米州サミット）　275
米中接近　199, 200
平和五原則　58-60
平和十原則　60
ベクテル　281
ヘゲモニー　23, 70, 113, 175, 213
ヘゲモニー国家　6, 104
ヘゲモニー秩序　4, 21, 22
ヘゲモン　23, 70, 113
ベトナム戦争　18, 19, 110, 165, 169, 172-175, 179, 180, 185-188, 191-194, 201, 203, 204, 214, 226, 236, 238, 244, 293
ベトナム特需　215, 228, 231, 254, 256
ベトナム和平　199
ペトロ・ダラー　68
ポイント・フォー計画　134
防衛庁設置法（1954年）　51
ボールドウィン計画　122, 137, 142, 153, 155
浦項総合製鉄工場（浦項総合製鉄所）　239, 249-251
ボルカー・シフト　12, 68, 294

〈マ　行〉

マーシャル・プラン（欧州復興計画）（ヨーロッパ復興計画）（ERP）　31, 51, 53, 54, 89, 115, 125
マディウン武装蜂起（1948年）　53
マニラ条約（SEATO）　137-139
マラヤ共産党（MCP）　54, 84, 87
マラヤ「非常事態宣言」（マラヤ「緊急事態」）　80, 84, 85, 88, 90
マレーシア対決政策　172
民主革命（レーガン革命）　268
民主化支援　20, 265-279, 282-284
民主共和党　218, 219
民政移管　215, 216, 218, 220, 225
模範国家　24, 70
「門戸開放」政策　35
門戸開放帝国主義（「門戸開放帝国主義」論）　6, 8
モンロー・ドクトリン　111, 112

〈ヤ　行〉

ユーラシア基金　276
輸出志向型工業化戦略　19, 66, 212, 213, 226, 254, 255, 257
輸入代替工業化戦略　19, 66, 226, 254
「四つの自由」演説　36
四つのプロジェクト（四大核工場建設事業）　250, 251

〈ラ　行〉

陸軍兵器協会　40
リベラル国際主義　3, 4, 5, 15
リベラル・プロジェクト（資本主義的・自由主

義的秩序） 7, 10, 32, 34, 36, 39, 56, 60, 80, 83, 110, 113, 266, 267, 292, 293
李ライン 232, 235, 238
レーガノミックス 295
レーガン・ドクトリン 6, 7, 268
レーガン冷戦 295
連合国最高司令官総司令部（連合国最高司令部）（GHQ/SCAP） 50, 127, 129
連合国暫定当局（CPA） 279, 280
「連合政府」構想 42
レンビル休戦協定（1948年） 52
ローズヴェルトの系論 112

〈ワ　行〉

ワシントン・コンセンサス 69
ワルシャワ条約機構（WTO） 32

参考文献

〈邦文献〉

青野利彦［2012］『「危機の年」の冷戦と同盟』有斐閣.
――――［2018］書評　菅英輝著『冷戦と「アメリカの世紀」』『国際政治』194, 157-160頁.
秋田茂［2012］『イギリス帝国の歴史――アジアから考える――』中央公論新社［中公新書］.
――――［2017］『帝国から開発援助へ――戦後アジア国際秩序と工業化――』名古屋大学出版会.
秋元英一・菅英輝［2003］『アメリカ20世紀史』東京大学出版会.
有賀貞［1985］『アメリカ政治史』福村出版.
池上大祐［2014］『アメリカの太平洋戦略と国際信託統治――米国務省の戦後構想1942～1947年――』法律文化社.
池田亮［2013］『植民地独立の起源――フランスのチュニジア・モロッコ政策――』法政大学出版局.
石丸和人［1985］『戦後日本外交史 III――発展する日米関係――』三省堂.
伊藤昌哉［1985］『池田勇人とその時代』朝日新聞社［朝日文庫］.
井原伸浩［2011］「ASEAN 設立過程再考」『国際政治』164号, 115-128頁.
井上正也［2010］『日中国交正常化の政治史』名古屋大学出版会.
岩波書店編集部［2018］『思想』1129号（5月）.
小野沢透［2016］『幻の同盟――冷戦初期アメリカの中東政策――』全2巻, 名古屋大学出版会.
菅英輝［1983］「1946年雇用法と戦後アメリカ政治経済体制の位相」『北九州大学外国語学部紀要』49, 143-212頁.
――――［1984］「1947年国家安全保障法の成立とナショナル・セキュリティ・ステートの形成」『北九州大学外国語学部紀要』52, 59-109頁.
――――［1988］「米国にとっての日米安保」, 初瀬龍平編『内なる国際化』三嶺書房, 131-55頁.
――――［1992］『米ソ冷戦とアメリカのアジア政策』ミネルヴァ書房.
――――［1994］「クリントン政権のアジア政策の展開」『国際問題』407号, 35-48頁.
――――［1994］「ベトナム戦争をめぐる国際関係」『国際政治』107号, 11-29頁.
――――［1994］「ベトナム戦争と米中ソ三角関係, 1968年～69年」『西洋史学論集』（九州大学）, 32, 21-37頁.

――――［1997］「ベトナム戦争と日米安保体制」『国際政治』115号，75–93頁.
――――［2001］「序論　冷戦の終焉と六〇年代性」『国際政治』126号（冷戦の終焉と六〇年代性），1–22頁.
――――［2002］「冷戦後のアメリカ外交と９．11テロ後の世界秩序」『法政研究』69(３)，99–145頁.
――――［2004］「アメリカの世界秩序形成と米ソ冷戦」『冷戦史の再検討』（科学研究補助金研究成果報告書，研究代表者　毛里和子），56–76頁.
――――［2006］「『市場経済の拡大』方針と地域主義の台頭」『原典アメリカ史　第９巻（唯一の超大国）』岩波書店，272–83頁.
――――［2008］『アメリカの世界戦略――戦争はどう利用されるのか――』中央公論新社［中公新書］.
――――［2008］「解説」，ロイド・ガードナー／マリリン・ヤング編『アメリカ帝国とは何か――21世紀世界秩序の行方――』（松田武・菅英輝・藤本博訳），ミネルヴァ書房，331–53頁（Gardner, Lloyd C. and Marilyn Blatt Young, eds., *The New American Empire : A 21st Century Teach-in on U.S. Foreign Policy*, New York : The New Press）.
――――［2009］「アメリカ『帝国』の形成と脱植民地化過程への対応」，北川勝彦編『イギリス帝国と二〇世紀』（脱植民地化とイギリス帝国）第４巻，ミネルヴァ書房，111–52頁.
――――［2010］「米中和解と日米関係――ニクソン政権の東アジア秩序再編イニシアティブ――」，菅英輝編著『冷戦史の再検討――変容する秩序と冷戦の終焉――』法政大学出版局，301–32頁.
――――［2011］「東アジアにおける冷戦」，和田春樹ほか編『岩波講座東アジア近現代通史　第７巻　アジア諸戦争の時代　1945～1960年』岩波書店，45–70頁.
――――［2011］「９．11後の米国外交の歴史的位相」『現代の理論』第27号，56–67頁.
――――［2015］「アメリカニゼーションとアメリカの『民主化支援』」，初瀬龍平・松田哲編『人間存在の国際関係論――グローバル化のなかで考える――』法政大学出版局，25–73頁.
――――［2016］『冷戦と「アメリカの世紀」――アジアにおける「非公式帝国」の秩序形成――』岩波書店.
――――［2017］「書評　小野沢透著『幻の同盟　冷戦初期アメリカの中東政策』」『史林』100（６），131–37頁.
――――［2018］「覇権システムとしての冷戦とグローバル・ガバナンスの変容」，グローバル・ガバナンス学会編，大矢根聡・菅英輝・松井康浩責任編集『グローバル・ガバナンス学』Ｉ，法律文化社，104–26頁.
菅英輝編著［2017］『冷戦変容と歴史認識』晃洋書房.

菅英輝・初瀬龍平共編著［2017］『アメリカの核ガバナンス』晃洋書房.
神田豊隆［2012］『冷戦構造の変容と日本の対中外交――二つの秩序観　1960-1972――』岩波書店.
木畑洋一［1996］『帝国のたそがれ――冷戦下のイギリスとアジア――』東京大学出版会.
――――［2001］『第二次世界大戦――現代世界への転換点――』吉川弘文館.
――――［2014］『二〇世紀の歴史』岩波書店［岩波新書］.
木宮正史［1999］「韓国の『冷戦型開発独裁』と民主化」，古田元夫編『岩波講座世界歴史　第26巻　経済成長と国際緊張，1950年代～70年代』岩波書店，109-30頁.
楠田實編［1983］『佐藤政権・二七九七日』上・下巻，行政問題研究所.
倉科一希［2008］『アイゼンハワー政権と西ドイツ』ミネルヴァ書房.
倉田秀也［2001］「朴正熙『自主国防論』と日米『韓国条項』――『総力安保体制』の国際政治経済――」，小此木政夫・文正仁編『市場・国家・国際体制』慶應義塾大学出版会.
古城佳子［1997］「日米安保体制とドル防衛政策――防衛費分担要求の歴史的構図」『国際政治』115号，94-109頁.
後藤春美［2016］『国際主義との格闘――日本，国際連盟，イギリス帝国――』中央公論新社.
小松久麿［1961］「池田―ケネディ会談で何が」『エコノミスト』39（29）.
崔慶原［2014］『冷戦期日韓安全保障関係の形成』慶應義塾大学出版会.
佐橋亮［2015］『共存の模索――アメリカと「二つの中国」の冷戦史――』勁草書房.
戴超武［2017］「中印国境問題をめぐる中国の戦略的選択とその影響，1950～1962年」，菅英輝編著『冷戦変容と歴史認識』晃洋書房，86-110頁.
崔丕［2017］「中国の核兵器開発の道程と日米の反応，1954～1969」，菅英輝・初瀬龍平編著『アメリカの核ガバナンス』晃洋書房，140-63頁.
斉藤孝［1978］『戦間期国際政治史』岩波書店.
佐々木毅［1999］『政治学講義』東京大学出版会.
佐々木雄太［1997］『イギリス帝国とスエズ戦争――植民地主義・ナショナリズム・冷戦――』名古屋大学出版会.
佐野方郁［1999］「バンドン会議とアメリカ」『史林』82（1），122-43頁.
――――［1999］「バンドン会議と鳩山内閣」『史林』82（5），102-138頁.
下斗米伸夫［2004］『アジア冷戦史』中央公論新社［中公新書］.
新川健三郎・長沼秀世［1991］『アメリカ現代史』岩波書店.
シュミット，カール［1970］『政治的なものの概念』（田中浩・原田武雄訳），未来社（Schmitt, Carl, *Der Begriff des Politischen*, München : Duncker & Humblot, 1932）.

ジャイ・チャン［2010］「深まる中ソ対立と世界秩序」，菅英輝編著『冷戦史の再検討』法政大学出版局，239-69頁.
曺良鉉［2009］『アジア地域主義とアメリカ――ベトナム戦争期のアジア太平洋国際関係――』東京大学出版会.
末廣昭［2011］「開発体制論」，和田春樹他編『東アジア近現代通史　第8巻　ベトナム戦争の時代　1960～1970年』岩波書店，71-96頁.
杉田米行［1999］『ヘゲモニーの逆説――アジア太平洋戦争と米国の東アジア政策，1941年～1952年――』世界思想社.
妹尾哲志［2011］『戦後西ドイツ外交の分水嶺』晃洋書房.
千田恒［1987］『佐藤内閣回想』中央公論社［中公新書］.
高橋章［1999］『アメリカ帝国主義成立史の研究』名古屋大学出版会.
田川誠一［1983］『日中交流と自民党領袖たち』読売新聞社.
趙世暎［2015］『日韓外交史――対立と協力の50年――』（姜喜代訳），平凡社［平凡社新書］.
沈志華［2016］『最後の「天朝」――毛沢東・金日成時代の中国と北朝鮮――』（朱建栄訳）全2巻，岩波書店.
土佐弘之［2006］『アナーキカル・ガバナンス』御茶の水書房.
豊田祐基子［2015］『日米安保と事前協議制度』吉川弘文館.
中島琢磨［2012］『沖縄返還と日米安保体制』有斐閣.
中嶋啓雄［2002］『モンロー・ドクトリンとアメリカ外交の基盤』ミネルヴァ書房.
永野慎一郎［2008］『相互依存の日韓経済関係』勁草書房.
成田千尋「米国の東アジア戦略の変容と沖縄返還」『二十世紀研究』第一七号（二〇一六年一二月）.
野添文彬［2016］『沖縄返還後の日米安保――米軍基地をめぐる相克――』吉川弘文館.
昇亜美子［2016］「ポスト・ベトナム期の東南アジア秩序と日本外交――1969―1980年」添谷芳秀編著『秩序変動と日本外交』慶應義塾大学.
波多野澄雄［1995］「コロンボプラン加入をめぐる日米関係」『同志社アメリカ研究』別冊14号，14-37頁.
藤本博編［2018］『「1968年」再訪――「時代の転換期」の解剖――』行路社.
藤原帰一［2002］『デモクラシーの帝国――アメリカ・戦争・現代世界――』岩波書店［岩波新書］.
朴根好［1993］『韓国の経済発展とベトナム戦争』御茶の水書房.
牧村健一郎［2013］『日中をひらいた男――高碕達之助――』朝日新聞出版.
マクマン，ロバート［2010］「安全保障か自由か？」，菅英輝編著『冷戦史の再検討』法政大学出版局，39-61頁.
――――［2018］『冷戦史』（青野利彦監訳・平井和也訳）勁草書房.

益田実・池田亮・青野利彦・齋藤嘉臣編著［2015］『冷戦史を問いなおす』ミネルヴァ書房.
松岡完［1988］『ダレス外交とインドシナ』同文舘出版.
松村史紀［2010］「アメリカと中国内戦」，菅英輝編著『冷戦史の再検討』法政大学出版局，209-37頁.
三須拓也［2017］『コンゴ動乱と国際連合の危機』ミネルヴァ書房.
水本義彦［2009］『同盟の相剋――戦後インドシナ紛争をめぐる英米関係』千倉書房.
宮城大蔵［2001］『バンドン会議と日本のアジア復帰――アメリカとアジアの狭間で――』草思社.
三牧聖子［2014］『戦争違法化運動の時代――「危機の20年」のアメリカ国際関係思想』名古屋大学出版会.
毛里和子［2006］『日中関係――戦後から新時代へ――』岩波書店［岩波新書］.
森聡［2009］『ヴェトナム戦争と同盟外交――英仏の外交とアメリカの選択　1964-1968年』東京大学出版会.
安原和雄・山本剛士［1984］『戦後日本外交史 VI――先進国への道程――』三省堂.
山口育人［2016］「ブレトンウッズ体制崩壊後の国際通貨制度の再編成――新興国の挑戦から再考する――」『国際政治』183号，73-86頁.
山中仁美［2017］『戦争と戦争のはざまで――E. H. カーと世界大戦――』ナカニシヤ出版.
山本章子［2017］『米国と日米安保条約改定――沖縄・基地・同盟――』吉田書店.
油井大三郎［1985］『戦後世界秩序の形成』岩波書店.
吉次公介［2009］『池田政権期の日本外交と冷戦　戦後日本外交の座標軸　1960-1964』岩波書店.
――――［2018］『日米安保体制史』岩波書店［岩波新書］.
劉仙姫［2012］『朴正熙の対日・対米外交――冷戦変容期韓国の政策，1968～1973年――』ミネルヴァ書房.
ルカーチ，ジョン［2011］『評伝　ジョージ・ケナン――対ソ「封じ込め」の提唱者――』（菅英輝訳）法政大学出版局.
渡辺昭一編［2014］『コロンボ・プラン――戦後アジア国際秩序の形成――』法政大学出版局.
――――［2017］『冷戦変容期の国際開発援助とアジア』ミネルヴァ書房.
渡邊啓貴［2018］『アメリカとヨーロッパ』中央公論新社［中公新書］.
李鍾元［1994］「韓日国交正常化の成立とアメリカ――1960～65年――」，近代日本研究会『近代日本研究』（戦後外交の形成），16，272-305頁.

〈欧文献〉

Ademola, Adeleke [1996] "Ties without Strings? The Colombo Plan and the Geopolitics of International Aid, 1950-1980," Ph. D. dissertation, University of Toronto.

Ampiah, Kweku [2007] *The Political and Moral Imperatives of the Bandung Conference of 1955: The Reactions of the US, UK and Japan*, Kent: Global Oriental.

Amsden, Alice H. [1989] *Asia's Next Giant: South Korea and Late Industrialization*, Oxford: Oxford University Press.

Anderson, David A. [1988] "J. Lawton Collins, John Dulles, and the Eisenhower Administration's 'Point of No Return' in Vietnam," *Diplomatic History*, 12 (2), pp. 127–47.

Blechman, Barry M. and Stephen S. Kaplan [1978] *Force without War: U.S. Armed Forces as a Political Instrument*, Washington, D.C.: The Brookings Institution.

Block, Fred L. [1977] *The Origins of International Economic Disorder*, Berkeley: University of California Press.

Blum, Robert M. [1982] *Drawing the Line: The Origins of the American Containment Policy in East Asia*, New York: W.W. Norton.

Borden, William S. [1984] *The Pacific Alliance: United States Foreign Economic Policy and Japanese Trade Recovery, 1947–1955*, Wisconsin: The University of Wisconsin Press.

——— [1989] "Defending Hegemony: American Foreign Economic Policy," in Thomas G. Paterson, ed., *Kennedy's Quest for Victory: American Foreign Policy, 1961–1963*, New York: Oxford University Press, pp. 57–85.

Bradley, Mark Philip [2010] "Decolonization, the Global South, and the Cold War, 1919–1962," in Melvyn P. Leffler and Odd Arne Westad, eds., *The Cambridge History of the Cold War*, Vol. I, Cambridge: Cambridge University Press, pp. 464–85.

Brazinsky, Gregg [2005] "From Pupil to Model: South Korea and American Development Policy during the Early Park Chung Hee Era," *Diplomatic History*, 29 (1), pp. 83–115.

——— [2007] *Nation Building in South Korea: Koreans, Americans, and the Making of a Democracy*, Chapel Hill: The University of North Carolina Press.

Brinkly, Douglas and David D. Facey-Crowther, eds. [1994] *The Atlantic Charter*, London: Macmillan.

Butler, L. J. [2001] "Britain, the United States, and the Demise of the Central African Federation, 1959-1963," in Kent Fedorowich and Martin Thomas, eds.,

International Diplomacy and Colonial Retreat, London : Frank Cass, pp. 131–51.

Byrne, Richard [1987] "The United States and Mutual Security, 1949–1952," Ph. D. dissertation, The University of Iowa, December 1987.

Cardwell, Curt M. [2006] "NSC 68 and the Foreign Policy of Postwar Prosperity : Political Economy, Consumer Culture, and the Cold War," Ph. D. dissertation, Rutgers, the State University of New Jersey, January 2006.

Carothers, Thomas [2000] "Taking Stock of Democracy Assistance," in Michael Cox, *et al.*, eds., *American Democracy Promotion*, Oxford : Oxford University Press, pp. 181–99.

——— [2004] *Critical Mission : Essays on Democracy Promotion*, Washington, D. C. : Carnegie Endowment for International Peace.

Carr, Edward H. [1939] *The Twenty Years' Crisis, 1919–1939 : An Introduction to the Study of International Relations*, Macmillan (2nd ed., 1946)(『危機の二十年』(原彬久訳)岩波書店［岩波文庫］, 2011年).

Cavell, Colin S. [2002] *Exporting 'Made-in-America' Democracy : The National Endowment for Democracy and U. S. Foreign Policy*, Lanham, New York : University Press of America.

Chen, Jian [1994] *China's Road to the Korean War*, New York : Columbia University Press.

Christopher, Warren [1988] *In the Stream of History*, Stanford : Stanford University Press.

Colbert, Evelyn [1977] *Southeast Asia in International Politics, 1941–1956*, Ithaca : Cornell University Press.

Collins, Robert M. [1994] "Growth Liberalism in the Sixties : Great Societies at Home and Grand Designs Abroad," in David Farber, ed., *The Sixties : From Memory to History*, Chapel Hill : University of North Carolina Press, pp. 11–44.

——— [1996] "The Economic Crisis of 1968 and the Waning of the 'American Century'," *American Historical Review*, 101 (2), pp. 396–422.

Cox, Robert W. [1996] "Social Forces, States, and World Orders : Beyond International Relations Theory (1981)," in Robert W. Cox with Timothy J. Sinclair, *Approaches to World Order*, Cambridge : Cambridge University Press, pp. 85–123(「社会勢力, 国家, 世界秩序――国際関係論を超えて――」, 坂本義和編『世界政治の構造変動』第2巻, 岩波書店, 1995年, 211–68頁).

Cumings, Bruce [1993] "Japan's Position in the World System," in Andrew Gordon, ed., *Postwar Japan as History, Berkeley*, California : University of California Press, pp. 34–63(「世界システムにおける日本の位置」, アンドルー・ゴードン編

『歴史としての戦後日本』（中村政則監訳）上巻，みすず書房，2001年，92–149頁）．
——— [1999] "Webs with No Spiders, Spiders with No Webs: The Genealogy of the Developmental State," in Meredith Woo-Cumings, ed., *Developmental State*, Ithaca: Cornell University Press, pp. 61–92.

Dahl, Robert A. [2001] *On Democracy*, New Haven: Yale University Press（『デモクラシーとは何か』（中村孝文訳）岩波書店，2001年）．

Diamond, Larry [2005] *Squandered Victory: The American Occupation and the Bungled Effort to Bring Democracy to Iraq*, New York: Owl Books.

Dietrich, Christopher R. W. [2017] *Oil Revolution: Anticolonial Elites, Sovereign Rights, and the Economic Culture of Decolonization*, Cambridge: Cambridge University Press.

Duffield, Mark [2001] *Global Governance and the New Wars*, London: Zed Books.

Duncome, Constance and Tim Dunne [2018] "After liberal world order," *International Affairs*, 94（1）, pp. 25–42.

Dunne, Tim and Trine Flockhart, eds. [2013] *Liberal World Orders*, Oxford: Oxford University Press.

Fifield, Russell H. [1973] *Americans in Southeast Asia: The Roots of Commitment*, New York: Thomas Y. Crowell.

Fink, Carole and Bernd Schaefer [2009] "Ostpolitik and the World, 1969–1974: Introduction," in Carole Fink and Bernd Schaefer, eds., *Ostpolitik, 1969–1974: European and Global Responses*, Washington, D.C.: German Historical Institute/ Cambridge: Cambridge University Press, pp. 1–14.

Friedberg, Aaron L. [2000] *In the Shadow of the Garrison State: U. S. Imperialism and Strategic Security in the Pacific Basin, 1945–1947*, Princeton, New Jersey: Princeton University Press.

Friedman, Hal M. [2001] *Creating an American Lake*, Westport: Greenwood Press.

Furedi, Frank [1994] *Colonial Wars and the Politics of Third World Nationalism*, London: I. B. Tauris.

Garavini, Giuliano [2012] *After Empires: European Integration, Decolonization and the Challenge from the Global South 1957–1986*, Oxford: Oxford University Press.

Gardner, Lloyd C. [1988] *Approaching Vietnam: From World War II through Dienbienphu*, New York: W. W. Norton.

——— [1995] *Pay Any Price: Lyndon Johnson and the Wars for Vietnam*, Chicago: Ivan R. Dee.

——— [2000] "How We 'Lost' Vietnam, 1940–1954," in David Ryan and Victor Pungong, eds., *The United States and Decolonization: Power and Freedom*, New

York : St. Martin's Press, pp. 121–39.

——— [2008] *The Long Road to Baghdad : A History of U. S. Foreign Policy from the 1970s to the Present*, New York : The New Press.

Garver, John W. [2006] "China's Decision for War with India in 1962," in Alastair Jain Johnston and Robert S. Ross, eds., *New Directions in the Study of China's Foreign Policy*, Stanford, California : Stanford University Press, pp. 86–130.

Gills, Barry, Joel Rocamora and Richard Wilson, eds. [1993] *Low Intensity Democracy : Political Power in the New World Order*, Boulder, Colorado : Pluto Press.

Gordon, Michael R. and General R. Bernard E. Trainor [2006] *Cobra II : The Inside Story of the Invasion and Occupation of Iraq*, New York : Pantheon Books.

Grandin, Greg [2005] "Iraq Is Not Arabic for Nicaragua : Central America and the Rise of the New Right," in Gardner, Lloyd C. and Marilyn Blatt Young, eds., *The New American Empire : A 21st Century Teach-in on U.S. Foreign Policy*, New York : The New Press (「イラクはニカラグアのようなアラブ国家ではない」, ロイド・ガードナー／マリリン・ヤング編『アメリカ帝国とは何か』(松田武・菅英輝・藤本博訳), ミネルヴァ書房, 2008年, 169–87頁).

Halliday, Fred [1989] *From Kabul to Managua: Soviet-American Relations in the 1980s*, New York : Pantheon Books.

Hayes, Samuel P. [1971] *The Beginning of American Aid to Southeast Asia : The Griffin Mission of 1950*, Lexington : Heath Lexington Books.

Held, David [2006] *Models of Democracy*, third edition, Stanford : Stanford University Press (『民主政の諸類型』(中谷義和訳) 御茶の水書房, 1998年).

Herring, George C. [1979] *America's Longest War : The United States and Vietnam, 1950–1975*, New York : John Wiley & Sons (『アメリカの最も長い戦争』(秋谷昌平訳) 上下巻, 講談社, 1985年).

Hildenbrand, Robert C. [1990] *Dumbarton Oaks : The Origins of the United Nations and the Search for Postwar Security*, Chapel Hill : The University of North Carolina Press.

Hobsbawm, Eric [1994] *The Age of Extremes : The Short Twentieth Century, 1914–1991*, London : Michael Joseph (『二〇世紀の歴史――極端な時代――』(河合秀和訳) 上下巻, 三省堂, 1996年).

Hogan, Michael J. [1998] *A Cross of Iron : Harry S. Truman and the Origins of the National Security State, 1945–54*, Cambridge : Cambridge University Press.

Holsti, K. J. [1991] *Peace and War : Armed Conflicts and International Order*, Cambridge : Cambridge University Press.

Hong, Sung Gul [2011] "The Search for Deterrence : Park's Nuclear Option," in

Byung-Kook Kim and Ezra F. Vogel, eds., *The Park Chung Hee Era : The Transformation of South Korea*, Cambridge, Massachusetts : Harvard University Press, pp. 483–510.

Hong, Wontack and Anne O. Krueger, eds. [1975] *Trade and Development in Korea*, Seoul : The Korean Development Institute.

Hoopes, Townsend and Douglas Brinkley [1997] *FDR and the Creation of the U. N.*, New Haven : Yale University Press.

Hopkins, A. G. [2018] *American Empire : A Global History*, Princeton : Princeton University Press.

Ikenberry, G. John [2001] *After Victory : Institutions, Strategic Restraint, and the Rebuilding of Order After Major Wars*, Princeton and Oxford : Princeton University Press（『アフター・ヴィクトリー――戦後構築の論理と行動――』（鈴木康雄訳）NTT 出版，2004年）.

――― [2006] *Liberal Order and Imperial Ambition : Essays on American Power and World Politics*, Cambridge : Polity（『リベラルな秩序か帝国か――アメリカと世界政治の行方――』（細谷雄一監訳）上下巻，勁草書房，2012年）.

――― [2011] *Liberal Leviathan : The Origins, Crisis, and Transformation of the American World Order*, Princeton and Oxford : Princeton University Press.

――― [2018] "The end of liberal international order ? " *International Affairs*, 94 (1), pp. 7–23.

Iriye, Akira [1993] *The Cambridge History of American Foreign Relations, V, Globalizing of America, 1913–1945*, Cambridge : Cambridge University Press.

Jahn, Beate [2003] *Liberal Internationalism : Theory, History, Practice*, Hampshire : Palgrave/Macmillan.

――― [2018] "Liberal internationalism : historical trajectory and current prospects," *International Affairs*, 94 (1), pp. 43–61.

Johnston, Laurie [2000] "The Road to Our America : the United States in Latin America and the Caribbean," in David Ryan and Victor Pungong, eds., *The United States and Decolonization : Power and Freedom*, New York : St. Martin's Press, pp. 41–62.

Jun, Niu [2010] "The birth of the People's Republic of China and the road to the Korean War," in Melvyn P. Leffler and Odd Arne Westad, eds., *The Cambridge History of the Cold War*, Vol. I, Cambridge : Cambridge University Press, pp. 221–41.

Kaldor, Mary [1990] *The Imaginary War : Understanding the East-West Conflict*, Cambridge ; Basil Blackwell.

Kan, Hideki [2011] "The Nixon Administration's Initiative for U.S.-China Rapprochement and Its Impact on U.S.-Japan Relations, 1969–1974,"『法政研究』78 (3), pp. 1028–990.

——— [2018] "Challengers to the 'Postwar Regime' and the 'History Problem'," *COSMICA*, Kyoto Gaikokugo Daigaku, 47, pp. 37–43.

——— [2018] "The Making of an 'American Empire' and US Responses to Decolonization in the early Cold War Years," in Uyama Tomohiko, ed., *Comparing Modern Empires: Imperial Rule and Decolonization in the Changing World Order,* Slavic-Eurasian Research Center, Hokkaido University Press.

Kaufman, Burton I. [1982] *Trade and Aid: Eisenhower's Foreign Economic Policy, 1953–1961,* Baltimore: The Johns Hopkins University Press.

——— [1987] "Foreign Aid and the Balance of Payments Problem: Vietnam and Johnson's Foreign Economic Policy," in Robert A. Divine, ed., *The Johnson Years: Vietnam, the Environment and Science,* Vol. II, Laurence: University Press of Kansas, pp. 79–109.

Kiely, Ray [2007] *The New Political Economy of Development: Globalization, Imperialism, and Hegemony,* London: Palgrave/Macmillan.

Kim, Taehun and Chang Jae Baik [2011] "Taming and Tamed by the United States," in Byung-Kook Kim and Ezra F. Vogel, eds., *The Park Chung Hee Era: The Transformation of South Korea,* Cambridge, Massachusetts: Harvard University Press, pp. 58–84.

Kirkpatrick, Jean J. [1979] "Dictatorships & Double Standards, 2," *Commentary* (Nov. 1979), (http://www.commentarymagazine.com/article/dictatorships-double-standards/).

———[1982] *Dictatorships and Double Standards,* New York: Simon & Schuster.

Klein, Naomi [2007] *The Shock Doctrine: The Rise of Disaster Capitalism,* New York: Metropolitan Books（『ショック・ドクトリン』（幾島幸子・村上由見子訳）上下巻，岩波書店，2011年）.

Klitzing, Holger [2009] "To Grin and Bear It: The Nixon Administration and Ostpolitik," in Carole Fink and Bernd Schaefer, eds., *Ostpolitik, 1969–1974: European and Global Responses,* Washington, D.C.: German Historical Institute and Cambridge: Cambridge University Press, pp. 80–110.

Kolko, Gabriel and Joyce Kolko [1972] *The Limits of Power: The World and United States Foreign Policy, 1945–1954,* New York: Harper & Row.

Krasner, Stephan D. [1999] *Sovereignty: Organized Hypocrisy,* Princeton: Princeton University Press.

——— [2001] "Rethinking the sovereign state model," *Review of International Studies*, 27 (5), pp. 17–42.

——— [2001] "Problematic Sovereignty," Krasner, ed., *Problematic Sovereignty*, New York: Columbia University Press, pp. 1–23.

Krueger, Anne [1979] *The Developmental Role of the Foreign Sector and Aid*, Cambridge: Cambridge University Press.

Kunz, Diane B. [1997] *Butter and Guns: America's Cold War Economic Diplomacy*, New York: The Free Press.

Kupchan, Charles A. and Peter L. Trubowitz [2007] "Dead Center: The Demise of Liberal Internationalism in the United States," *International Security*, 32 (2), pp. 7–44.

LaFeber, Walter [1975] "Roosevelt, Churchill, and Indochina, 1942–1945," *American Historical Review*, 80 (5), pp. 1277–95.

——— [2000] "The American View of Decolonization, 1776–1920: an Ironic Legacy," in David Ryan and Victor Pungong, eds., *The United States and Decolonization: Power and Freedom*, London: Palgrave/Macmillan, pp. 24–40.

Langley, Lester D. [2002] *The Banana Wars: United States Intervention in the Caribbean, 1898–1934*, Wilmington, Delaware: SR Books.

Lawrence, Mark Atwood [2010] "Containing Globalism: The United States and the Developing World in the 1970s," Niall Ferguson et al., eds., *The Shock of the Global: The 1970s in Perspective*, Cambridge, Massachusetts: The Belknap Press of Harvard University Press.

Lee, Sang-cheol [2003] "Industrial Policy in the Park Chung-hee Era," in Lee Byeong-cheon, ed., *Developmental Dictatorship and the Park Chung-Hee Era: The Shaping of Modernity in the Republic of Korea*, Paramus, New Jersey: Homa & Sekey Books, pp. 80–107.

Leuchtenburg, William [1952] "Progressivism and Imperialism: The Progressive Movement and American Foreign Policy, 1898–1916," *Mississippi Valley Historical Review*, 39 (3), pp. 483–504 (reprinted in Armin Rappaport, eds., *Essays in American Diplomacy*, New York: Macmillan, 1967, pp. 171–85).

Levin, Norman D. and Richard L. Sneider [1983] "Korea in Postwar U.S. Security Policy," in Gerald. L. Curtis and Sung-joo Han, eds., *The U.S. -South Korean Alliance*, Lexington, Massachusetts: D. C. Heath and Company.

Lewis, John Wilson, and Xue Litai [1988] *China Builds the Bomb*, Stanford, California: Stanford University Press.

Lijphart, Arend [1977] *Democracy in Plural Societies: A Comparative Exploration*,

New Haven: Yale University Press（『多元社会のデモクラシー』（内山秀夫訳）三一書房，1979年）.

Linn, Brian McAllister［1997］*Guardians of Empire*, Chapel Hill: The University of North Carolina Press.

Louis, William Roger［1978］*Imperialism at Bay, 1941–1945: The United States and the Decolonization of the British Empire*, New York: Oxford University Press.

――――［1986］"American Anti-Colonialism and the Dissolution of the British Empire," in William Roger Louis and Hedley Bull, eds., *The 'Special Relationship': Anglo-American Relations since 1945*, Oxford: Clarendon Press, pp. 261–83.

――――［1999］"The Dissolution of the British Empire," in Judith M. Brown and William Roger Louis, eds., *The Oxford History of the British Empire: The Twentieth Century*, Oxford: Oxford University Press.

Louis, William Roger and Ronald E. Robinson［1994］"The Imperialism of Decolonization," *Journal of Imperial and Commonwealth History*, 22（3）, pp. 462–511.

Lowi, Theodore J.［1979］*The End of Liberalism: The Second Republic of the United States*, New York: W. W. Norton & Co., 2nd edition（『自由主義の終焉――現代政府の問題性――』（村松岐夫監訳）木鐸社，1981年）.

Lucas, Scott［2000］"The Limits of Ideology: United States Foreign Policy and Arab Nationalism," in David Ryan and Victor Pungong, eds., *The United States and Decolonization: Power and Freedom*, London: Palgrave/Macmillan, pp. 140–67.

Luthi, Lorenz M.［2008］*The Sino-Soviet Split: Cold War in the Communist World*, Princeton: Princeton University Press.

Lyman, Van Slyke P., ed.［1976］*Marshall's Mission to China: Documents II*, Arlington: University Publications of America.

Macpherson, C. B.［1977］*The Life and Times of Liberal Democracy*, Oxford: Oxford University Press（『自由民主主義は生き残れるか』（田口富久治訳）岩波書店［岩波新書］，1978年）.

Maxwell, Neville［1972］*India's China War*, New York: Random House.

――――［1999］"Sino-Indian Border Dispute Reconsidered," *Economic and Political Weekly*, 34（15）, pp. 905–18.

Mayall, James［1990］*Nationalism and International Society*, Cambridge: Cambridge University Press.

Mazower, Mark A.［2009］*No Enchanted Palace: The End of Empire and the Ideological Origins of the United Nations*, Princeton: Princeton University Press（『国連と帝国――世界秩序をめぐる攻防の20世紀――』（池田年穂訳）慶應義塾大学出版会，2015年）.

——— [2012] *Governing the World : The History of an Idea*, New York : Penguin Press（『国際協調の先駆者たち――理想と現実の200年――』（依田卓巳訳）NTT出版，2015年）.

McMahon, Robert J. [1981] *Colonialism and Cold War : The United States and the Struggle for Indonesian Independence, 1945–49*, Ithaca: Cornell University Press.

——— [1993] “Harry S. Truman and the Roots of U.S. Involvement in Indochina, 1945–1953,” in D. L. Anderson, ed., *Shadow on the White House : Presidents and the Vietnam War, 1945–1975*, Lawrence : University Press of Kansas, pp. 21–38.

——— [2003] *The Cold War: A Very Short Introduction, Oxford*: Oxford University Press（『冷戦史』（青野利彦監訳，平井和也訳）勁草書房，2018年）.

Milanovic, Branko [2013] “Global Income Inequality in Numbers : in History and Now,” *Global Policy*, 4（2）, pp. 198–208.

Morgenthau, Hans J. [1960] *The Purpose of American Politics*, New York : Knopf.

Muravchik, Joshua [1992] *Exporting Democracy : Fulfilling America's Destiny*, Washington, D.C. : The AEI Press.

Neff, Donald [1981] *Warriors at Suez : Eisenhower Takes America into the Middle East*, New York : The Linden Press/Simon & Schuster.

Packard George R., III [1978] *Protest in Tokyo : The Security Treaty Crisis of 1960*, Westport, Connecticut : Greenwood Press.

Painter, David S. [2013] “Oil and the October War,” in Asaf Siniver, ed., *The October 1973 War : Politics, Diplomacy, Legacy*, London : Hurst & Company.

——— [2017] “From Linkage to Economic Warfare : Energy, Soviet-American Relations, and the End of the Cold War,” Petron, Jeronim, ed., *Cold War Energy : A Transnational History of Soviet Oil and Gas*, New York : Palgrave/Macmilan.

Paterson, Thomas G. [1973] *Soviet-American Confrontation*, Baltimore : The Johns Hopkins University.

Paul, T. V. and John A. Hall [1999] *International Order and the Future of World Politics*, Cambridge : Cambridge University.

Pechatnov, Vladimir O. [2010] “The Soviet Union and the world, 1944–1953,” in Melvyn P. Leffler and Odd Arne Westad, eds., *The Cambridge History of the Cold War*, Vol. I, Cambridge : Cambridge University Press, pp. 90–111.

Pollard, Robert A. [1985] *Economic Security and the Origins of the Cold War, 1945–1950*, New York : Columbia University Press.

Porter, Bernard [2006] *Empire and Superempire : Britain, America and the World*,

New Haven: Yale University Press.

Press-Barnathan, Galia [1998] "Choosing Cooperation Strategies: The US and Regional Arrangements in Asia and Europe in the Early Post-World War II Years," Ph. D. dissertation, Columbia University, 1998.

Pruessen, Ronald W. [2003] "John Foster Dulles and Decolonization in Southeast Asia," in Marc Frey *et al.*, eds., *The Transformation of Southeast Asia: International Perspective on Decolonization*, Armonk, New York: An East Gate Book/ M. E. Sharpe, pp. 226–40.

Prussen, Ronald W. and Tan Tai Yong, eds. [2003] *The Transformation of Southeast Asia: International Perspectives on Decolonization*, Armonk, New York: M. E. Sharpe.

Ralph, Jason G. [2015] "'High Stakes' and 'Low Intensity Democracy': Understanding America's Policy of Promoting Democracy," in Michael Cox, *et al.*, eds., *American Democracy Promotion: Impulses, Strategies, and Impacts*, Oxford: Oxford University Press, pp. 200–17.

Robinson, William I. [1996] *Promoting Polyarchy: Globalization, US Intervention, and Hegemony*, Cambridge: Cambridge University Press.

Rogers, Paul [2000] *Losing Control: Global Security in the Twentieth-first Century*, London: Pluto Press (『暴走するアメリカの世紀——平和学は提言する——』(岡本三夫監訳) 法律文化社, 2003年).

Rostow, Walt W. [1985] *Eisenhower, Kennedy and Foreign Aid*, Austin, Texas: University of Texas Press.

——— [1986] *The United States and the Regional Organization of Asia and the Pacific, 1965–1985*, Austin: University of Texas Press.

Rotter, Andrew J. [1981] "The Big Canvas, 1948–50," Ph. D. dissertation, Stanford University, 1981.

———[1987] *The Path to Vietnam: Origins of the American Commitment to Southeast Asia*, Ithaca, New York: Cornell University Press.

Ruggie, John G. [1983] "International Regimes, Transactions and Change: Embedded Liberalism in the Postwar Economic Order," in Stephen D. Krasnar, ed., *International Regimes*, Ithaca: Cornell University Press.

——— [1996] *Winning the Peace: America and World Order in the New Era*, Columbia University Press (『平和を勝ち取る——アメリカはどのように戦後秩序を築いたか——』(小野塚佳光・前田幸男訳) 岩波書店, 2009年).

Rutland, Peter [2015] "Russia: Limping Along Towards American Democracy?" in Michael Cox, *et al.* eds., *American Democracy Promotion: Impulses, Strategies,*

and Impacts, Oxford : Oxford University Press, pp. 243–66.

Sargent, Daniel J. [2015] *A Superpower Transformed : The Remaking of American Foreign Relations in the 1970s*, Oxford : Oxford University Press.

Seo, Ick-jin [2003] “Industrialization in South Korea : Accumulation and Regulation,” in Lee Byeong-cheon, ed., *Developmental Dictatorship and the Park Chung-Hee Era: The Shaping of Modernity in the Republic of Korea*, Paramus, New Jersey : Homa & Sekey Books, pp. 51–79.

Schaller, Michael [1985] *The American Occupation of Japan : The Origins of the Cold War in Asia*, Oxford : Oxford University Press (『アジアにおける冷戦の起源――アメリカの対日占領――』(立川京一他訳) 木鐸社, 1996年).

Sharma, Patrick Allan [2017] *Robert McNamara's Other War : The World Bank and International Development*, Philadelphia : University of Pennsylvania Press.

Schilling, Warner R., Paul Y. Hammond, and Glenn H. Snyder [1962] *Strategy, Politics, and Defense Budgets*, New York and London : Columbia University Press.

Schlesinger, Arthur M., Jr. [1965] *A Thousand Days : John F. Kennedy in the White House*, Boston : Houghton Mifflin (『ケネディ――栄光と苦悩の一千日――』(中屋健一訳) 上下巻, 河出書房新社, 1966年).

Shcukburgh, Evelyn [1986] *Descent to Suez: Diaries 1951–1956*, London: Weidenfeld and Nicolson.

Schild, Georg [1995] *Bretton Woods and Dumbarton Oaks*, New York : St. Martin's Press.

Schnabel, James F. [1979] *The History of the Joint Chiefs of Staff*, Delaware : Michael Glazier, Inc.

Schwartz, Thomas A. [1994] “Victories and Defeats in the Long Twilight Struggle : The United States and Western Europe in the 1960s,” in Diane B. Kunz, ed., *The Diplomacy of the Crucial Decade : American Foreign Relations during the 1960s*, New York : Columbia University Press, pp. 115–48.

Sheng, Michael M. [1997] *Battling Western Imperialism : Mao, Stalin, and the United States*, Princeton : Princeton University Press.

Shimizu, Sayuri [2001] *Creating People of Plenty : The United States and Japan's Economic Alternatives, 1950–1960*, Kent, Ohio : The Kent State University Press.

Smith, Steve [2000] “US Democracy Promotion : Critical Questions,” in Michael Cox, *et al.*, eds., *American Democracy Promotion*, Oxford : Oxford University Press, pp. 41–62.

Smith, Tony [1994] *America's Mission : The United States and the Worldwide Struggle for Democracy in the Twentieth Century*, Princeton, N.J. : Princeton Univer-

sity Press.

Sodhy, Pamela [1992] "'Passage of Empire': United States-Malayan Relations to 1966," Ph. D. dissertation, Cornell University.

Sørensen, Georg [2015] "The Impasse of Third World Democratization: Africa Revisited," in Michael Cox, *et al*., eds., *American Democracy Promotion: Impulses, Strategies, and Impacts*, Oxford: Oxford University Press, pp. 279–304（「袋小路陥った第三世界の民主化」猪口孝・マイケル・コックス・G・アイケンベリー編 [2006]『アメリカによる民主主義の推進』ミネルヴァ書房，第13章）.

Steel, Ronald [1995] *Temptations of a Superpower*, Cambridge: Massachusetts.: Harvard University Press.

Stockwell, A. J. [2000] "The United States and Britain's Decolonization of Malaya, 1942–57," in David Ryan and Victor Pungong, eds., *The United States and Decolonization: Power and Freedom*, London: Palgrave/Macmillan, 2000, pp. 188–206.

Strange, Susan [1996] *The Retreat of the State: The Diffusion of Power in the World Economy*, Cambridge: Cambridge University Press（『国家の退場』（櫻井公人訳）岩波書店，1998年）.

Stuart, Douglas T. [2012] *Creating National Security State: A History of the Law that Transformed America*, Princeton, New Jersey: Princeton University Press.

Tucker, Robert [1985] *Intervention and the Reagan Doctrine*, New York: The Council on Religion and International Affairs.

Treverton, Gregory F. [1978] *The "Dollar Drain" and American Forces in Germany: Managing the Political Economics of Alliance*, Athens: Ohio University Press.

Welfield, John [1988] *An Empire in Eclipse: Japan in the Postwar American Alliance System*, London: The Athlone Press.

Westad, Odd Arne [2005] *The Global Cold War: Third World Interventions and the Making of Our Times*, Cambridge; New York: Cambridge University Press（『グローバル冷戦史——第三世界への介入と現代世界の形成——』（佐々木雄太監訳）名古屋大学出版会，2010年）.

Whiting, Allen S. [1975] *The Chinese Calculus of Deterrence: India and Indochina*, Ann Arbor: University of Michigan Press.

Williams, Andrew [1998] *Failed Imagination?*, Manchester: Manchester University Press.

Williams, William Appleman, *et al*., eds. [1985] *America in Vietnam: A Documentary History*, New York: W. W. Norton.

Wilson, Charles E. [1945] "For the Common Defense: A Plea for a Continuing

Program of Industrial Preparedness," *Army Ordnance*, 26 (March-April).

Woo, Jung-En [1991] *Race to the Swift : State and Finance in Korean Industrialization*, New York : Columbia University Press.

Woodward, Bob [2006] *State of Denial : Bush at War*, Part III, New York : Simon & Schuster (『ブッシュのホワイトハウス』(伏見威蕃訳) 上下巻，日本経済新聞出版社，2007年).

Yasutomo, Dennis T. [1983] *Japan and the Asian Development Bank*, New York : Praeger.

Zhang, Shu Guang [2010] "The Sino-Soviet alliance and the Cold War in Asia, 1954–1962," in Melvyn P. Leffler and Odd Arne Westad, eds., *The Cambridge History of the Cold War*, Vol. I, Cambridge : Cambridge University Press, pp. 353–75.

Zakaria, Fareed [2003] *The Future of Freedom : Illiberal Democracy at Home and Abroad*, New York : W.W. Norton (『民主主義の未来』(中谷和男訳) 阪急コミュニケーションズ，2004年).

Zhai, Qiang [2000] *China and the Vietnam Wars, 1950–1957*, Chapel Hill : University of North Carolina Press.

Zhang, Shu Guang [2001] *Economic Cold War : America's Embargo against China and the Sino-Soviet Alliance, 1949–1963*, Stanford : Stanford University Press.

【未公刊史料】

〈邦文献〉

1　外務省外交史料館所蔵

(a)「佐藤総理訪米関係会談関係」A'－1－3－2－12－2

「佐藤総理・ニクソン米国大統領会談／日米会談」整理番号2014–4129

「平成二二年度外交記録公開（一）—（二）」H22–001～H22–021.

「第二〇回外交記録公開追加記録文書」1佐藤総理訪米関係（1967年11月）関連文書，2愛知外務大臣欧米訪問（1969年9月）関連文書（2007年9月14日公開）.

(b) 米国要人諸外国訪問　ニクソン大統領中華人民共和国訪問第1巻　文書管理番号A'.2.4.2.U1–5

(c) 日韓関係　分類番号2010–3049

日韓関係（第2回日韓定期閣僚会議）分類番号2010–3948，2101–3949，2101–3950，2010–3951

日韓関係（第3回日韓定期閣僚会議）分類番号2010–3954，2010–3955，2010–3956，2010–3957

日韓関係（第4回日韓定期閣僚会議）分類番号2010–3959，2010–3960

日韓関係（第5回日韓定期閣僚会議）分類番号2010-3961，2010-3962
日韓関係（第6回日韓定期閣僚会議）分類番号2010-3963，2010-3964
日韓関係（第7回日韓定期閣僚会議）分類番号2010-3966，2010-3967
日韓関係（第8回日韓定期閣僚会議）分類番号2010-3968，2015-0011
日韓関係（第9回日韓定期閣僚会議）分類番号2010-3969，2010-3970
日韓関係（第10回日韓定期閣僚会議）分類番号2010-3971，2010-3972
日韓関係（第11回日韓定期閣僚会議）分類番号2015-0015
日韓会談（新聞報道）分類番号2015-0014
日韓関係（日韓要人会談）分類番号2010-3947，2010-3953，2015-0012
日韓会談文書
「日韓国交正常化交渉の記録　総説八」.
北東亜細亜課「日韓問題に関する小坂大臣・ライシャワー大使会談記録」一九六二年四月一七日，日本外務省公開日韓会談文書，6-1172-1800.
「IX　日韓会談予備交渉，日本外務省公開日韓会談文書.
「X　再開第6次会談」第六次開示決定文書.

〈欧文献〉

1 National Archives II, College Park, Maryland, U. S. A.
RG 273, NSC 5516/1 "U. S. Policy toward Japan," 4/9/55, Records of National Security Council.
RG 59, Marshall Mission Records, 1944–1948
RG 59, Central Records of the Department of State, Executive Secretariat Conference Files, 1966–1972, CF 384–CF, Box 496.
RG 59, Central Decimal File 1950–1954, Boxes 5522, 5523, 5524, 5525, 5526, 5527.
RG 59, Lot 54 D 224, Folder: Commonwealth Aid Program, 1950, Box 1.
RG 59, General Records of the Department of State, Central Decimal File, 1950–1954.
RG 59, General Records of the Department of State, Records of the Division of Far Eastern Affairs, 1954–1956, Ad Hoc Committee of the NSC on Asian Economic Grouping to Foreign Aid, 1954, Lot 56 D 206, Box 4.
RG 59, General Records of the Department of State, Records of Far Eastern Affairs, 1956–1958, Lot 60 D 514, Box 5.
RG 59, General Records of the Department of State, Central Decimal File, 1955–1959, Boxes 4980, 4987, 4988, 4992, 4993.
RG 59, General Records of the Department of State, Bureau of Far Eastern Affairs, Office of East Asian Affairs, Central Files, 1954–1964, US-Japan Treaty

of Mutual Cooperation and Security.

RG 59, General Records of the Department of State, Central Foreign Policy Files, 1964–1966, Political and Defense.

RG 59, General Records of the Department of State, Central Foreign Policy Files, 1967–1969, Political and Defense.

RG 59, General Records of the Department of State, Central Files, 1967–1969, POL 19 RYU IS.

RG 59, General Records of the Department of State, Office of the Legal Advisor, Office of the Assistant Legal Advisor for Far Eastern Affairs, Subject and Country Files, 1941–1962.

RG 59, General Records of the Department of State, Subject Numeric Files, 1970–1973, Political and Defense.

RG 59, General Records of the Department of State, Records of Policy Planning Council Staff, Directors Files (Winston Lord), 1969–1977.

RG 59, General Records of the Department of State, Records of Douglas MacArthur, II, 1951–1968.

RG 59, General Records of the Department of State, Records of U. Alexis Johnson, 1932–1977.

RG 59, General Records of the Department of State, Records of the Bureau of Far Eastern Affairs, 1956–1958, Lot 60 D 514 (Fujiyama Visit and Kishi Visit).

RG 59, Central Records of the Department of State, Executive Secretariat, NSC, General Files on NSC Matters, 1969–1972.

RG 59, Central Records of the Department of State, Executive Secretariat, Conference Files, 1966–1972.

RG 84, Records of the Foreign Service Posts of the Department of State, Japan, Tokyo Embassy, Classified General Record 1956–1958, 1959–1961, 1962.

RG 273, Records of the National Security Council (NSC), National Security Memorandum (NSSSM), Entry 10.

2 Lyndon B. Johnson Library, Austin, Texas, U. S. A.

Administrative History of the Department of State, Vol. 1, Chapter 7 (East Asia).

NSF Country File, Japan, memos, Vol. I, 11/63～4/64, , Box 250.

NSF Country File, Japan, memos [1 of 2], Vol. Ⅲ, 1/64～10/65, Box 250.

NSF Country File, Japan, memos [1 of 2] Vol.Ⅲ, 9/64～10/65, Box 250.

NSF Country File, Japan, memos, Vol. Ⅲ, 10/67～12/68, Box 252.

NSF Country File, Japan, memos, Vol. IV, 2/67～10/67, Box 252.
NSF Country File, Japan, memos, Vol. VI, 2/67～10/67, Box 252.
NSF Country File, Japan, memos, Vol. VII, 10/67～12/68, Box 252.
NSF Country File, Sato's Visit, memos and cables [1 of 2], Box 253.
NSF Country Files, Sato's Visit -Briefing Book [1 of 2], 11/14～15/67, Box 253.
NSF Country File, Japan, cables, Vol. Ⅱ, 5/64～11/64, Box 250.
NSF Country File, Japan, cables [1 of 2], Vol.Ⅲ, 9/64～10/65, Box 250.
NSF Country File, Japan, cables [2 of 2] Vol. Ⅲ, 9/64～10/65, Box 250.
NSF Country File, Japan, cables [1 of 2] Vol. Ⅳ, 7/65～9/66, Box 251.
NSF Country File, Japan, cables, Vol. Ⅴ, 1/66～2/67, Box 251.
NSF Country File, Japan, cables, Vol. Ⅶ, 10/67～12/68.
Papers of U. Alexis Johnson, Diaries [Tapes No. 15, 16, 17, 1967～69].
Papers of Lyndon B. Johnson Papers, White House Central File, Confidential File, Box 44

3 Nixon Presidential Library, Yoruba Linda, California, U. S. A.
Nixon Presidential Material Staff
NSC Institutional Files, Senior Review Group
Nixon Presidential Materials Project
National Security Council Files, VIP Visits
NSC Files, H. A. Kissinger Office Files, Country Files-Far East
NSC Files, Presidential/HAK MemCons
NSC Files, H. A. Kissinger Office Files, HAK Trip Files
HAK Office Files, HAK Trip
White House Special Files: Staff Member and Office Files
White House Central Files, Subject Files, Japan
White House Central Files, Nixon, NSC, HAK Trip
White House Central Files, Nixon, NSC, VIP Visits

【公刊史料】

石井修・我部政明・宮里政玄監修［2004］『アメリカ合衆国対日政策文書集成』(第14期，日本外交防衛問題，1969年・沖縄編，第３巻)，柏書房.
アメリカ学会訳編［1957］『原典アメリカ史――現代アメリカの形成（下）――』第５巻，岩波書店.
鹿島平和研究所編［1984］『日本外交主要文書：年表』第２巻，原書房.
オンライン版　楠田實資料(佐藤栄作官邸文書)ジャパンデジタルアーカイブズセンター

(https://j-dac.jp/KUSUDA/index.html).

Auerswald, Philip *et al.*, eds. [2003] *Clinton's Foreign Policy: A Documentary Record*, The Hague: Kluwer Law International.

European Recovery Program: Hearings before the Committee on Foreign Relations, United States Senate, Eightieth Congress, Second Session, United States Assistance to European Economic Recovery, Part 1, Washington, D.C.: Government Printing Office, 1948.

Gaddis, John L. and Thomas Etzold, eds., [1978] *Contaiment: Documents on American Policy and Strategy, 1945–1950*, New York: Columbia University Press.

Gravel, Mike, ed. [1974] *The Pentagon Papers: The Defense Department History of United States Decision-making on Vietnam, The Senator Gravel Edition*, Boston: Beacon Press.

Heffner, Richard D., ed. [2002] *A Documentary History of the United States*, New York: A Signet Book.

House Select Committee on Postwar Military Policy [1945] *Hearings on Universal Military Training*, 79th Congress, 1st Session, Washington, D.C.: Government Printing Office.

Nelson, Anna Kasten, ed. [1983] *The State Department Policy Planning Staff Papers 1947–1949,* Vol. III, New York: Garland Publishing.

Public Papers of the Presidents of the United States: Dwight D. Eisenhower, 1954, Washington, D.C.: Government Printing Office, 1955.

Public Papers of the Presidents of the United States: Lyndon B. Johnson, 1965, I, Washington, D.C.: Government Printing Office, 1966.

Public Papers of the Presidents, William J. Clinton, 1993, I, Washington, D.C.: Government Printing Office.

Rubinstein, Alvin Z., *et al.*, eds. [2000] *The Clinton Foreign Policy Reader: Presidential Speeches with Commentary,* Armonk, New York: M. E. Sharpe.

The Investigation of Korean-American Relations, Hearings before the Committee on International Relations, 95th Congress, 2nd Session, appendixes to the Report, Vol. 1: *Background to the Investigation of Korean–American Relations and Conduct of the Investigation*, Washington, D.C.: Government Printing Office, 1978.

University of London Institute of Commonwealth Studies [1992], *British Documents of the End of Empire*, Series A, Vol. 3, pt. 1, *The Conservative Government and the End of Empire, 1951–1957*, London: University of London.

U.S. Congress, House Committee on Foreign Affairs [1948] *Hearings: U.S. Foreign Policy for a Post-War Recovery Program*, 80th Congress, 2nd session, 1948, pt. 1,

Washington, D.C.: Government Printing Office.

U.S. Congress, Senate Committee on Foreign Relations [1948] *Hearings: European Recovery Program*, 80th Cong., 2nd sess., 1948, pt. 1, Washington, D.C.: Government Printing Office.

U.S. Department of Defense [1971] *United States-Vietnam Relations, 1945–1967*, 12 vols., Washington, D.C.: Government Printing Office.

U.S. Department of State [1947] *Bulletin*, XVI, May 18.

——— [1967] *Foreign Relations of the United States: Diplomatic Papers, 1945, The General: United Nations*, Vol. I, Part 1 and 2, Washington, D.C.: Government Printing Office.

——— [1969] *Foreign Relations of the United States: Diplomatic Papers, 1945, The Far East, China*, Vol. VII, Washington, D.C.: Government Printing Office.

——— [1973] *Foreign Relations of the United States: 1947, General; The United Nations*, Vol. I, Washington, D.C.: Government Printing Office.

——— [1971] *Foreign Relations of the United States: 1947, The Near East and Africa*, Vol. V, Washington, D.C.: Government Printing Office.

——— [1972] *Foreign Relations of the United States: 1947, The Far East*, Vol. VI, Washington, D.C.: Government Printing Office.

——— [1976] *Foreign Relations of the United States: 1948, The Near East, South Asia, and Africa*, Vol. V, Part 2, Washington, D.C.: Government Printing Office.

——— [1974] *Foreign Relations of the United States: 1948, The Far East and Australasia*, Vol. VI, Washington, D.C.: Government Printing Office.

——— [1974] *Foreign Relations of the United States: 1949, National Security Affairs, Foreign Economic Policy*, Vol. I, Washington, D.C.: Government Printing Office.

——— [1974] *Foreign Relations of the United States: 1949, Western Europe*, Vol. IV, Washington, D.C.: Government Printing Office.

——— [1975] *Foreign Relations of the United States: 1949, The Far East and Australasia*, Vol. VII, Part 1, Washington, D.C.: Government Printing Office.

——— [1976] *Foreign Relations of the United States: 1949, The Far East and Australasia*, Vol. VII, Part 2, Washington, D.C.: Government Printing Office.

——— [1998] *Foreign Relations of the United States: 1950, National Security Affairs, Foreign Economic Policy*, Vol. I, Washington, D.C.: Government Printing Office.

——— [1977] *Foreign Relations of the United States: 1950, Western Europe*, Vol. III, Washington, D.C.: Government Printing Office.

——— [1978] *Foreign Relations of the United States : 1950, The Near East, South Asia, and Africa,* Vol. V, Washington, D.C.: Government Printing Office.

——— [1976] *Foreign Relations of the United States : 1950, East Asia and the Pacific,* Vol. VI, Washington, D.C.: Government Printing Office.

——— [1982] *Foreign Relations of the United States : 1951, The Near East and Africa,* Vol. V, Washington, D.C.: Government Printing Office.

——— [1977] *Foreign Relations of the United States : 1951, Asia and the Pacific,* Vol. VI, Part 1 and 2, Washington, D.C.: Government Printing Office.

——— [1979] *Foreign Relations of the United States : 1952–1954, United Nations Affairs,* Vol. III, Washington, D.C.: Government Printing Office.

——— [1983] *Foreign Relations of the United States : 1952–1954, Western European Security,* Vol. V, Part 2, Washington, D.C.: Government Printing Office.

——— [1986] *Foreign Relations of the United States : 1952–1954, The Near and Middle East,* Vol. IX, Part 1, Washington, D.C.: Government Printing Office.

——— [1983] *Foreign Relations of the United States : 1952–1954, Africa and South Asia,* Vol. XI, Washington, D.C.: Government Printing Office.

——— [1984] *Foreign Relations of the United States : 1952–1954, East Asia and the Pacific,* Vol. XII, Part 1, Washington, D.C.: Government Printing Office.

——— [1987] *Foreign Relations of the United States : 1952–1954, East Asia and the Pacific,* Vol. XII, Part 2, Washington, D.C.: Government Printing Office.

——— [1982] *Foreign Relations of the United States : 1952–1954, Indochina,* Vol. XIII, Part 1, Washington, D.C.: Government Printing Office.

——— [1982] *Foreign Relations of the United States : 1952–1954, Indochina,* Vol. XIII, Part 2, Washington, D.C.: Government Printing Office.

——— [1990] *Foreign Relations of the United States : 1955–1957, Suez Crisis, July 26, December 31, 1956,* Vol. XVI, Washington, D.C.: Government Printing Office.

——— [1989] *Foreign Relations of the United States : 1955–1957, Africa,* Vol. XVIII, Washington, D.C.: Government Printing Office.

——— [1990] *Foreign Relations of the United States : 1955–1957,* Vol. XXI, *East Asian Security ; Cambodia ; Laos,* Vol. XVIII, Washington, D.C.: Government Printing Office.

——— [1991] *Foreign Relations of the United States : 1955–1957, Part 1, Japan,* Vol. XXIII, Washington, D.C.: Government Printing Office.

——— [1992] *Foreign Relations of the United States : 1958–1960, Lebanon and Jordan,* Vol. XI, Washington, D.C.: Government Printing Office.

——— [1992] *Foreign Relations of the United States : 1958–1960, Africa,* Vol. XIV, Washington, D.C. : Government Printing Office.

——— [1992] *Foreign Relations of the United States : 1958–1960, East Asia-Pacific Region, Cambodia ; Laos,* Vol. XVI, Washington, D.C. : Government Printing Office.

——— [1996] *Foreign Relations of the United States : 1961–1963, Northeast Asia,* Vol. XXII, Washington, D.C. : Government Printing Office.

——— [2006] *Foreign Relations of the United States : 1964–1968, Japan,* Vol. XXIX, Part 2, Washington, D.C. : Government Printing Office.

——— [2009] *Foreign Relations of the United States : 1947–1949, Korea, 1969–1972,* Vol. XIX, Part 1, Washington, D.C. : Government Printing Office.

——— [1983] *The State Department Policy Planning Staff Papers, 1947–1949,* III, New York : Garland Publishing.

National Security Archives, George Washington University [2000] *Japan and the United States : Diplomatic, Security and Economic Relations, 1960–1976.*

——— [2004] *Japan and the United States : Diplomatic, Security and Economic Relations,* Part II, *1977–1992.*

——— [2012] *Japan and the United States : Diplomatic, Security and Economic Relations,* Part III, *1961–2000.*

【日記・回顧録】

岡田晃［1983］『水鳥外交秘話――ある外交官の証言――』中央公論社.

楠田實［1975］『首席秘書官――佐藤総理との10年間――』文藝春秋.

———［2001］『楠田實日記』（和田純・五百旗頭真編），中央公論新社.

佐藤榮作［1997–99］『佐藤榮作日記』（伊藤隆監修），全6巻，朝日新聞社.

Acheson, Dean [1969] *Present at the Creation : My Years in the State Department,* New York : W. W. Norton & Co.（『アチソン回顧録』（吉沢清次郎訳）全2巻，恒文社，1979年）.

Allison, John M. [1973] *Ambassador from the Prairie or Allison Wonderland,* Boston : Houghton Mifflin.

Ferrell, Robert H., ed. [1983] *The Diary of James C. Hagerty : Eisenhower in Mid-Course, 1954–1955,* Bloomington : Indiana University Press.

Johnson, Lyndon B. [1971] *The Vantage Point : Perspectives of the Presidency, 1963–1969,* New York : Popular Library.

Millis, Walter, ed. [1951] *The Forrestal Diaries,* New York : Viking Press.

【証言録など】

C. O. E. オーラル・政策研究プロジェクト［2005］『栗山尚一（元駐米大使）オーラルヒストリー――転換期の日米関係――』政策研究大学院大学.

【レポート類】

White House［1995］*A National Security Strategy of Engagement and Enlargement*（Feb. 1995).

――――［1997］*A National Security Strategy for a New Century*（May 1997).

【新聞】

New York Times, Dec. 21, 1948.

Los Angeles Times, May 10, 2003.